SVEVA CASATI MODIGNANI

ANNA
DAGLI OCCHI VERDI

ARNOLDO MONDADORI EDITORE

I edizione Oscar narrativa luglio 1985
I ristampa Oscar narrativa ottobre 1986
I edizione Bestsellers Oscar Mondadori giugno 1989

ISBN 88-04-33001-5

Questo volume è stato stampato
presso Arnoldo Mondadori Editore S.p.A.
Stabilimento Nuova Stampa - Cles (TN)
Stampato in Italia - Printed in Italy

Ristampe:

2 3 4 5 6 7 8 9 10 11 12

1990 1991 1992 1993 1994 1995 1996 1997

Anna 1980

PIAZZA San Babila era presidiata dalle auto e dai grossi veicoli blindati della polizia. L'assetto rientrava nella norma. Era eccezionale invece che quelle misure di sicurezza fossero predisposte all'alba, mentre la città ancora dormiva. Gli automezzi sembravano grossi giocattoli abbandonati.

La donna capì che qualcosa non andava per il verso giusto. Un agente in borghese le sbarrò il passo: « Mi dispiace, signora », disse. Sembrava sincero.

« Perché? » chiese. Era un'anziana signora dal sorriso prudente e lo sguardo mite, gli abiti un po' fuori moda, l'incedere lieve e severo delle persone riservate e gelose della propria riservatezza. « Sono sempre passata di qui », soggiunse. « Perché? » « Non si può », rispose il poliziotto in borghese. Il buio della notte sfumava nel grigio e il leone di San Babila, medievale insegna della Porta Orientale, stava appollaiato sulla colonna settecentesca come uno stanco guardiano. Il cielo era un soffitto basso e morbido gravido di neve.

« Ma io devo andare in chiesa », disse la donna, sollevando il caldo collo di volpe. Osservava quel ragazzo sconosciuto con lo sgomento di chi piomba in un banco di nebbia.

« Non è possibile. » L'agente aveva l'obbligo tassativo di farla recedere dal suo proposito. Lo faceva con garbo e discrezione, sorridendo.

« Capisco », mormorò. Invece non capiva proprio quel divieto inquietante. Guardò le forme romaniche, ricostruite, della basilica, le strade convergenti nel largo, le scritte bianche in campo rosso della metropolitana, posò lo sguardo mite sull'uomo della legge, girò su se stessa e andò via con aria umiliata.

L'agente rientrò nel caldo e fumoso abitacolo della pantera. « Che cosa voleva? » gli domandò il collega, avvolto in una nebbia azzurrina.

« Andare a messa. » Accese una sigaretta che sentì disgustosamente acre, avendo saltato il rito del caffè. « Voleva soltanto andare a messa. »

« A quest'ora. » L'altro fece una smorfia e alzò le spalle.

« Mi sembra una buona donna », affermò convinto il primo. Le ricordava le vecchie del suo paese lontano che si alzavano prima dell'alba per andare in chiesa. Anche lui qualche volta c'era andato da bambino, nel mese di maggio.

« Sui gusti non si discute », sghignazzò il collega. La radio gracchiava disposizioni che non li riguardavano. Sembravano messaggi da altri pianeti.

« Dimmi tu se per un funerale, di questi tempi », si lamentò, « devono bloccare il centro di Milano, presidiare una chiesa e impegnare un esercito. » Il fumo gli andò per traverso e tossì affannosamente.

« Al peggio non c'è mai fine », sentenziò l'altro con inconfondibile accento siciliano. Sulla sua faccia stanca c'era la saggezza antica della sua gente.

Erano due ragazzi scuri come tunisini, i capelli neri, le sopracciglia cespugliose, i baffi spioventi, le facce incazzate e piene di sonno.

Da corso Europa, contromano, giunse un furgone funebre scortato da due auto della polizia, seguito da un corteo di fruscianti limousine guidate da autisti in divisa. Ogni vettura era occupata da uno o due uomini eleganti che però avevano l'aspetto inequivocabile delle guardie del corpo. Avevano imparato molto dai personaggi di alcuni film recenti.

« Lo spettacolo sta per concludersi », affermò l'agente con un certo sollievo.

« Esequie con passerella finale di gorilla », ribatté l'altro che si credeva spiritoso.

I lampioni si spensero e nella luce triste del primo mattino cominciarono a volteggiare fiocchi di neve.

Gli occhi verdi di Anna riflettevano il riverbero fluttuante dei ceri che ardevano a centinaia formando intorno alle immagini dei santi una cortina fiammeggiante e registravano nella loro profondità smeraldina le immagini di un evento che qualsiasi giornale avrebbe pagato a peso d'oro. Gli occhi verdi di Anna che avevano visto tutto il male e tutto il bene della vita guardavano senza vedere. Il mosaico era completo. Anche l'ultima tessera era al suo posto.

La chiesa era un trionfo di garofani, di rose, di teneri fiori di campo. L'architetto Mauro Sabelli Contini aveva trasformato la basilica in un teatro e in quel momento, dalla postazione dell'organo, osservava compiaciuto il suo capolavoro. Quella parte di mondo che la gente comune definisce bel mondo per distinguerlo dal resto del mondo stava dando l'ultimo addio a uno dei suoi uomini più ricchi e potenti. Per l'estremo commiato il raffinato decoratore aveva saccheggiato serre rinomate cogliendo nel gelido inverno esemplare da esemplare.

Un giovane seminarista biondo e soave, gli occhi solari e l'espressione rapita dettava alla tastiera il terzo movimento della *Marcia funebre* di Chopin. C'era in quelle note tragiche qualche cosa che somigliava al trionfo. Era tutto perfetto: la decorazione, la gente, la musica che nasceva dalle dita affusolate del giovane organista, la meditata lentezza del celebrante dinanzi al catafalco. Il seminarista guardò l'architetto con la coda dell'occhio e fu colpito dalla bellezza un po' sfiorita e vagamente corrotta dell'uomo elegante.

Le severe armonie dell'organo svanirono senza spegnersi e continuarono a riempire la chiesa con la calda discrezione del fuoco sotto la cenere.

I funerali di Cesare Boldrani, spentosi a ottant'anni nella clinica privata Mater Divinae Gratiae, malgrado le amorevoli cure di un'agguerrita équipe medica, stavano procedendo con la solennità richiesta. Anna Boldrani Valli di Tavernengo era inginocchiata nel primo banco, tra il marito Arrigo e l'uomo di fiducia del grande vecchio, l'avvocato Domenico Scaglia che i ragazzi chiamavano familiarmente zio Mimmo, anche se gli era rimasto addosso dagli anni della giovinezza il nomignolo di Pazienza.

I ragazzi Valli di Tavernengo, Filippo, detto Lippy, e Maria,

9

erano a destra della madre. Lippy era arrivato il giorno prima dagli Stati Uniti e Maria da Ginevra. Negli altri banchi, amici, parenti, uomini politici, un ex primo ministro, un rappresentante del Kuwait, capitani d'industria, banchieri, un addetto dell'ambasciata cinese a Roma e Pat Watson, funzionario della Casa Bianca.

« Manca molto? » sussurrò Lippy alla sorella. Era un giovane asciutto dalla fisionomia indolente del nato ricco, con gli occhi azzurri dei Boldrani senza però la tagliente sicurezza che aveva scintillato nello sguardo del vecchio. Il ragazzo non aveva mai sentito nessun trasporto per quel nonno che faceva tremare il mondo e la sua fine suscitava in lui una generica, composta partecipazione. Quella morte non lo riguardava, come non lo toccava il problema della morte. Viveva il breve periodo in cui la giovinezza e l'amore conferiscono il senso dell'immortalità e sperava soltanto che tutto quel circo finisse per abbandonare un paese di terroristi, di confusionari, di corrotti, di mezze calzette malate di provincialismo. Aveva voglia di tornare a casa, negli Stati Uniti.

La sorella lo fulminò con un'occhiata. « Piantala! » sibilò. Maria aveva sedici anni, due meno del ragazzo, amava quel vecchio orso del nonno e provava un grande dolore, anche se non aveva voluto vederlo da morto perché l'immagine della morte, contrariamente al fratello, l'atterriva.

In fondo alla basilica, in piedi vicino al portale d'ingresso, c'era Aldo Robbiati, detto il Riccio. Aveva ottantadue anni, era alto, robusto e diritto come un albero. Aveva gli occhi lucidi di commozione e un sorriso giovane gli illuminava la faccia scura con un forte naso aquilino e tante rughe. Era l'ultimo amico d'infanzia di Cesare Boldrani e con il grande vecchio aveva in comune le sanguigne radici autenticamente popolari, i vividi ricordi del famigerato quartiere di malfattori, di puttane e di miserabili, costruito e organizzato come una casba intorno a piazza Vetra. Anche il Riccio, nel suo piccolo, aveva fatto fortuna commerciando in vini che ormai esportava in tutto il mondo.

« È soltanto un arrivederci », mormorò. « Perché dev'esserci un buon posto da qualche parte dove ci incontreremo ancora. » Quella certezza lo faceva sorridere, come la morte dell'amico lo faceva soffrire. Poi, rivolgendosi mentalmente alla piccola e selezionata folla che occupava una buona metà della basilica, sentenziò: « E adesso sono cazzi vostri! »

Quando si era diffusa la notizia della morte di Cesare Boldrani, il cui impero economico nessuno era mai riuscito a valutare neppure con ragionevole approssimazione, alcuni ministri in carica si erano incontrati segretamente, di notte, in una villa sull'Appia antica e le segreterie dei partiti erano entrate in agitazione. Il giorno dopo l'allarme era serpeggiato in borsa, alcuni titoli avevano fatto registrare vistose perdite, i faccendieri di persone molto in vista avevano controllato i passaporti e messo tra le eventualità possibili un lungo viaggio.

In quel momento gli occhi di tutti erano inchiodati sul velo nero che copriva il capo di Anna Boldrani, erede universale della ricchezza e del potere, e sulla bianca zazzera un tempo corvina dell'avvocato Domenico Scaglia, detto Pazienza, uomo di fiducia e consulente legale del vecchio, depositario di segreti che, a detta di molti, avrebbero potuto creare preoccupanti squilibri nell'assetto economico politico.

La chiesa era surriscaldata, il profumo dei fiori si mescolava a quello dell'incenso che saliva in eleganti volute dal turibolo. Il celebrante, in tutta la pompa dei sacri paramenti, si avvicinò a un alto leggìo collocato sul catafalco su cui poggiava la lucida bara di legno scuro e parlò di un uomo buono che nessuno avrebbe dimenticato, di un'anima eletta unita al coro degli angeli nella luce del Signore. Quella che echeggiava sotto le volte a botte era una voce che l'architetto Mauro Sabelli Contini conosceva bene, una voce ferma e virile, appena incrinata da un'abitudine alla cantilena, che lui aveva udito nei salotti impegnata in dispute di profana mondanità.

« Le tue mani sono piene di fiori », declamò il sacerdote, « i tuoi occhi riflettono gioia perché hanno visto morire la morte. » Lesse un brano della prima *Lettera ai Corinti* di San Paolo: « La carità è paziente, è benigna la carità; non è invidiosa la carità, non si vanta, non si gonfia, non manca di rispetto, non cerca il suo interesse, non si adira, non tiene conto del male ricevuto, non gode dell'ingiustizia, ma si compiace della verità. Tutto copre, tutto crede, tutto spera, tutto sopporta ».

L'ex presidente del consiglio non si lasciò intenerire da quelle parole di carità, una carità che non aveva mai praticato nei sentieri tortuosi della politica. Pensò all'uomo di cui si celebrava la vita nel momento della morte: non aveva mai visto fiori nelle sue mani, né udito cori di angeli in prossimità del suo dominio terreno. Dal silenzio salirono gli scricchiolii dei banchi, i colpi di tosse lungamente trattenuti, il respiro della gente.

Anna si alzò per prima e tutti seguirono il suo esempio. Gli uomini indossavano abiti confezionati su misura a Roma, a Londra o a Milano, le signore avevano rinunciato allo stile frivolo di Valentino, per le linee più sobrie di Mila Schön. I gioielli, pochi, ma significativi, erano di Bulgari e di Winston. Le scarpe e le borsette erano siglate Ferragamo o Hermes. Sfilarono tutti con dignitosa mestizia davanti ad Anna. La luce che pioveva lattiginosa e diafana come in un quadro del Seicento ne rilevava il volto e la figura.

Era una stupenda donna di quarant'anni, dalla figura slanciata, il portamento aristocratico, lo sguardo altero e luminoso. Viveva il turgido splendore dell'estate piena anche se un presagio d'autunno si intuiva nella maturità dell'espressione, nel lieve alone sotto i celebri occhi verdi, nel primo accenno di stanchezza della pelle che aveva bisogno del trucco per mantenere la freschezza ingannevole delle rose completamente sbocciate. Con la dignità senza sussiego di una vera regina subì l'affettuosa aggressione dei presenti che si accomiatarono con brevi parole e rapidi abbracci.

« Coraggio, mamma », disse Lippy. Il ragazzo la baciò sulle guance, ma era ansioso di respirare l'aria fredda del mattino: lì dentro si sentiva soffocare.

Maria invece si strinse forte a lei. « Oh, mamma », disse singhiozzando.

Anna l'accarezzò. « Non fare così », la pregò allontanandola da sé.

La cerimonia ufficiale, per volontà del defunto, finiva lì. Soltanto Anna avrebbe seguito la bara fino al cimitero di Caravaggio, dove sarebbe stata tumulata nella cappella di famiglia. La regina strinse altre mani, ascoltò altre voci e si congedò da tutti. Non aveva bisogno di parole per essere capita: le bastava un cenno, un impercettibile battito di ciglia, una lieve increspatura del labbro, un fugace cambiamento di espressione.

L'architetto Mauro Sabelli Contini, gran maestro di cerimonia, si compiacque da esteta di quel finale degno del miglior Visconti. La liturgia delle buone maniere era ancora uno spettacolo avvincente. Nell'uscita di scena di quegli uomini e di quelle donne, ognuno dei quali nel rispettivo copione, era protagonista, c'era qualcosa che ricordava il teatro, quando i comprimari scivolano silenziosamente tra le quinte per lasciare al primo attore le luci della ribalta. C'era sospesa nell'aria la tensione crudele dell'attimo che precede il giudizio del pubblico.

La piccola folla si incanalò nel corridoio centrale verso l'uscita e Mauro Sabelli passò a sua volta, persuaso di essere l'ultimo suddito simbolicamente inginocchiato ai piedi della regina. Ma una figura che lui scorse con la coda dell'occhio gli procurò un moto di sgomento. Una donna spuntò da dietro un pilastro a fascio della navata sinistra e avanzò nella chiesa quasi deserta in direzione di Anna che attendeva i portatori. La nuova venuta procedeva con un incedere esitante da bambina che si regge sul precario equilibrio dei primi passi.

« Anna », disse immobilizzandosi di fronte alla regina, « perdonami. » Anna la guardò. Poteva avere cinquant'anni, vestiva con estrema eleganza e aveva negli occhi la paura del cortigiano in disgrazia che si dannerebbe l'anima per rientrare nel cerchio magico dove si ordiscono gli intrighi, ma dove sopravvivono le solidarietà segrete e le sottili complicità. Anna guardava la donna che si era umiliata davanti a lei con il suo bisogno di assoluzione e di perdono. Erano vicine, l'una di fronte all'altra, sullo sfondo del catafalco che sembrava dilatarsi nel bagliore tremolante di centinaia di candele. C'era nell'aria un profumo sottile che stordiva, ma il disagio sembrava colpire soltanto la nuova venuta sul cui bel volto, un po' sfiorito, erano bruciati gli ultimi fuochi del tramonto e si approssimava la sera.

« Sono sinceramente addolorata », disse. Aveva un tono smarrito, incerto. Anna ricevette l'abbraccio come segno di sottomissione.

« Lo spero » rispose.

« Ti chiedo perdono davanti a lui », la implorò. Luci e ombre passavano sulla sua faccia.

« Sei perdonata », disse Anna dopo una pausa di pochi secondi che alla donna parve eterna.

« Davvero? » Credeva di sognare Una luce si era improvvisamente accesa nel buio.

« Potrai tornare a vivere in città. » Anna muoveva appena le labbra, ma la sua voce era musicale e piena, percorsa da esotiche sfumature, segni impalpabili che fanno di una voce proprio quella voce.

La donna avrebbe voluto riabbracciare Anna, ma uno sguardo le fece capire che l'incontro era concluso.

« Grazie », disse. E se ne andò.

C'era soltanto Mauro Sabelli: aveva visto ogni cosa ed era come se tutti avessero assistito all'atto di contrizione. Anche Anna lo notò. Ebbe così la certezza che i cerchi concentrici del pettegolezzo si sarebbero presto dilatati fino a raggiungere le rive più lontane. Era in fondo quello che voleva.

L'ultimo testimone uscì. La regina ha concesso l'amnistia, pensò.

China sui cuscini di raso dell'antico inginocchiatoio, nella cappella di famiglia, Anna cercava preghiere nella sua mente confusa. Guardò il Cristo dolente che sovrastava l'altare in una mistica prospettiva e cercò nella rappresentazione severa del Salvatore una promessa di eternità. Era ormai sola di fronte alla maestà della morte e non aveva più bisogno di sembrare. I presupposti della regalità sostenevano una donna addolorata e perplessa. Fuori i becchini battevano i piedi nella neve che ricopriva il viale del cimitero di Caravaggio.

Era dunque quella la conclusione degli affanni, delle lotte, delle paure e delle ansie? Che cosa c'era oltre il buio della nicchia che lasciava intravedere il legno lucido e le maniglie dorate della bara? Cercò vanamente una luce in quel buco nero, perché una luce doveva accendersi da qualche parte oltre la vita. Le avevano insegnato che per giudicare un uomo bisogna vederlo recitare l'ultimo atto fino a quando il grande direttore di scena gli impone di lasciare il palcoscenico. Lei aveva assistito, attimo per attimo, al finale della rappresentazione e aveva visto il vecchio sorridere fino all'ultimo respiro mentre cercava di prepararla al distacco. I medici si stupivano della sua lenta e lucidissima agonia e il vecchio glielo leggeva negli occhi. « Chi sa inventare la vita », diceva, « se ne va sempre un attimo più tardi. » Di quell'uomo temuto, ossequiato e odiato, più di ogni altra cosa aveva ammirato la suprema dignità di fronte alla morte.

Ricordò quando ormai alla fine le aveva detto sorridendo: « Me ne vado, Anna ». Lei non lo aveva mai sentito pronunciare parole di commiato. Il vecchio non ne aveva mai avuto bisogno perché non era mai partito.

« Ma che cosa dici? » Aveva parlato vanamente, tanto per parlare.

Il vecchio non l'aveva contraddetta; detestava la finzione.

« Sono contento di avere una figlia come te. » In lei aveva riposto tutte le sue speranze.

Anna s'era morsa il labbro inferiore per non piangere. Il respiro del vecchio si era fatto affannoso e pesante. Il professor Giuseppe Conti, gran sacerdote della medicina, era entrato con due assistenti per dire parole consolatrici a un uomo che non aveva voglia di sentirlo. Cesare Boldrani aveva chiuso gli occhi. Il medico gli aveva preso il polso e aveva scosso il capo.

« Voglio un prete », aveva ordinato inaspettatamente il vecchio alla figlia.

« Monsignor Pasini? » aveva domandato Anna.

« No. Un prete. Un prete qualsiasi. Il primo che capita. »

Erano state le sue ultime parole.

« Una buona figlia », ripeté Anna sottovoce davanti al nero profondo della tomba. Per la morte del vecchio non aveva versato una lacrima e anche in quel momento, evocandone il ricordo, non riusciva a piangere. Si lasciò invece sopraffare dalla nostalgia dell'estate di Rio de Janeiro che era stata costretta ad abbandonare per l'inverno milanese. Una buona figlia. Sorrise osservando il buio davanti a sé. « Ma perché hai sempre attribuito tanta importanza a questo vincolo di sangue? » Pensava al mare, desiderava il caldo sole che l'aspettava dall'altra parte del mondo e parlava come se il vecchio potesse udirla e avesse la facoltà di assolverla o di condannarla.

« Perché? Perché? Perché? » supplicò. « Mi avresti amato se ti avessi detto prima che non sei mio padre? » Si coprì la faccia con le mani e chinò il capo sull'inginocchiatoio come se attendesse un segno. Finalmente si sollevò e guardò ancora la nicchia. Si sentì liberata. « Non sono tua figlia », mormorò. « Non sono tua figlia e non riesco a piangere, ma Dio mi è testimone che ti ho amato come nessun figlio ha mai amato un padre. »

Uscì dalla cappella con la speranza che lui avesse udito la sua confessione e l'avesse perdonata e avesse perdonato la madre che su quel tradimento aveva costruito la fortuna di Anna.

La *Mercedes* blu con vetri antiproiettile e radiotelefono percorreva silenziosa il lungo viale di tigli incidendo due solchi paralleli nella neve fresca. In fondo al viale, come in un quadro impressionista, si distinguevano i contorni di una villa ottocentesca. Anna stava pensando al vecchio quasi con allegria e le parve di udire la voce dell'oceano sulla spiaggia di Ipanema. Al volante della solida berlina c'era un giovanotto biondo con gli occhi chiari e gelidi, i lineamenti severi e un fisico atletico. Al suo fianco sedeva un altro ragazzo che sembrava il suo fratello gemello, anche lui impeccabile, muscoloso e agile. Erano i custodi di Anna, due tedeschi che avevano seguito un severissimo corso di addestramento anticrimine. Si chiamavano Hermann Seebar e Kurt Stein, si alternavano al volante e seguivano sempre la donna. Il conte Arrigo Valli di Tavernengo li aveva fatti arrivare da Berlino quando in Italia si era inaugurata la stagione dei rapimenti, assegnando loro la custodia della moglie. Da allora erano diventati la sua ombra.

Anna si era adeguata per quieto vivere e il vecchio aveva accolto la decisione del genere con sorridente bonomia: « Non è con i gorilla che si impediscono i rapimenti ». Fu tutto quello che disse in proposito. Cesare Boldrani, che avrebbe potuto permettersi un esercito personale, aveva sempre rifiutato la scorta: seguiva itinerari precisi uniformandosi ad antiche abitudini, ma non gli era mai successo niente. E quella specie di invulnerabilità aveva suscitato maligne supposizioni.

Anna, perduta in un turbine di ricordi, si era dimenticata del presente. La neve continuava a cadere imbiancando la campagna che scorreva di là dai cristalli azzurrati: tutto quello che si vedeva era suo. Guardò i larghi fiocchi che scendevano pigramente e riconobbe la neve della sua infanzia.

« Hermann, *halten Sie hier*, si fermi qui », ordinò, cominciando a guardarsi intorno con rinnovato interesse.

L'uomo al volante obbedì, anche se per un attimo considerò la stravaganza della richiesta. Erano in piena campagna, d'inverno, nevicava e non c'era nessuna ragione che giustificasse quella fermata. Ma il tedesco non era pagato per riflettere sulle bizzarrie della signora, ma solo per obbedire e per proteggerla.

Quando Anna scese Kurt era già davanti alla portiera spalancata, lo sguardo attento, la mano pronta a scattare sulla Smith & Wesson che portava sotto la giacca all'altezza dell'ascella. Hermann controllava la parte opposta del viale che portava alla villa. In quel bianco silenzio tante precauzioni rasentavano il grottesco.

Anna, sorvegliata a vista, camminò lentamente per un breve tratto verso i campi, lasciando dietro di sé piccole impronte, poi si fermò sollevando l'ampio collo a scialle del visone selvaggio, mentre i capelli neri e folti le si imbiancavano come in una finzione cinematografica. Rimase immobile e provò uno straordinario piacere nel farsi sfiorare il viso dai fiocchi di neve, bianche ali di farfalle che frusciavano intorno. Chiuse gli occhi e respirò l'odore dell'inverno in campagna, che era l'odore di una lontana stagione, quando Anna bambina, il giorno di capodanno, si era avventurata per la prima volta lungo il viale dei tigli verso la villa ottocentesca.

La guerra imponeva ritmi diversi. Nella città c'erano larghi squarci, pieni di macerie, provocati dai bombardamenti. A cinque anni aveva imparato a riconoscere gli uomini dalle divise: fascisti, tedeschi, partigiani. La gente portava abiti consunti, cappotti logori, stracci.

Anche sua madre, Maria, la grande Maria dal corpo statuario e dalla bella faccia dai grandi occhi nocciola, indossava panni rimediati, risultato di pazienti modifiche e di successive aggiunte. Lei, Anna, era infagottata in un pesante cappotto ricavato da una coperta militare tinta di marrone, la testa e il collo avvolti in una pesante sciarpa di lana a righe fatta con gli avanzi di vecchi maglioni.

La bambina era intirizzita dal freddo e supplicava: « Mamma, per favore, torniamo a casa ».

La grande Maria le aveva stretto la manina nella sua, abituata alla fatica, quasi volesse comunicarle la sua stessa forza e la sua stessa convinzione.

« Ancora pochi minuti », aveva risposto dando a quelle parole il tono di una calda promessa.

La bambina conosceva il carattere della madre e aveva seguito quella mano forte e quel corpo statuario verso un traguardo di cui non le importava niente, perché aveva freddo ed era allo stremo delle forze.

La grande Maria si era fermata soltanto davanti all'ampio piazzale della villa: « Guarda! » Nei grandi occhi color nocciola era scoccata la scintilla di una vittoria ormai prossima.

Anna, che non poteva sottrarsi all'incrollabile volontà della madre, aveva osservato l'elegante facciata giallo pallido. Era una costruzione stupenda nella sua sobrietà, ma quello la bambina non poteva capirlo. « Guardo », aveva detto per compiacere la madre.

La grande Maria aveva preso in braccio la figlia indicando con un dito l'edificio: « La vedi bene? » Si esprimeva con maniacale insistenza.

« La vedo bene, mamma. » La bambina era sul punto di piangere.

« È stupenda, sai? » Sorrideva con evidente piacere.

« Sì, mamma. » Anna desiderava solo una camera calda e un fuoco acceso.

« Vale molti milioni. E sarà tua, un giorno. » Parlava a se stessa, più che alla bambina.

Anna aveva guardato la madre con gli occhi gonfi di pianto: « Io non la voglio questa villa », aveva detto.

« Non la vuoi? » si era scandalizzata, mentre i suoi lineamenti si erano induriti.

« Voglio tornare a casa », si era lamentata la piccola. « Mamma », aveva implorato, « fammi tornare a casa. »

Lo sguardo della donna si era fatto duro e la voce tagliente. « Invece devi volerla questa casa », aveva martellato spietata. « Perché è tua. Tu non vivrai nella miseria », aveva soggiunto. « Perché questa bestia da soma che è tua madre farà di te una regina. »

« Sì, mamma. » Era rassegnata, stanca e soffriva per il gelo. « Ma intanto torniamo a casa. Mamma, ti prego, portami a casa. »

Alla finestra del pianterreno si era affacciato un uomo dalla faccia simpatica, il custode, stupito che con quel freddo una donna e una bambina si fossero avventurate fino alla villa.

« Avete bisogno di qualcosa? » aveva quasi gridato, ma non per arroganza, solo per essere udito.

« Noi no », aveva risposto la donna con fermezza. « E tu? »

Così era Maria, la grande Maria che faceva la serva a Milano in casa di signori, la madre forte e protettiva che Anna aveva visto con gli occhi della memoria in una sequenza evocata dalla neve.

La contessa Anna Boldrani Valli di Tavernengo si stropicciò

gli occhi come dopo un risveglio e ritornò verso la *Mercedes* blu. Kurt le aprì lo sportello e lei sedette al suo posto. «*Sie können weiter fahren*», disse a Hermann. «Vada pure», ripeté.

Poco dopo l'auto scivolava dolcemente sul piazzale della grande villa. Il vecchio custode le aprì la portiera e le sorrise augurandole il buongiorno. Era l'uomo che trentacinque anni prima aveva domandato a lei e a sua madre se avessero bisogno di qualcosa.

«Come va, Giovanni?» si informò Anna.

«Noi non ci lamentiamo, signora, ma...» Lasciò il discorso in sospeso. Voleva esprimere il suo cordoglio per la morte del vecchio ma non trovò le parole.

Anna vide gente muoversi dietro la porta a vetri velata da tende leggere e provò un moto di stizza.

Chiese: «Chi c'è?»

«Il signor conte. I suoi figli. L'avvocato Scaglia», rispose Giovanni.

«Gli avevo detto che volevo restare sola.» Era irritata, infastidita, guardava perplessa il vecchio sotto la neve e non si decideva a scendere dall'auto.

«Non lo so, signora.» Il custode aveva l'aspetto sorridente, mite e confidenziale del cane fedele.

«Io me ne vado, Giovanni.» Gli parlò sorridendo con l'aria di scusarsi.

«Che cosa devo dire?» Alludeva al marito, ai figli, all'avvocato.

«Che ho dimenticato di fare una commissione.» Non aveva bisogno di parole speciali per essere scusata.

Il vecchio salutò e chiuse lo sportello. «Farò quello che la signora desidera», disse.

«Torniamo indietro», ordinò Anna all'autista. Era ricca, era potente, era sola e l'esercizio del potere le dava la momentanea illusione di sfuggire alla propria solitudine.

«Dove?» chiese Hermann.

«A casa del dottor Masci.» Sì, forse era una buona idea. Si abbandonò sul morbido schienale e chiuse gli occhi.

Gianfranco Masci entrò in redazione: cessò il fruscio delle conversazioni, si accentuò il ticchettio delle macchine da scrivere, le matite dei grafici ripresero contatto con gli impaginati. La sola che stesse lavorando era la segretaria di redazione: innaffiava con devozione le piante ornamentali dai nomi difficili e dalle foglie lucenti che costituivano il miraggio di un'oasi nel grigiore inesorabile dei mobili Olivetti. Il costoso boschetto rimediato a spese della ditta non riusciva tuttavia ad attenuare il senso di aziendale mestizia.

« Dov'è Piero? » domandò Gianfranco Masci, ma più che altro per ascoltarsi.

« A prendere il caffè, credo. » La giornalista sollevò la bella faccia arguta e petulante dall'impaginato. Era stata a letto con Gianfranco e ci teneva a farlo sapere.

« Da solo? » Era una domanda superflua di cui sapeva la risposta.

« Mai soli davanti alla macchina », ironizzò la giovane donna sapendo che la distributrice automatica di bevande calde era il feticcio dinanzi al quale si consumavano i più infami intrighi.

Gianfranco Masci chinò la figura atletica sull'ampio tavolo dove si impaginava *Personalità*, la rivista della casa editrice controllata dal gruppo Boldrani e le sue belle mani curate dalle lunghe e forti dita cominciarono a frugare tra un mucchio di fotografie che lui osservò con disinteresse soltanto apparente.

Almeno diciotto delle venti persone presenti in quella specie di baraccone a metà strada fra il padiglione di una fiera campionaria e un labirinto da Luna Park avrebbero dato l'anima se soltanto lui avesse rivolto loro la parola. Pubblicamente lo adulavano, privatamente lo sbranavano. Sotto la cupola protettiva del comitato di redazione gli leggevano la vita lapidandolo selvaggiamente. Ma lui lo sapeva e non faceva una piega. Si adattava alle situazioni come i pantaloni flosci e i cardigan di Armani al suo fisico da marine.

Quando disse: « Facciamo una piccola riunione », i volti si sollevarono e gli sguardi si fissarono attenti su di lui e anche i cospiratori del caffè sbucarono dal fondo del salone e si avvicinarono facendo lo slalom tra scrivanie, pannelli, armadietti e cassettiere.

Il direttore osservò la platea attenta e cominciò il suo numero quando si spense l'ultimo brusìo. Aveva una voce bene impostata, registrata sullo stesso tono pacato con una traccia di ironia; calcolava le pause realizzando una versione moderna del vecchio istrione. Girava intorno i suoi celebri occhi grigi e ogni tanto si passava la mano tra i capelli folti e scuri. Raramente sorrideva e si trattava sempre di un sorriso rapido come l'accendersi e lo spegnersi di una lampadina, per cui la sua faccia ripiombava in una serietà anche più allarmante. Tutti gli riconoscevano talento e autorevolezza, la furbizia di un gatto e la freddezza di un serpente. Non aveva avuto bisogno di raccomandazioni per arrivare dov'era, perché sapeva manipolare gli ingredienti che fanno di un giornale un giornale di successo.

Il telefono squillò sul tavolo dei grafici al quale il direttore si era appoggiato. Era un evento straordinario e tutti ne furono sorpresi: le riunioni di redazione erano sacre e inviolabili. Senza apparente disagio sollevò il ricevitore, lo portò all'orecchio e qualcuno parlò dall'altra parte del filo. Fu un discorso rapido e molto più conciso e autorevole di quelli che lui faceva con i subalterni, tre o quattro parole al massimo alle quali rispose semplicemente: « Va bene ». Riappese l'apparecchio e senza che sul suo volto trapelasse la benché minima emozione, senza un cenno di saluto, senza una parola, se ne andò piantando tutti in asso.

« Von Karayan ha interrotto il concerto », disse la giornalista dalla bella faccia arguta e petulante che una volta era andata a letto con lui e che ci teneva a farlo sapere.

Anna sentì la porta che si chiudeva, poi il passo dell'uomo che si avvicinava attraverso la grande sala che rappresentava una sintesi del moderno design: pareti rosso cupo, mobili neri laccati, sedie firmate da Vico Magistretti e tavolini di Artemide. Era l'apoteosi di un gusto che Anna, saldamente ancorata alla concezione classica dello stile e dell'arredamento, detestava profondamente. Ma la propria sessualità urlante aveva bisogno di quel formalismo di maniera, di quella cornice per lei quasi grottesca in cui si manifestava un desiderio incontrollabile per il maschio che veniva a lei obbedendo a un ordine preciso, con i suoi buffi pantaloni flosci, il fresco profumo di lavanda, il buon odore di tabacco e lei lo aspettava nuda sotto le lenzuola rosso fiamma, ascoltando il cuore in tumulto e l'impetuoso rimescolio dei sensi.

« Voglio vivere », gli disse Anna con voce roca.

Gianfranco le sorrise e cominciò a spogliarsi lentamente come piaceva a lei fino a quando il suo corpo forte e armonioso fu completamente liberato da quegli orribili indumenti. Era bello, di una bellezza virile che lo faceva somigliare a un dio greco. La nudità di Anna, con il ventre piatto e teso, i seni piccoli e rotondi, le lunghe cosce elastiche, aveva la grazia di una giovinezza senza tramonto. I capelli neri e morbidi le incorniciavano il volto acceso di desiderio e le scendevano sulle spalle.

« Vieni », disse tendendogli le mani.

Il sesso dell'uomo eretto e turgido aveva la consistenza del marmo e la dolcezza del velluto di seta. Anna si inginocchiò davanti a lui, lo accarezzò lungamente con il tocco lieve delle sue dita affusolate, lo sentì fremere e vibrare, poi avvicinò le labbra al glande umido e caldo e lo baciò con tenerezza infinita. Il maschio la sollevò, la prese in braccio e la adagiò sul letto. La penetrò come un maschio e l'accarezzò con l'estenuante voluttà di una donna e attese il piacere di lei che veniva da lontano per raggiungere vette inesprimibili, prima di godere a sua volta nel ventre caldo e avvolgente della femmina che nel momento dell'orgasmo pianse senza ritegno tutte le lacrime che aveva accumulato.

Gianfranco la baciò, la coprì con il lenzuolo rosso fiamma, si rivestì e se ne andò silenziosamente com'era venuto. Quando avesse avuto ancora bisogno di lui lo avrebbe chiamato. E lui sarebbe accorso prontamente.

La vecchia Ausonia, che si era presa cura di Anna quando era appena nata e che poi era diventata la sua governante, la aspettava davanti alla grande porta a vetri della villa di Caravaggio.

« A quest'ora devi tornare? » la rimproverò. « E che piedi zuppi hai. Vieni dentro. » La precedette scuotendo sconsolatamente il capo.

« Ho camminato un po' nella neve », si giustificò. « Chi c'è in casa? » chiese.

« Nessuno », rispose Ausonia. « Se ne sono andati tutti. Ma dimmi te se sono cose da fare », insisté come se Anna fosse ancora una bambina scriteriata. Quasi la sospinse verso l'angolo di un vasto soggiorno dove scoppiettava il fuoco del camino. « Siedi sulla tua poltrona », disse cominciando a muoversi intorno a lei premurosa e materna.

Quando era nata Anna Ausonia aveva venticinque anni ed era già vedova. Suo marito, ai tempi della guerra d'Abissinia, mentre lavorava in ferriera era morto con il petto sfondato da

22

un pacco di lingotti per il cedimento di un cavo di acciaio. Da allora nessun uomo aveva dormito nel suo letto e lei non aveva mai più cercato il calore del maschio nel letto di un uomo. Teneva la miniatura del marito sul petto, appesa a una catenina d'argento secondo una vecchia consuetudine e la venerava come una reliquia. La grande Maria, con la sua generosa amicizia, era tutto quello che aveva e le bastava. Era orfana di entrambi i genitori e i pochi parenti erano lontani in tutti i sensi: dal punto di vista del legame del sangue, degli affetti e geograficamente irraggiungibili, perché abitavano in un paesino sperduto nelle valli bergamasche di cui non conosceva neppure il nome. Ausonia aveva vissuto la nascita di Anna come quella di una figlia propria e ne aveva seguito ogni passo nella buona e nella cattiva sorte.

Il buon legno resinoso crepitava nel camino, grappoli di scintille risucchiate da un vortice si disperdevano su per la cappa come fuochi d'artificio. Ausonia, con il suo incessante brontolio di ancella devota, si muoveva con gesti lenti e affettuosi intorno alla comoda poltrona di velluto di lino azzurro sulla quale si era abbandonata Anna. Le tolse le scarpine di vernice nera di Ferragamo, l'aiutò a sfilarsi le calze di seta di Dior e le mise ai piedi calde pantofole di pelo bianco. Le pantofole erano la passione di Anna, ne aveva di ogni tipo e colore. Il crepitio del fuoco, il rumore del vortice su per la cappa, il calmo brontolio di Ausonia, il tepore che dai piedi si irradiava in tutto il corpo le comunicarono una serenità insperata.

Gli occhi verdi di Anna che non avevano nulla dell'azzurro intenso dei Boldrani, né ricordavano il color nocciola della madre, guardarono con attenzione i due cigni che si fronteggiavano con morbida aggressività sul rosone del grande tappeto beige, i bordi arricchiti da motivi di palme e fiori esotici dalle tonalità azzurre e ocra. Nel mondo c'era un altro tappeto uguale, quello uscito dalle manifatture della Savonnérie, eseguito per il salotto di Giuseppina Bonaparte nella villa della Malmaison.

Le pareti lisciate a stucco di un delicato azzurro pallido erano suddivise in pannelli rettangolari, delimitate da fregi di stucco bianco, e racchiudevano tele ottocentesche che Cesare Boldrani aveva acquistato non tanto per il valore artistico, che pure era rilevante, quanto per l'atmosfera evocatrice di lontani

23

ricordi che gli riempivano il cuore e la memoria. Un ritratto di popolana di un maestro francese gli faceva venire in mente la madre. Era una donna ormai avanti negli anni, i capelli raccolti in una cuffietta bianca ravvivata da un merletto un po' sgualcito, le spalle coperte da uno scialletto scuro, l'espressione tesa, lo sguardo, severo e dolce a un tempo, di chi ha subito umiliazioni e privazioni e ha dovuto spesso piegarsi senza spezzarsi mai. Di fianco al quadro della donna, un particolare gioco di luci conferiva una suggestione estrema alla tela di un pittore tedesco, un piccolo olio su tavola, riproducente una ragazza simile nella figura a una donna che Cesare aveva molto amato quando era ancora giovanissimo.

Come se percorressero con meditata lentezza una galleria di ricordi preziosi gli occhi verdi di Anna indugiarono a lungo sul dipinto preferito dal padre, il capolavoro di un grande impressionista francese.

Il quadro era la sintesi profumata e gloriosa della primavera che gli innamorati sentono senza sapere esprimere: una contenuta festa di colori delicatamente sfumati, pochi alberi in un giovane prato, le tenere gemme ormai schiuse, e una figurina di donna inconsistente e insostituibile come l'aria, appena abbozzata, ma profondamente incisa, che ti viene incontro avviluppata in un abito che ha le trasparenze di un velo e porta tra le braccia un fascio di narcisi appena colti. Nell'impressione dell'artista Cesare aveva visto la sua bella Maria quando era felice nel parco di Caravaggio e gli correva incontro, beatamente piena della vita di Anna, per offrirgli con il miele del sorriso i fiori appena colti. Ma se il padre era felice e la madre era radiosa perché lei, la piccola Anna, avrebbe dovuto soffrire le pene di una creatura rifiutata? E, nonostante fosse ormai una donna ricca e ammirata, quando si trovava vicino al fuoco nella villa di Caravaggio le ritornava vivo e crudele il ricordo di quando era bambina e d'inverno stava con il fratello Giulio dalla nonna che faceva la stiratrice in due stanze nella vecchia casa di corso Vercelli, con la ringhiera, il gabinetto in comune in fondo al corridoio e tutta quella miseria e quella voglia di vivere, tutte quelle voci e quelle storie che si intrecciavano da porta a porta e si affacciavano sul cortile brulicante di vita. Anna aveva i piedi gonfi e dolenti per i geloni e la nonna, prima di coricarsi, le faceva fare pipì in un panciuto vaso da notte di smalto bianco con l'orlo blu. « L'hai fatta tutta? » domandava la vecchia. « Sì, nonna. » Allora la metteva a sedere su uno sgabello davanti al vaso dicendole: « Mettici dentro i piedini, svelta, prima che si raffreddi ». Anna bambina obbediva con la sollecitudine dei bambini di una volta. « Adesso bruciano anche di più », si lamentava e due lacrimoni le rigavano le gote. « Perché fa bene », la rincuorava la nonna. « Ti mette in circolazione il sangue. Domani sei guarita. » Anna stava con i piedini a mollo nella pipì fino a quando non si era raffreddata, poi la nonna glieli detergeva con una pezzuola bianca umida e calda, le infilava ruvidi calzettoni di lana e via sotto le coperte nel lettone che era stato riscaldato con il « prete ». La bambina si lasciava cullare in quel tepore, gli occhi fissi all'immagine della Madonna con il bambino e un cardellino tenero e curioso che li osservava e teneva loro compagnia. Era un'immagine che la faceva sorridere, la consolava e continuava a vederla nel buio prima di addormentarsi, quando la nonna, spenta la fioca lampadina che pendeva dal soffitto, si coricava al suo fianco concedendosi il leggero sonno dei vecchi.

Anna cercò la soave innocenza della Vergine, ma nel verde intenso e luminoso dei suoi occhi incantati si dilatò la poesia di un grande olio di Corot collocato sopra il camino. C'era la riva di un fiume, un barcone ancorato al tronco di un grande albero, le due sponde unite da un ponte e la pianura con i colori dell'autunno.

« Allora, vuoi berla? » disse Ausonia con premurosa severità porgendole la tazza di Limoge piena di camomilla fumante.

« Guardavo il quadro. » Anna la ringraziò con un cenno e prese la tazza. Era grata ad Ausonia per le sue premure, ma soprattutto perché non aveva parlato della morte del vecchio.

« È un quadro davvero bello », ammise la governante. « Tuo padre lo amava molto », raccontò. « Lo prese tanti anni fa perché gli ricordava le rive del Naviglio fuori porta Ticinese che ai tempi nostri scorreva pigro nella campagna. Ma adesso riposati, bambina », la consigliò.

Anna cominciò a sorseggiare lentamente la tisana preferita e nel suo campo visivo comparve per la prima volta il grande vassoio d'argento traboccante di telegrammi di cordoglio. Non aveva nessuna voglia di aprirli e di leggerli, anche perché conosceva il contenuto dei messaggi elaborati dagli uffici stampa delle S.p.A. e dai faccendieri degli uomini politici; conosceva

25

le comunicazioni banali e vagamente umoristiche dei collaboratori più modesti che partecipavano « vivamente » al profondo dolore per l'irreparabile perdita. Ma le leggi non scritte del mondo in cui viveva da protagonista le imponevano il rispetto di regole precise: Anna cominciò a leggere le parole accorate di parenti, di amici, di finanzieri, di banchieri: in inglese, in francese, in-tedesco. Si soffermò con attenzione sul cartoncino personale vergato con bella calligrafia da un ex presidente del consiglio. I riflessi del fuoco brillarono nel suo sguardo duro e consistente come smeraldo: « Dovrai essere tu a fare la prima mossa », disse storcendo il naso fermo e diritto mentre teneva davanti a sé il cartoncino bianco.

Era scesa la sera e il grande salone era illuminato soltanto dai riverberi del fuoco nel camino che gettavano lingue rossastre sulle preziose tappezzerie, sui mobili e sui quadri. Anna puntò un piede sul prezioso tappeto e fece ruotare la poltrona fino a trovarsi in faccia a una grande parete interamente coperta da una tenda di velluto di lino azzurro, lo stesso tessuto che ricopriva il divano e le poltrone. Schiacciò il pulsante di una piccola scatola elettronica poco più grande di un telecomando e la tenda cominciò a scorrere con un delicato fruscio rivelando un'immensa vetrata di cristallo antiproiettile montata da una ditta belga specializzata in cristalli di sicurezza. Un'alba artificiale e inattesa scaturì da un'invisibile sorgente e gradualmente una luminosità da palcoscenico rischiarò una radura delimitata dagli alberi secolari del parco ammantati di neve. In quel candore immacolato due coppie di snelli e vigorosi doberman neri come diavoli cominciarono a saltare e a correre, ubriacati dal nuovo giorno che Anna aveva inventato per loro e per la propria vanità di donna ricca e ammirata che inconsciamente tendeva a possedere cose che gli altri non potevano nemmeno permettersi di sognare.

Ausonia aprì la porta del salone e vide Anna che si divertiva con uno dei suoi giochi preferiti. Le si avvicinò e sorrise.

« Anna, bambina mia », la chiamò sottovoce. « Sono ore che stai qui tutta sola. Devo prepararti qualcosa? »

Anna sollevò il capo verso la donna e la massa dei suoi capelli, nera e ondulata, si impreziosì della luce che pioveva dall'esterno.

« Fai come ti pare », rispose senza scomporsi. Manovrò i pulsanti del comando elettronico spegnendo il suo grandioso giocattolo. La tenda ricoprì la parete di cristallo mentre Ausonia accendeva la lampada Tiffany a tela di ragno con base di mosaico, vetro e bronzo, regalo di amici americani.

Anna uscì dal salone sotto lo sguardo materno della governante e osservò ancora il ritratto della popolana.

« È tale e quale a Maria », osservò Ausonia.

« Tale e quale », ripeté Anna.

« Così tuo padre comperava i quadri. Voleva quelli che gli ricordavano le persone e le cose che gli erano più care. »

Anna si mosse e Ausonia sorrise conoscendo la tappa successiva della sua bambina. Anna percorse un corridoio azzurro fino a una porta lontana, la toccò appena, i battenti si schiusero lentamente e una musica d'organo, solenne e melodiosa, l'avvolse. La donna provò un'intensa emozione entrando nella cappella voluta dal padre, con un inginocchiatoio semplicissimo e un Cristo di legno sulla parete di fondo.

Anna sentì alle sue spalle i passi leggeri di Ausonia.

« È arrivato quel signore che si vede nei telegiornali », annunciò senza entusiasmo. Sapeva che l'ospite era stato presidente del consiglio, che in quel periodo era ministro, ne conosceva il nome, ne aveva intuito i segreti maneggi, ma provava per lui un'animalesca avversione e lo chiamava da sempre « quel signore che si vede nei telegiornali ».

« Fallo accomodare », disse Anna che lo aspettava, ma non così presto. Sulla sua faccia aristocratica era rimasta una ombra di stanchezza e niente più. Gli occhi avevano la calma profondità del mare dopo la tempesta. « Fallo accomodare », ripeté. « E portaci anche qualche cosa da mangiare. Sto morendo di fame. »

Il suo ultimo incontro con l'ex presidente del consiglio era avvenuto la vigilia di Natale nella villa di Caravaggio. C'erano lei, l'uomo politico e Cesare Boldrani, ancora in ottima forma nonostante gli ottantun anni suonati, e nulla faceva presagire che sarebbe mancato da lì a due settimane. Il ministro si era fatto precedere da un dono per Anna, strenna natalizia sua e degli « amici » di corrente. Era un orologio da tavolo dell'Ottocento in oro e smalto di Van Cleef & Arpels messo all'asta da Sotheby a Londra. Era stata una mossa abile che aveva appagato la vanità di Anna e assicurato la gratitudine di Cesare Boldrani che non lesinava la propria benevolenza a chi riusciva a fare sorridere sua figlia.

Il vecchio e l'uomo politico avevano parlato per circa quindici minuti in presenza di Anna e quando l'ospite, con un semplice sguardo, aveva espresso un certo disagio Cesare Boldrani era stato esplicito: « Deve abituarsi alla sua presenza. Quando me ne andrò Anna sarà la sola interlocutrice. Soltanto lei », aveva sottolineato.

Non era l'abilità dialettica che mancava al ministro, un animale dal sangue freddo e dall'espressione impenetrabile che anche in quell'occasione aveva saputo rimediare senza inciampi.

« Parole », aveva replicato il vecchio cancellando con un breve gesto della mano forte e nodosa l'elegante costruzione verbale.

Avevano parlato di depositi auriferi, di partecipazioni azionarie, di rapporti internazionali, di finanziamenti a breve termine, della necessità di colmare il buco petrolifero dal quale dipendeva la stabilità del governo e la credibilità di una parte politica.

Il vecchio si era espresso con la consueta essenzialità: « Avremo la mediazione richiesta e ci sarà petrolio a sufficienza. I finanziamenti arriveranno puntualmente con il solito mezzo ». Il ministro aveva annuito con diplomatica serenità, ma dentro aveva avuto un soprassalto di gioia. Aveva appena reclinato il capo: « Sapevo che avremmo potuto contare su di lei, anzi, su di voi ».

Anna si era inorgoglita per quella generalizzazione che ufficialmente la coinvolgeva.

Un lampo di giovanile ironia era passato nello sguardo azzurro del vecchio. « Però entro quest'anno vi presenterò il conto. »

« Entro quest'anno », aveva ripetuto il ministro con un mezzo sorriso senza perdere la propria impassibilità. Ma la sentenza del vecchio aveva ricacciato al largo l'ondata di gioia che poco prima lo aveva rallegrato.

Su quella battuta si era concluso l'incontro e Cesare Boldrani era rimasto solo appoggiandosi alla spalliera della poltrona di velluto di lino azzurro di fianco al camino.

« Tutti gli errori », aveva mormorato, « non hanno insegnato a questa gente a fare le cose con serietà. E poi si stupiscono che il paese non riesca a prendere sul serio nemmeno questa crisi tremenda. Troppa leggerezza, troppi debiti, troppi conti in sospeso. »

Lui, il vecchio, in ogni momento della vita i conti li aveva regolati sempre e presto. Era quello uno dei segreti del successo. Con gesto lento e rituale aveva estratto dal taschino del panciotto un orologio d'argento con il quadrante di smalto e le ore segnate in numeri romani. Sulla cassa era disegnata in rilievo una figura di donna drappeggiata in una tunica, le chiome fluenti e gli occhi bendati: la dea Fortuna. Schiacciando un pulsante la cassa si apriva azionando un carillon con le note della *Marcia turca* di Mozart e rivelando la scritta: « Genève-1880 ». Quell'orologio d'argento dal quadrante di smalto, i numeri romani, la dea Fortuna e il carillon gli ricordava il primo conto saldato della sua vita, quando aveva appena quindici anni; ed era stato siglato con la morte di un uomo.

Cesare 1914

1

La luce dell'aurora scivolava tra le fessure delle persiane senza tuttavia fugare completamente il buio della grande cucina. Nell'incerto chiarore Cesare Boldrani vide la madre affacciarsi sulla porta della camera dove dormiva con i figli più piccoli: Augusto di otto anni, Anacleto di quattro e Serafina che aveva un anno soltanto. Cesare rimase immobile sul materasso di foglie secche di granturco, sotto la ruvida coperta di tela color verde smunto. Guardò la donna che era sua madre con tenerezza.

Elvira Colombo vedova Boldrani aveva la faccia ancor giovane segnata da un breve sonno di pietra, indossava una gonna di cotone scuro arricciata in vita, lunga fino ai piedi, una camicetta con fiorellini celesti e maniche a sbuffo che teneva sempre arrotolate sulle braccia magre e muscolose da lavandaia. Portava zoccoletti bassi di legno con la tomaia di stoffa e calze di makò nero. Non senza civetteria si aggiustò i soffici capelli castani raccolti in una crocchia al centro della testa. Le mani grosse e ruvide esprimevano gentilezza e amore.

« Mamm », disse Cesare. Tutti i suoi figli la chiamavano così, esattamente come lei chiamava sua madre, secondo un'antica consuetudine lombarda.

« Fai piano che svegli tua sorella », lo ammonì Elvira sottovoce. Giuseppina aveva quattordici anni, era una ragazzina di delicata bellezza e di costituzione fragile che dormiva su un giaciglio identico a quello di Cesare: due cavalletti di legno su cui erano posate tavole robuste e su di esse un materasso riempito con foglie secche di granturco: il « paglione » dei poveri.

« Mamm », mormorò Cesare, « ti aiuto? » Si mosse facendo scricchiolare le foglie.

« Dormi ancora un po'. » Elvira pensò che il figlio aveva poco più di quindici anni e che alle cinque e mezzo doveva mettersi in strada e macinare chilometri a piedi per arrivare in fabbrica prima delle sette.

« Tanto sono sveglio. » Buttò da parte la ruvida coperta, si tirò a sedere mettendo i piedi sul pavimento che era di terra e il materasso di foglie secche di granturco crepitò sotto di lui. Cesare era un ragazzo smilzo, ma ben costruito per la sua età, con un'espressione decisa, il naso forte e proporzionato del padre, la bocca morbida della madre, gli occhi azzurri e fondi dei Boldrani. Andò alla finestra con l'intenzione di aprirla: il familiare scenario dell'aia, dei prati e degli alberi che si scorgeva oltre le persiane verdi e malandate della vecchia cascina lo incuriosiva sempre come un mistero esaltante. Aveva l'impressione che ogni giorno potesse verificarsi una meravigliosa sorpresa.

« Non aprire. » La madre si era accostata al focolare per sistemare gli stecchi asciutti che aveva preparato la sera prima: pescò uno zolfanello dalla scatola gialla, lo soffregò contro la striscia di carta vetrata e, dopo l'esplosione del fosforo, attese che lo zolfo si consumasse; poi appiccò il fuoco alla carta che prese subito e le fiamme cominciarono a mordere la compatta fascina, si alzarono e i rametti più piccoli crepitarono allegramente coinvolgendo nel rogo i pezzi più consistenti, fino a quando alte lingue di fuoco lambirono il paiolo di rame per la polenta appeso alla catena nera di fuliggine. Un buon odore di legna bruciata si diffuse per la grande cucina.

« Mamm, oggi è la tua festa. » Il ragazzo era in piedi vicino alla finestra e scrutava attraverso le feritoie scrostate e tarlate delle persiane.

« La mia festa? » Per la donna era festa quando alla sera aveva dato da mangiare ai suoi figli e si coricava a sua volta nella cameretta con i tre più piccoli, avendo la certezza che c'erano polenta e lardo a sufficienza per il giorno dopo.

« È il tuo compleanno. » Cesare si era spostato vicino al letto dove dormiva Giuseppina. Appesi alla parete, alle spalle della ragazza c'erano una copertina della *Domenica del Corriere* disegnata da Beltrame raffigurante il naufragio del *Titanic*, un

34

manifesto della mondiale Casa Stucchi & C. con il disegno della macchina per cucire « Labor », modello famiglia, pagabile in sedici mesi a lire sei e cinquanta al mese e l'almanacco meneghino in dialetto milanese.

« È già il sedici giugno. » La donna parlò soprappensiero, mentre con la mano destra seminava farina gialla nell'acqua bollente che rimestava con un levigato bastone. Aveva trentacinque anni. Era nata nel 1877, ricordava la fine del secolo perché era venuto al mondo Cesare e si era aperto l'Anno Santo. Quando era incinta di Giuseppina, nel 1900, era inginocchiata sulla pietra del lavatoio e alcune donne erano arrivate con la notizia di un anarchico che a Monza aveva ucciso con tre colpi di pistola il re Umberto I. Una volta Angelo, suo marito, le aveva portato a casa una pagina della *Domenica* dove c'era il disegno di macchine che cucivano da sole con l'energia elettrica, un marchingegno per asciugare i capelli e perfino una lavapiatti che funzionava a manovella. Poi suo marito era morto stroncato da un attacco di polmonite doppia e soltanto raramente arrivavano fino alla cascina fuori porta Ticinese, dove abitavano i Boldrani, le vecchie pagine dei giornali che Giuseppina attaccava ordinatamente alla parete dietro il suo letto. Elvira, che possedeva soltanto uno scialletto nero, sognava un golfino simile a quello che portavano le signore, ma quel desiderio non aveva mai avuto il coraggio di manifestarlo. Era il 1914 e le sue gonne avevano almeno dieci anni.

« Mamm, questa sera ti porto i fiori », promise Cesare mentre infilava sulle mutande di tela lunghe al ginocchio, tenute strette da una fettuccia rossa, i pantaloni di robusto fustagno. Era un ragazzo, ma vestiva come un uomo e anche la camicia di tela a righe bianche e rosse che indossò sulla maglia di lana lisa e rattoppata in più punti era un capo adattato del padre. « Lascia perdere i fiori. » Elvira rifiutava con voce burbera quello che in cuor suo desiderava.

Era giorno ormai, ma non splendeva ancora il sole. Una luce rosata nasceva a oriente e accarezzava la finestra della grande cucina. Cesare si avvicinò alla madre, ne respirò l'odore buono e respirò l'odore familiare del fuoco e della polenta. Provava un desiderio invincibile di abbracciare quella donna sulla cui fronte nascevano minuscole goccioline di sudore che di tanto in tanto lei si detergeva con il dorso della mano. Il ragazzo non ebbe il coraggio di farlo perché Elvira lo avrebbe respinto. La sua natura severa e riservata, costruita sulle antiche usanze contadine, escludeva i figli grandi, che non erano ancora adulti, ma non erano più bambini, dalle manifestazioni esteriori di un affetto che pure li univa e sul quale non c'era motivo di dubitare. Cesare aveva un ricordo lontano, indimenticabile, dell'abbraccio di sua madre, della pelle dolce e chiara, delle sue guance, delle morbide labbra profumate di menta.

Il campanile della chiesa di San Lorenzo batté un lento e musicale rintocco: erano le quattro e mezzo. Elvira afferrò il manico del paiolo, lo sollevò dal gancio, lo portò con un ampio gesto verso il tagliere e con l'aiuto di uno strofinaccio scodellò la polenta fumante.

« È bella », esclamò Cesare osservando quell'oro sparso e fumante con sincera ammirazione.

« Basterà per tutto il giorno », disse Elvira soddisfatta. Raccolse le sue cose in un grande fazzoletto e se ne andò al lavatoio spingendo un carretto blu sul quale aveva caricato i panni dei signori che le facevano guadagnare i pochi soldi per sfamare i cinque figli. D'inverno partiva che era ancora buio e le prime ore lavava al lume di candela, ma finalmente era giunta l'estate e il lavoro era meno penoso.

Cesare l'aiutò a spingere il carretto lungo un viottolo, poi la guardò immettersi sulla strada deserta. Si avvicinò alla pompa dell'acqua, riempì un secchio di zinco, si lavò le mani, la faccia e il collo soffiando nella conchiglia delle mani con un baccano d'inferno. La gente che abitava la cascina si era svegliata da tempo e voci chiare si inseguivano dalle finestre e nel cortile. Uomini attaccarono un paio di buoi a un pesante carro piatto dalla lunga stanga che faceva da timone. Una squadra di falciatori procedeva lungo un filare di chiari pioppi che si stagliavano agili contro il sole nascente. Avrebbero attaccato il prato dal fondo scaglionandosi in diagonale lungo tutta la larghezza del campo e con gesti lenti e solenni, procedendo ritmicamente, avrebbero tagliato la prima erba dell'estate e l'aria si sarebbe riempita del suo profumo.

Cesare, dopo essersi asciugato con un rozzo asciugamano di tela, rientrò in casa. Giuseppina dormiva ancora e nel sonno diede alcuni colpetti di tosse secca che gli ricordarono la tosse del padre morto di broncopolmonite. Da un cassetto della credenza prese un pezzo di lardo che per il caldo si era un pochino ingiallito all'estremità, ma tagliandone un dadino l'odore di rancido spariva e rivelava una polpa bianca, appena profumata e venata di rosa. Dalla rastrelliera sull'acquaio staccò un tegame di ferro, vi buttò al centro il dadino di lardo e mise il tutto sulle braci. Quando il lardo cominciò a sfrigolare sciogliendosi, staccò una fetta di polenta servendosi di un filo bianco, la depose nel tegame e la rimestò coscienziosamente perché assorbisse bene e uniformemente il lardo sciolto e profumato. Sollevò infine il tegame, uscì nel cortile, sedette sulla panca vicino alla porta di casa, afferrò un'asse appoggiata al muro, la sistemò bene sulle ginocchia e vi posò sopra il tegame che ancora bruciava. Respirò l'odore dell'erba che cominciava a piegarsi con un fruscio sotto la lama delle lunghe falci e respirò il profumo della polenta con il lardo soffritto. Quando si riempì la bocca con la prima robusta cucchiaiata provò una gioia indescrivibile, certo qualche cosa che somigliava alla felicità.

Ma la sua fame aveva radici antiche e la voracità incontrollabile vanificava il proponimento di far durare quel piacere il più a lungo possibile. Quando era vivo suo padre c'era anche la prospettiva di un buon bicchiere di vino annacquato, ma ormai il vino era un lusso e così aveva imparato dalla madre a correggere l'acqua della fonte con poche gocce di aceto. Ne bevve un gran bicchierone e si sentì sazio e soddisfatto. Rientrò in casa che le campane scandivano le cinque. Si avvicinò al letto di Giuseppina e la toccò leggermente su una spalla: « Io vado », disse.

La ragazza lo guardò con gli occhi grandi, scuri, dolci e sorpresi come quelli della madre, mentre puntava i gomiti sul materasso per tirarsi a sedere. I capelli lunghi e neri le incorniciavano il volto e le morbide labbra sorrisero come se volesse farsi perdonare di avere dormito più del solito. « Ci vediamo stasera », disse con voce dolce leggermente arrochita dal sonno.

Quella creatura fragile e indifesa lo faceva sentire forte, importante, un vero uomo. Gli sarebbe piaciuto abbracciarla per trasmetterle un po' della sua sicurezza, ma forse lei non avrebbe capito perché se un uomo e una donna si abbracciano, anche se sono fratello e sorella, c'è sempre qualcosa di strano. Cesare e Giuseppina si amavano di un tenero amore fraterno, lo sapevano e non avevano bisogno di gesti e di parole.

Mentre la ragazza accennava ad alzarsi lui chiuse la porta della cucina alle sue spalle. Girò intorno alla cascina e si incamminò verso una bassa siepe di sambuco che delimitava un orto dove crescevano grossi pomodori. Di là dalla siepe e prima dell'orto c'era un casotto di legno dalle assi consumate e maleodoranti; entrò nel cesso comune dove fece i suoi bisogni. Grassi mosconi iridescenti si contendevano la pietra verdastra che rivestiva il suolo e ronzavano nell'aria in cui ristagnavano odori che mozzavano il fiato ai quali però la gente della cascina era abituata e non faceva più caso. Cesare, a calzoni calati, riusciva a formulare pensieri grandiosi: si immaginava ricco e potente e il massimo della potenza per lui ragazzo era la proprietà della cascina e dei prati intorno, dell'orto e della stalla. Con lui al centro di tutto quel ben di Dio avrebbe sollevato Giuseppina dalla fatica della casa e della cura dei fratellini e avrebbe riscattato la madre dalla schiavitù del lavatoio. Un moscone grosso e grasso gli si posò sul dorso della mano sinistra; lui lo acchiappò con la mano destra svelto come il fulmine e lo scagliò contro la pietra verde dove rimase stecchito. Era un buon segno, una specie di sortilegio riuscito. Si rimise in ordine, uscì all'aperto e l'aria gli parve ancora più leggera e profumata.

Il ·sole stava salendo e la campagna vibrava in tutto il suo splendore. In cortile Cesare si tolse i pesanti scarponi di cuoio, ne legò insieme i lacci e li mise a tracolla. Per essere sul lavoro alle sette doveva camminare per due ore uscendo da Porta Ticinese e tagliando per i prati fino a Opera dove c'era una delle prime fabbriche di fonografi a cilindro. Prendeva una lira e venti centesimi al giorno e si riteneva fortunato perché altri ragazzi della sua età guadagnavano una lira soltanto. Ma lui era svelto e forte e non finiva mai di fare andare il martello. Si assicurò che gli scarponi fossero ben saldi. Erano di buona qualità e non voleva consumarli con tutta quella strada che faceva ogni giorno; meglio i piedi nudi che non si consumavano mai.

Cesare, da un varco che sapeva, scivolò tra la siepe di sambuco, raggiunse l'orto, colse tre pomodori larghi e rossi, li infilò nella camicia, poi tornò verso lo stradone polveroso che si snodava attraverso le ultime case verso i campi. Entrò dal fornaio e comperò cinque centesimi di pane giallo, ancora caldo di forno. Si fermò sul ciglio della strada cavò dalla tasca un grande fazzoletto a quadri rossi e blu e vi depose pane e pomodori, poi ne annodò le cocche.

« Sei in anticipo », disse, andandogli incontro, un ragazzo

con una testa di capelli ricciuti e che proprio per quello era soprannominato il Riccio.

Cesare lo guardò contento e lo salutò con un cenno: era il suo più grande amico, il suo compagno di strada e di lavoro. Anche il Riccio aveva un fazzolettone identico al suo e gli scarponi a tracolla che camminando gli battevano sul petto. Aveva sedici anni, ma l'anno di differenza non si notava perché il ragazzo di Elvira era alto e robusto per la sua età e una peluria scura gli ombreggiava il labbro superiore. Aveva già messo gli occhi sul rasoio Puma del padre e di lì a qualche mese avrebbe cominciato a radersi.

I due amici camminarono fianco a fianco per la strada che conduceva fuori città. Il sole cominciava a bruciare loro la nuca. Cesare scrutò il cielo con occhi azzurri e vivaci e pieni d'intelligenza e imprecò: « Porca boia, vuoi vedere che neanche oggi piove? » Gesticolava imitando i vecchi avventori delle osterie.

« Chissà mai che cosa ti frega se piove. » Il Riccio aveva l'aria disincantata e beffarda di chi la sa lunga sui problemi della vita. Prese un sasso tra le dita dei piedi e lo fece volare oltre il fosso.

« Ho voglia di un bel temporale. » Parlavano tra loro, i due ragazzi, ma era come se ognuno parlasse per conto proprio.

« Così le tue terre fruttano di più. » Il Riccio voleva prenderlo in giro, ma Cesare non dava gran peso alle parole del compagno.

« Perché a te che cosa piacerebbe? » lo aggredì. « Possibile che non ci sia niente che ti entusiasmi? »

« Io per me ho già avuto tutto. » Gli brillavano gli occhi. Aveva nel cuore e sullo stomaco un segreto e moriva dalla voglia di spiattellarglielo sul muso.

« Chissà mai che cos'avrai avuto », lo stuzzicò sapendo che prima o poi avrebbe ceduto.

Passarono davanti all'*Osteria della Noce*. In cucina stavano già lavorando e si diffondeva intorno un buon odore di soffritto di cipolle e di carne messa a rosolare. Un garzone spazzava la terra battuta, sotto il pergolato che le rondini sfioravano nel loro rapido volo. Cesare guardò con nostalgia i tavolini di ferro con il ripiano di marmo, perché una volta c'era stato con suo padre, che era un uomo forte e severo come una quercia, a bere acqua di seltz che sprizzava dal sifone e vino. Passò un barrocciaio con un carico di sabbia. Il cavallo andava a passo lento e rassegnato per la strada che conosceva e l'uomo seduto di traverso alle stanghe vicino alla spalletta del carro sonnecchiava sotto l'ampio cappello di paglia. All'orecchio sinistro portava un orecchino rotondo d'argento come gli zingari, ma non era uno zingaro. Anche il nonno di Cesare, il nonno Colombo, portava un orecchino uguale a quello: era un talismano contro certe malattie e il ragazzo glielo invidiava molto.

Il Riccio disse: « Ieri sono diventato uomo: mi sono fatto Miranda ». Buttò indietro la testa, strizzò gli occhi con simulata indifferenza e assunse un'aria malandrina. Poi tacque.

Cesare non sapeva esattamente che cosa significasse « farsi una donna », ma intuiva che c'era in quell'azione qualcosa di inquietante che gli rimescolava il sangue e che gli ricordava i frenetici accoppiamenti degli animali sulle aie e nei campi. Miranda era una femmina di via Vetraschi, figlia dell'oste della *Ca' di Can*, nota per le sue grazie e la sua disinvoltura. In una locanda di via Vetraschi, la strada più malfamata del quartiere, i ragazzi avevano intravisto uomini e donne che scherzavano e si toccavano parlando una lingua grassa e strana che risvegliava emozioni e che accendeva i sensi. Miranda, tra le femmine di via Vetraschi, era la più sfacciata, saltava sulle ginocchia dei clienti e ballava un ballo indiavolato chiamato can-can mostrando le cosce lunghe e tornite fasciate da calze nere o rosse, strette in alto da una colorata giarrettiera dove si intravedevano bianche mutandine di pizzo. Tutto quello provocava affannosi sospiri, rauche esplosioni di gioia, frenetici e sgangherati battimani.

« Figurati se ti sei fatto Miranda », dubitò Cesare per provocare l'amico più esperto e per capire dalla sua reazione che cosa significasse esattamente « farsi una donna ».

« Non ci credi? » domandò il giovane, pronto a diffondersi nei particolari.

« Sicuro che non ci credo », disse Cesare fedele alla sua tattica provocatoria.

« Te lo giuro. » Il Riccio si fece serio, si fermò voltandosi dalla parte dell'amico e si portò alle labbra gli indici incrociati. « Giuro! » proclamò solennemente. « Mi ha portato in casa sua, mi ha lavato, mi ha messo nudo, poi non ho capito più niente perché anche lei era nuda, respiravo dentro le sue tettone morbide e in mezzo alle gambe mi sembrava di avere un tronco che lei tirava dentro di sé in un nido umido e caldo che mi faceva bruciare la testa. E mi diceva: 'Scopa, che non sarà mai più bello come la prima volta'. »

« E tu? » Cesare era rosso, congestionato, stravolto per il sole e per il racconto dell'amico fortunato che in quel momento lui considerava come un essere soprannaturale.

« Io sono venuto subito », confessò con la stessa precipitazione con cui aveva goduto.

« È bello? » Cesare sapeva il significato solitario di quella conclusione, ma l'idea di farlo tra le gambe di Miranda, che era la femmina del quartiere, lo sconvolgeva.

« Sembra di morire e di rinascere », rispose il Riccio, « ma tu sei ancora troppo piccolo per capire. » Alzò la testa e cominciò a camminare come un gigolò.

Invece Cesare capiva e si sentiva scoppiare la vita nei calzoni.

Libellule si inseguivano sull'acqua chiara del canale e si accoppiavano e la campagna ormai inondata di sole era un fremito unico. Il ragazzo era in un bagno di sudore e aveva gli occhi lucidi. « E poi? » domandò, avido di sapere, senza seguire però nessuna tattica.

« Poi mi ha baciato dappertutto », si scatenò il Riccio, « e mi ha detto che non lo aveva mai fatto con nessun uomo. Che per lei succhiarmelo era la prima volta. Che le nostre due prime volte non le avremmo dimenticate mai più. » Il Riccio aveva perduto la sua espressione malandrina e aveva nello sguardo selvatico uno stupore infantile. Aveva in mente parole lette sul fascicolo di un romanzo a puntate; pensò: Io l'amo e disse: « Io le voglio bene ». Poi arrossì violentemente.

Cesare mollò al Riccio il suo fagotto con dentro il pane giallo e i pomodori, attraversò lo stradone polveroso con lunghi salti da stambecco e si rifugiò dietro un cespuglio. Voleva liberarsi di quel disagio e attenuare il gonfiore che gli premeva contro i calzoni. Li sbottonò e il suo membro indurito scattò in alto come l'asta di una bandiera. Il glande era umido di un liquido sconosciuto e caldo; lui fece scorrere la pelle come quando al mattino, svegliandosi, voleva fare pipì e il suo coso era duro come un sasso. Ma quella volta il risultato fu diverso, un nodo si sciolse, il desiderio esplose da quel sesso ormai maturo e il bianco seme schizzò in alto mentre i cerchi concentrici di una voluttà sognata si dilatavano in tutto il suo essere teso verso il piacere e in quei cerchi, come in un gioco magico di specchi apparivano e sparivano gli occhi di Miranda, le cosce lunghe di Miranda, il sorriso sfacciato della femmina, il suo petto di miele, il suo sesso rugiadoso e caldo. Poi si sentì vuoto come una canna, appagato, vergognoso e triste.

« Che cos'hai fatto? » Il Riccio lo vide rosso, sudato, con una punta di vergogna nello sguardo azzurro e profondo.

« Niente », borbottò. « Che cosa vuoi che faccia uno dietro un cespuglio? » mentì con l'aggressività dei colpevoli.

« Hai pensato a Miranda. » C'era una rabbia gelosa nella voce del Riccio. « Hai pensato a lei e a quello che abbiamo fatto noi due. »

« Ho pensato un accidente che ti porta via. » Cesare reagì con violenza, mentendo. « Non ho creduto nemmeno a una delle balle che mi hai raccontato. »

Il Riccio sapeva che era inutile continuare a frugare nei segreti pensieri dell'amico. Cesare, nonostante l'età acerba, aveva un carattere fermo e irremovibile. « Dai, andiamo », disse. E si incamminarono.

Per strada si erano uniti a loro altri ragazzi, altri giovani e uomini fatti: tutti erano diretti alla fabbrica di fonografi a cilindro con l'imbuto di Opera, un paesino a sud di Milano. Cesare e il Riccio si misero al passo con i nuovi compagni: marciarono più che camminare, procedendo a testa bassa come se non ci fossero il cielo e l'orizzonte sopra e davanti a loro. Andavano a piedi nudi e portavano le scarpe a tracolla.

Giunse da lontano sullo stradone, alle spalle del gruppo, il rombo di un motore che si avvicinò seguito da una nuvola di polvere. Era la Fiat Labor decappottabile a quattro posti dell'ingegner Mario Galbiati, il padrone della fabbrica. L'auto li superò strombettando e quel fragoroso passaggio suscitò l'ammirazione degli operai che si erano fatti da parte più per rispetto che per paura di essere investiti. Nessuno s'era sognato di provare invidia o risentimento: era nell'ordine delle cose che il padrone viaggiasse in automobile e gli operai a piedi con le scarpe al collo. Soltanto Cesare Boldrani sognò uno dei suoi sogni proibiti e si vide al volante di quella macchina con lo spolverino chiaro, il casco di pelle e gli occhialoni.

Il gruppo era ormai in prossimità della fabbrica, un edificio basso e lungo color mattone con opache vetrate a riquadri, circondato da un muro di cinta grigio sporco. Un guardiano con gesti svelti e ossequiosi si diede da fare per aprire il cancello e lasciare passare la vettura del padrone. Poi il cancello si richiuse e continuò a restare inspiegabilmente chiuso anche quando gli operai arrivarono.

« Che cos'è questa novità? » disse uno degli anziani, mentre cominciava a serpeggiare una certa preoccupazione.

« Per me non promette niente di buono », intervenne un altro scuotendo il capo.

« Adesso chiedo io. » Si fece avanti il più autorevole del gruppo, un gigante dai grossi baffi a manubrio: era il caposquadra. L'uomo bussò alla porticina inserita nel grande cancello e il custode gli aprì. Gli altri aspettarono ansiosi. Poco dopo, dalla stessa porticina, uscirono padrone e caposquadra. E finalmente l'ingegner Galbiati parlò, mentre gli occhi di tutti erano fissi su di lui.

« Non ho buone notizie da darvi », esordì. « Andiamo male », soggiunse. « D'altra parte lo sapete anche voi che da mesi le ordinazioni scarseggiano. » Era un bell'uomo sui trent'anni, vestiva con eleganza, portava una cravatta blu sulla camicia bianca dal colletto inamidato. La sua comunicazione, essenziale, fatta con voce chiara, non era l'inizio di una trattativa o semplicemente l'esordio di una discussione: era una comunicazione che non prevedeva, né ammetteva repliche: « Qualcuno di voi », continuò il padrone per rispondere a una domanda che tutti avevano sulle labbra, « si chiederà se la crisi sia dovuta al fatto che adesso i clienti vogliono il fonografo a dischi e rifiutano quello a cilindri. La Pathé costruisce i fonografi a dischi senza imbuto e momentaneamente ha successo. Perché la gente rincorre le novità e non si accorge che i nostri cilindri riproducono la voce con una fedeltà maggiore di quella del disco. Inoltre i nostri apparecchi costano meno. Tempo un anno e l'apparecchio a disco è finito. Il disco non ha futuro. Intanto però devo lasciare a spasso dieci di voi ». Un mormorio percorse il gruppo in attesa. « Se non alleggeriamo i costi la fabbrica chiude e allora è finita per tutti. Questo provvedimento non mi piace, ma è il solo possibile. Posso dirvi che è una situazione temporanea. In autunno, quando arriveranno nuovi ordini, riavrete il vostro posto. » Esaurito il suo compito, il padrone rientrò in fabbrica.

Rimase il caposquadra con un foglio in mano. « Ora comincerò a leggervi la lista degli esclusi. Non l'ho fatta io. E a chi tocca, tocca », avvisò declinando ogni responsabilità.

Gli operai sembravano un gruppo di prigionieri di guerra in attesa della decimazione.

« Brambilla Giovanni », lesse il caposquadra. Un uomo sulla cinquantina fece un passo avanti. Aveva dieci figli e solo i due più grandi facevano i braccianti a giornata. « Banfi Arturo. » Era un tipo mingherlino con le gambe storte, si era sposato due anni prima e la moglie era incinta del secondo figlio. Anche lui fece un passo avanti, rassegnato. Il caposquadra non aveva bisogno di alzare gli occhi dal foglio per identificare gli uomini cui si riferivano i nomi; li conosceva uno per uno e di ognuno sapeva vita morte e miracoli. « Boldrani Cesare », chiamò.

Il ragazzo scattò fuori dal gruppo come un mastino. « È una porcheria! » gridò scagliando per terra il fagotto con il pane giallo e i pomodori e mettendosi a gambe larghe davanti al caposquadra in un atteggiamento battagliero.

« Il padrone ha deciso così per il bene della fabbrica. » L'uomo lo guardò negli occhi con paterna bonomia. « Nessuno protesta, neanche chi ha famiglia da mantenere ».

« Io invece dico che è una porcheria! » esclamò irremovibile, senza aggiungere che anche lui, pur essendo ragazzo e apprendista, aveva una famiglia da mantenere.

« Fatti da parte », disse il gigante, ignorandolo per riprendere la lettura dei nomi.

Cesare raccolse il suo fagotto e abbandonò il piazzale. Mentre si allontanava udì scandire il nome di Robbiati Aldo: anche il Riccio era stato escluso.

« Dai, torniamo a casa », cercò di ammansirlo il Riccio quando lo raggiunse.

« Vai a fottere la Miranda, tu », gli gridò dietro e si allontanò correndo verso i campi, spinto dalla rabbia che gli ribolliva dentro, e soltanto quando le gambe lo tradirono si rimise al passo e si voltò per guardare gli altri licenziati in attesa che il ragioniere pagasse loro i giorni che avevano lavorato.

Da lontano non erano neanche persone conosciute: erano solo una macchia scura e confusa sul piazzale polveroso. A lui non toccava neppure quella consolazione, perché all'inizio della settimana aveva avuto sei lire di anticipo. Riprese a correre finché ebbe fiato, poi si lasciò andare esausto nell'erba profumata, sotto il sole che splendeva nel cielo di giugno. Usò gli scarponi come cuscino e in quella calda e viva mattina estiva cadde in un sonno di piombo.

Quando si svegliò, a giudicare dalla posizione del sole e dalla fame, doveva essere circa mezzogiorno. Si mise a sedere, snodò il fazzoletto a quadri rossi e blu e lo aprì con cura. I pomodori si erano spaccati e avevano inzuppato il pane, ma quei particolari erano insignificanti rispetto ai crampi che gli attanagliavano lo stomaco. Mangiò tutto quello che aveva con avidità e soltanto a pancia piena si sorprese a pensare a sua madre e al dolore che avrebbe provato sapendo che aveva perduto il posto. Il pensiero della madre e dei fratelli, per quanto importante e presente, era sovrastato dalla consapevolezza di avere subito un'ingiustizia. La sua rabbia era sbollita, ma, per quanto si sforzasse, non trovava comunque nessuna giustificazione convincente alla decisione del padrone.

Com'era possibile che un essere umano restasse senza lavoro e senza paga da un momento all'altro? Con quell'interrogativo che gli ronzava nel cervello si infilò gli scarponi che gli avevano fatto da cuscino e rifece il percorso verso la fabbrica. Girò intorno al basso edificio color mattone ascoltando i ritmici colpi di mazza e di martello dei suoi compagni che plasmavano il metallo degli imbuti. Pensò agli amici che dietro il cancello si ammazzavano di fatica, ma che avrebbero portato a casa i soldi della paga, mentre lui, per la prima volta, provava l'inesprimibile disagio dell'escluso, tormentato dalla prospettiva dell'indigenza completa che si traduceva in impotenza e rabbia. Aveva promesso alla madre di comperare il pane, ma non gli ballava in tasca neanche un centesimo.

Il guardiano lo vide e gli parlò: « Che cosa speri, che se rimani qui ti riprenda? » Alludeva al padrone. Stava sulla porticina di fianco al cancello senza condividere la rabbia del ragazzo.

« Io non credo niente. » Camminava su e giù come un orso in gabbia.

« Allora vai a casa. » Era un consiglio prudente e anche giusto: restando lì non risolveva niente.

« Vado dove mi pare, quando mi pare », ribatté Cesare indispettito, « la strada è di tutti. » Piuttosto che niente rivendicava un diritto che non gli dava alcun vantaggio.

« Non credere che sia finita così. » Il guardiano gli si avvicinò con intenzioni amichevoli, ma il ragazzo si preoccupò di mantenere le distanze facendo alcuni passi indietro come un animale sospettoso.

« Per me è già finita », disse pensando solo a se stesso.

« Tu almeno sei un ragazzo. Non hai responsabilità di famiglia », volle consolarlo il guardiano. « Stasera il padrone lascerà a casa altri dieci operai. E quelli hanno moglie e figli. »

Cesare non rispose; con i pesanti scarponi, di cui non gli importava più niente, prese a calci un sasso sollevando una nuvola di polvere e si allontanò in direzione della città.

2

Un uomo stava arrivando dal fondo dello stradone polveroso nella prospettiva del tramonto. Camminava a piedi nudi con un passo stanco dondolando le braccia robuste e disarticolate come se fosse in salita. Gli scarponi dalle suole consunte gli battevano sul petto e la camicia di tela a righe era madida di sudore.

Cesare ruppe il passo e gli corse incontro. La camicia del ragazzo era gonfia di roba. L'uomo si fermò ad aspettarlo.

« Che cos'hai rubato? » La mano dell'uomo segnata dalla fatica indicò la camicia di Cesare.

« Niente ho rubato. » Ficcò una mano dentro e mostrò un pugno d'insalata matta. « Ce n'è tanta nel prato. » Non gli disse che aveva preso anche delle punte delle ortiche: cotte nel riso erano una bontà.

L'uomo ci pensò su un po' prima di dire la sua: « Pane ci vuole. E lardo. L'erba va bene per i buoi ».

« E i soldi? » domandò il ragazzo. « Dove trovi i soldi? »

« Già. Ti hanno lasciato a spasso. » L'uomo ebbe un gesto di sconforto e riprese il cammino.

Cesare voleva chiedergli dei compagni che avevano subito la sua stessa sorte, perciò gli tenne dietro un lungo pezzo senza tuttavia decidersi. Poi, quando si profilarono le prime cascine dove i bambini giocavano a lippa, Cesare dimenticò i pensieri tristi distratto dall'allegro schiamazzare dei monelli che tentavano a turno di colpire un pezzetto di legno con un bastone:

vinceva chi riusciva a farlo cadere in un barattolo posato a terra.

Il ragazzo si fermò a guardarli nei loro abiti di cotonina leggera scoloriti e rappezzati, mentre scorrazzavano a piedi nudi e gli venne una gran voglia di mettersi a giocare con loro. Ma il sole era tramontato e non poteva trattenersi oltre: a casa lo aspettavano.

Proseguì fino a Porta Ticinese e passò davanti all'*Osteria della Noce*. Sotto il pergolato i tavolini di ferro con il piano di marmo erano deserti. I clienti sarebbero arrivati più tardi: pochi per la cena, molti per la partita a briscola, il quintino, il quartino e, chi poteva permetterselo, il mezzo litro. Sulla soglia, invece, c'era una bambina che forse non aveva ancora otto anni, una morettona ben nutrita, con la faccia rotonda e abbronzata, i capelli neri tagliati corti e la frangetta. Portava con naturalezza da bambina benestante un bel grembiule di cotone a quadri bianchi e neri e calzava stivaletti neri di vernice con tanti bottoncini lucidi allineati a modellare le robuste caviglie. Stringeva tra le braccia una bambolona con la quale parlava e sembrava isolata con lei dal resto del mondo.

Cesare guardò la bambina, i suoi bei vestiti, la bambola costosa e si fermò.

«Ciao», disse. Gli sarebbe piaciuto fare quattro chiacchiere con lei per conoscerla meglio.

La piccola alzò su di lui gli occhi scuri e l'osservò incuriosita, in silenzio.

«Tu stai bene, vero?» Provava per quella bambina sconosciuta e serena, al riparo dalla miseria e dal bisogno, una viva simpatia.

Lei continuava a guardarlo senza parlare, stringendo più forte al petto la bambola, quasi temesse che il ragazzo potesse portargliela via.

Imbruniva. Nel cielo saettavano le rondini e più in basso piccoli pipistrelli che uscivano da un buco nel sottotetto della casa si esibivano nei loro bizzarri ghirigori.

«Stamattina mi hanno chiuso in faccia i cancelli della fabbrica.» Che senso aveva raccontare la sua disavventura a una bambina sconosciuta? Certo non aveva senso, ma, spinto da una voglia irrefrenabile di raccontare, soggiunse: «Hanno licenziato anche tanti altri».

La bambina protese la bambola verso di lui come se fosse

un Gesù Bambino, perché la vedesse bene. Disse: « Si chiama Gisella ».

« È un nome magnifico per una bambola », ammise Cesare che non ne aveva mai vista una così bella.

« Devo cullarla, altrimenti piange », gli spiegò.

« Fai bene. E tu come ti chiami? » le domandò il ragazzo.

« Memore. » Era un nome anche più bello di quello della bambola. « Vuoi giocare con me? » propose come se Cesare fosse un coetaneo.

« Devo tornare a casa. » Parlava con la bambina come se fosse una persona adulta e potesse capirlo. « I miei fratelli mi aspettano. Sai, per questa sera c'è ancora polenta, ma domani dovrò darmi da fare a mettere insieme i soldi per il pane. »

La bambina si voltò piantandolo in asso senza una parola di saluto e scomparve dietro la tenda rossa e scolorita dell'osteria.

Cesare non gliene volle per quel capriccio da bambina benestante e un po' viziata, però quella faccia simpatica, quella frangetta sbarazzina, quegli occhi scuri e indagatori lo avevano colpito. Si incamminò con passo lento, ma dopo pochi metri si sentì tirare per la camicia. Era Memore.

« Prendi », gli disse la bimba porgendogli una grossa forma di pane profumato.

« Grazie », mormorò lui commosso prendendo il pane. « È proprio un bel regalo. »

La bambina sorrise. « Io ne ho tanto », spiegò, con l'aria di minimizzare il gesto.

« Quando trovo un lavoro te lo restituisco », promise Cesare arrossendo.

« Ma io te lo regalo », insisté. E fece per andarsene.

Il ragazzo la trattenne per un braccio: « Mi chiamo Cesare. E mi ricorderò di te, Memore », proclamò solennemente. Si incamminò, commosso per il gesto splendido di una bambina che non conosceva.

Elvira aveva sciolto un po' di lardo nel tegamino per condire l'insalata e con la punta delle ortiche bollite aveva fatto una gustosa zuppa. I più piccoli avevano riempito ognuno la propria scodella ed erano usciti in cortile a mangiare. Elvira, Giuseppina e Cesare sedevano intorno al tavolo della grande cucina sul quale pendeva un bianco lume a petrolio di maiolica che dopo la cena sarebbe stato subito spento. Lo stoppino era al minimo. Elvira aveva la testa avvolta in un fazzoletto nero annodato sulla nuca. Nel bel volto pallido, scavato dalla fatica e dalle gravidanze, gli occhi marrone splendevano limpidi. Mangiò coscienziosamente fino all'ultimo cucchiaio di zuppa, perché mangiare era indispensabile, si pulì le labbra con una cocca del grembiule, appoggiò i gomiti al tavolo, giunse le mani che erano ruvide per il continuo contatto con l'acqua e la lisciva e deformate dai reumatismi.

« Non prendertela se ti hanno licenziato », disse Elvira. « Dio vede e Dio provvede. » Non erano tutte le parole che aveva in mente, ma erano quelle che voleva dire.

« Speriamo che provveda davvero », replicò Cesare con durezza.

« Ci punirà se pensi e parli così. » Elvira si fece un rapido segno di croce. « La settimana prossima Giuseppina andrà a lavorare alla Castelli. Fanno saponi e medicinali. »

« A lavorare? » Era una novità e una sorpresa perché Giuseppina era delicata e, nonostante la sua splendida faccia da donnina, aveva un corpo acerbo da adolescente. « Chi ti ha trovato il posto? » le chiese.

« È stato il parroco », intervenne Giuseppina. « Don Oreste si è sempre interessato a noi. In fondo ho quattordici anni e posso bene guadagnarmi il pane », disse con orgoglio.

« Preferivo che tu stessi a casa. » Cesare avrebbe volentieri battuto un pugno sul tavolo come faceva suo padre quando voleva imporre la sua ragione, ma non aveva alternative da suggerire.

« Le danno una lira e venti al giorno », disse Elvira.

Era una paga identica a quella che Cesare percepiva in fabbrica.

« E i bambini? » domandò attaccandosi all'ultimo pretesto.

« Augusto ha otto anni e la testa gli basta per badare a due fratellini », decise Elvira.

La mamma aveva ragione. Anche Memore era una bambina di otto anni e aveva avuto il cuore di aiutarlo.

« Vado a letto », disse Cesare. Anche se non aveva lavorato era stanco per la tensione e la lunga corsa nei campi. Pensò che il giorno dopo si sarebbe messo in cerca di un nuovo lavoro e che certamente lo avrebbe trovato. Con quel pensiero si addormentò.

3

UNA stella cadente si consumò in una scia dorata tra l'Orsa Maggiore e la costellazione del Leone. Ma era proprio una stella cadente? Elvira Boldrani, nata Colombo, non ricordava stelle cadenti in giugno, mentre nei prati palpitavano ancora le lucciole. La luce della luna illuminò l'ingrandimento fotografico appeso alla parete di fianco al suo letto da sposa, che fissava in immagine il giorno del suo matrimonio. Sedici anni erano passati, era agosto e le stelle polverizzavano oro tra le costellazioni. Una falce di luna appesa al firmamento frugava curiosa nella sua intimità più segreta. Perché lei aveva vent'anni e non sapeva che cosa fosse un uomo. Era la stessa luna che aveva visto lacerare la sua verginità e che in quel momento faceva emergere da una fotografia appena ingiallita dal tempo una moltitudine di ricordi.

Era stata una cerimonia semplice tra gente povera che sapeva essere dignitosa e aveva timor di Dio. Don Oreste aveva benedetto la sua unione con Angelo Boldrani nella chiesa di San Lorenzo e lei non aveva neppure cercato di trattenere le lacrime mentre pronunciava il « sì » che davanti a Dio la univa a quel ragazzone che amava teneramente anche se non gli aveva mai detto « ti amo » come aveva letto qualche volta nelle novelle d'amore pubblicate su pagine di giornale che erano giunte fino a lei. La gente delle sue parti non sapeva coniugare il verbo amare, sapeva amare con dedizione, con sacrificio, sapeva perdonare amando, ma non aveva mai saputo trovare una parola capace di esprimere quel sentimento.

Quando Angelo si era dichiarato ai genitori di Elvira e loro l'avevano invitata a esprimere la sua inclinazione su quel giovanotto che tutti sapevano gran lavoratore e buon cristiano Elvira aveva risposto arrossendo: « Se voi me lo date come sposo, io lo prendo volentieri ». Era insieme una verità e una bugia, perché quel ragazzo lo voleva con tutte le sue forze, ma era soprattutto una formula per non uscire allo scoperto e proteggere il suo sentimento d'amore sotto un velo di pudicizia che riguardava lei sola e lo sposo che il destino le aveva assegnato.

Si vide bella e giovane nell'abito delle nozze che era nuovo, color grigio perla con le maniche lunghe e strette, chiuso al collo da una spilla d'oro che Angelo le aveva donato. Dall'orlo della gonna, svasata, a pieghe ampie e lunga fino ai piedi, spuntavano gli stivaletti di vitello nero che le fasciavano la caviglia con una fila di bottoncini lucenti. Il velo che le scendeva dal capo fino a coprirle le spalle era di tulle di pizzo nero lavorato a motivi di piccole rose. Sua madre l'aveva pettinata con cura spazzolandole a lungo i capelli, prima di trasformarli in una pesante treccia arrotolata sulla nuca a formare una crocchia compatta e lucente, fissata con grosse forcine di tartaruga.

Era la terza volta che sua madre, con gesti lenti e sicuri, la preparava per una cerimonia: prima del matrimonio c'erano state la cresima e la comunione, con un sacco di raccomandazioni, ma in quel momento c'erano state parole dure: « Questa sera, quando ti ritirerai con il tuo sposo, fai il segno della croce e chiedi perdono al Signore per i vostri peccati ». Era scontato che fosse lei, donna, a chiedere perdono per i peccati che l'uomo avrebbe commesso su di lei. Ma dov'era poi il peccato? Aveva sentito, una volta che l'aveva accompagnato sulla porta, le labbra brucianti di lui sulla guancia, un fiotto di sangue le aveva imporporato il viso e le vene delle tempie avevano preso a martellare impazzite come il cuore. Era quello il peccato? Ricordava parole incomprensibili sussurrate all'orecchio, discorsi spezzati di amiche più esperte, frasi sibilline: « Te ne accorgerai, bambina ».

Angelo sfoggiava una giacchetta nera di makò lucido e un gilè dello stesso tessuto su una camicia a righine rosse con il colletto e i polsini bianchi inamidati. Sembrava un vero signore con il portamento eretto, i baffi ben curati e i folti capelli biondi impomatati.

Dopo la cerimonia, con i testimoni, i genitori e pochi amici, il corteo nuziale aveva raggiunto l'*Osteria della Quercia* per una bicchierata. Sotto il pergolato, intorno alla lunga tavola su cui era stata stesa una tovaglia fresca di bucato, con la scusa del brindisi Angelo l'aveva stretta alla vita in modo brusco, ma tenero e poiché tutti ridevano, un po' per il vino bevuto, ma soprattutto per le prospettive che quel gesto lasciava intravedere, Angelo si era fatto ancora più audace e l'aveva baciata. Era stato un bacio schioccante, dato con forza sulla sua guancia di seta, un bacio ingenuo che tuttavia rivelava un desiderio profondo e una grande eccitazione che anche lei sentiva bruciare sulla pelle dell'uomo. Era sempre felice di essere la moglie di Angelo, ma aveva perduto la composta serenità che aveva provato davanti all'altare. Era inquieta, confusa, stordita, vagamente spaventata dalla prospettiva imminente di un incontro fatale santificato da Dio, ma nel quale si annidavano i peccati dei quali doveva chiedere perdono a quel Dio stesso che li consentiva.

« Forza, bella sposa, dategli anche voi un bacio. » Voci ridanciane le lanciavano audaci esortazioni che la facevano arrossire. Quante volte aveva sentito il desiderio di baciare il suo Angelo e tante volte lo aveva baciato con il pensiero, ma non lo avrebbe mai fatto così, pubblicamente.

Sottovoce aveva detto al marito: « Sapete che vi voglio bene, ma che bisogno c'è di fare queste cose davanti a tutti? »

Anche in quel momento, guardando la luna di giugno che aveva evocato i lontani ricordi di un giorno d'agosto, Elvira si rigirava all'anulare la fede alta e bombata di oro rosso che lui le aveva messo al dito e nel cui interno aveva fatto incidere dall'orafo in un elegante corsivo: *A Elvira da Angelo - 1897*.

Il giorno delle nozze era stata la madre di Elvira a toglierla dall'imbarazzo, mettendole in mano un vassoio ovale di ottone argentato e finemente sbalzato con motivi floreali, che era stato riempito di confetti alla mandorla.

« Fai il giro degli invitati e distribuisci i *benis* », le aveva suggerito sorridendole.

Elvira aveva obbedito e ogni invitato aveva affondato le mani nei confetti che rotolavano tra le dita come sassolini di fiume, sprigionando un invitante profumo di vaniglia. Si capiva dagli sguardi golosi che tutti avrebbero voluto riempirsi bocca e tasche di quelle delizie, invece ognuno, rispettoso delle usanze della povera gente, aveva preso tre confetti: due da mangiare

53

subito e un terzo da conservare come ricordo e portafortuna.

Angelo Boldrani, per il giorno più bello della sua vita, aveva fatto le cose in grande, prevedendo nel programma una posa nello studio del fotografo Vincenzo Ramelli in corso di Porta Ticinese. Voleva che l'obiettivo fermasse quel momento irripetibile perché i figli conoscessero la bellezza della madre vestita da sposa e il suo orgoglio di uomo. Per Elvira fu una sorpresa, ma Angelo aveva preso accordi con il titolare del premiato studio Ramelli molto tempo prima. Avevano discusso a lungo sul tipo d'ingrandimento e sul prezzo.

Elvira sorrise all'immagine accarezzata dalla luna e ricordò l'arrivo nello studio del fotografo e l'attesa imbarazzata mentre l'artista preparava la regia e l'effetto scenografico. Prima aveva calato un fondale che rappresentava un lago e un pezzo di balaustra chiusa da una colonnina su cui trionfava un grande vaso di felci. Elvira, dopo molte prove, era stata fatta accomodare su una poltrona damascata, irrimediabilmente lisa. Angelo aveva voluto avere la certezza che quello sfacelo non sarebbe stato tramandato ai posteri. Ramelli si era portato una mano all'altezza del cuore: « Le parti lise sono fuori campo », lo aveva rassicurato. Era una frase che aumentava la confusione, ma il tono e l'espressione avevano convinto Angelo che stava rigido come un baccalà alle spalle di Elvira, una mano al fianco e l'altra sulla spalla sinistra di lei che sedeva impettita e innaturale, il volto corrucciato per la grande soggezione, lo sguardo volto verso il soffitto, le gocce di sudore che le inumidivano la sottoveste e le imperlavano la fronte. Ogni volta che Ramelli emergeva dalla pesante cortina che era la gonfia coda della macchina fotografica aveva la faccia stravolta per il caldo e la mancanza di ossigeno. Alla fine era talmente ridicolo che la stessa Elvira, liberandosi dalla soggezione che tutto quel trambusto le aveva messo addosso, era scoppiata in un'allegra risata di cui la grossa lastra aveva catturato il riflesso: un fresco sorriso sul volto incantevole di una sposa lombarda. Poi la vita non le avrebbe offerto molte altre occasioni da sottolineare con una schietta allegria.

Più tardi, a coronamento di quella giornata memorabile, Angelo l'aveva portata ai giardini Diana di Porta Venezia a mangiare il gelato. Elvira era sconcertata di fronte a tutto quel lusso e scandalizzata al pensiero dello sperpero, ma l'uomo sorrideva, compiaciuto di apparire ai suoi occhi, almeno per un giorno, il padrone del mondo.

« Per me siete una regina », le aveva detto orgogliosamente.

Elvira aveva ringraziato con uno sguardo commosso quel giovanotto biondo, spendaccione e un po' matto che lavorava quattordici ore al giorno in una fornace di mattoni, aveva mani grandi e forti come badili, il dorso nero di sole, il palmo ingiallito dai calli e che la domenica sapeva vestire come un signore e andava a trovarla a casa dei suoi portandole doni fiabeschi: una scatola di saponette francesi profumate alla lavanda, un nastro di seta azzurra cangiante, bottoncini d'argento e d'oro per le orecchie. Per le nozze era arrivato a spendere sessantacinque lire in una spilla a forma di canestro con dentro fiori d'oro, perline e coralli rosa, confezionata dalla premiata oreficeria Moggi di corso Vittorio Emanuele. Non erano spese da operaio, ma neanche la sua era vita da operaio, era un'esistenza da schiavo che soltanto la sua forza e la sua resistenza smisurate gli consentivano. Aveva il lavoro e aveva una donna, quella che aveva sempre desiderato: non mancava nulla alla sua felicità. Uomini importanti, pensando più al futuro della borghesia che ai reali interessi dei lavoratori, sull'esempio dell'Inghilterra e dell'America, cominciavano a dibattere la questione delle otto ore lavorative, che erano il traguardo ormai raggiunto dalla classe operaia nei paesi più progrediti. Angelo conosceva quei problemi, ma sapeva che ogni richiesta implicava una rischiosa trattativa, incontri, scontri, lotte. Aveva letto da qualche parte che uomini importanti avevano preso posizione contro i salari bassi e le lunghe giornate di lavoro che indebolivano gli operai e le loro organizzazioni. Angelo pensava a se stesso e quando poteva aiutava gli amici in difficoltà, ma non si mischiava con le nuove idee. Aveva forze a sufficienza per rivoltare il mondo e sapeva che più lavorava più guadagnava. Tutto il resto, per lui, non aveva importanza.

Elvira ormai era presa nel vortice degli eventi che si susseguivano dal mattino senza interruzione. Un compìto cameriere in marsina, con un gesto abituale, le aveva scostato la sedia perché potesse accomodarsi al tavolino in mezzo ad altri tavoli intorno ai quali si intrecciavano fitte conversazioni. La bella gente delle classi agiate si scambiava complimenti, sorrideva e ascoltava le note del *Bel Danubio blu.*

Dio, che musica! aveva pensato subito pentendosi di avere nominato invano il nome di Dio.

Mai la sua immaginazione l'aveva portata tanto lontano: era colta da vertigini come se si trovasse in cima a una scala altissima o sospesa nel vuoto o prigioniera di un sogno. Si sentiva fuori posto in quell'ambiente da signori. Se qualcuno le avesse detto: «Guardi che lei, qui, non può stare», se ne sarebbe andata immediatamente chiedendo scusa. Invece il cameriere, mentre le serviva una coppa di crema densa, gelata, dai colori invitanti e dal profumo sottile, le aveva fatto quasi una riverenza. Angelo le aveva sorriso compiaciuto e lei si era fatta coraggio e aveva cominciato a guardarsi intorno scoprendo giovani signore dall'incarnato delicatissimo, il volto imbiancato da un velo di cipria di riso leggermente profumata. Si era ricordata allora di avere nascosto, quasi fosse un vergognoso segreto, il ritaglio di una rivista con il consiglio di una certa contessa Lara che suggeriva di detergere la pelle con latte e succo di cedro e di tonificarla con qualche goccia di aceto aromatico diluita nell'acqua.

Sulle sue labbra morbide andava nascendo un sorriso. Angelo era felice perché la prospettiva che intimoriva Elvira gli comunicava una gioia smisurata. Si erano guardati affettuosamente, ma le loro mani, che pure erano attratte, non si erano cercate: lei sarebbe morta di vergogna.

Un'amica le aveva confidato una volta che le vere signore facevano il «bagno a dondolo» e non nella tinozza come loro povere donne. Era una vasca di cui aveva visto il disegno, costruita come una sedia a dondolo che permetteva di lasciarsi accarezzare da onde corroboranti senza che una sola goccia d'acqua traboccasse sul pavimento. Certo quelle signore così ben vestite, ingioiellate, che si guardavano intorno con l'occhialetto cerchiato di tartaruga e che impugnavano, sedute, esili ombrellini da sole chiusi da cerchietti d'argento, il «bagno a dondolo» lo possedevano. Aveva visto più cose in poche ore che in tutta la sua vita e aveva avuto la prudenza di chiudere la lanterna magica prima di accarezzare il sogno impossibile di appartenere alla favola che la circondava. Era andata troppo lontano anche così e chiese mentalmente perdono a Dio.

Erano tornati a casa a piedi, in silenzio, mentre le prime ombre si addensavano nella calda sera di agosto. Angelo aveva aperto l'uscio degli stessi locali della cascina dove anche in quel momento lei viveva con i suoi figli, ma erano altri tempi: pieni di essenziali certezze e di indispensabili speranze. Era stato Angelo a concordare la pigione con il signor Pessina.

Elvira aveva lasciato gli occhi sulla réclame delle pentole di alluminio, il metallo dell'avvenire, di un bellissimo colore argenteo, resistenti, inalterabili e perciò igieniche, economiche per il risparmio di combustibile che consentivano rispetto al rame. Un giorno Elvira e la madre erano arrivate in corso Vittorio Emanuele nel negozio di Claudio Zecchini per vedere le pentole di alluminio e informarsi sul prezzo. Avevano ammirato a lungo le vetrine, ma poi non avevano osato entrare neppure per chiedere il prezzo. Come si può chiedere il prezzo di un miraggio? Il letto invece era nuovo con il rivestimento delle alte testate di noce scuro come lei desiderava, rifinite con bordi di legno e grossi pomoli in cima. I cassoni a molle erano stati il dono di nozze di un amico di Angelo, mentre i materassi di crine, ricoperti con un pesante tessuto di cotone a strisce bianche e marrone, li avevano avuti in regalo dai testimoni di nozze.

Il rituale della giornata si era improvvisamente inceppato nel mezzo della grande cucina attraverso la quale si accedeva alla camera degli sposi. Elvira si era immobilizzata e Angelo l'aveva sospinta cingendole la vita con il suo braccio robusto. Le sembrava che le cose reali, anche le più spiacevoli, non le avessero mai comunicato tanta paura, quanto i misteri che l'attendevano quella sera nella nuova casa. Era stata felice in attesa di quel giorno e invece era inquieta, spaventata, stupita soprattutto che il silenzio della notte incombente non rompesse in un grido disperato.

Le lucciole di giugno, stranamente, come la falce di luna, continuarono a ricordarle quella notte d'agosto: il ronzio delle zanzare, il canto dei grilli, il gracidare delle rane, l'abbaiare di un cane, il canto di un giovane sulla strada di casa.

Aveva finalmente visto il grande letto su cui spiccavano in tutto il loro candore la coperta di cretonne bianco e le lenzuola di lino tessute da sua madre che lei stessa aveva rifinito con l'orlo a giorno e ricamato in bianco a motivi floreali. Il richiamo dei cuscini raffigurava due colombe in volo che reggevano nel becco una striscia con scritto sopra « buona notte ».

« Sarai stanca », le aveva detto Angelo dandole del tu per la prima volta, « non ti sembra il momento di andare a letto? »

Aveva sentito il braccio forte di lui che le circondava le spalle e una mano la stringeva in vita tormentando più che altro il busto di stecche di balena.

Ho paura, pensò, ma tenne per sé la confessione e disse: « È buio, ormai ». Gli altri pensieri non avrebbero avuto senso per l'uomo.

La falce di luna sospesa nel cielo versava una luce azzurrina sul candore del grande letto nuziale. Angelo si era staccato da lei e aveva cominciato a spogliarsi ripiegando con cura gli abiti che sistemava via via su una sedia ai piedi del letto. Lo aveva sentito accendere uno zolfanello e aveva visto la luce della lampada a petrolio rischiarare la stanza. L'uomo, dopo avere chiuso imposte e vetri della finestra, si era avvicinato a lei, l'aveva presa per le spalle facendola girare su se stessa per vederla bene in faccia e abbracciarla con trasporto.

« Non vuoi venire a letto? » Era quasi un rimprovero.

« Voglio fare il mio dovere di sposa », aveva affermato turbata, ma decisa.

« Vorrei che il tuo dovere e il tuo piacere fossero la stessa cosa. » Le aveva sorriso mettendo in mostra due file di denti forti e smaglianti che riflettevano la luce.

« Vi ho sposato per starvi vicino », aveva detto. Ma il letto era un luogo inconsueto d'intimità.

« Allora vieni », l'aveva invitata Angelo che dava segni d'impazienza.

Elvira aveva quasi appoggiato la faccia nell'incavo sulla spalla di lui un po' per fargli sentire che gli era vicina, un po' per nascondere il rossore che le infiammava le guance. Lentamente aveva cominciato a slacciare i bottoni dalla lunga fila di piccole asole che chiudevano il corpetto dell'abito. Aveva tenuto gli occhi bassi per non vedere la nudità dell'uomo nel momento in cui Angelo si era infilato sotto le lenzuola da dove la guardava con bramosia di maschio.

« Per favore, voltatevi », lo aveva supplicato.

« Sei bella. » La sua voce si era fatta profonda, il respiro affannoso.

« Ho vergogna » aveva detto, dominata da un sentimento più forte della paura.

« Di tuo marito? » Era una perplessità legittima dal punto di vista di Angelo

« Per favore, spegnete il lume », lo aveva pregato sperando che il buio l'aiutasse.

Angelo aveva obbedito perché era il solo modo per eliminare le complessità del rituale. Elvira si era infilata nel letto con la cautela di chi si addentra in un cespuglio di rovi. L'uomo aveva allungato una mano per accarezzarla e quella volta aveva quasi gridato. « Cristo, donna, devi levarteli questi mutandoni! »

Elvira si era alzata per fare cadere l'ultima barriera, ma in quei pochi minuti che erano stati per lui un secolo e per lei un baleno aveva ricordato le parole della madre: « Gli uomini sono come bestie. Non vogliono sentire ragioni e una povera donna deve sopportare le bestialità del marito e chiedere perdono al Signore ». Altre donne sposate dicevano la stessa cosa. Ma perché anche il rapporto tra lei e il suo uomo doveva essere un rapporto di dolorosa sottomissione, una disgrazia, una cosa sporca oltre i confini del peccato? C'erano anche ragazze come lei che morivano di tisi o di parto o di infezioni, ma quello era nell'ordine delle cose umane; ma per lei doveva esserci un sentimento chiamato amore: anche quello era nell'ordine delle cose umane.

« Allora, vuoi venire a letto? » Era una voce notturna, una voce ansiosa e fremente di desiderio.

« Eccomi. » Era rassegnata. Ma poi che cosa sarebbe stato?

« Vieni », aveva detto l'uomo ghermendola e mettendola sotto.

« No... non così... » aveva tentato qualche resistenza, ma la forza dell'uomo era implacabile.

Non c'erano state parole gentili, frasi sussurrate, baci leggeri e nemmeno richieste d'amore capaci di provocare in lei i turbamenti che la facevano arrossire, ma soltanto una lunga, straziante penetrazione bagnata del suo sangue e del seme del maschio che si era scaricato con brevi e violenti sussulti, stampandole il suo marchio.

Le era rimasto sulle labbra un odore dolciastro di vino e di tabacco, nel sesso un grande dolore, una profonda mortificazione nell'anima e il corpo ingombrante dello sconosciuto che l'aveva violata immerso nel sonno.

Era scesa dal letto, aveva aperto la finestra per gettarvi i cocci del suo bel sogno infranto e la falce di luna nel cielo e le

59

stelle cadenti che polverizzavano oro tra le costellazioni erano riuscite a comunicarle soltanto sgomento e disperazione.

Era andata in cucina, aveva versato acqua dal secchio di zinco nel catino di smalto bianco e si era lavata coscienziosamente, in silenzio, cancellando dal corpo, ma non dall'anima, i segni della violenza subita. Era dunque quello l'amore? Era quel seme viscido e ripugnante fatto rosso dal suo sangue? Era tornata nella stanza nuziale, che aveva ormai perduto tanta parte del suo antico significato, e si era ravviata a lungo i capelli al chiaro di luna davanti a uno specchio incorniciato di legno scuro appeso alla parete. Si era vista bella e dolce e materna in quell'azzurrina atmosfera notturna, i grandi e splendenti occhi scuri nuovamente pieni d'amore e di comprensione, le lunghe sopracciglia ben disegnate, il nasino da signora, le morbide labbra sulle quali passava il ricordo di un vago tremore. E aveva ricomposto la massa bruna dei capelli che le scendeva sulle spalle in una treccia compatta, prima di ricoricarsi a fianco dell'uomo che dormiva profondamente sul lato destro del letto, senz'ombra di tormento o di colpa, senza la minima consapevolezza dell'oltraggio che aveva inflitto alla sua compagna. Al lume della luna che stava crescendo nell'alto cielo d'agosto le era sembrato di cogliere sul volto dell'uomo il vulnerabile abbandono del bambino addormentato, il pacato respiro dell'innocenza. Com'era diverso dal maschio che montava implacabile il delicato mistero della verginità che avrebbe avuto bisogno di tante parole e di tante attenzioni per essere svelato. Ma ormai... Le lacrime si erano asciugate sulle sue guance di seta e lei si era messa ad ascoltare il respiro pacato del suo sposo che le giaceva accanto, la bella testa sul cuscino che lei aveva amorevolmente ricamato, la faccia serena e vagamente imbronciata da bambino. Aveva allungato una mano esitante ad accarezzare quella fronte liscia, quel profilo fermo e si era sentita pervadere da un sentimento materno. Dov'era la violenza che l'aveva così barbaramente ferita? In quel momento le era sembrato di avere capito una cosa fondamentale: avrebbe dovuto prendere quell'uomo forte per mano e insegnargli tutto della vita, lei che della vita sapeva così poco.

Nella tiepida notte di giugno Elvira pianse ricordando una lontana notte d'agosto che era stata la sua prima notte di nozze e le lacrime le fecero velo. L'uomo dalla forza smisurata capace di rovesciare il mondo era stato rapidamente stroncato da un nemico invisibile che si chiamava broncopolmonite. E lei, la dolce e paziente Elvira, che aveva sperimentato nel matrimonio la sola forma stabile e possibile dell'amore, si era trovata sola, prigioniera del bisogno, con cinque figli da crescere.

Era stata giovane, bella, felice. Ormai era niente, una creatura rassegnata, logorata dalla fatica e dagli anni, incatenata a un'esistenza miserevole senza sogni, senza speranze, senza certezze. Una povera donna che guardando il cielo ricordava una lontana notte d'agosto quando avevano cominciato a morire i suoi sogni di ragazza. Ascoltò il campanile di San Lorenzo battere la mezzanotte e finalmente si addormentò.

4

QUANDO sentì battere cinque rintocchi al campanile di San Lorenzo per abitudine Cesare si svegliò e mise le gambe fuori del letto stropicciandosi gli occhi. Elvira era già andata al lavoro e Giuseppina dormiva ancora. I resti della polenta e del pane del giorno prima erano al centro della tavola. Il ragazzo uscì dal sonno quel tanto che gli consentì di coordinare le idee: ricordò che quel giorno non doveva andare in fabbrica e invece di disperarsi, perché tanto non serviva a niente, si coricò di nuovo e si addormentò di un sonno profondo e tranquillo.

Fu svegliato da una voce che lo chiamava dal cortile. Era il Riccio. Cesare saltò giù dal letto e si affacciò a piedi nudi e in mutande alla porta della cucina. Nel cortile pieno di sole razzolavano polli e bambini. La gente era già al lavoro.

« Ci sono delle novità. » Il Riccio era allegro e la sua chioma selvaggia sottolineava l'espressione furba da malandrino di borgata.

« Me le immagino le tue novità. » Cesare aveva un altro carattere e teneva tutto dentro, anche perché la realtà il più delle volte, quando si era lasciato andare a un facile ottimismo, lo aveva smentito.

« Fai presto », insisté il Riccio, « dobbiamo prendere delle decisioni importanti. »

« Due minuti: mi vesto ed esco », disse richiudendo la porta.

Il ragazzo infilò i calzoni di fustagno e la camicia di tela, prese la porzione di pane che Giuseppina aveva messo sul tavolo vicino alla scodella e raggiunse l'amico in cortile. Aveva l'aria di una persona colta in fallo, era abbacinato dal sole che splendeva nel cortile pieno di voci e di bambini, uno spettacolo che da quando andava in fabbrica non aveva più visto. Il riverbero gli faceva male agli occhi e l'obbligava a tenerli socchiusi.

« Che decisione importante dobbiamo prendere? » domandò affiancandosi all'amico.

« Dai, vieni, che intanto ti racconto. » Si incamminarono verso il centro, tenendosi sul ciglio della strada per lasciare il passo ai carri, ai cavalli e alle poche automobili. « A Crescenzago », cominciò a raccontare il Riccio, « hanno messo su una lavanderia. Si chiama 'Lavanderia moderna'. Mi hanno detto che cercano dei ragazzi. »

« È roba da donne », osservò Cesare con la bocca piena. « Lavare », continuò, « è roba da donne. »

« Dici che è roba da donne perché pensi a un lavatoio come quello del Naviglio », spiegò il Riccio. « Quello sì che è roba da donne. La lavanderia moderna è tutt'altra cosa. Ci sono le macchine, gli impianti. È come una fabbrica, solo che lavano montagne di roba. »

« Non mi convince. » Cesare pensò che, se la Pathé con i fonografi a disco senza imbuto aveva messo a terra l'industria degli apparecchi a cilindro, era verosimile aspettarsi che la grande lavanderia avrebbe lasciato sul lastrico le lavandaie. Pensò a sua madre. « Le nuove macchine rubano il pane alla povera gente », concluse.

« Ma che cosa vai a pensare. » Il Riccio gli battè una manata sulla spalla e sorrise scuotendo la testa per commiserarlo: « Sei proprio un barbagianni! Alla lavanderia moderna fanno le cose in grande. Lavano i panni delle caserme di tutta quanta Milano: coperte, divise, fasce, pezze da piedi, federe, lenzuola... »

« Come se i soldati dormissero con le lenzuola e le federe », osservò Cesare.

« Però ci sono gli ufficiali, i sottufficiali. Quelli che hanno i gradi stanno bene come i signori. »

« Può darsi. » Cesare non volle ammetterlo, ma l'osservazione del compagno più grande lo convinceva. Si chinò sul ciglio della strada e strappò un ciuffo d'erba.

« Ti dico che potrebbe essere un'occasione d'oro per noi. »
Voleva convincerlo: ci credeva.

« Dov'è questa lavanderia? » Quando Cesare chiedeva informazioni era buon segno.

« Te l'ho detto: a Crescenzago, vicino alla Cascina Gobba. » Il Riccio salutò distrattamente un passante.

« Ma è un viaggio! » Effettivamente Crescenzago era dall'altra parte della città.

« Perché, andare a Opera non era un viaggio? » ribatté il Riccio.

« Ci sarà almeno mezz'ora di cammino in più. » Misuravano la strada non a chilometri, ma a ore.

« Chissà mai che fatica. » Il Riccio era pieno d'entusiasmo e a poco a poco contagiò anche il ragazzo.

Prima di arrivare in piazza del Duomo, per non sembrare dei miserabili, si infilarono gli scarponi che portavano al collo e invece di prendere per corso Venezia e imboccare il corso Buenos Aires fuori Porta Orientale tagliarono in corso Monforte per raggiungere Porta Vittoria. Fra andata e ritorno avrebbero allungato la strada di un'altra oretta, ma avrebbero visto finalmente le strutture metalliche del nuovo e moderno mercato ortofrutticolo di cui tutti parlavano. Era estate, c'era il sole, erano giovani e avevano davanti una lunga giornata tutta per loro.

« Ne valeva la pena? » Il Riccio si fermò a guardare la meraviglia delle meraviglie con l'orgoglio di chi in qualche modo ha partecipato all'edificazione. Si sentiva fiero di appartenere a una città dove si realizzavano opere come quella.

« È grande », commentò Cesare. L'ampia strada davanti alla costruzione di ferro e di vetro era invasa da carri, carretti, facchini, massaie, compratori, mediatori che andavano e venivano come formiche laboriose per attingere dalla grande riserva, continuamente alimentata, la frutta e la verdura di cui la grande città aveva bisogno.

Oziarono a lungo con gli occhi pieni di stupore e di ammirazione, sempre posseduti dalla tentazione di riempirsi la camicia di pesche, di pere e di mele, come qualche volta avevano fatto nei frutteti in assenza del contadino. Poi il sole alto suggerì loro di mettersi in cammino perché era tardi e c'era ancora un mucchio di strada da fare.

« Così voi due vorreste lavorare qui. » La donna soppesò i

ragazzi con lo sguardo sicuro delle persone abituate al comando.

« Noi sì », rispose il Riccio deciso.

Cesare invece la osservava in silenzio. Era una bella donna di trentacinque anni, dalla larga faccia di burro, la risata pronta e smagliante, forse un po' grossolana, ma schietta. Cesare, con occhiate furtive, guardò il seno prorompente, le anche vistose, la vita stretta, le labbra sensuali, i grossi pendenti d'oro alle orecchie e il neo vellutato sul mento che l'abbondante strato di cipria non riusciva a cancellare. I capelli costituivano una nota delicata e gentile: erano biondi e sottili con riflessi di rame, raccolti sulla nuca in una crocchia gonfia. I dipendenti la chiamavano padrona e lei li conosceva tutti per nome. Era burbera e cordiale e aveva l'aspetto sicuro delle persone di successo. Ostentava la propria vedovanza come una medaglia al valore e la miniatura del povero marito le ballonzolava sul petto giunonico al minimo movimento. Ogni tanto, parlando, sfiorava meccanicamente con la grossa mano il medaglione, per accertarsi che fosse sempre al suo posto.

« Venite con me. » E li precedette verso la lavanderia vera e propria.

Era un capannone chiuso su tre lati che si affacciava su un grande prato dov'erano stese coperte, lenzuola e divise militari. All'interno del capannone c'erano tante stufe di grandi dimensioni sulle quali bollivano enormi pentoloni pieni di panni che le donne addette a quella mansione rimestavano continuamente con un bastone, tenendosi in equilibrio su un alto sgabello. L'odore di lisciva prendeva alla gola e il vapore liberato dai pentoloni rendeva il calore insopportabile.

« Io direi », esordì la padrona rivolta al Riccio, « che tu puoi badare alle stufe. Devi solo fare rifornimento di legna, accenderle alla mattina e tenerle in funzione tutto il giorno. »

Il Riccio la guardò sorpreso. « Solo? » disse senza ironia.

« È un impegno duro, lo so, ma tu sei forte e sveglio. La paga è buona: un franco e cinquanta al giorno. Il lavoro è sicuro. Qui si lavano i panni di tutte le caserme di Milano. E siccome di soldati ce ne sono tanti e sempre ce ne saranno il lavoro non mancherà mai. » Guardò Cesare che la osservava sospettoso. Disse: « E te, *bambin*? » Era tenera, materna, con una punta di malizia.

Cesare arrossì per quel *bambin* tra il burbero e l'affettuoso buttato lì dalla padrona. « Io posso fare tutto », replicò, anche se la prorompente bellezza della donna lo metteva a disagio.

« Me lo immagino », sorrise compiaciuta la vedova dalla morbida faccia di burro. « Allora penserai a 'curare' i panni stesi nel prato. Dovrai badare che nessuno li rubi. Dovrai raccoglierli man mano che asciugano. E due volte la settimana verrai con me sul carro nel giro delle caserme a consegnare la roba pulita e a ritirare quella sporca. Ti va bene? » La domanda presupponeva una sola risposta.

« Mi va bene », disse Cesare. « E la paga? » si informò vincendo la timidezza.

« Un franco al giorno », decretò la vedova guardandolo incuriosita.

« Ma lui... » Azzardò un timido tentativo di protesta, riferendosi al Riccio.

« Lui fa un lavoro da grande », tagliò corto, trattandolo deliberatamente da bambino.

« Va bene. » C'era poco da discutere: prendere o lasciare.

« Tu però lavori anche la domenica e buschi una lira in più », disse la donna mettendosi a posto i capelli con un gesto civettuolo della mano.

« Quando cominciamo? » chiese il Riccio che voleva concludere.

« Subito », rispose la donna accontentandolo.

« Ma non abbiano neanche mangiato », saltò su Cesare. Cominciava a sentire i morsi della fame.

« Provvedo io », lo zittì sorridendo la padrona, « così la smetterai di fare il bastian contrario. »

Cesare e il Riccio si fermarono mezz'ora con la schiena appoggiata al muro del capannone a mangiare il pane e formaggio che aveva loro dato la padrona, poi cominciarono il nuovo lavoro.

5

ELVIRA e Giuseppina stavano in casa sedute sull'orlo delle sedie come se fossero ospiti di estranei potenti e temuti.

« Allora, che cosa vogliamo fare? » La voce di Enrico Pessina suonava chioccia nella sua sgradevole bitonalità. « Questa pigione la vogliamo o non la vogliamo pagare? »

« Certo che la vogliamo pagare, signor Pessina. » Elvira era intimidita dalla presenza del padrone di casa, ma era ben decisa a tenergli testa. « Noi abbiamo sempre pagato. » La donna si portò istintivamente le mani ai lobi delle orecchie, dov'erano rimasti i fori che una comare le aveva fatto da bambina: gli orecchini d'oro che erano stati di sua madre e di sua nonna erano serviti a pagare le ultime due rate d'affitto.

« Lo so che avete sempre pagato, ma intanto sono tre mesi che vi lascio in casa sulla fiducia. » Era dolce, mellifluo. Anche seduto, con la sua figura allampanata piegata in avanti e i gomiti appoggiati alla tavola, assomigliava a un corvo: aveva il naso lungo e sottile, gli occhi piccoli e neri in cui si accendevano lampi improvvisi.

« Siamo gente onesta. » Elvira diceva parole antiche con sentimento profondo.

« Se così non fosse io non sarei qui a cercare di risolvere la questione. » Parlava con la donna e cercava nello sguardo smarrito della ragazza dai lunghi capelli di seta un segno di resa che non riusciva a catturare e allora si metteva a frugare con gli occhi sotto la veste di Giuseppina dove si intuivano i delicati abbozzi di una femminilità nascente.

« Ci bastano due settimane per far fronte all'impegno. Giuseppina a cominciare dalla prossima settimana va a lavorare. » Elvira avrebbe voluto spezzare con un brusco commiato le disgustose attenzioni dell'uomo per Giuseppina che rimaneva immobile con gli occhi bassi, protetta soltanto dalla propria innocenza: un baluardo assai vulnerabile.

« Una settimana è lunga. » Pessina spinse indietro il cappello bisunto e schiuse le labbra carnose sulla bianca dentatura da lupo.

« Ma voi siete ricco. » Elvira aveva trovato il coraggio di dirglielo. « Dipende soltanto da voi » Della gente passava nell'aia e sbirciava nella cucina.

« Se dipendesse da me... » Fece un gesto eloquente con la lunga mano ossuta e si alzò. Indossava un abito di fustagno nero unto come il cappelluccio di feltro, che portava sempre estate e inverno. « Sarei ben contento di favorirvi », soggiunse senza perdere d'occhio Giuseppina.

« Ma voi siete il padrone. » Elvira sapeva che gli bastava volere una cosa per ottenerla.

« Non è tutto oro quello che luccica. » L'uomo allargò le lunghe braccia. « Qualche soldo ti balla anche per le tasche, è vero, ma poi uno ti chiede una proroga, un altro un prestito. E i soldi vanno, mentre gli impegni restano. A me nessuno fa credito. » Era diventato lui la vittima.

« Quanto tempo ci date? » lo supplicò la donna.

« Due giorni a partire da oggi », sentenziò. Le vicine chiamavano i figli per la cena.

« E se proprio non possiamo? » A Elvira sembrava che il protrarre la conversazione allontanasse il fantasma dello sfratto.

« Allora interviene la legge. » L'uomo vanificò ogni speranza.

Elvira si coprì la faccia con le mani mormorando: « Dio mio! Dio mio! » Lo sfratto era la prospettiva del lastrico ma anche quella della vergogna.

Giuseppina fece una proposta che le costò un'immensa fatica: « Sono disposta a lavorare per voi. Io lavoro per voi e voi mi scontate la paga sull'affitto ».

Il rossore della fanciulla accese lo sguardo dell'uomo e gli rimescolò il sangue. « Si può vedere », rispose, « questo si può vedere. »

Elvira scattò come una belva che difende il cucciolo.

« Questo non si vedrà mai! » esclamò con una voce ferma che neppure Giuseppina riconobbe.

« Allora si vedranno i soldi », concluse sorridendo l'uomo.

« Faremo tutto il possibile. » Era inutile perdere altro tempo.

« Cercate di farlo entro due giorni. » L'uomo aveva l'aspetto del pezzente e la tracotanza del ricco. « Se sulla ragazza doveste cambiare idea... » Lasciò il discorso in sospeso e se ne andò senza attendere una risposta, toccandosi la tesa del cappelluccio bisunto.

Elvira si avvicinò alla figlia e vincendo la sua naturale ritrosia per le manifestazioni esteriori l'abbracciò come per proteggerla.

« Perché, mamma? » Una donna si affacciò alla porta per salutare e subito scomparve.

« Perché non hai gambe per camminare lungo certe strade », rispose Elvira.

Nessuno sapeva niente di preciso su Enrico Pessina che viveva solo e non gli si conoscevano amici e parenti, ma la voce popolare lo voleva assatanato con le donne, soprattutto con le giovinette. Nelle sere a veglia nelle stalle gli adulti mormoravano storie di madri che avevano chiuso un occhio e di altre che li avevano chiusi tutt'e due e, dopo un incontro delle figlie con Pessina, del debito o dell'affitto non si era parlato più. Elvira non aveva mai verificato l'autenticità di quelle dicerie, ma ciò nonostante aveva paura.

Entrò Cesare allegro e sorridente come se avesse vinto alla lotteria.

« Mamm », gridò, « ho trovato un posto. » Andò al secchio e bevve un mestolo d'acqua.

« Dio vede e Dio provvede », fu il commento di Elvira.

« Ho incontrato il signor Pessina: è passato anche di qui, per caso? » Il ragazzo si era seduto al suo posto e già masticava polenta e lardo.

« È venuto proprio da noi. » Elvira e Giuseppina avevano cominciato a riassettare la cucina.

« Per la pigione? » domandò con la bocca piena.

« Siamo indietro di tre mesi », osservò la madre. « Non ha nemmeno tutti i torti. »

« Tempo due settimane, paghiamo », disse Cesare con ottimismo.

« Ci ha dato due giorni. » Le parole della madre raffreddarono il suo entusiasmo.

« Due giorni? » Posò il cucchiaio sul piatto quasi vuoto e fissò la donna.

« E se non paghiamo farà intervenire la legge. » Elvira accompagnò le parole con un gesto della mano.

« Ma non può », disse spingendo il piatto lontano. « E noi dove andiamo? » La prospettiva di perdere la casa lo faceva sentire nudo e inerme.

Elvira voleva ripetere che Dio vede e Dio provvede, ma si rese conto che due giorni erano un tempo improponibile anche per l'Onnipotente. Così tacque.

« Andrò io a parlargli », disse Cesare con determinazione.

« Tu? » Elvira fu sorpresa perché lo considerava ancora un bambino.

« Io. » Era fermo, deciso, con le mani saldamente appoggiate al piano del tavolo e in quell'atteggiamento risoluto ricordava il padre.

Giuseppina lo guardò con ammirazione sentendosi protetta.

« In fondo sei tu l'uomo di casa », riconobbe Elvira. Alla morte del padre il ragazzo aveva saputo prendersi per mano e proseguire il cammino. Fu colpita dalla risolutezza della sua decisione e gli riconobbe il diritto di occuparsi di un problema vitale che coinvolgeva tutta la famiglia. « Quando vai? »

« Adesso, subito. » Cesare si alzò e uscì.

Madre e figlia si guardarono e in un certo senso si sentirono meno sole. Elvira armeggiò intorno alla lampada a petrolio, poi decise di non accenderla per risparmiare: tanto, per andare a letto, la luce era sufficiente.

6

« Vieni, accomodati. » Enrico Pessina sedeva al tavolo sotto la finestra e mangiava una scodella di fagioli in umido con le cotiche. Anche il padrone abitava in una cascina, una delle due che possedeva, fuori Porta Ticinese nella quale aveva ricavato un piccolo quartierino senza pretese.

« Disturbo? » Cesare aveva perduto gran parte della sua sicurezza e rigirava nervosamente il berretto tra le mani.

« Per disturbare non mi disturbi. » Parlava con sincerità continuando a ingozzarsi avidamente. « Mi capita raramente di avere compagnia mentre mangio. La gente dice che faccio il pasto del lupo. Chi se ne frega. Io mangio tre volte al giorno e mangio quello che mi pare. Loro invece... Vuoi restare servito? » Era un invito concreto, non una frase fatta.

« No, signor Pessina, grazie. Ho già mangiato. » Cesare in qualsiasi altra occasione si sarebbe sentito correre l'acquolina in bocca per quel piatto prelibato, ma in quel momento gli sembrava di avere della stoppa tra la lingua e il palato.

« Non fagioli con le cotiche, immagino. » Da fuori giungevano voci e rumori diversi.

« Polenta », confessò, restando in piedi come un subalterno.

« Ne ho mangiata tanta anch'io. Qualche volta me la faccio cucinare per ricordare i vecchi tempi. » Appoggiò un attimo il cucchiaio, si versò un grande bicchiere di vino rosso da un bottiglione polveroso, bevve grandi sorsate facendo schioccare la lingua, poi si pulì la bocca con il dorso della mano e ruttò fragorosamente. « Dai, vieni avanti. Prendi un bicchiere sopra il lavandino: ti offro da bere. »

Il ragazzo obbedì. Andò al lavandino, prese il bicchiere sul cui bordo ronzavano alcune mosche. « Grazie, signor Pessina », disse tornando al tavolo dove il padrone mangiava.

Gli versò un dito di vino, guardò il bicchiere, poi sollevò i suoi occhi penetranti sul ragazzo. « Ma sì, crepi l'avarizia », disse riprendendo a versare. « Dai, siediti. E bevi. »

Il ragazzo sedette e si portò il bicchiere alle labbra. Il vino era buono, pastoso e subito il primo sorso lo ristorò.

« Buono, eh? » L'uomo lo guardò con la soddisfazione di chi fa un'opera caritatevole per essere ringraziato.

« È buono », convenne Cesare, ma non aveva voglia di fare la parte del beneficato.

« Già », ribatté Pessina insoddisfatto. Si aspettava manifestazioni di giubilo e ringraziamenti. « Adesso mi dirai perché sei qui », soggiunse, pur conoscendo il motivo della visita.

« È per la pigione. » Stava bevendo e il vino gli andò quasi per traverso.

« Hai trovato i soldi? » Era spietato nella sua concretezza.

« Sono venuto a dirle che non abbiamo i soldi », cominciò il ragazzo.

« Questo me lo ha già detto tua madre. » Continuava a ingozzarsi come un affamato.

« Lo so. » Il ragazzo lo odiò, non per come mangiava, ma perché si abbuffava mentre loro rischiavano di finire sul lastrico.

« Comunque vi ho dato due giorni di tempo. » Giocava come il gatto con il topo.

« Non avremo i soldi neppure fra due giorni. » Aveva pochi argomenti da contrapporre alla coriacea indifferenza dell'uomo.

« E io cosa posso farci? » Strizzò i piccoli occhi da predatore e si accarezzò i baffetti sale e pepe.

« Aspettare una settimana. Due settimane al massimo. » Non gli sembrava una richiesta eccessiva.

« Tu credi che se potessi non lo farei? » si pulì la bocca con la manica della giacca.

« Non lo so. » Cesare era convinto che se soltanto lo avesse voluto l'uomo avrebbe potuto aspettare un anno e anche due. « Voi siete ricco. » Era passato dal lei al voi togliendo inconsapevolmente all'interlocutore parte del suo prestigio.

Enrico Pessina si appoggiò pesantemente allo schienale della sedia impagliata, scelse un mezzo toscano, lo annusò, lo umettò tra le labbra e finalmente lo accese assaporandone l'aroma forte e secco. « Si fa presto a dire ricco. » Aveva la torva arroganza degli intoccabili. « Dicono che io nasconda sacchi di marenghi d'oro », cominciò a raccontare succhiando con voluttà il mezzo toscano da cui si levavano nuvole di fumo puzzolente, « ma nessuno li ha mai visti. Dio mi punirebbe se mi lamentassi della mia vita. E io non mi lamento. Dicono che faccio lo strozzino, sputano per terra quando passo e si voltano dall'altra parte. Poi vengono da me e piangono per avere un prestito in cambio di un pegno. Io faccio la mia parte. Ho sempre restituito la roba impegnata quando mi è stata richiesta nei tempi giusti. Ma che cosa dovrei fare? Prestare gratis a gente che non ti restituisce mai il danaro? » Era un discorso logico.

Pessina tirò fuori dal taschino del gilè un orologio d'argento con il quadrante di smalto e le ore segnate in numeri romani. Sulla cassa era disegnata in rilievo una figura di donna drappeggiata in una tunica, le chiome fluenti e gli occhi bendati. L'uomo premette un pulsante e la cassa si aprì azionando un carillon con una dolce melodia. Pessina guardò il quadrante di smalto e poi il ragazzo aspettandosi una reazione di meraviglia.

Cesare seppe nascondere il proprio stupore e finse indifferenza. « Se uno non può non può », ribatté. Conosceva la miseria della gente e non poteva condividere le argomentazioni del padrone di casa.

« E in questo ti do ragione », ammise l'uomo riponendo deluso l'orologio. « Sfido l'uomo più onesto del mondo a pagare i debiti se non ha i soldi. Per questo ci sono la legge di Dio e quella del mondo. » Continuava a fumare il suo mezzo sigaro con evidente piacere. « Davanti a Dio siamo tutti uguali, ma davanti al mondo, ricordatelo, se tu non mi dai una cosa io non posso dartene un'altra in cambio. »

« Noi vogliamo pagare. » Cesare avvertiva una profonda repulsione per il cinismo dell'uomo, ma sentiva che il male non era tutto in lui e nelle sue parole riconosceva l'incoerente procedere del mondo. « Chiediamo di pagare fra due settimane invece che fra due giorni. Che differenza fa? »

« È la regola che va a farsi fottere », rispose l'uomo alzando la voce e pestando un pugno sul tavolo. « Due settimane diventano due mesi e due mesi un anno. Mai. Sono tre mesi che vi faccio credito. In cambio di una promessa nessuno ha ottenuto mai niente. Io faccio i miei affari. Chi non vuole farli con me è libero di rivolgersi altrove. Le mie case devono rendere. I miei soldi devono fruttare. » Soffiò sulla brace del sigaro per renderla uniforme e bevve del vino. « Se sei un lupo ti odiano, ma ti rispettano perché questa è la regola. Se fai il santo, prima ti adorano, poi ti distruggono. Quando un ricco dona tutto ai poveri il risultato è che alla fine c'è un pezzente in più. »

« Solo una settimana. » Cesare si era alzato e aspettava rigido una risposta.

« Quello che ho detto a tua madre lo ripeto a te. Fra due giorni o mi pagate o vi faccio buttar fuori di casa. »

Cesare arrossì fino alla radice dei capelli. « Quanto vi dobbiamo esattamente? » domandò.

« Tre mesi a otto lire il mese fanno giusto ventiquattro lire. »

« Avrete i vostri soldi », disse Cesare con sicurezza.

« Questo è un parlare da uomini. » Scherzava malignamente sapendo che i soldi non si trovano al pozzo, anche se i limpidi occhi azzurri del ragazzo in quel momento dicevano il vero.

Cesare uscì nella sera stellata piena di rumori, di voci ovattate. Lontano, dalla parte del centro, sferragliò scampanellando un tram elettrico. L'ultimo Natale suo padre lo aveva portato a fare un giro per la città, aveva speso dieci centesimi e lui aveva provato una grande emozione. Nel cielo si vedeva il riverbero delle luci del centro, pieno di teatri, di ristoranti, di gioia e di avventure, dove c'erano ricchi signori che ventiquattro lire potevano spenderle in una notte di baldoria. Le finestre accese rivelavano interni di serena modestia che contrastavano con il tumulto del suo cuore. Perché il mondo non fremeva di sdegno di fronte alla prospettiva di uno sfratto? Anche lui aveva visto tanti carri gonfi di miseria rotolare alla deriva senza dedicarvi più di un'occhiata distratta.

Ormai Cesare doveva trovare in due giorni ventiquattro lire, ma dove? Come? A chiederle in prestito non c'era nemmeno da pensarci. A risparmiarli ci voleva tempo. Dal fondo dello stradone provenne il suono malinconico di un organino che si intensificò con il delinearsi di un lume accompagnato dal passo cadenzato di un cavallo al tiro di un carrozzone di zingari. Il richiamo dell'organino fece accorrere un gran numero di curiosi e frotte di bambini sciamarono nella sera d'estate intorno alla novità del cavallo, del carrozzone, della musica.

Anche Cesare si avvicinò e vide, sul belvedere della casa viaggiante, un'esile ragazzina dai capelli neri che teneva al guinzaglio un orso di proporzioni gigantesche che avanzava ballonzolando con il muso imprigionato in una museruola fatta di strisce di cuoio intrecciate. L'animale seguiva il carrozzone con la sua andatura oscillante, ma soprattutto seguiva la ragazza dai capelli neri che gli sorrideva e gli parlava. Sul belvedere si affacciò un omone con una gran barba nera e lunghi capelli e cominciò ad arringare lo spettabile pubblico annunciando che sul piazzale della Vetra, a partire da quella sera, la divina Salomé avrebbe divertito la cittadinanza con lo spettacolo del suo orso ammaestrato. Salomé parlò all'orso e l'animale si inchinò scuotendo il testone in segno di saluto. I campanelli che aveva attaccati al collare suonarono allegramente, i bambini applaudirono, mentre i grandi si scambiavano occhiate sorprese.

La ragazza, l'orso, l'organino erano un bel diversivo e Cesare si lasciò portare via dal codazzo di curiosi che seguiva la novità degli zingari. Se anche avesse continuato a rimuginare i suoi crucci, quella sera non avrebbe risolto nessun problema.

7

LA piccola zingara dai capelli di seta e dagli occhi di velluto gli andò incontro seguita dall'orso ballonzolante che non emetteva più grugniti, ma cantava con bella voce baritonale una canzone in voga. C'era gente elegante intorno a loro e tutti a un certo punto cominciarono a gettare marenghi d'oro ai piedi della ragazza e della belva. Cesare guardò tutto quel denaro senza avere il coraggio di prenderlo, poi la ragazza con un grazioso cenno del capo lo invitò a raccoglierlo e lui si sentì felice. Si chinò per prendere le preziose monete e quando afferrò la prima echeggiò il rintocco di una campana, lo stesso rintocco batté alla seconda moneta, alla terza... Cesare si svegliò con la mano rattrappita su un desiderio inappagato che rendeva più amaro l'inizio del nuovo giorno. Si alzò in silenzio, fece colazione e sempre con la faccia scura si apprestò a uscire prima che il Riccio lo chiamasse per andare alla lavanderia di Crescenzago. La luce che filtrava dalle persiane era meno viva e il ragazzo intuì un cielo nuvoloso che prometteva pioggia. Anche il tempo si intonava con i suoi pensieri.

« Stai tranquillo, Cesare. » La voce sussurrante di Giuseppina lo fece trasalire.

« Credevo che tu dormissi », disse. Andò presso di lei e le sorrise.

« Ti ho sentito parlare e agitarti nel sonno », mormorò lei tirandosi su.

« Forse ho fatto un sogno », tagliò corto il ragazzo.

« Che sogno? » domandò lei incuriosita.

« Non me lo ricordo. Ma tu dormi se ci riesci. È ancora presto. »

« E tu non preoccuparti, se puoi. » La ragazza aveva un tono materno.

« Di che cosa? » le chiese, anche se conosceva benissimo la risposta.

« Dei soldi dell'affitto. » Giuseppina non aveva pensato ad altro tutta la notte.

« E perché non dovrei preoccuparmi? » Il ragazzo stava attaccandosi a quel pretesto per sfogare il suo malumore con una reazione brusca.

« Perché in qualche modo si farà. » Sembrava che avesse la chiave per risolvere il problema.

« Parli come mamm. » Cesare mise ordine sul tavolo. « Dio vede e Dio provvede, ma se non ci diamo da fare... Dormi ancora un po'. Io devo andare. »

Il cielo era imbronciato e minacciose nuvole nere si spostavano verso sud sospinte da un vento temporalesco.

Il Riccio arrivò saltando da un lato all'altro dello stradone. « Ti è morto il gatto? » Scherzò, come al solito, annusando l'aria.

« Sì. » Non disse altro e cominciò a camminare a fianco dell'amico.

« Sei sempre il solito lunatico. » Il Riccio si chiuse in se stesso risentito, domandandosi come faceva a sopportare il carattere ostinato di quel ragazzo scorbutico e impenetrabile.

« Io torno indietro », decise Cesare quando erano ormai a metà strada.

« Tu sei matto. » Lo guardò bene in faccia per cercarvi i segni dell'improvvisa pazzia.

« Sì, sono matto, ma devo tornare indietro », ripeté facendo seguire alle parole i fatti.

« Ma così ti giochi il posto. » Il Riccio non perse tempo a chiedere il motivo di quella decisione, perché tanto non lo avrebbe saputo da quel testone di Cesare.

« Non mi gioco niente se tu inventi una buona scusa. » Senza aggiungere altro lo piantò in asso.

« Ma che cavolo di scusa invento? » gli gridò dietro mentre Cesare ripercorreva già la strada con le sue lunghe gambe.

« Quella che vuoi. E solo se vuoi. » Detestava chiedere favori.

« Dio ti stramaledica. Dio stramaledica te e me che sto qui a darti retta. » Il Riccio restò immobile, livido di rabbia e sbatté violentemente il berretto nella polvere.

Cesare attuò il suo proposito con la determinazione di sempre e non sentì neppure l'esigenza di voltarsi una volta per vedere che cosa stesse facendo l'amico. Fece un largo giro per evitare gente e case conosciute e si diresse per viuzze malfamate alla chiesa di San Lorenzo. Conosceva bene il tempio e le abitudini di don Oreste, avendo a lungo servito messa e partecipato alla Via Crucis. Sapeva che nella navata laterale sinistra, sotto l'immagine del santo, c'era una cassetta speciale per le elemosine dedicata alle missioni che veniva aperta una volta l'anno in luglio. L'anno precedente don Oreste aveva contato ben centocinquanta lire e, dato che era ormai giugno, doveva essere piena di soldi. Aveva già sentito parlare sottovoce di furti sacrileghi, ma lui era in uno stato di assoluta necessità, le sue intenzioni erano buone e se Dio sapeva tutto certo era al corrente della situazione e non poteva volere che sua madre, le sue sorelle e i suoi fratelli finissero in mezzo alla strada.

Quando varcò la porta piccola della chiesa aveva perduto parte della sicurezza, ma non la determinazione. Se peccato c'era lo aveva già commesso nel momento della decisione che non era la migliore possibile, ma certamente la sola praticabile. La chiesa era deserta e la luce filtrava dalle vetrate conferendole un'ampia solennità. Restava nell'aria un profumo di incenso, di cera, di fiori, ma quel buon odore di chiesa, che di solito lo placava, quella volta gli comunicava una profonda angoscia.

Si inginocchiò sotto l'immagine del santo, davanti alla cassetta delle missioni. Pensò di implorare San Lorenzo, ma poi, dopo una rapida valutazione, si rivolse direttamente a Dio: « Forse sto commettendo un'azione ingiusta, ma qui dentro ci sono i soldi per pagare il nostro affitto. Adesso a te non servono, mentre a noi sono indispensabili. Signore, io non ho mai rubato niente e non ho voglia di cominciare a rubare. Ti chiedo un prestito. Signore, se tu mi presti i soldi dell'affitto io un giorno te li restituisco con gli interessi. Ci stai? » Rimase in silenzio per un lunghissimo attimo ad aspettare una risposta che lui solo percepì. Chi tace acconsente, pensò. Nella chiesa deserta e silenziosa il ragazzo contrasse il suo prestito sacrilego, scardinò la debole serratura servendosi della lama di un piccolo coltello a serramanico, contò monete e monetine fino a raggiungere le ventiquattro lire necessarie al pagamento dell'affitto, poi uscì con il cuore in pace, certo di avere stipulato un impegno che avrebbe puntualmente onorato.

Il tempo era volato tra camminare, riflettere e agire; quando uscì l'orologio del campanile segnava le dieci e gli prese una gran voglia di correre per arrivare in tempo, anche se mancavano ancora ventiquattr'ore allo scadere del termine fissato per il pagamento della pigione. Proseguì svelto resistendo alla tentazione di galoppare, come avrebbe voluto, per non sembrare un fuggiasco e arrivò a casa prima delle undici. Augusto era occupato a sorvegliare i fratellini più piccoli che, spinti dalla curiosità dei cuccioli, sistematicamente tendevano a uscire dal suo campo visivo. Era un bravo bambino, Augusto, e metteva molto impegno nel suo ruolo di fratello maggiore.

« Ma tu, non dovevi essere a scuola? » Cesare sentì aumentare la sua preoccupazione.

« Giuseppina mi ha detto di badare a loro. » Indicò Anacleto e Serafina che impastavano la terra intorno alla pompa dell'acqua.

« E Giuseppina? »

« È andata via. »

« Dove? » In quella semplice domanda stava configurandosi un dramma.

« Non lo so. » Il bambino guardò la faccia tirata del fratello ed ebbe paura che lo aggredisse.

« Da che parte è andata? »

« Di là », indicò il piccolo puntando la manina in una certa direzione.

Di là c'era la cascina dove abitava Enrico Pessina, il padrone: la preoccupazione di Cesare diventò panico e quella volta non ebbe nessun timore a fare di corsa la strada che lo divideva dalla tana del lupo.

Incontrò Giuseppina a metà strada, seduta sotto una grande quercia: era più bella, più fragile, più indifesa del solito e si capiva che aveva pianto, ma ormai i suoi occhi erano asciutti, aridi, la faccia era arrossata per un'abrasione, come se l'avesse fregata contro la corteccia dell'albero, la veste buona di cotone era tutta sgualcita e i capelli arruffati.

« Sei andata da lui? » Cesare sedette vicino a lei ravviandole i capelli con gesti affettuosi.

« Sì. » Con suo fratello non sapeva mentire.

« Perché? » Soffriva come un animale selvatico preso al laccio e sentì l'universo ruotargli intorno, come una volta in cui era caduto e aveva picchiato la testa.

« Credevo che non ci fossero altri modi. » Parlava con una voce impersonale che lei stessa non riconosceva.

« Potevi consigliarti con me. » Non intendeva rimproverarla perché era inutile aggiungere dolore al dolore, vergogna alla vergogna, oltraggio all'oltraggio.

« Credevo che non ci fossero altri modi », ripeté la ragazza. « Lui ha detto che così restiamo pari per i tre mesi di pigione. »

« Andiamo a casa. » L'aiutò a sollevarsi e si incamminarono lentamente.

« Potrete mai perdonarmi? » Teneva gli occhi bassi e il capo chino.

« Non c'è niente da perdonare. » I suoi occhi, che guardavano diritto davanti a sé, scintillavano d'odio.

« Credevo che non ci fossero altri modi. » Era la sola frase che riusciva a ripetere.

« Devi solo dimenticare. » Un raggio di sole bucò le nubi e illuminò la strada.

« Andrò suora. » Era dolce, patetica, disperata.

« Di questo parleremo. Ma adesso devi promettermi che quello che è capitato resterà un segreto fra noi due. »

« Resterà un segreto fra noi due. » Sollevò finalmente il capo e lo guardò con occhi disperati.

« Qualcuno ti ha visto? »

« No, non mi ha visto nessuno. »

Cesare l'accompagnò a casa e la mise a letto.

« Ho freddo. » Tremava come se avesse la febbre.

« Non è niente. Passerà presto. L'importante è che la mamma non sappia », si raccomandò.

« Mi alzerò prima che torni a casa », promise Giuseppina.

Le rimboccò le coperte e la baciò sulla fronte. Camminò lentamente per un mondo buio, deformato, diverso fino alla chiesa di San Lorenzo, raggiunse la cassetta delle missioni, si inginocchiò e rimise i soldi al loro posto fino all'ultimo centesimo.

Il cuore gli batteva forte per la disperazione e lo sdegno. « Con te, Signore », disse, « siamo pari. Adesso il mio debito ce l'ho con il diavolo. »

« Cominciamo bene, eh, giovanotto! » La padrona lo aggredì con voce squillante.

« Non succederà più. » Il ragazzo aveva la risolutezza di un uomo.

« Lo spero per te. » La vedova della lavanderia caricava il tono più del necessario, quasi volesse difendersi dalla forza che sprigionava dal carattere indecifrabile di Cesare.

« Posso riprendere il mio posto? » domandò con decisione. Voleva sottrarsi a ulteriori domande per non essere obbligato a mentire.

« Cerca di fare il tuo dovere e di guadagnarti la paga che ti do. » Provava per il ragazzo un'insolita tenerezza.

« Farò quello che devo fare. E non avrà più ragione di lamentarsi di me. » Doveva smetterla di trattarlo come un bambino.

Faticò nel campo dei panni e della biancheria stesa spingendo avanti e indietro per tutto il giorno carretti carichi di roba, prendendo fatica e sudore come una medicina, ma neppure alla sera quando, sopraffatto dalla stanchezza, si addormentò riuscì a trovare pace. Brutti sogni gli tennero compagnia e ogni tanto si svegliava di soprassalto per tendere le orecchie al respiro leggero di Giuseppina che forse fingeva di dormire e continuava ad abitare con la sua disperazione.

Fu una notte di incubi atroci, di profonde riflessioni e quando spuntò il giorno sul viso di Cesare era sparita anche l'ultima traccia di quanto era accaduto. Un grumo di dolore gli pesava sull'anima ed era giusto che fosse così perché quel malessere gli ricordava il conto che aveva in sospeso con il diavolo in persona.

8

I GIORNALI parlavano di guerra, di una guerra che stava scon-
volgendo il mondo, ma Giuseppina non leggeva i giornali e
sapeva che la guerra i poveri la fanno, ma non la decidono
mai. Così era successo in Libia pochi anni prima, se aveva
capito bene le parole del padre che ogni tanto portava a casa
il giornale e lo commentava. Ma che senso aveva discutere un
evento che pochi decidevano e che tutti erano obbligati ad
accettare? Quattro ufficiali uscirono dalla caserma di via La-
marmora: parlavano di coordinamento navale, di triplice alleanza, di perfezionamento delle intese militari, dell'imminente
coinvolgimento nel conflitto dell'Inghilterra. Erano belli, eleganti, giovani, ma quando li incrociò sul marciapiede e si tirarono da parte per lasciarla passare si rese conto che erano
soltanto maschi e sentì sulla veste i loro sguardi disgustosi.
Intuì che qualcuno faceva apprezzamenti sull'amore e sulla
guerra, sulle battaglie perdute in campo aperto e su quelle
vinte nelle alcove. Giuseppina tirò via accelerando il passo,
presto fu in via Commenda, poi svoltò in via Guastalla dove
Achille Castelli, tornato dall'America pieno di novità e di entusiasmo, aveva fondato il primo laboratorio farmaceutico milanese assumendo manodopera femminile per la lavorazione e
la confezione dei suoi prodotti.
   Di fronte all'autorità del portiere la ragazza si smarrì e
andò in confusione. Era un omone grande e grosso con gli
occhi scintillanti, i baffi a manubrio, la faccia rasata e un gran
naso rosso e ricurvo.

« Che cosa volete? » domandò facendo lo sguardo truce.

« Ho una lettera. » Giuseppina gli porse la busta che teneva per un lembo come un prete l'ostia.

« Date a me. » Il portiere prese la busta che era aperta, estrasse la lettera e lesse, mentre la ragazza avrebbe voluto sprofondare.

« Reparto imballaggio », disse finalmente restituendole la raccomandazione di don Oreste, cui un impiegato della ditta aveva apposto la sua annotazione.

« Dove? » Le sembrava di essere all'imbocco di un labirinto.

« Scantinato », rispose l'omone indicando la scala in fondo al corridoio.

Era un lungo scantinato con il soffitto ad archi di mattoni, fresco, basso e umido per la conservazione dei vini trasformato in reparto di imballaggio. Sulla porta riconobbe il signor Paolo Frontini, caposquadra e parrocchiano di don Oreste che nella assunzione di Giuseppina aveva avuto la sua parte. Ebbe per lei un sorriso bonario da parroco di campagna quale probabilmente sarebbe diventato se avesse potuto seguire la sua vocazione e frequentare il seminario. Mentre don Oreste sembrava un airone, tanto era magro e avaro di parole, Paolo Frontini era lucido come un porcellino e petulante come un passero.

« Stai sempre al tuo posto », la catechizzò, « non dare retta ai cattivi consigli. Non ti mischiare nelle beghe delle altre. »

« Sì. Cioè, no. » Era abituata alle prediche e all'obbedienza.

« Vediamo », riprese girandole intorno « hai un bel vestitino. Anche il grembiule va bene. »

Sopra la semplice princesse di cotonina scozzese dalle tonalità bluette, che le sfiorava la caviglia, la ragazza aveva indossato un grembiule bianco che sua madre aveva cucito con parti buone di un lenzuolo consunto.

« Quando comincio? » Era ansiosa di conoscere il suo destino.

« Appena arrivano le tue compagne. Pochi minuti ancora. » Le porse una cuffietta bianca. « Con questa ti coprirai i capelli. »

« Sì. » Non seppe mai se la cuffietta fosse per l'igiene dei prodotti o per l'igiene dei suoi capelli, ma fece sempre quello che il regolamento prescriveva.

« Sai leggere? » Era una domanda d'obbligo: l'analfabetismo era molto diffuso.

« Sì », rispose, non senza un certo orgoglio.

La portò davanti al cartellone con il regolamento della ditta che era affisso all'ingresso del reparto. « Leggi bene », ordinò, « e non dimenticarlo mai. » « Leggi », ripete perché la ragazza indugiava e invece di guardare il cartello fissava i suoi acquosi occhi bovini.

« Forte o piano? » domandò.

« Forte, piano, come ti pare. » L'uomo intanto le indicava il cartello.

Lesse piano. Il primo articolo diceva: « È proibito fumare, parlare sconveniente, bestemmiare, muoversi per il locale se non per ragioni di servizio. Non si pagano acconti per lavori non finiti o settimane non concluse ». Un altro articolo vietava tassativamente di appartenere a organizzazioni o società che usavano seminare odio invece della carità. L'ultimo avviso la fece arrossire e tremare: « Fuori del laboratorio le operaie si devono comportare con moralità e decoro, pena il licenziamento in caso di reclamo ».

« Ma queste sono cose che non ti toccano », osservò il signor Frontini.

« Sì », disse Giuseppina confondendosi ancora di più.

Intanto le altre operaie arrivavano nel reparto e dopo un breve, cerimonioso saluto al caposquadra, passavano nello scantinato. Quando tutte ebbero preso posto il signor Frontini la presentò alle compagne.

« Si chiama Giuseppina », esordì, « è una brava ragazza. Vedete di non scandalizzarla con brutti discorsi. È come una botticella vuota; riempitela con il buon esempio. » E improvvisamente se ne andò lasciandola confusa in quell'ambiente estraneo tra donne che non conosceva.

« Vieni qui, Botticella », scherzò un'operaia più anziana indicandole una sedia accanto alla sua.

Qualcuna rise sommessamente.

« Mi pare che sia lui la botticella », osservò un'altra alludendo alla faccia rotonda di Frontini.

« Dateci un taglio », disse burbera l'operaia anziana che era una donna piacente e ben costruita sui trent'anni, che aveva perduto il marito da qualche anno e che non si era più risposata per quanto non avesse figli e avesse molti corteggiatori.

« Non restare lì impalata come un gendarme », disse rivolta a Giuseppina. « Mettiti qui. » Intorno si diffuse un fitto brusìo.

La ragazza prese posto sulla sedia impagliata e si guardò intorno timidamente. Era la sola che avesse i capelli lunghi raccolti in due trecce e annodati sulla nuca. Le altre operaie portavano i capelli corti, con l'ondulazione e la scriminatura laterale.

« Che cosa devo fare? » Avrebbe voluto muoversi con la disinvoltura delle altre; per mettersi al loro stesso livello era disposta a qualsiasi sacrificio.

« Si impara meglio con gli occhi che con le orecchie », spiegò l'operaia anziana sorridendole con simpatia. « Guarda quello che faccio io e dopo lo farai anche tu. »

I mattoni al vivo rivelavano il sapiente gioco architettonico degli archi e dei pilastri sul quale poggiava l'intero edificio. La luce che pioveva dalle feritoie lunghe e strette, contrabbandate per finestre dalla proprietà, non bastava a rischiarare l'antica cantina, così tre lampade elettriche pendevano dal soffitto sul lungo tavolo al quale lavoravano una ventina di operaie.

Le donne sedevano su sgabelli impagliati e per evitare il contatto con l'umidità del suolo, che era di terra battuta, poggiavano i piedi su lunghe assi inchiodate alle gambe del tavolone. In un angolo troneggiava una monumentale caldaia tedesca di ghisa che nei mesi invernali alimentava il modernissimo impianto di riscaldamento della ditta e riscaldava anche la cantina. Sulla parete di fondo era appeso un crocefisso sotto il quale ardeva una piccola lucerna. Alle pareti laterali erano allineate scaffalature molto rozze su cui poggiavano i materiali necessari alla confezione.

C'era nell'aria un odore che a Giuseppina ricordava la morte, la morte di suo padre. Impallidì e i suoi grandi occhi da cerbiatta ferita diventarono immensi.

« Non stai bene? » si interessò l'operaia.

« È... è questo odore », si scusò.

« Chiamalo pure puzza. » Era una donna sincera e cordiale, che invitava alla confidenza.

« Che cos'è? » Giuseppina voleva sapere il nome della sostanza.

« Catramina. Oggi confezioniamo catramina. Perciò senti la puzza. Quando invece confezioniamo saponette è un'altra musica. » Qualche ragazza rise.

Giuseppina conosceva le saponette Castelli per averle viste nelle vetrine delle profumerie: l'*Extrait Rose*, l'*Extrait Violette*; erano confezioni eleganti che in un ovale suggestivo riproducevano i volti incantati di damine romantiche dalle chiome morbide, il cappello piumato, un incarnato di velluto in una tenue cornice di fiori disegnata a pastello. Quelle scatole erano il simbolo dell'agiatezza, delle buone maniere, del rispetto di sé; le aveva ardentemente desiderate e le aveva viste nel sogno scendere dalle nuvole: invece salivano da una cantina umida che puzzava di catrame, di sudore e di fatica.

Sul lungo tavolo erano ammucchiati sacchetti di carta grezza, scatole, etichette, vasi di colla, boccette di ogni dimensione.

« Le conosco le pillole di catramina », disse Giuseppina facendosi coraggio.

« Come mai? » In quel momento era la compagna più esperta che voleva sapere.

« Le abbiamo comperate per mio padre », rispose la ragazza con un'espressione malinconica.

« Gli sono servite? » Si sentiva il rumore delle scatole che venivano riempite e chiuse.

« No. È morto. » Giuseppina fece uno sforzo per non commuoversi.

« Questa roba fa bene a quelli di sopra che la producono », disse l'operaia con rabbia. « La vendono e ci fanno i soldi. Raccontano che è un toccasana, un rimedio americano che il fratello del padrone ha importato dalla California. I signori non prendono pillole perché non hanno la tosse. La tosse è una malattia da miserabili. »

« Al mio pa' », la smentì Giuseppina, « facevano bene. Quando prendeva la catramina per un po' smetteva di tossire. »

« E allora perché è morto se gli faceva tanto bene? » obiettò l'operaia anziana.

« Perché l'aveva detto il prete di Rattanà. » Intorno si spense ogni brusio e facce brucianti di curiosità si girarono verso la ragazza.

« Il prete di Rattanà ha il segno », confermò un'operaia dall'altra parte del tavolo.

« Che cosa vuol dire? » qualcuna chiese.

« Vuol dire che senza neanche guardarti sa quello che hai.

Sa il destino della gente. » Giuseppina era diventata protagonista.

« Favole », disse l'operaia anziana, ma sentì un brivido correrle lungo la schiena.

Una biondina esile e denutrita raccontò: « Io avevo un gonfiore sulla spalla che continuava a ingrossarsi. La mia mamma mi ha portato da lui. Mi ha guardato dritto negli occhi dicendo: 'Questa ha un lipoma. Ci vuole l'erba *guzza*!' Che sarebbe il coltello. Infatti me lo hanno tagliato all'ospedale. Era proprio un lipoma ».

Entrò all'improvviso il caposquadra. « Andate avanti con il lavoro. Non obbligatemi a dare multe perché poi è inutile piangere », disse. E scomparve rapidamente com'era arrivato.

Per un po' ci fu silenzio: si sentiva il respiro delle donne e il fruscio delle confezioni contro le mani che avevano accelerato il ritmo. Giuseppina ricordò quella notte tremenda quando suo padre era diventato blu perché non riusciva a respirare e cercava l'aria per tirare dentro di sé la vita che gli sfuggiva. Elvira si era buttato lo scialle nero in testa e le aveva detto: « Bada ai piccoli. Io vado a cercare il prete di Rattanà. Forse lui me lo guarisce ».

Era, quel prete spretato, un personaggio inquietante conosciuto a Milano più del leggendario Rasputin. Qualcuno lo amava, molti lo odiavano, tutti temevano i suoi poteri occulti. Viveva come un orso in una vecchia casa di piazza Fontana, ma aveva molte case in città e anche ville che gli erano state donate da signori che aveva guarito. Giuseppina lo aveva visto dalla finestra sgambare nel freddo della notte invernale, mentre sua madre correndo stentava a tenergli dietro. Era un tipo muscoloso, tarchiato, scuro di pelle e d'occhi che indossava sempre la stessa tonaca bisunta, ma senza collarino bianco perché era stato interdetto dagli uffici divini. Trattava tutti malissimo, soprattutto le donne del popolo contro le quali gettava insulti irripetibili e tremendi anatemi. Comunque era arrivato al capezzale di Angelo senza imprecare e non aveva voluto niente, ma quando lo aveva visto aveva detto: « Rassegnati, per lui non c'è più niente da fare. Dagli della catramina che gli servirà a calmare la tosse ». Elvira si era messa a piangere, ma lui non le aveva badato: era abituato al male e non poteva piangere per tutti i dolori del mondo. Invece si era avvicinato a Giuseppina, che lo guardava con i grandi occhi da cerbiatta ferita, ipnotizzata da quella figura singolare, e per la bambina aveva avuto un sorriso di pietà. Le aveva accarezzato i capelli dicendole: « Tu, piccolina, non avrai vita facile. Vedrai il colore del tuo sangue prima del tempo. I tuoi cari ti abbandoneranno. Ma uno ti vendicherà e ti salverà, ti proteggerà. E chiuderai gli occhi sull'abbondanza ». Giuseppina era rimasta colpita dalle parole dell'uomo che per lei non avevano un senso, ma avevano un peso. Solo più tardi avrebbe visto avverarsi una parte della profezia: aveva visto prima del tempo il colore del suo sangue, ma ancora nessuno l'aveva vendicata.

9

CESARE si sentiva guardato, sapeva anche chi lo guardava, ma non fece una mossa, né lasciò trapelare segni di agitazione; continuò ad ammirare lo stupendo volto della zingara, i suoi neri occhi andalusi, le sopracciglia arcuate, e le lunghe ciglia immobili sullo sguardo sereno, il naso piccolo e ben proporzionato, le guance di velluto, le orecchie da bambina con appesi ai lobi due grappoli di sottili monetine d'oro, la fronte coperta da una frangetta che la luce di un fanale accendeva di bagliori ramati. L'orso si muoveva vicino a lei sbavando nella museruola di cuoio che non impediva il passaggio di una lingua mostruosa e viscida. Era una bestia grandiosa, più alta di un uomo alto, dal tronco tozzo e potente.

L'orso annusò l'aria selezionando gli odori e sembrò esprimere una specie di apprezzamento scuotendo il testone e facendo suonare i campanelli del collare, in attesa dello spettacolo serale. Era sabato e si aspettava più gente del solito, ma per il momento c'erano soltanto la ragazza, Cesare, l'orso e poche persone sparse sull'antica piazza, tra le quali l'uomo che guardava Cesare con un sentimento intraducibile che però rivelava una grande tensione.

L'uomo guardava Cesare come un ostacolo che si frapponesse tra lui e la zingara poco più che adolescente, le mani ancora piene d'infanzia, il seno acerbo con i bottoncini dei capezzoli rosa che apparivano e sparivano secondo gli ingenui movimenti della fanciulla che provocavano rapidi spostamenti della camicetta di velo trasparente. Era quella promessa di sessualità incontaminata che l'uomo scrutava avidamente senza perdere d'occhio le larghe spalle di Cesare. Il ragazzo conosceva l'uomo e il suo nome, il suo animo perverso, ma si comportò come se non sapesse niente.

« È grande questa piazza », osservò la zingara. Aveva una voce fresca e melodiosa.

« È triste », disse Cesare, « ma », soggiunse sorridendo, « è bella. »

« È grande », ripeté la zingara. Era la prima volta che veniva in una città come Milano e non aveva mai visto una piazza tanto grande.

Il giovane e la fanciulla si vedevano da molte sere e si conoscevano bene. Lei si chiamava Dolores, era nata quattordici anni prima su quel carrozzone e sua madre era morta dandola alla luce. Non aveva avuto il tempo di rimpiangerla crescendo a fianco di quell'omone dai capelli neri e ricci che suonava il violino e la fisarmonica: suo padre.

L'orso si immobilizzò sulle gambe posteriori e piegò leggermente il testone per vedere meglio Dolores con i piccoli occhi miopi.

« Sembra che ti sorrida », disse Cesare. C'era un po' di gente intorno, ma si teneva a distanza.

« Mi sorride », confermò la fanciulla.

« Non hai paura? »

« Di Grizzly? » Grizzly amava Dolores come un cane il padrone.

« Si chiama così? » chiese Cesare colpito da quel bel nome esotico.

« Sì. Ed è come se fosse mio fratello. È come se fosse mio padre e mia madre », spiegò lei guardandolo con tenerezza. « Prova a toccarmi », lo sfidò.

« Ecco. » Cesare allungò diffidente una mano verso il braccio bruno di sole e ben tornito della zingara.

I piccoli occhi di Grizzly lo trafissero come lame, mentre la belva incollerita lanciava un alto lamento che era anche un grido di guerra. Da giocoso e pacifico, era diventato aggressivo e diffidente. Gli artigli falcati, forti come uncini, tremarono nei poderosi arti anteriori pronti a colpire.

« Buono, Grizzly », lo placò Dolores con la sua bella voce.

L'orso, tranquillizzatosi, emise sordi brontolii e riprese a far dondolare il testone e a far suonare i campanelli, mentre altre persone giungevano alla spicciolata nella piazza.

« Ho avuto paura », confessò Cesare. Si era fatto pallido e stava sul chi vive.

« Non devi avere paura se ci sono io », lo rassicurò. « Se non hai intenzione di farmi del male non devi avere paura di Grizzly. » Faceva un caldo tropicale e piccole gocce di sudore imperlavano il dorso delle mani, le braccia e la radice del naso di Dolores che ogni tanto si detergeva la fronte con un fazzoletto. L'orso puzzava di selvatico, la gente di fatica e di sudore. Si respirava un'aria immobile, rossastra e · cupa che scaldava la pelle e toglieva il respiro. Grizzly sbuffava e grugniva sotto la cappa dell'afa, che era innaturale anche nella città abituata a estati roventi. Cesare non sentiva tutto quel caldo, il suo sguardo era immobile e la sua pelle perfettamente asciutta. Ricordò le parole dei vecchi che raccontavano lugubri storie di esecuzioni fatte in nome della giustizia sul patibolo eretto in quella stessa piazza Vetra, vicino alla statua di San Lazzaro. Ma la giustizia, che lui conosceva per sentito dire, era sempre fuori registro, sempre al servizio dei capitani, pronta a spaccare le ossa del popolano Gian Giacomo Mora, barbiere in Milano, « accusato d'aver diffuso la peste con le unzioni », ma altrettanto svelta a girare la faccia dall'altra parte quando erano i potenti a violare la legge.

La basilica · di San Lorenzo e le casupole antiche e strette, un tempo dimora e laboratorio di tintori e di conciapelli, in quel periodo inviolabile rifugio della malavita, si fronteggiavano nel caldo come morbide strutture di cera sul punto di liquefarsi.

« Non verrà tanta gente », disse la zingara con una punta di rammarico.

« Verrà gente », la rassicurò Cesare. « Vedere ballare un orso è una delle poche cose che i poveri si possono ancora permettere. »

« Allora c'è speranza. » La ragazza sorrise mostrando dei denti piccoli e brillanti, sedette su un tavolino arabo ottagonale, alto e stretto a incastri chiari e scuri, istoriato di foglie di madreperla in un'aerea simmetria moresca. Appoggiò le braccia al legno colorato della balaustra che limitava l'elegante terrazzino del carrozzone. L'orso ogni tanto si muoveva, ma finiva sempre per voltarsi dalla parte della padrona, il muso sollevato verso di lei in un atteggiamento di stupita adorazione.

Dolores gli offrì una piccola pera e l'orso la mangiò con avidità masticando rumorosamente. La mancanza di alternative, l'afa e la zingara che faceva ballare l'orso richiamarono altra gente nella piazza dove tutti respiravano l'aria arroventata della sera sognando la pioggia.

« Purché non faccia poi l'ira di Dio », osservò un contadino guardando il cielo senza stelle dal quale colava caldo.

« Quando l'aria è immobile e brucia », interloquì un altro, « è facile che dopo si formi anche una tromba d'aria. »

« Un anno fa in Piemonte », saltò su un terzo, « sradicò alberi e portò via i tetti dalle case. »

Una vecchia seguita da due bambini piccoli si fece il segno della croce.

« E da noi », intervenne un altro ancora, « fece tanta grandine che si raccoglieva con la pala. »

Il tempo, da quando si ricordava, era stato sempre un fertile terreno per conversazioni che portavano lontano, iniziavano pacatamente con previsioni meteorologiche e si concludevano con prospettive apocalittiche di cui si intravedevano i segni e si intuivano gli sviluppi, che non potevano essere diversi, nei peccati del mondo.

« Siamo all'inizio », disse la vecchietta con i bambini piccoli toccandosi velocemente la fronte e le spalle.

« È l'inizio della fine », soggiunse un'altra ripetendo i suoi gesti.

« Tu ci credi? » gli domandò Dolores mentre la risposta di lei era già scritta sul suo ironico sorriso da zingara. Indossava una veste di seta gialla lunga fino ai piedi scalzi, piccoli e ben modellati, una larga e lucente fascia di seta marrone annodata alla vita. Un giubbettino con due file di nove bottoni che portava aperto rilevava il velo bianco della camicetta.

« C'è sempre qualcosa di vero nelle parole dei vecchi », rispose Cesare, « anche se loro esagerano un po'. »

« Ai vecchi piace parlare delle cose che spaventano. » C'era un cenno di rimprovero e di paura nella voce di Dolores.

« Anche la vita e la storia sono piene di paura », replicò Cesare il quale divorava tutto quello che di stampato gli capitava sotto gli occhi.

« Sembra che tu sappia molte cose. » Lo sguardo curioso della zingara era un invito al dialogo.

« Se il mondo fosse stato bello i vecchi non racconterebbero storie di paura », osservò seguendo altri pensieri.

La piazza si era popolata e di lì a poco il padre di Dolores avrebbe cominciato con la musica, poi la ragazza avrebbe fatto ballare l'orso. Cesare ebbe la sensazione di sentirsi pesare addosso l'uomo che prima aveva cominciato a guardarlo. Si voltò lentamente fino a trovarsi di fronte la faccia del signor Pessina. La bocca sensuale succhiava il mezzo toscano soffiando fuori un fumo acre che puzzava di vino, di aglio e di cipolla.

« Salve, padrone », lo salutò Cesare.

« Salve », ricambiò un po' sospettoso; poi, finalmente consapevole che la storia di Giuseppina era finita come le storie delle altre ragazze che avevano scambiato i loro favori con prestiti o pigioni, scoprì i bianchi denti da lupo in un sorriso trionfale. Tirò fuori l'orologio con il quadrante di smalto blu, fece scattare la cassa e il carillon suonò. La dolce melodia si diffuse intorno. Anche la zingara la udì ed ebbe inspiegabilmente paura: non l'avrebbe dimenticata mai più.

« Dolores », la chiamò il padre. La ragazza scese dal terrazzino, camminò verso il retro del carrozzone e Grizzly la seguì. Procedeva leggera, a piedi scalzi, e sembrava non toccasse terra: le spalle e il busto erano immobili come l'aria. Quando raggiunse l'uomo si voltò verso Cesare e gli sorrise. Il ragazzo le fece un cenno con la mano.

« È la tua morosa? » domandò Pessina accanendosi sul sigaro da cui cadeva della cenere.

« È una », rispose Cesare in tono indifferente.

« Una che cosa? » ribatté l'uomo.

« Una zingara. » Mise nelle sue parole tutto il disinteresse di cui era capace.

« Ti piace? » insisté.

« Mi piace quello che non ho. » Era passato un mese dallo stupro di Giuseppina ed era la prima volta che Cesare si trovava faccia a faccia con l'uomo che l'aveva violata. Un incontro casuale, certo, ma se vuoi che il caso ti aiuti a vincere il premio della lotteria, pensò, devi comperare più biglietti che puoi. Così la pensava lui che per vincere la lotteria che girava nella sua testa aveva fatto man bassa di molti biglietti, di tutti quelli che aveva trovato sulla strada e non solo sulla sua.

« Che cosa non hai? » domandò il Pessina.

« Un biglietto vincente della lotteria », rispose il ragazzo.

« È un po' difficile che te lo possa dare io », disse l'uomo, pieno di speranza.

« Tra le cose che non ho ci sono i soldi. Me ne ballano pochi in tasca, per non dire niente. » Persiane sbatterono sui muri fatiscenti delle antiche casupole sul lato orientale della piazza, spinte da mani alla ricerca di un filo d'aria. Gente si affacciò alle finestre.

« Ti piacciono i soldi, eh? » Pessina andava a colpo sicuro.

« E a chi non piacciono? A voi non piacciono? » insisté con aria malandrina.

« Non ti facevo così... »

« Così come? » domandò condiscendente.

« Così furbo », affermò l'uomo senza sospetto.

« Se lo dite voi. » Cesare lo guardò con rispetto: come si guarda un morto.

« Sì, lo dico io. » Il sigaro si stava consumando tra le sue labbra.

« Dobbiamo campare. » Il ragazzo cercò di compiacerlo.

« Già, tutti dobbiamo campare. » Sulla sua faccia da predone affiorava il disprezzo che le creature perverse provano per chi ritengono si dedichi a un commercio più basso del loro.

Cesare era tranquillo come un filosofo. « Si chiama Dolores », disse, sicuro di avere toccato il punto debole del suo interlocutore.

« La zingara? » domandò l'uomo.

« La zingara », affermò il ragazzo.

Pessina sputò la cicca masticata ridotta a una poltiglia nerastra, pescò un altro mezzo toscano in quella specie di bazar che era la tasca della sua giacca stazzonata e lo accese con uno zolfanello. Il giocatore, lo stupratore e l'esibizionista di fronte al loro vizio segreto si smarriscono, perdono il senso delle proporzioni e sono disposti a tutto pur di placare la smania che li divora, anche se finirà per travolgerli in una spirale inarrestabile.

« Quanto costa la zingara? » domandò l'uomo.

« Molto. » Gli sembrava impossibile che avesse abboccato con tanta facilità.

Dalla fisarmonica dell'uomo giunsero le note malinconiche di un'antica melodia ungherese, mentre la ragazza e l'orso si muovevano nel cerchio della piazza segnato dagli spettatori che applaudivano soprattutto il contrasto che faceva più dolce e desiderabile la bella e più mostruosa la bestia.

« Quanto? » incalzò l'uomo.

« Cinquanta franchi », rispose Cesare senza cambiare espressione.

« Sei un bastardo! » lo apostrofò l'uomo.

« Se così vi piace. » Allargò le braccia e fece per andarsene.

« Quando? » E lo trattenne.

« Qui, subito, adesso. » Pronunciò le tre parole lentamente, una dopo l'altra, come fossero le tre virtù teologali.

« Chi mi assicura che lei è d'accordo? » Era pur sempre un commercio e voleva una garanzia.

« Nessuno all'infuori di me. Prendere o lasciare, padrone. »

« E suo padre? » La sicurezza del ragazzo era stupefacente.

« Non c'è rischio », replicò. « Con cinquanta franchi comprate tutto. »

« Dove la incontrerei? »

« In un posto qui vicino, dove si accampano questa notte. »

« Dove? » Era eccitato e incapace di ragionare.

« I soldi », disse Cesare allungando la mano destra e fissandolo negli occhi.

« Sei proprio un gran figlio di puttana », esclamò l'uomo che, nel momento in cui l'altro vendeva merce proibita, sentiva di averlo moralmente in pugno, anche se era pur sempre lui il compratore di quella merce.

« I soldi », ripeté implacabile Cesare senza scomporsi.

Pessina prese dalla tasca dei pantaloni un fazzoletto sporco e se lo passò sulla fronte.

« Andiamo là », si decise l'uomo indicando un muretto dove un tempo c'era il margine d'un fosso, oltre la folla che formava il cerchio all'interno del quale si esibivano la ragazza e l'orso.

Si ritrovarono, l'uomo e il ragazzo, a ridosso del muro che era la sponda di una stradetta a ciottoli con due strisce lastricate per il passaggio dei carri.

Pessina cominciò a contare i biglietti da dieci che estraeva meticolosamente da un grosso portafogli di pelle fissato a una catena agganciata al panciotto; ne contò cinque sul palmo della mano tesa di Cesare mettendoli ordinatamente uno sull'altro, tanto che alla fine sembravano un biglietto solo.

« Dove? » domandò prima che il ragazzo ritirasse la mano per infilare in tasca i cinque biglietti.

« Al 'prato della forca'. »

« E come ci arrivo in questo posto così allegro? »

« Vi ci accompagno io. »

« Lontano? »

« È il posto dove gli zingari passano la notte, fra Porta Vigentina e Porta Lodovica. Comunque non potete sbagliarvi dal momento che vi porto io. »

« E niente scherzi. »

« Vi pare che uno come me possa scherzare con uno come voi? »

Pessina sembrò convinto

10

Le larghe foglie sugli ippocastani del viale erano immobili come il cielo sopra la città, come l'afa, come la polvere della strada che restava sospesa nel punto stesso dove il piede la sollevava.

« Non mi ricordo un caldo come questo », osservò il Pessina.

« Lo dicono tutti », replicò il ragazzo.

Incrociarono un cane che li scansò facendo un giro largo per non essere preso a calci.

« È ancora lontano? » chiese l'uomo.

« Non molto », rispose il ragazzo, « ma vicino o lontano l'appuntamento è per la mezzanotte. Che ore sono? »

Il Pessina tirò fuori dal taschino del panciotto l'orologio d'argento e accese uno zolfanello per vedere bene. Quella volta Cesare guardò con curiosità l'orologio con il quadrante di smalto e le ore segnate in numeri romani.

« Mancano venti minuti a mezzanotte », disse l'uomo.

« Allora possiamo anche rallentare », consigliò il ragazzo. « Bello, quell'orologio », soggiunse.

« Con il mestiere che fai potrai presto comperartene uno uguale. »

« Sì, lo credo anch'io », convenne il ragazzo senza scomporsi. Gli era rimasta in mente la figura di donna disegnata in rilievo sulla cassa d'argento.

« Se schiacci un bottone suona », disse il Pessina con orgoglio.

« Come mai? » domandò Cesare incuriosito.

« C'è un meccanismo che si chiama carillon », spiegò paziente, « tu lo carichi e quando spingi il bottone lui suona. »

Al ragazzo sembrò di vedere guizzare un lampo lontano all'orizzonte e ne ebbe la certezza quando, qualche attimo dopo, sentì brontolare il tuono. Nel giro di pochi minuti ci furono altri lampi e altri tuoni sempre più vicini e una folata di vento passò tra le larghe foglie degli ippocastani gettando un calore insopportabile sulla faccia del ragazzo e dell'uomo in cammino. Il vento si rinforzò, il cielo diventò plumbeo e gli alberi si piegarono sotto la spinta del temporale che già portava le prime pesanti gocce di pioggia. Passò un barroccio con il lume di sicurezza che sventolava come una bandiera e sembrava una barca sballottata dal mare in tempesta.

« Stiamo per arrivare. » Il ragazzo, per farsi sentire nel fragore del vento e dei tuoni, doveva urlare, mentre la luce dei lampi mostrava per lunghi attimi gli alberi, i campi e le case stampandoli in una lastra surreale. « Ecco, laggiù. » C'era uno spiazzo intorno a una quercia poco discosta dal viale.

Una grande eccitazione si impadronì dell'uomo al pensiero dell'avventura ormai imminente. Nei lampi che illuminavano il cielo vide lo stupendo volto della zingara, i suoi neri occhi andalusi, il corpo flessuoso ancora acerbo. « Ci aspetta? » domandò.

« Vi aspetta », precisò il ragazzo.

« Se andrà tutto bene potremo fare altri affari insieme. »

« Andrà tutto bene, padrone », garantì il ragazzo.

Videro sulla radura, nella quale erano ormai giunti, il carrozzone degli zingari, il cavallo legato a una lunga corda e una capanna di sterpi con il tetto di lamiera ondulata.

« È lì dentro », disse il ragazzo.

L'uomo era ormai sulla porta della capanna di frasche quando il ragazzo lo chiamò con voce ferma e chiara: « Enrico Pessina ». L'uomo si voltò e Cesare con tutta la sua forza, lo colpì con un nodoso bastone di frassino dopo avergli detto: « Questo è per mia sorella ». Il ragazzo udì lo scricchiolio sinistro della testa spaccata e vide l'uomo cadere all'indietro, gli occhi sbarrati e le braccia spalancate come se si tuffasse. Pessina piombò a terra e rimase immobile. Con uno sforzo inaudito e una forza insospettata, Cesare ne sollevò il corpo e lo buttò letteralmente addosso all'orso che era il solo ospite della capanna. La belva, sentendosi aggredita in quella notte di tregenda, lanciando urli selvaggi dilaniò con i micidiaii artigli il corpo ormai senza vita dell'uomo e quando lo zingaro e Dolores arrivarono con una lanterna lo scempio era compiuto.

Dolores riuscì a calmare l'orso e lo portò vicino al carrozzone sotto la pioggia scrosciante. Il ragazzo, la fanciulla e lo zingaro si ripararono nell'interno e sedettero sulle panche intorno al tavolo, nel settore vicino al terrazzino. I letti di padre e figlia erano in fondo.

« Com'è potuto accadere? » si lamentava lo zingaro.

« Era ubriaco », mentì Cesare, « voleva sfidare l'orso. Io stesso pensavo che scherzasse. »

« Grizzly non ha mai ucciso nessuno », pianse Dolores.

« Che cosa faremo? » chiese lo zingaro, disperato.

« Bisognerebbe chiamare i carabinieri. » Era un'osservazione più che una proposta, una frase buttata là in attesa che qualcuno la negasse.

« Anche se credono a una disgrazia Grizzly lo ammazzano », disse Dolores.

« E io finisco in prigione », concluse lo zingaro.

« Posso testimoniare », si offrì il ragazzo.

« Nessuno può testimoniare per due zingari e un orso, se c'è di mezzo la morte di un uomo », disse lo zingaro. L'acqua continuava a battere violenta sul tetto e contro le pareti del carrozzone, mentre i lampi saettavano nel cielo seguiti da secche esplosioni e da cupi rimbombi. Il violento temporale estivo era al culmine e presto avrebbe cominciato a placarsi.

A Cesare restava poco tempo per convincere lo zingaro. « Morto è morto », disse. « I carabinieri non lo faranno certo tornare al mondo. Anche se ammazzano l'orso e voi andate in galera quello comunque non resuscita. »

« E allora? » Pensavano tutti la stessa cosa.

« E allora seppelliamolo », propose, « ma seppelliamolo subito. Nessuno di voi ha colpa in questa brutta faccenda », continuò senza mentire. « Se il destino di un uomo si è compiuto qui, voi non dovete pagare per questo. »

« I figli e la moglie lo cercheranno », obiettò lo zingaro.

« Non ha moglie, né figli. Nessuno piangerà per lui se non piangerete voi. » Era tranquillo, ma aveva fretta.

Lo zingaro e Dolores si guardarono in silenzio.

« Che cosa farei sola al mondo », pianse la fanciulla, « senza te e senza Grizzly? »

« Lo seppelliremo », decise lo zingaro.

Deposero il corpo di Pessina in un telo, lo usarono come una barella e lo trasportarono sotto un boschetto di pioppi, scavarono una fossa profonda con le vanghe, vi calarono il telo con tutte le cose del morto e ricoprirono meticolosamente la buca gettando in un canale la terra che restava. Pareggiarono il terreno con cura e vi sparsero sopra foglie. Avevano lavorato sotto la furia del temporale che ormai andava placandosi e già negli squarci tra le nuvole occhieggiavano le stelle.

L'aria era di nuovo chiara, fresca e leggera come il cuore di Cesare dal quale era stato cancellato l'oltraggio. Nessuna legge, se è una legge umana, deve permettere che resti impunito chi oltraggia il debole nel suo corpo e nella sua anima. Cesare non sapeva se altri avevano scritto parole come quelle che gli passavano in quel momento per la testa, sapeva soltanto che aveva fatto giustizia in nome della sua legge.

« Prendi questi », disse allo zingaro mettendogli in mano una manciata di banconote che non si era nemmeno preso la briga di contare, ma che dovevano rappresentare una considerevole somma.

« Perché io? » Erano vicini al carrozzone e il vento spingeva le nuvole a occidente. L'orso si dondolava con intenzioni pacifiche avendo riconosciuto lo zingaro.

« Volevi che li seppellissi con lui? » Era un'osservazione convincente.

« Perché io e non tu? »

« Ho già preso la mia parte. »

Lo zingaro lo ringraziò.

« Non dire niente dei soldi a Dolores », fu il consiglio del ragazzo prima di andarsene.

Passò sul posto dove aveva colpito lo stupratore: l'acqua e il vento avevano cancellato ogni traccia del delitto. Camminò lentamente verso casa e a un certo punto, quando le stelle furono più chiare, estrasse dalla tasca l'orologio d'argento con il quadrante di smalto e le ore segnate in numeri romani. Sulla cassa era disegnata in rilievo una figura di donna drappeggiata in una tunica, le chiome fluenti, gli occhi bendati: la dea Fortuna. Cercò il pulsante, lo schiacciò, la cassa si aprì e dall'invisibile carillon si diffuse una musica allegra e briosa. Avrebbe saputo molti anni dopo che era la *Marcia turca* di Mozart. In quel momento era soltanto il sigillo del primo conto saldato della sua vita. Una vendetta o un atto di giustizia, a seconda dell'angolazione da cui si guardava.

11

ERA passato del tempo dalla scomparsa di Enrico Pessina, proprietario di cascine fuori Porta Ticinese, dove si allargavano le « zone grigie », che erano per metà rurali e per metà popolate da operai delle fabbriche, che andavano nascendo numerose nella fascia industriale. Ne avevano scritto anche i giornali. Ma dell'uomo che molti odiavano, nessuno amava e tutti temevano, non si trovò traccia. Ne avevano parlato anche le ragazze del reparto imballaggio della società prodotti farmaceutici Achille Castelli, nello scantinato lungo e basso, umido al punto giusto per la conservazione dei vini e abbastanza malsano da mettere in pericolo l'integrità delle operaie che lavoravano per la salute degli altri.

Giuseppina, quando aveva saputo la notizia era stata sul punto di svenire, ma si era subito ripresa e aveva trovato una giustificazione che le era parsa logica e soddisfacente: il prete di Rattanà. Quel tipo tarchiato, dallo sguardo lampeggiante, scuro di pelle e di capelli, mal rasato, con indosso una tonaca bisunta da prete, senza collarino perché era stato interdetto dagli uffici divini, l'aveva vendicata. Chiunque avesse saputo la sua storia l'avrebbe creduta. Le storie del prete spretato le conosceva tutta Milano. Una volta un biglettaio del tram si era rifiutato di fargli il biglietto e l'aveva invitato a scendere. « Io scendo », aveva detto, « ma tu il tuo tram da qui non lo sposti. » Infatti la vettura si era bloccata ed era stata poi trainata in rimessa. Un'altra volta, da un vasto appezzamento di terreno che lui aveva oltre piazzale Loreto, un ladro aveva segato alcuni alberi per farne legna da ardere giustificandosi così: «Tanto lui è ricco e di queste piante non se ne fa niente». Qualcuno aveva riferito l'accaduto al prete che aveva esclamato: «Andategli a dire che con gli alberi che mi ha rubato si deve preparare la cassa da morto». E difatti il ladro si era messo a letto con un febbrone maligno ed era morto.

A Giuseppina che cosa aveva detto il prete di Rattanà? «Non avrai una vita facile. Vedrai il colore del tuo sangue prima del tempo. I tuoi cari ti abbandoneranno. Uno ti salverà e ti vendicherà.»

Cesare invece non pensava più a Enrico Pessina; per il ragazzo lo stupratore della sorella non era mai esistito: come quando si schiaccia con una gran manata la zanzara che ti ha succhiato il sangue.

Era una domenica di luglio con un bel sole, ma l'aria fresca che soffiava da settentrione accarezzava la pelle. Era l'estate che rimane negli occhi e nel ricordo, l'estate di cui si ha nostalgia quando scende la nebbia: voli di rondini, branchi di colombi che cambiano colore nell'aria di cristallo, richiami melodiosi e allegri tra le campane dei quartieri, voci di bimbi, gente con l'abito buono, facce serene, odore di festa che esce anche dalle povere case.

I panni stesi all'alba sul prato della lavanderia erano asciutti e sapevano di pulito. Cesare li raccolse capo per capo e li piegò con cura riponendoli in ordine sugli scaffali del locale riservato alla biancheria pulita. Lavorava a torso nudo in una straordinaria serenità d'animo con il sole che gli bruciava le spalle e l'aria fresca che lo ristorava. I muscoli guizzavano sotto la pelle che era diventata color bronzo. Al suo passaggio le api ronzavano intorno ai fiori senza spaventarsi e quando trovavano la corolla giusta vi si posavano tranquillamente. I capelli neri, folti e ondulati, ogni tanto gli scivolavano sulla fronte e lui li rimetteva a posto pettinandoli con le dita. Era tranquillo, felice.

A lavoro ultimato chiuse a chiave con quattro mandate la pesante porta della lavanderia e attraversò la strada incamminandosi verso una villetta con qualche pretesa d'eleganza che sorgeva a un centinaio di metri. Doveva consegnare la chiave alla padrona.

Bussò due volte, ma non ottenne risposta. Allora spinse

il battente e la porta si aprì rivelando un piccolo corridoio in penombra su cui si affacciavano la porta della saletta e quella della cucina. Da quella penombra, che gli occhi azzurri del ragazzo cercavano di decifrare, si diffondevano un senso di pace e di abbondanza, un'impressione di serenità, di sicurezza, un odore di spezie, di provviste che gli comunicavano un piacere sconosciuto. In fondo c'era una scala che portava al primo piano.

Il ragazzo si fece coraggio. « Signora », chiamò, « sono Cesare. »

Si udì un tramestio di passi e infine la vedova si affacciò alla ringhiera del pianerottolo che era di ferro battuto con un corrimano di legno scuro e lucido.

« Che cosa c'è? » chiese la donna.

« La chiave », rispose il ragazzo guardando in su mentre faceva l'atto di porgergliela.

La donna esplose in una fresca risata: « E ti pare che così io possa prenderla? »

« No, ma... » Era confuso, stordito dall'immagine di lei, che era quella di una donna vera e desiderabile che rappresentava per lui un traguardo supremo e irraggiungibile.

« Hai chiuso bene? » s'assicurò.

« Ho qui la chiave », disse mostrandola come una prova.

Sorrideva dei tremori di lui e del suo imbarazzo. « Non ti ho chiesto se hai la chiave », lo riprese allegra, « ti ho chiesto se hai chiuso bene. » Aveva una voce calda, musicale, piena di vita.

« Ho chiuso », rispose Cesare imbronciato, con la voce che lo tradiva per via della gola secca.

« Dai, vieni su. » Era lusingata dallo stupore del ragazzo di fronte a quello che lei rappresentava e le piaceva giocare con il candore di lui da una posizione di relativa superiorità che la rendeva padrona e schiava della sua forza, della rabbiosa giovinezza nascosta dietro l'incantevole goffaggine di quell'espressione infantile.

« Io? » Si stupì.

« Tu, dai. Poi sarà domenica anche per te. » Non c'era un doppio senso nelle parole della donna.

Cesare cominciò a salire la rampa di scale che lo separava dal pianerottolo sul quale era affacciata la vedova. Al quarto gradino inciampò. Lei proruppe in una schietta risata e lui si vergognò come quando sognava di essere nudo in mezzo alla gente.

« Ecco », disse rimettendosi in equilibrio. Detestava quella donna in sottoveste che si prendeva gioco di lui.

« Vieni, *bambin* », lo invitò ancora. La sottoveste bianca di batista mostrava più di quanto promettesse di nascondere. Le braccia e il collo erano nudi fino all'attaccatura del seno, la pelle era candida e luminosa nella penombra. Respirava il suo odore di donna che era lo stesso della casa e gli ricordava le spezie, le provviste, il glicine a primavera.

Quando furono l'uno di fronte all'altra lei prese la chiave e l'attaccò a un chiodo insieme ad altre.

« Vieni, *bambin* », ripeté sorridendogli come per dirgli che stava prendendolo sul serio.

Cesare la seguì nella camera da letto che era arredata con mobili severi e massicci illuminati dal sole che filtrava dalle persiane. Lei lo guardò con i grandi occhi neri e splendenti, mentre lui sembrava ipnotizzato dalle goccioline di sudore che spuntavano nella scollatura sui seni che la sottoveste lasciava abbondantemente scoperti.

Lei rise maliziosa. « Ma che cos'è che guardi, il ritratto del mio Peppino? »

Cesare si accorse che nell'infossatura del seno, proprio al centro, campeggiava il ritratto in miniatura del marito buonanima.

« Guardavo niente », si schermì conservando la sua immobilità, mentre i calzoni si riempivano di una virilità insospettata.

« Adesso il Peppino lo mettiamo nel cassetto. » Con un gesto naturale e rispettoso, da bambina che si toglie la medaglietta della cresima prima di coricarsi, la vedova ripose la reliquia. « Ti dispiace? » domandò.

« Perché dovrebbe dispiacermi? » Cesare arrossì violentemente.

« Sei bello. » Gli prese la faccia tra le mani che erano morbide e calde. « E devi essere anche buono. »

« Non lo so. » Nessuno gli aveva mai detto che era bello o che era buono. Forse quando era bambino, ma erano passati tanti anni che nemmeno si ricordava. E poi che senso aveva per un uomo essere bello o buono? Un uomo era un uomo.

« Mi credi se te lo dico io? » Sfilò due forcine di tartaruga

105

e i biondi e sottili capelli raccolti sulla nuca in una crocchia gonfia si sparsero sulle spalle incorniciandole il viso e facendola sembrare più giovane, più desiderabile, più donna.

« Se vi fa piacere. » Qualunque cosa lei dicesse o pensasse per lui andava bene.

« Puoi darmi del tu. » Lo baciò piano sugli angoli della bocca, sugli occhi, accarezzandogli con le labbra le sopracciglia, gli orecchi, il collo, facendolo tendere come un arco e mandandolo in confusione.

« Se volete. » Restava immobile pregando che nessuno lo svegliasse dal suo sogno di ragazzo che diventa uomo.

« Mamma », esclamò lei stupefatta quando gli passò la mano sui calzoni. « Ma questa mercanzia è proprio tutta roba tua? »

« Ma, io... » Non sapeva che cosa dire.

« Fammi vedere se ho ragione. » Cominciò a slacciare i bottoni mettendo nello sguardo la finta curiosità di una mamma che non crede alle affermazioni del bambino. Slacciò un bottone dopo l'altro fino a quando il sesso del ragazzo, finalmente liberato, scattò prepotentemente in alto, quasi vibrando. Le goccioline di sudore sul suo seno si erano moltiplicate. « Santa Madonna! » esclamò di nuovo. « Non è la salute che ti manca. » Lo mise nudo e si sfilò a sua volta la sottoveste bianca. Tra le gambe sentì un piacevole senso di bagnato che non ricordava. Che fosse colpa di quei lunghi anni di solitudine? No, certo quella che provava era una sensazione completamente nuova. Continuava ad accarezzare il sesso eretto e potente come se solo in quel momento avesse scoperto l'amore, l'uomo, il mondo. Si sdraiò tirandosi sopra il ragazzo che su di lei manteneva la stessa immobilità.

« Devi spingere, *bambin*. » Sentì il glande congestionato a contatto con il suo sesso bagnato.

« Ma non ti farò male? » domandò lui con innocente preoccupazione.

« Spingi, *bambin*. Cercherò di non morire. » Aveva voglia di piangere per la commovente prudenza del ragazzo. Suo marito non aveva mai bussato prima di entrare, né si era mai preoccupato di chiederle se quello che faceva aveva un senso per lei: nemmeno la notte di nozze.

« Così? » Penetrava la prima donna della sua vita con la sorprendente lentezza di un amante consumato.

106

« Oh, sì, *bambin*, così. » Piangeva di commozione, di tenerezza, di un piacere mai conosciuto, mentre il ragazzo beveva le sue lacrime, consumava le sue labbra, cercava i suoi capezzoli eretti, accarezzava le spalle, la vita, l'interno delle cosce scoprendo il proprio sesso nella femmina che possedeva e della quale era prigioniero.

« Ancora? » Era dolce, premuroso nella sua sessualità furiosa mitigata dal rispetto per la persona che ampliava gli orizzonti della sua conoscenza.

« Finché vuoi tu, *bambin*. » Lo lasciò libero nella sua prima cavalcata e lui fu sempre dolce, prudente e rispettoso, anche quando sentì nel cervello e nel ventre una violenta esplosione che gli frugò dentro nell'essenza stessa della vita prendendogliene una parte essenziale.

« È questo? » domandò.

« Che cosa, *bambin*? »

« L'amore. » Era ancora dentro di lei, si sosteneva sugli avambracci per non pesarle addosso, mentre le accarezzava il bel volto bagnato di lacrime, di sudore, illuminato dal piacere.

« È quello che vorrei sapere anch'io, *bambin*. »

Mentre si rivestiva, la donna avrebbe voluto chiedergli se era stata veramente la prima volta. Pochi minuti prima ne era certa, in quel momento non più: quel ragazzo con la sua forza, la sua dolcezza e la sua determinazione le faceva paura, le metteva soggezione. Cercò persino di giustificarsi: « Da quando sono vedova è la prima volta ». Per darsi un contegno trafficava con le forcine di tartaruga che cercava maldestramente di infilare tra i capelli.

« Vi dispiace? » Il ragazzo sembrava un cadetto di Guascogna pronto a riparare qualsiasi torto.

« No », lei sorrise, « e poi perché dovrebbe dispiacermi? »

« Non lo so. Anch'io... anche per me è stata la prima volta. » Si era rivestito ed era lui che stava in soggezione.

« Meglio con me che con una puttana », disse lei con amarezza.

Cesare non capì l'accostamento: « Non mi piace sentirvi parlare così ».

« Potrei essere tua madre. » Emise un sospiro che pareva un singhiozzo.

« No », si oppose, « questo no. » E non si capiva se fosse

contrariato per la madre, per la vedova o per tutt'e due.

« Lascia perdere. »

« Devo chiedervi scusa? »

« Adesso? » Ritornò allegra, gioviale e gli stampò un bacione sulla guancia. « Potevi evitare, così non dovevi nemmeno chiedere scusa. Ma di che cosa vuoi scusarti », soggiunse sullo stesso tono, « dal momento che ho fatto tutto io. Però », concluse congedandolo e ridiventando seria e autoritaria, « la cosa è finita qui. Va bene? » Era tanto più decisa quanto più forte era la voglia di piangere, di ributtargli le braccia al collo e di ricominciare in quello stesso momento.

« Va bene, signora », rispose obbediente.

« Adesso va' a casa. E domattina cerca di essere in orario. »

Il ragazzo uscì e la donna abbracciò il letto che aveva ancora il suo odore e la sua impronta e il ricordo della sua virile tenerezza.

12

In quella domenica di luglio Cesare viveva in compagnia di una felicità mai provata: non aveva fame, né sete, né cercava distrazioni, bastava a se stesso. Il ricordo della prima esperienza d'amore riempiva completamente la sua vita. Prese allegramente a calci un barattolo trovato sul ciglio della strada deserta e lo abbandonò quando dall'altro capo della via comparve gente, per non sembrare un ragazzino.

Davanti all'*Osteria della Frasca* vide il Riccio con l'abito della festa a cavalcioni di una sedia, le braccia appoggiate allo schienale e un berretto in testa. Aveva l'aria di dormire. Cesare gli passò accanto con l'intenzione di proseguire per continuare a farsi compagnia, ma l'amico in agguato con la coda dell'occhio lo sorprese. « Devo parlarti », disse. Si tirò su e lo guardò dritto in faccia scrutandolo come se lo vedesse per la prima volta « Che cos'hai fatto? » domandò.

« Niente, perché? » Si toccò la faccia come per scoprirsi un segno.

« Hai l'aria di uno che ha vinto al lotto », spiegò il Riccio.

« Com'è uno che ha vinto al lotto? »

« Ha pressappoco la tua faccia. »

« Sei un gran furbo tu, Riccio. » Aveva tradito i sentimenti che aveva dentro e quello lo contrariava. Nessuno glielo aveva insegnato, ma sapeva per istinto che un uomo certe cose non le confida nemmeno al suo migliore amico. « Che cosa vuoi? » gli chiese.

« Parlarti », ribatté secco il ragazzo.

« Dai, parla », lo invitò Cesare.

« Non qui », aveva il tono prudente del cospiratore.

« Da' quando fai tanto il difficile? » L'osteria era stata sempre il posto dei discorsi segreti.

« Vieni. » Si alzò e cominciò a camminare lungo la via Vetraschi seguito da Cesare che non voleva sostenere una discussione per spiegare che desiderava soltanto rimanere solo. Arrivarono in fondo alla strada e presero un sentiero tra i campi che erano pieni di fiori gialli e azzurri nel verde a perdita d'occhio oltre le ultime cascine della periferia. Cesare si sentiva leggero e provò irresistibile il desiderio di volare e si convinse che se ci avesse provato sarebbe riuscito a sollevarsi da terra.

Il Riccio staccò un filo d'erba e lo mordicchiò assaporandone il gusto dolciastro. Disse: « Un tale che conosco cerca due tipi in gamba per un lavoro ».

« E mi fai fare i chilometri per dirmi questo? » Sorrise. Nessuna stravaganza sarebbe riuscita a fargli cambiare umore.

« Ma è un lavoro particolare », precisò accentuando la espressione malandrina e pescando dal pacchetto a busta di un rosso sbiadito una sigaretta « popolare ». Con la sigaretta all'angolo delle labbra si sentiva più autorevole.

L'idea di abbandonare la nuvola di beatitudine in cui si trovava lo irritava un po'. Ma dipendeva pur sempre da lui lasciarsi coinvolgere.

« Non ci sono lavori particolari », replicò, « ci sono lavori puliti e lavori sporchi. » Aveva mangiato la foglia. Il sole declinava e nel calmo ronzio della campagna si incideva il dialogo dei due amici. Cesare sedette sul bordo di un fossato in cui scorreva acqua limpida. Di tanto in tanto sulla strada passava gente, soprattutto uomini con il cappello sulle ventitré, le mani in tasca, il passo strascicato di chi ha passato la domenica all'osteria. Tra i rami dei gelsi frullavano i passeri.

« È un buon lavoro, ti dico », insisté il Riccio. Respirava con disgusto il fumo acre della sigaretta che gli dava coraggio.

« Prova a dirmi di che genere di lavoro si tratta », replicò Cesare subodorando l'imbroglio.

Il Riccio tossì e si raschiò la gola e tirò un'altra boccata. « Si tratta di prendere una cosa poco ingombrante e preziosa. »

« Prendere? » si informò senza scandalizzarsi.

« Prendere e consegnare. Pagamento alla consegna. In contanti. Cinquecento lire a testa. » Glielo aveva detto, finalmente.

« Cinquecento lire sono una barca di soldi », osservò prima ancora di approfondire. Fece un rapido calcolo. Cinquecento lire erano sei mesi di lavoro, forse un anno. Con cinquecento lire si poteva fare un mucchio di cose. Poteva fare riposare sua madre e togliere la sorella dallo scantinato di via della Guastalla. Poteva comperarsi un vestito e un paio di scarpe nuove, magari una bicicletta di seconda mano e andare con quella fino a Monza dove anche la regina pedalava nel parco della villa reale. Poteva regalarsi un attimo di tregua, respirare, guardarsi intorno. « Nessuno », soggiunse, « ti dà cinquecento lire per un lavoro qualsiasi. »

« Ma non è un lavoro qualsiasi », obiettò il Riccio.

« Parole chiare », disse bruscamente il ragazzo. « Che cosa c'è da rubare? »

« Ecco... Dai conti Spada, in corso Venezia, sabato prossimo danno una festa. Pranzo e ballo. Sono tutti al primo piano. Mi segui? »

« Come no! » Era infatti attentissimo.

« Bisogna scalvalcare un cancello. Un gioco. Poi dobbiamo attraversare il giardino, arrampicarci fino al primo piano, saltare su un davanzale ed entrare nello studio del conte Spada. Lì c'è da prelevare un piccolo quadro.

« Rubare, vuoi dire. » Era abituato a chiamare le cose con il loro nome. No, tra le cose prese in esame nella sua breve vita il furto non era contemplato, ma nemmeno escluso del tutto. Il suo codice morale aveva il pregio della chiarezza e della semplicità e non era il rischio che lo spaventava. Ne aveva appena corso uno ben più grave. La domanda era una altra: ne valeva la pena? Probabilmente cinquecento lire non avrebbero cambiato il corso della sua vita ed era quello il punto.

« Rubare », confermò il Riccio sostenendo lo sguardo dell'amico. « Ti spaventa? »

« Niente mi spaventa », rispose lui con determinazione.

« Allora? » Possibile che quel ragazzo fosse sempre un enigma?

« Ci devo pensare. Ti darò una risposta. » E si avviò verso casa.

13

Rincasando Cesare trovò il fuoco spento, la cucina deserta, il tavolo nudo, i fratelli piccoli che giocavano in cortile nonostante fosse l'ora di cena. Cesare andò nella camera e trovò la madre coricata nel grande letto da sposa. La donna staccò gli occhi dalla fotografia del suo matrimonio, lo guardò e gli sorrise. Respirava a fatica. Cesare, sforzandosi di non apparire allarmato, le andò vicino: non l'aveva mai vista a letto prima dell'ora del sonno.

« State male? » le domandò con apprensione.

« Non è niente. » Aveva allungato il braccio per accarezzargli il viso, ma non aveva avuto la forza di sostenerlo e lo aveva abbassato.

« Pensate che dobbiamo chiedere consiglio a qualcuno? » Non pronunciò ancora la parola dottore, che significava un'ammissione di gravità del male e un impegno superiore alle loro forze.

« Ci mancherebbe altro », rispose spaventata Elvira che aveva intuito il pensiero del figlio.

« Domani starete meglio. » Da qualche tempo sua madre non era più quella di prima. Cesare l'aveva già osservata nei giorni precedenti mentre preparava la cena; il volto tirato, i gesti lenti e faticosi, le labbra serrate in un silenzio impenetrabile, gli occhi spenti cerchiati di stanchezza.

« Domani starò certamente meglio », ammise la donna per

compiacerlo e rassicurarlo. « Per mangiare dovrai aspettare che torni Giuseppina. Io questa sera non ne ho voglia. »

« Posso fare da solo, anche per i ragazzi », si offrì.

Lo sguardo della madre si fece severo: « È un lavoro da donne », lo rimproverò, « tu sei un uomo. E devi avere un avvenire da uomo. Tuo padre era tanto forte che poteva spaccare i mattoni con i pugni. Se quel brutto male non ce lo avesse portato via... » Si passò il dorso della mano sugli occhi per asciugarsi le lacrime che non venivano più.

« Che cosa è successo mamm? » domandò il ragazzo.

« Ti ho detto che sono stanca. »

« Ma oltre alla stanchezza », continuò a indagare, « che cosa c'è oltre alla stanchezza? »

Gli rivolse un sorriso stanco. « Tu ne sai sempre una più del diavolo. Niente riesco a nasconderti. Hai occhi che vedono lontano, ragazzo. »

« Che cos'è successo, mamm? »

« È successo che oggi ho portato tutta la roba lavata alla signora Martinelli. » Parlava lentamente, come se la voce venisse da molto lontano. « Sai la moglie dell'orafo del Carrobbio? Ecco, proprio lei. Con quel bel sole e l'aria chiara di oggi avevo fatto in tempo a lavare e asciugare. Ero contenta perché così mi facevo pagare il bucato del mese. Invece lei ha trovato un sacco di difetti e mi ha buttato dietro la roba urlando. Così non mi ha pagato. E devo lavare tutto un'altra volta. »

« Non c'è bisogno, mamm. » L'accarezzò sulla fronte e le sorrise. Avrebbe peggiorato le cose se avesse lasciato esplodere il furore che gli ribolliva dentro. Conosceva bene la signora Martinelli, una creatura ignobile e sussiegosa che provava un piacere sadico nell'infierire sulla gente che non poteva difendersi; conosceva il tono sprezzante con cui trattava sua madre e la soddisfazione maligna che provava nel rubarle anche pochi centesimi sul compenso pattuito o nel differire un pagamento.

« Come, non c'è bisogno? » chiese Elvira.

« Il Riccio e io stiamo per cominciare un lavoro che vi solleverà da questa fatica. » Era pronto a tutto dal momento che aveva una giustificazione.

« Sei un bravo ragazzo », mormorò lei. « E sarai un bravo uomo come tuo padre. »

Cesare non volle contraddirla: era troppo stanca, avvilita e forse ammalata; disse che aveva ragione, ma in realtà non era d'accordo. A modo suo poteva anche essere quello che la donna definiva un bravo ragazzo, ma certo tra le sue aspirazioni non c'era quella di diventare un brav'uomo come suo padre.

14

QUANDO alle cinque del mattino Cesare si alzò per andare in lavanderia il letto della madre era vuoto e scrupolosamente rifatto. Il ragazzo interpretò istintivamente quel segno in positivo. Se era già andata al lavatoio con la sua candela per anticipare la prima luce dell'alba significava che il peggio era passato, che l'aspetto allarmante della sera prima era essenzialmente dovuto alla stanchezza e alla mortificazione. Poteva anche voler dire che la madre aveva deciso di andare al lavoro nonostante la salute malferma, ma Cesare scelse l'ipotesi che più lo rassicurava.

Camminando con il Riccio verso Crescenzago non parlò della proposta del giorno prima, né l'amico gli sollecitò conferme: sapeva che quando il ragazzo avesse deciso in un modo o nell'altro glielo avrebbe fatto sapere.

La vedova, sul lavoro, si comportò come se tra loro non fosse successo niente, coerentemente con quanto aveva affermato. Il ragazzo si comportò da uomo e niente nella sua espressione e nei suoi atteggiamenti tradì emozioni o stati d'animo diversi da quelli richiesti dalle mansioni che gli erano state affidate.

All'imbrunire, quando ripose gli ultimi capi e raggiunse il Riccio sulla porta della lavanderia, la vedova aveva già acceso la luce nella finestra della sua villetta e Cesare non la vide, perché alla sera toccava alla più anziana delle operaie il compito di consegnare la chiave alla padrona.

Nel cortile della cascina arrivò solo perché il Riccio aveva voluto proseguire senza nemmeno bere un bicchier d'acqua. Augusto, il fratellino di otto anni che lo aspettava sulla porta di casa, gli corse incontro a tutta velocità.

« La mamma! » gridò trafelato.

« Che cos'ha la mamma? » I suoi dubbi, le sue paure, i suoi rimorsi affiorarono improvvisamente.

« La mamma è all'ospedale. E la Giuseppina è con lei », disse il bambino con la sintetica essenzialità dei bambini.

« Come, all'ospedale? » gli domandò stupidamente.

« All'ospedale », ripeté il piccolo allargando le braccia, smarrito dall'ulteriore domanda.

« E i bambini? » Alludeva ai fratellini.

« Sono in casa. Mangiano. Dopo li metto a dormire. » Le zanzare ronzavano senza posa.

Una donna si avvicinò a Cesare reggendo un voluminoso involto. « Aveva la febbre alta », spiegò riferendosi a Elvira. « Smaniava », continuò, « diceva cose senza senso e in certi momenti straparlava. Di chiamare il dottore, lo sai, se non hai questi », disse sfregando il pollice e l'indice, « neanche se ne parla. Allora Tonino è andato a Porta Venezia a chiamare il soccorso pubblico. »

« Sono venuti qui i portantini? » In dialetto si chiamavano « galoppini » e spingevano a piedi una lettiga montata su ruote di ferro ricoperte di gomma piena. Erano il pronto soccorso della povera gente e Cesare si era già imbattuto in quei corrieri del dolore che spingevano alla velocità consentita dalla forza e dalla resistenza umane gli ammalati verso l'ospedale. Ricordava il miserando involucro che conteneva le persone colte da malore, insidiate dalla malattia o traumatizzate, i lembi di tela svolazzanti al vento simili a disperate bandiere.

« No, è successo al lavatoio », rispose la donna.

« E che cos'è successo? »

« È svenuta. Poi si è ripresa, ma a noi donne è sembrato bene farla portare alla Ca' Granda. » Era l'ospedale per definizione a Milano e la gente che ancora non credeva nell'immortalità aveva fiducia in quell'istituzione dove si poteva anche guarire, si dormiva in un letto con le lenzuola pulite, si mangiava tre volte al giorno e si era in pace con Dio perché si pregava spesso.

« Avete fatto bene. Vi ringrazio. Se potete date un occhio ai bambini », disse pur sapendo che in ogni caso almeno una donna della cascina sarebbe stata con i suoi fratelli fino a quando lui o Giuseppina non fossero tornati a casa.

« Stai tranquillo », lo rassicurò la vicina porgendogli il voluminoso fagotto. « Ecco, questo è il bucato della signora Martinelli, la moglie dell'orafo del Carrobbio. Tua madre ci teneva che tu glielo portassi prima di andare da lei. Dice che non devi preoccuparti, perché alla Ca' Granda la guariranno. »

« Certo. » Il primo istinto di Cesare fu quello di aprire l'involto e di buttare i panni nella polvere del cortile, ma accantonò subito la decisione suggeritagli dall'ira. « Glieli porterò subito. » Sulla sua bella faccia limpida come uno specchio non affioravano i sentimenti di vendetta che gli ribollivano dentro. « Ci penso io a sistemare ogni cosa », disse.

Percorse la strada che i barrocciai facevano per andare sulle rive del Naviglio e con meditata ferocia raccolse tutto lo sterco di cavallo che trovò sul cammino. Usando le mani nude coprì lenzuola, federe e tovaglie ricamate con il letame, il cui odore gli era familiare e con il quale aveva dimestichezza avendolo raccolto più di una volta quando suo padre coltivava un pezzettino d'orto poco lontano dalla cascina.

Cesare tirò la maniglia d'ottone del campanello e lo sentì suonare nell'appartamento al primo piano di un solido ed elegante palazzo abitato da gente ricca.

Si affacciò una donna che aveva l'aspetto d'una domestica. « Se anche non lo rompete suona lo stesso », lo riprese.

Effettivamente aveva tirato la maniglia con molta energia. « Non mi sembrava di avere fatto così forte. »

« Sarà per la prossima volta. Che cosa volete? »

« Sono il figlio dell'Elvira. Ho qui i panni che la signora ha fatto lavare a mia madre. »

« Vengo a prenderli. La signora li aspettava », disse la donna.

« Non vi disturbate. Se aprite la porta salgo io. Mia madre mi ha incaricato di consegnarli proprio alla signora. »

La donna restò per qualche attimo perplessa, poi si decise. « Va bene », rispose. E tirò il dispositivo meccanico che azionava l'apertura a distanza del portone.

Sul pianerottolo l'aspettava la stessa donna che, vista da

vicino, aveva più l'aria di una guardiana che di una domestica. « Date pure a me », ordinò quasi.

« Vi ho detto che devo consegnare la roba personalmente alla signora », replicò il ragazzo, irremovibile.

« E la signora mi ha detto che non ha tempo da perdere con voi. »

La porta era aperta abbastanza per lasciare intravedere, oltre l'ingresso, tappeti, tavolini, ninnoli, tendaggi e piante ornamentali.

Il ragazzo spostò con una manata la donna, entrò come un temporale, sciolse l'involto e tenendolo per due cocche lo lanciò come una fionda spandendo sterco in ogni angolo dell'elegante salone. C'era letame dappertutto: sul pavimento di marmo bianco, sui tappeti, sui tavolini, sui mobili e sui tendaggi. La serva urlò come un'indemoniata e la padrona, accorsa per capire che cosa fosse quel finimondo, ebbe appena il tempo di sbarrare gli occhi. Poi cadde in deliquio.

« Io il mio dovere l'ho fatto », sorrise Cesare inchinandosi.

La serva era combattuta tra due urgenze: trovare la boccetta dei sali e chiamare le guardie regie. Mentre roteava i grossi occhi bovini nel tormento dell'incertezza Cesare Boldrani sparì.

15

GLI sembrava che lo stanzone dall'alto soffitto a volta non avesse fine. Rade lampadine appese a lunghi fili elettrici intrecciati, avvitate a un largo cappello di ferro smaltato di un bianco incerto spandevano una luce fioca lungo l'interminabile corsia fiancheggiata da due file di letti. L'aria sapeva di urina, di medicinali, di cloroformio e su tutto ristagnava il tanfo indecifrabile della malattia. I finestroni ad arco erano oscurati da tendaggi neri.

Suor Teottima veniva dal fondo della corsia con il passo delle persone claudicanti dalla nascita che negli anni si sono sforzate di minimizzare il loro difetto. Quell'errore della natura aveva probabilmente influito sulla sua scelta più della vocazione che si era manifestata improvvisa e prepotente a seguito di quello, quando almeno tre bravi giovani, che vedendola alla finestra si erano invaghiti di lei, uno dopo l'altro si erano rimangiati l'intenzione di rivolgerle la parola. Era un peccato di cui non poteva liberarsi neppure in confessione, perché nemmeno lei sapeva di averlo commesso. Era una vaga inquietudine che le pesava sull'anima e nulla più. Ormai zoppicava quasi con eleganza, impercettibilmente, mentre avanzava verso Cesare nella gran veste bianca, odorosa di canfora, con il Cristo d'argento sulla croce di bachelite nera che le dondolava sul petto.

« Sia lodato Gesù Cristo », pregò sottovoce.

« E sempre sia lodato », rispose il ragazzo.

« Qui non si può stare, lo sai? »

« Cerco mia madre », replicò Cesare in tono fermo.

« Ci sono gli orari per le visite », ribatté con garbo la suora. « Adesso è notte. » Dalla cuffietta bianca emergeva un volto solcato da una fitta trama di rughe sul quale si aprivano, piccoli e tondi, occhi senza espressione.

« Si chiama Elvira », continuò Cesare. « Elvira Colombo vedova Boldrani. L'hanno portata qui i barellieri nel pomeriggio. Verso sera, forse », precisò facendo mentalmente il conto del tempo che gli uomini potevano avere impiegato da Porta Venezia al lavatoio di Porta Ticinese e da lì alla Ca' Granda.

« Adesso è tardi », gli ricordò ancora la suora, ma con dolcezza.

« Devo vederla. » Non aveva alzato la voce, non aveva implorato, ma da quelle due parole si capiva che nessuno gli avrebbe impedito di vedere sua madre.

La suora, che non avrebbe ceduto alla violenza o alle suppliche, si tirò da parte per lasciarlo passare. « C'è tua sorella con lei », disse.

Il ragazzo senza chiedere direttamente e la religiosa senza concedere esplicitamente, sbloccarono la situazione in un attimo e con poche parole.

Cesare si avviò con passo deciso verso il fondo della corsia esplorando ogni letto, a destra e a sinistra, ascoltando lamenti, invocazioni d'aiuto, imprecazioni sorde, forse bestemmie.

Suor Teottima gli si affiancò. Disse: « Ti accompagno da tua madre ».

Finalmente la vide. Elvira, la testa sul bianco del cuscino, una pezzuola bagnata in acqua e aceto sulla fronte, aveva il respiro affannoso e gli occhi chiusi.

Giuseppina sedeva su uno sgabello accanto al letto. Avvertì una presenza e sollevò la faccia quando si accorse che era il fratello e lacrime silenziose le scesero sulle guance.

« Poco fa c'è stato il prete », mormorò Giuseppina.

« Il prete? Per fare che cosa? » Lo sapeva benissimo.

« Per l'estrema unzione. »

Cesare si rivolse alla suora che armeggiava intorno a una bacinella sul comodino, dov'erano allineate alcune bottiglie di medicinali.

« Non si può chiamare anche un dottore in questo ospedale, oltre al prete? » l'aggredì.

Il volto di suor Teottima parve raggrinzirsi ancora di più e scomparire nella cuffietta troppo larga. I suoi piccoli occhi esprimevano un'infinita pietà. « Il dottor Baisini l'ha vista diverse volte. » Non aveva l'aria di giustificarsi o di scusarsi, ma il ragazzo doveva sapere che il miglior medico della Ca' Granda, il migliore in assoluto, nel senso che curava l'uomo, non la malattia, aveva fatto il possibile anche per sua madre.

« Che cos'ha detto il dottor Baisini? »

« Tutto quello che era possibile il medico lo ha fatto. »

« E voi avete pensato che fosse il momento del prete. »

« L'ho pensato. E ho chiamato don Filippo. »

« Si chiama un prete per quelli che non possono guarire. » Aveva gli occhi aridi, la bocca secca, la fronte bagnata di sudore.

« Nessuno può dire: quella persona guarirà. E nessuno può dire: quella persona morirà. Dio, che ci ha dato la vita, può togliercela. Ma può ridarcela quando stiamo per perderla se il nostro momento non è venuto. Dio è misericordioso e le vie del Signore sono infinite. »

« Allora solo un miracolo può salvarla? » disse come se pronunciasse una sentenza di condanna. « Per noi poveretti, miracoli, Lui ne fa pochi. »

« Non bestemmiare », lo ammonì suor Teottima. « Il fatto stesso che noi siamo qui e respiriamo non è forse un miracolo? » Era improvvisamente forte, decisa, sicura di sé.

« Mia madre, però, muore. » Percepiva l'imminenza della fine della madre che adorava senza che sulla sua faccia si leggessero i segni del dolore. « Lei è malata e muore. »

« Anch'io morirò, ma non perché sono malata: perché sono viva. Anche questo è un miracolo se Dio misericordioso accoglierà la mia anima per farla vivere nella pace celeste nei secoli dei secoli. Tua madre ha bisogno solo di preghiere, che le serviranno sia che Nostro Signore decida di lasciarla ancora con noi, sia che la voglia con sé per toglierla dalla sofferenza di questo mondo. » Parlava come una donna che crede profondamente, non come una religiosa fanatica. Allungò una mano scarna dalle dita nodose e sottili per sistemare il risvolto del lenzuolo e soggiunse: « I conforti materiali che si potevano dare sono stati dati. Ho rimediato questo posto per lei sola. La malata che era qui l'ho messa con un'altra. Qui dentro i sofferenti sono tanti e i letti pochi. Guardati intorno: qualche letto è occupato da due pazienti ». Era vero: da una parte e dall'altra c'erano due teste sullo stesso cuscino e le malate stavano di fianco per occupare meno posto.

« Scusatemi la scortesia », disse Cesare.

« Due malate in un letto è un'ingiustizia », riprese suor Teottima senza ascoltarlo, « ma come si fa a mettere alla porta chi soffre? Adesso vi lascio e faccio finta di non sapere che siete qui perché non è permesso. Voi però non approfittatene. » E così dicendo si allontanò.

Cesare si rivolse a Giuseppina: « Tu devi andare dai fratelli. A vegliare la mamma ci sto io ».

Giuseppina si chinò a sfiorare una guancia scarna della donna. Disse: « Cambiale la pezzuola ogni dieci minuti. Le dà sollievo ».

« Lo farò. » Cesare sedette al posto della sorella.

« Vedrai che tra un po' si riprende », quasi lo confortò.

« Farò tutto quello che devo fare. Tu bada ai bambini. »

Giuseppina si alzò e si avviò con passo stanco e rassegnato verso l'uscita, voltandosi alcune volte prima di scomparire oltre l'uscita.

Cesare si guardò intorno smarrito: la malattia e la sofferenza erano quei volti e quei lamenti, erano quell'odore e quella luce biancastra. Erano ormai trascorsi due secoli da quando vigeva la proibizione di mettere due malati nello stesso letto, ma per fare spazio al dolore, nei casi di grande urgenza, si contravveniva alla regola. La Ca' Granda, l'ospedale dei milanesi, aveva quattrocentocinquant'anni. Era stato voluto per i poveri da Francesco Sforza e dalla moglie Bianca Maria Visconti che avevano affidato il progetto e la realizzazione al Filarete e il grande architetto aveva ottenuto per quell'opera il favoloso stipendio di venti fiorini al mese. Nel corso dei secoli l'ospedale aveva ricoverato malati di peste, di sifilide, di tigna, di calcoli renali e durante la dominazione spagnola, nel suo grande cortile, erano stati organizzati tornei in onore di Marianna d'Austria e partite di pallone. Per diversi anni avevano avuto luogo le estrazioni pubbliche del lotto e nelle corsie era stato festeggiato il carnevale con festini e luminarie, mentre le galline razzolavano tra i letti.

Ormai molte cose erano cambiate: il progresso aveva fatto passi giganteschi e c'erano dei medici come il dottor Carlo Baisini, il « dottore dei poveri », che avevano portato la moralità, l'igiene e lo spirito umanitario tra i sofferenti. I miracoli restavano una prerogativa divina e la loro interpretazione e classificazione, se non si entrava nella filosofia di suor Teottima, erano comunque problematiche.

Cesare accarezzò la mano ruvida della madre e si sentì disperatamente solo. Quando uno arrivava alla Ca' Granda sul trabiccolo spinto dai portantini, quando l'istinto popolare ricorreva a quell'estremo soccorso le speranze erano poche. Nonostante quello, nonostante le parole della religiosa che si affidava ciecamente alla Divina Provvidenza e parlava della morte come di un incidente inevitabile della vita che può verificarsi in qualsiasi momento, il ragazzo continuava a rifiutare l'idea che avrebbe potuto perdere la madre. Osservò sul lenzuolo l'insegna ricamata dell'ospedale, la stessa che aveva visto anche all'ingresso: una colomba che regge con il becco un nastro con il motto: « Ave gratia plena ». Una colomba. E Colombo era il cognome che veniva imposto ai figli di ignoti che l'ospedale accoglieva e svezzava. Colombo era anche quello di sua madre e di suo nonno.

« Colombo », disse a voce alta senza accorgersene.

« Cesare », lo chiamò la madre con voce chiara.

« Mamm. Come state? » Era una domanda idota, lo sapeva, ma non gliene venne in mente un'altra.

« Perché hai detto Colombo? » Sembrava riannodasse un discorso troppo presto interrotto.

« Perché ho visto la colomba sul lenzuolo. »

« E io mi chiamo Colombo. »

« Non è per questo », si preoccupò, « vi stancherete. »

« A parlare non ci si stanca. Io mi chiamo Colombo », mormorò con l'aria di confidarsi, « come i figli dell'ospedale. »

« È un caso, mamm. » Era incuriosito, ma non voleva stancarla.

« Non è un caso », cominciò a raccontare con naturalezza, come se non fosse in un letto d'ospedale, come se non fosse ai limiti estremi della vita, come se avesse il tempo di spiegare le cose nei minimi particolari. « Tuo nonno », continuò attingendo insospettate energie, « *l'era un fioeu de l'ospedaa*, era un figlio dell'ospedale. Lui, tuo nonno, ha preso il nome dalla colombina della Ca' Granda. »

« Che cosa volete che m'importi, mamm. Vi stancherete. »

« Importa, importa », si oppose la donna, « e quando sarò

stanca mi fermerò. La sua mamma, la tua povera bisnonna, che Dio l'abbia in gloria, era una contadina di Caravaggio chc andava a sfogliare i gelsi per nutrire i bachi da seta degli allevamenti del conte Casati. »

« Vi cambio la pezza sulla testa? » la interruppe per distrarla.

« Cambia quello che vuoi, ma lasciami parlare. Questo conte Casati aveva un figlio in età di prendere moglie. Era un ragazzo normale in tutto, salvo che per un occhio grosso come quello di un bue, perciò lo chiamavano l'*oecch de boeu*. E questo figlio Casati nascondeva la sua deformità con la tesa di un grande cappellaccio nero che gli copriva mezza faccia. Ma era un giovane buono, anche se per via di quell'occhio non c'erano marchesine, né contessine, né signorine disposte a sposarlo. »

« Non volete riposarvi? » Cesare prese un bicchiere di alluminio che era sul comodino di ferro smaltato. « Volete bere? »

« Sì: un goccio d'acqua. » Le sembrava di sentirsi meglio. Cesare le accostò il bicchiere alle labbra e la donna bevve. « Ora riposatevi », la esortò affettuosamente.

« Avrò tanto tempo, ragazzo mio. » La luce si spense nel camerone e rimasero accese alcune lampadine azzurrate. « Mi vedi, Cesare? »

« Sì, mamm. »

« Allora chinati, così mi senti anche se parlo piano. » Gli raccontava la favola vera della sua famiglia. « Questo povero conte, buono quant'era disgraziato, ogni volta che andava in villa a Caravaggio buttava monetine ai monelli. Le ragazze lo evitavano. Soltanto la tua bisnonna aveva compassione di lui e gli sorrideva per carità cristiana. Se lui le rivolgeva un saluto o una parola faceva finta di non accorgersi dell'occhio di bue. Così il conte Casati si innamorò di lei e lei di lui. E furono marito e moglie senza essere sposi. Lui era pazzo della tua bisnonna e voleva sposarla, ma i suoi si opposero con tutte le loro forze. E quando tuo nonno nacque trovarono il modo di affidarlo all'ospedale. Lei venne mandata in convento a servire dalle monache. Il conte dall'occhio di bue morì di lì a poco di crepacuore nella villa dov'era stato confinato. »

« Che senso ha ripensare a queste ingiustizie? » disse Cesare.

« Anche il dolore ha un senso se ti aiuta a capire chi sei. Tu potevi essere il nipote del conte Casati. Questo non è stato possibile, ma tutti i conti Casati del mondo non possono impedirti di avere nelle vene un quarto del loro sangue. »

La confessione della donna aumentava il furore del ragazzo per un altro torto patito, per un'altra delle ingiustizie che avevano gettato sua madre in quella corsia per morire dopo avere vissuto una vita di stenti e di fatiche. « A volte », disse Cesare, « i trovatelli si inventano delle storie per sentirsi meno soli. »

« Tuo nonno non aveva bisogno di storie per sentirsi meno solo. E le cose che ti ho detto io le ho sentite raccontare da lui e poi dalle cugine. Anche da quella che era monaca nel convento di Caravaggio dove la tua nonna era stata mandata a servire. »

« Riposate. Come vi sentite? »

« Stanca, come se avessi lavorato fino a un momento fa. Mi duole la testa. Tutte le ossa mi fanno male. »

« Prima stavate peggio », disse il ragazzo inconsapevolmente alla ricerca di paragoni che lo rassicurassero. « Prima non vi eravate nemmeno accorta che ero qui con voi. »

« Mi sembra di venire da lontano, da un posto dove stavo bene, in silenzio e in pace. Mi sembra di avere fatto tanta fatica per venire fin qui. Quando sei arrivato tu ero già avanti un bel pezzo sulla strada del silenzio. »

Pensò che riprendesse a delirare: « Ma che cosa dite? »

« Solo che ho rifatto tutta questa strada perché dovevo parlarti. Dovevo confessarti le mie colpe, i miei peccati. »

« Voi? A me? » Le tempie gli martellavano e aveva il cuore in tumulto.

« Quanti figli ho partorito nella miseria », si lamentò.

« Pensate solo a guarire. La miseria finirà. »

« La miseria è una schiavitù. Tuo padre era convinto di poter cambiare da solo il pezzo di mondo che gli era stato assegnato. Ma non è così. Un uomo se è solo non cambia niente. E la miseria resta a fare da madre a tutte le disgrazie. Tuo padre è morto perché siamo poveri. Io sto morendo perché siamo poveri. »

« Voi guarirete », le promise Cesare.

« Io. Quello che resta di me. Ma di me e della mia vita che cosa resta? Conoscevo una bambina felice e non c'è più. Poi è venuta una ragazza spensierata e se n'è andata per sempre. Voi non mi avete conosciuta, ma io per un giorno sono stata una sposa felice. Dov'è finita quella ragazza sorridente con il vestito da sposa nuovo lungo fino ai piedi? » Pensò all'immagine delle nozze a fianco del suo letto. « Te la ricordi quella fotografia? »

« Sì, mamm. » Il ragazzo ripensò all'immagine ingiallita che aveva visto tante volte.

« Quel bel giovane e quella ragazza non ci sono più. Uccisi dalla tosse, dalla febbre, dalla bronchite, dalla miseria, dalla vita che passa. Quello che se ne andrà nel silenzio non è la mia vita, ma è quanto resta della mia vita. Ucciso dalla miseria. La-mi-se-ria. »

« Guadagnerò a sufficienza per tutti », promise Cesare.

La donna tastò con mano febbrile la pezzuola che le copriva la fronte. « Forse tu riuscirai perché hai l'intelligenza negli occhi azzúrri. Perché tu non hai paura della paura. E sai orientarti anche al buio. Ma intanto tua sorella è stata rovinata da un disgraziato perché siamo poveri. »

« Non è vero », mentì lui senza ritegno.

« È vero. Che madre sarei se non sapessi quello che accade ai miei figli? Come hai potuto credere che non mi fossi accorta di quello che è successo a tua sorella? Ma intanto il Signore l'ha punito. »

« Credo anch'io che sia andata così, mamm », si affrettò a confermare.

« Pensa a guarire », le disse dandole del tu come quando era bambino. « Ti prometto che d'ora in poi la nostra vita cambierà. Tu diventerai una signora. Giuseppina avrà un avvenire. Ai tuoi figli non mancherà niente e tutti porteranno loro rispetto. Mamm, credimi. »

« Ti credo, Cesare. Sei un ragazzo che sa mantenere le promesse. Io però sono arrivata alla mia stazione. Vi seguirò da lontano. Adesso il mio Angelo mi chiama. » La madre debole, fragile e vulnerabile, la donna umile, paziente, isolata dal mondo gli stava insegnando a morire, gli insegnava quanto sia importante familiarizzare con questo evento che pure ci colpisce una sola volta nella vita. « C'è tuo padre che mi aspetta. »

Non pianse, non imprecò, non maledisse, non pronunciò altre parole per trattenerla. La baciò con amore infinito e le strinse dolcemente la mano.

Elvira sorrise e fu l'ultimo sorriso. E Cesare non si accorse che la madre gli sorrideva senza sorridergli e lo guardava senza vederlo. Perché era morta.

Venne suor Teottima a chiuderle gli occhi e a coprirle il viso con un lenzuolo, recitando il *Requiem aeternam*. Appoggiò una mano sulla spalla del ragazzo. « È nel regno del Signore e non ha più bisogno di noi. Tu invece hai bisogno di una tazza di caffellatte caldo. Vieni con me in dispensa. »

Cesare uscì alle prime luci dell'alba. Attraversò il grande cortile della Ca' Granda dei poveri e uscì dal maestoso portale di via Francesco Sforza. Si appoggiò con una mano al muro e vomitò il latte che la buona suora gli aveva fatto bere. Si sentì subito meglio nel vento fresco e leggero del mattino. Camminò svelto verso le colonne di San Lorenzo, superò la basilica e prese dritto per la strada di casa.

16

CESARE guardò la cassa d'abete chiaro al centro della cappella disadorna dell'ospedale: racchiudeva le spoglie di sua madre. Le vicine l'avevano vestita con l'abito da sposa secondo le sue volontà. Don Filippo, che era un buon uomo, un prete coscienzioso e perciò povero aveva levato il cadavere dal luogo del suo trapasso, come voleva il diritto canonico, lo aveva associato alla Chiesa funerante e celebrava le esequie (*exequias persolvere*) con devozione, ma senza dilungarsi troppo, perché erano morti altri tre cristiani quella notte alla Ca' Granda e avevano diritto allo stesso trattamento, come avevano avuto diritto alla confessione e alla comunione in forma di viatico spirituale per l'eternità, all'estrema unzione, alla raccomandazione della anima.

Il prete benedisse la salma, poi riprese a pregare e a fare andare il turibolo mentre volute d'incenso riempivano la chiesa. La liturgia si svolgeva secondo l'ordine prescritto, nonostante Elvira e gli altri poveretti della Ca' Granda, essendo classificati nella categoria dei poveri, ne usufruissero gratuitamente. All'ufficio funebre partecipavano i figli, alcune lavandaie e il Riccio.

Se Cesare avesse potuto avrebbe fatto celebrare le esequie nella basilica di San Babila, dov'era stato una domenica con i suoi a sentire messa e che gli era sembrata la chiesa più bella del mondo. L'avrebbe addobbata di fiori di ogni colore e avrebbe pagato un organista perché suonasse tutto il tempo. Anche per andare là dove tutti sono uguali c'erano due ingressi: uno padronale per i ricchi e uno di servizio per i poveri. Come poteva credere che la morte fosse uguale per tutti quando anche le preghiere, i paramenti, le raccomandazioni e la solennità delle messe avevano un costo? Se la divisa dell'uomo al cospetto di Dio era l'umiltà perché i ricchi si vestivano in pompa magna anche di fronte alla maestà della morte? Pensò alla prima e alla terza classe dei treni: si arrivava insieme alle stesse stazioni, gli uni sul morbido velluto dei cuscini con i centrini bianchi ricamati, gli altri sul duro legno delle panche.

Nemmeno Giuseppina piangeva più, né le donne che penavano a tenere a bada i ragazzini, i quali partecipavano a quel gioco incomprensibile che i grandi prendevano terribilmente sul serio. Solo Augusto, che si sforzava di imitare gli adulti, fingeva un minimo di partecipazione.

Suor Teottima si affacciò: un attimo rubato ai suoi sofferenti per recitare un *Requiem* e farsi un segno di croce. « Non posso seguirvi nell'accompagnamento della salma al cimitero », disse, « ma pregherò per la sua anima buona. »

Giuseppina baciò la mano alla religiosa e Cesare ringraziò, i bambini guardarono la suora che era un altro aspetto di quella serie di novità.

I portantini dell'ospedale aiutarono a caricare la cassa su un trabiccolo quasi simile a quello che aveva fatto da lettiga, ma questa volta più cupo e lugubre. I becchini spinsero il carretto lungo i bastioni fino a Porta Romana, dove al deposito dell'azienda tramviaria c'era una carrozza speciale per il trasporto dei defunti della Ca' Granda; dopo aver caricato quattro o cinque salme il tram partiva sferragliando verso Musocco, che era il cimitero dei morti poveri, mentre quello dei poveri morti era il Monumentale.

Arrivarono per primi al deposito, poi giunsero gli altri tre feretri seguiti dai loro brevi, composti cortei. Gli uomini in divisa nera con le insegne del comune applicarono un cartellino con un nome sulle casse prima di caricarle sulla vettura mortuaria. Erano uomini da osteria, dai nasi inequivocabili e con venuzze rosse nel bianco degli occhi, ma avevano per il dolore degli altri un dignitoso rispetto e della morte un reverenziale timore.

« I congiunti », spiegò con autorevole sussiego quello che li comandava, « possono accomodarsi sulla carrozza seguente. »

Salirono uno dopo l'altro, gruppo per gruppo, con soggezione, ma non senza curiosità, gli adulti, con moderato entusiasmo i bambini; per loro un viaggio sul tram elettrico con il belvedere era la prima e forse irripetibile avventura della loro vita.

Gli sconosciuti sedevano sulle panche di legno, gli uomini con i cappelli in mano appoggiati alle ginocchia, le donne in nero che facevano scorrere i grani del rosario tra le dita e mormoravano preghiere storpiando il latino che avevano orecchiato in chiesa, i bambini vispi e attenti come scoiattoli in attesa che il capo della spedizione funebre desse ai tramvieri l'ordine di muovere.

La carrozza con i morti partì, preceduta da tre colpi di campanello e la seconda con i parenti la seguì a una distanza di una decina di metri e a piccola velocità.

Cesare notò la dignitosa rassegnazione nel dolore della povera gente come lui, che in quel momento, per quanto si sforzasse, non riusciva a pensare a sua madre morta. Le persone che passavano per via salutavano togliendosi il cappello e facendosi il segno della croce. Correva una solidarietà silenziosa e tangibile fra i passeggeri del tram e i passanti: appartenevano alla stessa razza e si riconoscevano.

Era la seconda volta che Cesare viaggiava sul tram elettrico. La prima volta c'era andato con suo padre, avevano speso dieci centesimi e aveva provato una grande emozione.

Il Riccio lo guardò e Cesare gli disse che per quella cosa andava bene: aveva deciso per il sì.

Sua madre non sarebbe rimasta per molto tempo nel pezzetto di terra nera assegnatole dal comune nel cimitero di Musocco.

17

CESARE sentì un fastidioso pizzicore in gola e fece uno sforzo per reprimere il colpo di tosse che avrebbe potuto tradirlo: infatti aveva scavalcato la cancellata del giardino dei conti Spada ed era ben nascosto in un angolo buio, sotto una grande magnolia, al riparo di una fitta siepe di mirto. C'erano la luna e le stelle, ma le luci del primo piano, dove la festa era in pieno svolgimento, accentuavano la luminosità notturna. Quando l'orchestra suonava la musica copriva le voci; nelle pause si sentiva un fitto chiacchierio, punteggiato di risate, di esclamazioni, di gridolini femminili. Anche all'interno del grande cancello con le lance dorate, artisticamente lavorato dai più rinomati maestri del ferro battuto, campeggiava in oro la S dei conti Spada. Il palazzo si affacciava in corso Venezia, dove i domestici in alta uniforme continuavano a ricevere i ritardatari, che erano anche gli ospiti più illustri.

Cesare, una volta stabilito il piano con il Riccio, si era arrampicato senza esitazioni, rispettando i tempi e i programmi, nel momento in cui la pattuglia di guardie regie aveva girato intorno alla villa e non sarebbe ripassata che un'ora dopo. Era perfettamente tranquillo in attesa del segnale, respirava gli effluvi del giardino e cercava di immaginare il ricevimento da quel poco che vedeva e sentiva fissando le finestre. Erano impressioni intense, ricostruzioni fantastiche e imprecise perché quella dei ricchi e dei nobili era una favola nella quale non era mai entrato. Aveva appena intravisto, nel momento della vendetta, l'appartamento della signora Martinelli, la moglie

131

dell'orafo del Carrobbio. Ma quella apparteneva a un'altra classe. Pensava ai colori, ai tappeti, alle argenterie, ai profumi, ma senza riuscire a liberarsi dal groviglio di sensazioni che lo afferrava.

Una volta con il Riccio era andato al cinema Centrale, sotto i portici settentrionali di piazza del Duomo, e aveva visto una pellicola americana. Una delle scene più entusiasmanti era stata una festa nella casa di un milionario, ma quella era America, un continente lontano e improbabile.

Sentì una persiana che si apriva proprio sopra la sua testa: era il segnale convenuto. Cesare doveva scalare la facciata, arrampicandosi sul tronco di un glicine antico come il palazzo, e arrivare alla finestra dello studio del conte Spada che il Riccio aveva spalancato per lui.

Il piano, elementare, ma non semplice, era stato studiato puntigliosamente dall'ispiratore del furto che non era un balordo della Vetra, ma uno che, nel quartiere malfamato, godeva di rispetto per la sua fama di avventuriero che aveva girato il mondo. Si chiamava Alfredo Brina, ma era soprannominato « l'Artista » per la familiarità che aveva con pittori e scultori. Si diceva che fosse stato costretto a lasciare la Francia per una storia di donne e di gioco d'azzardo. « L'Artista » aveva procurato al Riccio una divisa da cameriere perché potesse confondersi con i molti servitori del *Savini* che si occupavano del banchetto e con quelli della pasticceria Marchesi che servivano dolci e liquori. Gli aveva anche consegnato una pianta della casa con cui, confondendosi tra la folla, avrebbe potuto raggiungere lo studio del conte, per aprire la finestra e consentire a Cesare di arrampicarsi fino al primo piano attraverso il pluviale e il glicine, impadronirsi di un piccolo quadro appeso sopra il caminetto e rifare lo stesso cammino con la refurtiva. Era tutto quello che si chiedeva ai due giovani in cambio di dieci biglietti da cento. E non era poco.

La scalata in sé non presentava eccessive difficoltà: Cesare aveva affrontato ben altri rischi e la tensione psicologica non era tale da rendere allarmante la situazione. Scalò la facciata di palazzo Spada fino al primo piano come si sarebbe arrampicato su un albero per prendere dei frutti o dei nidi. Che cosa avrebbe dovuto spaventarlo? Quello che poteva accadere? Se ne sarebbe preoccupato al momento opportuno. Non era il tipo da fasciarsi la testa prima di rompersela.

132

Arrampicandosi come un gatto, silenzioso e deciso, tra glicine e pluviale raggiunse presto il davanzale, lo scavalcò ed entrò nello studio. I suoi occhi, abituati al chiarore lunare, rilevarono le cose essenziali e individuarono subito il dipinto appeso sopra il caminetto. Al profumo del glicine che fioriva per la seconda volta in agosto si sovrapponeva un buon odore di mobili antichi, di velluti spazzolati, di parquet tirati a cera, di libri rilegati in marocchino, di cuoio, di buon tabacco. Era l'odore che avrebbe trovato sempre nelle case importanti, l'odore della signorilità e del buon gusto.

Camminò leggero fin sotto il piccolo quadro, lo staccò dal gancio con un coltello a serramanico, secondo le indicazioni del Riccio, sfilò la tela senza provocare danni e la nascose sotto la camicia disponendola come il foglio di giornale che metteva in certi giorni d'inverno per proteggersi dal vento. Il lieto brusio della festa, la musica, le conversazioni punteggiate da allegre risate si smorzavano contro la porta dello studio. E se qualcuno fosse entrato? Quella eventualità lo lasciò del tutto indifferente e si sorprese per la prima volta a pensare che la sua naturale mancanza di reazioni di fronte al pericolo, di fronte all'autorità e persino di fronte alla morte era l'atteggiamento che più colpiva gli altri, inducendoli a un profondo rispetto. Perché tutto è prevedibile: la forza smisurata e l'intelligenza mostruosa, ma non è decifrabile chi non ha nulla da perdere. Cesare amava i suoi fratelli, gli amici, la vita, ma si comportava come se non avesse nulla da perdere, come se fosse pronto in qualsiasi momento a restituire la vita e gli affetti che aveva avuto in prestito.

Ormai poteva calarsi, ma per una frazione di secondo vide qualcosa brillare sulla mensola del camino. Quell'improvviso luccichio lo immobilizzò e lo attrasse come se fosse una gazza ladra. Ricavandone un piacere sensuale seguì con i polpastrelli i contorni di una piccola teca di cristallo che conteneva una scatoletta dalla quale la luce della luna faceva scaturire dei bagliori. Non aveva mai visto un oggetto tanto bello e desiderabile. Volle sollevare il coperchio, ma era chiuso a chiave, allora impugnò il coltello, infilò la lama nella serratura, la scardinò e la teca si aprì. Cesare si impadronì di quella scatoletta lucente e irreale come una magia e la strinse per un attimo nel pugno prima di ficcarsela in tasca.

Una nuvola coprì la luna nel momento in cui il ragazzo

scavalcò il davanzale per calarsi nel giardino aggrappandosi al glicine e al pluviale. Era un buon segno. Scavalcò la cancellata e si avviò con passo tranquillo verso il ponte di San Babila dove aveva appuntamento con il Riccio.

L'amico smaniava per l'apprensione. « Cristo, quanto ci hai messo », mormorò con un respiro di sollievo. « Si può sapere che cos'hai combinato? »

« Manca ancora un quarto d'ora al passaggio della ronda », disse Cesare.

« Dov'è il quadro? » Il Riccio si era calmato.

« Qui », disse il ragazzo puntandosi sul petto l'indice della mano destra.

« Andiamo, prima che ci scoprano. » Presero per corso Vittorio Emanuele, attraversarono piazza del Duomo e imboccarono la via Torino, poi navigarono in un labirinto miserabile di viuzze infami fiancheggiate da casupole fatiscenti, addossate l'una all'altra, comunicanti tra loro grazie a un numero imprecisato di passaggi segreti attraverso i quali si svolgevano i commerci della malavita.

Quando furono al sicuro Cesare prese per un braccio l'amico invitandolo a fermarsi. « Prendi il tuo quadro », disse sfilando il dipinto dalla camicia.

Il Riccio lo prese senza guardarlo: quel po' di chiaro che veniva da un lampione lontano gli consentiva di vedere ben poco e poi lui non aveva dimestichezza con le cose dipinte. Gli avevano chiesto un quadretto in cambio di mille lire e quello lui aveva fatto.

« Tu non vieni? » domandò a Cesare.

« Dove? »

« Dall' 'Artista'. »

« Il mio lavoro finisce qui. A casa mi aspettano. Lo sai. » Diceva tutto lui, quel ragazzino cocciuto e imprevedibile. E non c'era mai verso di replicare.

« Ti farò avere la tua parte domani », si limitò a precisare.

« Non c'è fretta. » Poi, come se ricordasse improvvisamente un particolare che gli era sfuggito, soggiunse: « Ho preso anche un'altra cosa che mi piaceva ». Gli porse la scatoletta rubata.

« Che cos'è questa roba? » domandò il Riccio spostandola sul palmo della mano con l'aria di volersene disfare gettandola da qualche parte.

« Non lo so », confessò il ragazzo, « ma credo che se la offri all' 'Artista' lui sarà disposto a pagarla bene. »

Il Riccio era sul punto di arrabbiarsi. « L'"Artista' mi ha chiesto il quadro, non un quadro e una scatoletta », cercò di ribattere.

« E tu prova a dargli anche la scatoletta. Può darsi che te la paghi bene. »

« Io mi domando perché sto qui a darti retta. Sai quanto può pagarci una cosa che non si sogna nemmeno di volere? E secondo te, quando dovrebbe darci per questa carabattola? » Sembrava morso dalla tarantola.

« Io dico che deve valere almeno seimila lire. Io dico che seimila lire l' 'Artista' per questa scatoletta te le dà. »

« Ma sei matto? » Nella voce del Riccio c'era soltanto una piccola parte dell'ira che avrebbe voluto sfogare. « Nessuno dà tanti soldi per una cosa rubata da due balordi. »

« Parla per te », replicò Cesare in tono sferzante. « Io ho rubato una cosa che vale. E voglio seimila lire. »

« Strangolati », bofonchiò il Riccio. Era combattuto tra la fretta di andarsene e il desiderio di capire le ragioni che spingevano sempre l'amico a prendere iniziative che non erano nei patti e non si rendeva conto perché lui, più anziano e più forte, finisse sempre per soccombere accettando il fatto compiuto. Cesare non alzava la voce, non muoveva le mani se proprio non era strettamente necessario, però il suo sguardo e la sua fermezza sapevano imporre le distanze. Non faceva niente per sembrare importante, ma incuteva rispetto.

« E se l' 'Artista' non la vuole? » domandò il Riccio tentando l'ultima carta. « Se non la vuole che cosa ne facciamo, un soprammobile? »

« Io dico che la vuole », insisté il ragazzo imperturbabile.

« E se offre qualcosa meno? »

« Neanche un centesimo. Se ti offre seimila lire meno un centesimo tu non gliela dai. Ma io sono sicuro che ti darà quello che gli chiedi. »

Il Riccio gli voltò le spalle senza replicare, fece una cinquantina di metri e svoltò in un vecchio portone.

18

IL titolo del *Corriere* nello spazio dedicato alla cronaca cittadina equivaleva a una stima ufficiale. Cesare tirandosi dietro il Riccio, era andato fino alla stazione per comperare una copia del giornale.

« Sei convinto, adesso? » Cesare non aveva l'aria di volere infierire.

« Certo che sono convinto. » Il Riccio era stupefatto dalla preveggenza e dall'istinto del ragazzo.

Il titolo era esplicito: *Arsenio Lupin a palazzo Spada*.

« Chi è questo Arsenio Lupin? » chiese il Riccio stupefatto.

« Un ladro gentiluomo », rispose Cesare che quando inciampava in un libro lo leggeva avidamente.

« O sei ladro o sei gentiluomo », sentenziò il Riccio con popolaresco realismo.

« Parla sempre per te », lo ammonì l'amico continuando la lettura del quotidiano.

Il cronista aveva affrontato l'argomento con la voluttà di chi finalmente si imbatte nella notizia che ha sempre sognato. Si era diffuso nei particolari della splendida festa, aveva descritto profili, fortune e toilette, si era dilungato sulla personalità del ladro, che era certamente un autentico talento nel ramo, un malfattore in guanti gialli, emulo di Arsenio Lupin. Il ladro gentiluomo, infatti, secondo il giornalista, era riuscito a nascondersi tra i personaggi che appartenevano al fior fiore dell'aristocrazia lombarda. Si parlava di dame sconvolte dallo sguardo magnetico di un cavaliere sconosciuto apparso per un attimo e subito scomparso. « Comunque il malfattore », precisava il cronista, « doveva conoscere alla perfezione il palazzo e sapere quello che voleva. Dallo studio del nobile milanese ha infatti prelevato i due oggetti più piccoli e di maggior pregio: un quadro veneziano del XVIII secolo attribuito al Longhi, raffigurante il *Riposo di una dama*, e una preziosa tabacchiera d'oro e smalto contornata da preziosi, purissimi diamanti, opera del grande orafo francese Charles Ouzille che ha firmato il piccolo capolavoro e lo ha datato: 1760. La tabacchiera era l'esemplare più raro di una serie di quaranta pezzi lasciata in eredità da Napoleone Bonaparte al figlio. Il conte Spada si era assicurato il possesso del capolavoro del maestro francese (si calcola che possa valere non meno di sessantamila lire), alcuni anni fa a un'asta londinese... »

« Hai capito perché l' 'Artista' non ha fatto una piega quando gli ho chiesto seimila lire? » Era ilare il Riccio e ben disposto. « Potremmo pretendere anche qualcosa in più, non ti pare? »

« Abbiamo chiesto quello che ritenevamo il giusto. E anche se avessimo chiesto meno del giusto non possiamo rimangiarci la parola. Faremmo la figura dei cialtroni. Invece siamo solo dei ladri improvvisati. »

« Però non ce la caviamo male per essere dei dilettanti. » Gli faceva un effetto grandioso essere scambiato per un ladro internazionale.

Avevano lavorato tutto il giorno in lavanderia, ma non sentivano la stanchezza. Cesare aveva incrociato un paio di volte la vedova, aveva sentito lo sguardo di lei bruciargli la pelle, ma non aveva preso nessuna iniziativa, nemmeno per rivolgerle la parola. Ricordava la conclusione dell'incontro d'amore: « La cosa è finita qui ». Se lo avesse voluto avrebbe fatto un segno. Ormai era quasi ferragosto e da quella splendida domenica di luglio la vedova si era rivolta a lui solo per fargli le condoglianze per la morte della madre. La gioia dell'amore e il dolore della morte si erano avvicendati in uno spazio brevissimo e per quanto lui avesse cercato di tenersi stretta la sua pena se la sentiva sfuggire, mentre il ricordo d'amore, che avrebbe voluto dimenticare, si dilatava in tutto il suo essere accendendolo di desiderio.

« Andiamo in un caffè? » propose il Riccio facendo ballare le monete che aveva in tasca.

« Niente caffè », replicò duramente Cesare. « Niente caffè, niente soldi, niente spese diverse da quelle che avremmo fatto ieri. Tieni in tasca cinquanta centesimi e metti il resto al sicuro. Neanche tua madre deve sapere che abbiamo tanti soldi. »

« Ma io ho soltanto le cinquecento lire del quadro. Metterò al sicuro quelle. Credo di avere un buon nascondiglio », sorrise rassegnato.

« Ci metterai anche la metà dei soldi della tabacchiera quando l' 'Artista' ci avrà pagato. »

« L'idea è stata tua. Figurati che io non la volevo. No, la tabacchiera è una cosa che non mi riguarda. »

Cesare lo fissò con uno sguardo sincero. « Capiterà un giorno che sarai tu ad avere l'idea », disse. « Allora io accetterò la metà che tu mi offrirai. Ma perché questo accada adesso dobbiamo dividere. »

« Vuoi dire che si potrebbero accettare altri incarichi? Certo che ormai abbiamo una buona esperienza. » L'articolo del *Corriere* lo aveva persuaso di essere infallibile.

« Ho parlato di idee, non di furti », lo ridimensionò Cesare. « Io ho rubato una volta e mi sono anche divertito. Non ho rubato la cazzuola a un muratore. Ma non ruberò mai più. L'abbiamo fatta franca perché abbiamo avuto fortuna. Ma la fortuna ti sorride solo qualche volta. »

Il Riccio dondolò il testone pieno di capelli. « Io non ti capisco proprio, sai », osservò disarmato, « dici, disdici, fai la predica. Forse hai ragione », continuò con un tono di rispetto, « però non riesco a capirti. Perché dovremmo smettere di rubare se è così facile e se si diventa famosi? »

« Se continui a rubare vai in galera. Io invece voglio diventare ricco. I soldi per cominciare li abbiamo. Forse i ricchi hanno rubato una volta per cominciare, ma poi hanno fatto altre cose che io non so, ma che riuscirò certamente a sapere. Però questi soldi che abbiamo vanno fatti fruttare. »

L'espressione del Riccio era quella di un malandrino fortunato. « La sola cosa che so fare con i soldi », disse, « è spenderli. Al massimo posso nàsconderli sotto una pietra. »

« Ti farò sapere io come investirli. » Allungò una mano. « Dammi anche le tue cinquecento. Te le conservo in cascina. »

La faccia del Riccio passò dal comico al tragico. « E perché dovrei dartele? » si preoccupò. « Oh, intendiamoci », si affrettò a precisare, « io di te mi fido, solo che vorrei capire. E non ci riesco. »

« Allora mi spiego. » Erano dalle parti di Porta Venezia e scendeva la sera. « Il furto è stato denunciato all'alba. Questa sera quando torni alla Vetra la trovi piena di guardie regie che perquisiscono case e interrogano gente e arrestano sospetti e pregiudicati. »

« E ti pare che i ladri gentiluomini frequentino la Vetra e la Vetraschi? » Era una buona obiezione e il Riccio la buttò là con un certo sussiego.

« Le guardie regie non leggono i giornali », replicò il ragazzo, « prima setacciano il quartiere, perquisiscono e sbattono dentro quei quattro pregiudicati, poi ragionano. E devo dire che hanno più buon senso dei giornalisti. Dammi i soldi », ripeté fraternamente.

Cercarono un angolo appartato dopo i bastioni. « Ecco i soldi », disse il Riccio porgendoglieli.

« Fai conto di averli in tasca tu », lo rassicurò Cesare facendoli sparire velocemente nella tasca dei pantaloni.

« Questa sera l' 'Artista' mi aspetta a casa sua per le nove. Deve consegnarmi i soldi della tabacchiera », esclamò allegro.

« Tu questa sera non vai da nessuna parte. » Era un ordine.

« Come, non vado da nessuna parte? » Era di nuovo lo smarrimento.

« Se ti trovano con tutti quei soldi che cosa racconti? » lo ammonì Cesare.

« Già », disse grattandosi i riccioli, « anche questo è vero. E allora che cosa si fa? »

« Si aspetta che si calmino le acque. Quando tutto sarà dimenticato allora andrai a riscuotere. »

« E se dopo non ci paga più? »

Cesare lo guardò in faccia con i suoi occhi chiari e sorrise mordicchiandosi il labbro inferiore. « Io sono sicuro che pagherà », disse.

Anche lui, il Riccio, era convinto che « l'Artista » avrebbe pagato anche se fossero passati i mesi e gli anni. Perché quel ragazzo con il corpo da uomo e il sorriso da bambino chiedeva le cose con l'aria di uno che non aveva niente da perdere. E con quella reciproca certezza si salutarono.

19

ALLE otto in punto, come ogni sera, i fratelli Boldrani si erano
messi a tavola: Cesare stava al posto del padre, Giuseppina a
quello della madre. La vita continuava secondo gli stessi ritmi,
nel rispetto di una quotidianità ordinata e precisa. Non era
cambiato niente: neppure il solito minestrone.

« Sia lodato Gesù Cristo », disse don Oreste.

« Sempre sia lodato », fecero eco Giuseppina e Cesare, seguiti da Augusto e dai fratelli più piccoli.

« Volete restar servito? » lo invitò Cesare mentre il prete,
nel vano della porta, li benediceva.

« Un bicchier d'acqua », accettò, mentre prendeva posto
sulla seggiola che Giuseppina si era affrettata a porgergli. Aveva la tonaca impolverata, le scarpe consumate per il gran
camminare, un fazzoletto a quadretti rossi e blu tutt'intorno
al colletto che lo riparava dal sudore.

« Che cosa possiamo fare per voi? » La domanda di Cesare, formulata con serietà e convinzione, lo fece sorridere.

« Veramente ero venuto qui per chiedere a voi la stessa
cosa », rispose. Con la barba lunga, la calvizie incipiente, le
profonde rughe che gli solcavano la fronte, gli occhi segnati
dalla stanchezza, dimostrava più dei suoi cinquantotto anni.

« Ma noi non abbiamo bisogno di niente », lo rassicurò
Cesare con il cucchiaio a mezz'aria.

« E i bambini? » Aveva altre cose da sbrigare prima di

notte e sapeva che con quel ragazzo era inutile prendere il discorso alla lontana.

« I bambini », affermò Cesare, « mangiano, bevono, dormono, non sono più sporchi di quanto non lo fossimo noi da piccoli. E quando sarà il momento i due più grandi andranno a scuola. »

« Sono gracili, denutriti », ribatté il prete.

« Sono bambini », replicò il ragazzo con tono deciso. « Tutti i bambini sono gracili. Anch'io ero gracile. Poi, crescendo sono diventato forte. Tutti i bambini prima sono gracili e poi diventano forti. »

« Che bastian contrario, sei », borbottò don Oreste stringendo i denti. « Quando ti metti una roba in testa sei più duro del muro. Per quanto tempo credi che le donne della cascina possano badare ai tuoi fratelli? Hanno anche loro due figli da tirare grandi. La vita è dura, Cesare, il futuro incerto. Siamo tutti qui a spezzare in due il pane che non basta per uno. Benedetto ragazzo! » Sfilò il fazzoletto a quadri rossi e blu dal collo, asciugò il sudore sulla fronte e se lo ficcò in una delle larghe tasche della tonaca. I bambini continuavano a mangiare rumorosamente il minestrone facendosi qualche dispettuccio, senza però interrompere il discorso dei grandi.

Cesare rintuzzava con calma tutte le obiezioni del parroco: era tranquillo, consapevole, sicuro di sé. Disse: « Le amiche di mia madre ci aiutano volentieri, ma qualora non potessero più darci una mano sapremmo badare a noi stessi ».

« Questi bambini hanno bisogno di assistenza e di guida », osservò il prete cercando di non perdersi d'animo.

« Parliamoci chiaro, don Oreste », disse sorridendo Cesare con il tono di una persona matura che cerca di capire le confuse ragioni di un ragazzo, « che cosa avete in mente per i miei fratelli? »

« Bisogna farli ritirare. Ecco che cosa ho in mente. » Era un modo convenzionale e spiccio per dire che i bambini dovevano essere messi all'orfanotrofio.

« Dove? Dai Martinitt? » Era il collegio dei bambini orfani conosciuto in tutta la città, la casa dei cosiddetti figli del popolo: i Martinitt, appunto, e le Stelline.

« Dai Martinitt c'è il vitto assicurato. Ci sono maestri che provvedono a educarli. Gli insegnano un mestiere. »

Cesare li aveva visti, quei ragazzini tristi con i calzoni lunghi, la mantellina, il berretto con la visiera, la giacchetta abbottonata fino al collo, i capelli sempre tagliati a zero, le mani violacee per il freddo d'inverno, lo sguardo disperato dei piccoli animali che devono difendersi da tutti: dai loro simili e dagli sparvieri. Li aveva visti, maschi e femmine, accompagnare ordinatamente i funerali di prima e seconda classe, costretti a pregare per l'anima di uno sconosciuto i cui parenti versavano l'obolo al patronato dei figli del popolo. Dovevano pregare e ringraziare: il Signore per averli messi al mondo, i benefattori che assicuravano loro una scodella di minestra, il signor direttore che organizzava la loro vita, i sorveglianti che li accompagnavano a tutti i funerali d'estate e d'inverno. Le ragazze imparavano a tenere gli occhi bassi fin da piccole, perché così si diventava donne onorate, e i ragazzi imparavano il rispetto dei gradi: tutti accumulavano rabbia e livore che sfociavano o nella ribellione degli emarginati o nella rassegnazione del branco. Qualcuno riusciva a emergere.

Tutte quelle considerazioni passarono in un attimo nella mente di Cesare che pure credeva nelle buone intenzioni del prete: anche sua madre lo stimava e tutti lo amavano nel quartiere per la sua bontà. Immaginò i suoi fratelli, abituati alla libertà della cascina, messi nella gabbia dell'orfanotrofio. Il ragazzo non credeva ai lunghi discorsi e si era persuaso che anche gli argomenti più convincenti lasciassero comunque le persone della loro idea. Il prete non sarebbe mai stato del parere di Cesare, così il ragazzo, velocemente come aveva pensato, espresse la sintesi definitiva di un complesso ragionamento.

« I miei fratelli non vanno all'orfanotrofio », disse scandendo bene le parole con voce ferma.

Il prete si prese il mento nella mano destra e cominciò a tormentarlo come se volesse svitarlo. « Ero venuto per darti un buon consiglio. » Cercò di tradurre il suo disappunto con parole serene. « Speravo ti rendessi conto. Confidavo nella tua prudenza. »

« Anche mia madre », gli ricordò, « si è sempre rifiutata di fare ritirare i bambini. »

« Già. Quando morì il tuo povero papà venni a farle la stessa proposta. Lei rifiutò. Mi disse: 'Meglio morire insieme'. Proprio così disse. »

« Io invece vi rispondo che è meglio vivere insieme », ribatté spavaldo.

« La legge dice che i bambini non possono essere abbandonati a se stessi », recitò con voce dura. « Prima avevano una madre che garantiva per loro. »

« Adesso hanno me e Giuseppina. Io compirò sedici anni, lei quindici. »

« Ma voi lavorate », osservò il sacerdote.

« Grazie al cielo », replicò svelto il ragazzo.

« E siete via tutto il giorno. » Il prete bevve un sorso d'acqua.

Cesare appoggiò le mani sul piano del tavolo imitando istintivamente un atteggiamento del padre. « Giuseppina, da domani, non va più a lavorare. Baderà ai fratelli. »

Don Oreste lo guardò con sospetto: avevano sempre tirato la cinghia e il ragazzo usciva con quell'affermazione. « Come farete a vivere? » domandò.

« Quello che guadagno da solo basterà per tutti. Ho promesso a mia madre che mi sarei occupato della famiglia e intendo mantenere la promessa. A qualunque costo. »

« Con un franco e venti a giornata non si mantiene nessuna famiglia », lo ammonì il prete.

« Non ho detto che lavorerò tutta la vita alla lavanderia per quella miseria. Ho detto che lavorerò e guadagnerò abbastanza per fare campare tutti. »

« Purché tu non debba pagare il prezzo della disonestà », disse puntandogli l'indice contro.

Cesare fissò i suoi occhi azzurri, di un azzurro metallico e trasparente, in quelli neri e cisposi del prete. Avrebbe potuto dirgli che disonestà è rendere i poveri schiavi della miseria, umiliare i deboli che non possono reagire, fare lavorare i bambini dall'alba al tramonto per una paga di fame, indurre le ragazze a prostituirsi per pagare l'affitto di casa. Ma Cesare non faceva mai un lungo discorso se poteva farne uno breve e così disse: « La disonestà è quasi sempre un peccato da ricchi. Se poi qualche volta dovessimo cadere in tentazione Dio, che è misericordioso, saprà perdonarci ».

« Amen », disse don Oreste chinando il capo e segnandosi. Era strano quel ragazzo, aveva qualcosa di diverso nell'espressione, nello sguardo, nel comportamento. Pensò alla favola del brutto anatroccolo, ma il paragone gli sembrò impreciso, anche se era certo che il figlio della buona Elvira si sarebbe trasformato in un cigno superbo. L'unica perplessità era dovuta al

143

fatto che ci sono cigni bianchi e cigni neri e il povero prete non avrebbe saputo dire verso quale dei due colori si sarebbero evoluti la personalità e il futuro del ragazzo. Ma sul fatto che sarebbe diventato un cigno non aveva dubbi. « Posso fare qualcosa per voi? » domandò mentre era sul punto di alzarsi.

« Dovreste aiutarci a trovare un cavallo e un calesse per un giorno, dalla mattina alla sera. »

Cesare aveva fatto la sua richiesta con la semplicità con cui avrebbe chiesto il permesso di bere al pozzo.

Don Oreste ripiombò a sedere. « Un cavallo? » chiese. « Un calesse? Per fare che cosa? »

« Domani è ferragosto. » Gli sembrava una buona ragione, ma non era la sola.

« E c'è bisogno del cavallo e del calesse perché è ferragosto? » domandò il prete prendendosi la testa tra le mani.

« Vorrei portare i fratelli e le sorelle al santuario della Madonna di Caravaggio. La mamma le era particolarmente devota. Abbiamo tutti qualche grazia da chiedere. Bere un po' dell'acqua benedetta che scorre sotto il santuario non potrà che farci bene. »

« Di questo ne sono convinto anch'io », ammise il prete, « ma come fai a sapere che posso aiutarti a trovare cavallo e calesse? »

« È difficile che le cose non si sappiano, soprattutto se succedono nella parrocchia. »

« Così ti hanno detto... »

« Che Tito Sozzini... scusatemi », si corresse, « che il signor Tito Sozzini vi ha regalato cavallo e calesse. »

« Più che un cavallo », spiegò sorridendo il parroco, « è un grosso bestione e più che un calesse è un barroccio. D'altra parte tu lo conosci bene. Hai servito qualche settimana da lui, quando gli si ammalò il cocchiere. »

« Mi piacciono i cavalli », confessò Cesare con infantile meraviglia.

« E sai anche perché dovrei prestarti il mio cavallo che finora mi è costato solo biada e fieno, senza che abbia avuto il piacere di attaccarlo una volta? »

« Perché siete il nostro parroco. Perché siete un buon parroco. Perché ci volete bene. »

Si alzò definitivamente. « Vieni domattina presto. Una cam-

minata gioverà anche al cavallo. E che il cielo vi protegga. »
Gli occhi dei piccoli passavano da don Oreste al fratello e si
muovevano come gli occhi di porcellana dei bambolotti di cel-
luloide. Quello che avevano sentito superava le loro più accese
fantasie.

20

GIUSEPPINA era raggiante e doveva compiere uno sforzo per dissimulare l'emozione del viaggio dietro un sorriso prudente e uno sguardo umile, mentre sentiva istintivo il desiderio di pavoneggiarsi nel vestito nero di percalle che era stato di sua madre e che quel giorno, opportunamente adattato, aderiva perfettamente al suo giovane corpo. Sedeva impettita sull'asse collocata per traverso sul carro e abbassava gli occhi quando incrociavano altri cavalli e gente festosa sorrideva sul punto di salutare. I bambini sprizzavano gioia, erano freschi, lindi, felici. Neanche quando erano in vita i loro genitori avevano mai vissuto un'esperienza così elettrizzante: loro su un calesse, il trotto gagliardo e potente di un cavallo verso un santuario in una splendida mattina d'estate, soltanto il giorno prima sarebbe sembrato l'inizio di una favola. Giuseppina aveva lavato e strofinato i fratellini che non avevano neanche protestato; per vivere l'insperata novità erano pronti ad affrontare il martirio.

Cesare, il cappello sulle ventitré, alla malandrina, la camicia di tela a righe, il colletto bianco, il gilè e i pantaloni buoni di fustagno del padre, i più belli, quelli del matrimonio, teneva le redini con mano esperta, abbandonandole mollemente sulla groppa lucida del cavallo o tenendole energicamente quando incrociavano un'automobile ed era necessario rallentare l'andatura e portarsi al margine estremo della via per lasciare il passo a quel mostro rombante guidato da persone con berretto, spolverino lungo e occhialoni che sembravano provenire da altri pianeti. I bambini scoppiavano in esclamazioni di gioia, agitavano le manine, mandavano saluti e smaniavano incuranti della polvere, mentre Giuseppina li richiamava all'ordine senza troppa convinzione. Cesare parlava poco, seguendo il filo di certi suoi pensieri, ma, come i suoi fratelli, viveva nell'atmosfera elettrizzante della vacanza, del sole, della campagna in fiore. Uomini e donne con grandi cappelli di paglia erano curvi sull'oro delle stoppie alla ricerca minuziosa delle spighe sfuggite ai mietitori. C'erano anche dei bambini: guardarono con ammirazione i fratelli Boldrani che potevano andare in gita al santuario su quel bel calesse verde (più carro che calesse) trainato dal vigoroso animale che sembrava instancabile.

Erano partiti all'alba e arrivarono in prossimità di Caravaggio a mattina inoltrata. Cesare si accordò con un contadino che accettò per pochi soldi di ospitare cavallo e carro, assicurandogli ombra, acqua e fieno.

Intruppati come un piccolo collegio arrivarono sulla piazza dove già si trovava una discreta folla di pellegrini intorno alle bancarelle che vendevano medagliette ricordo, riproduzioni del santuario, immagini della venerata Madonna in una boccia di vetro: rovesciandola la statuetta azzurra si ammantava di neve. E quello per i bambini e per Giuseppina fu la più alta espressione dell'arte, della bellezza, della magica suggestione.

Gente si attardava a contrattare con i venditori di meloni, di cui Caravaggio vantava una imponente produzione, che si muovevano per il piazzale con la grossa cesta appesa al braccio carica dei dolci e profumati frutti. C'era un venditore di caffè con il grembiule bianco che arrivava oltre il ginocchio dove, chinatosi, poggiava il bicchiere per riempirlo della fragrante bevanda di cui era piena una cuccuma. Il caramellaio mostrava la sua mercanzia in un vassoio rettangolare di legno che teneva appeso al collo con una cinghia. Un nugolo di ragazzini gli sciamava intorno alzandosi sulla punta dei piedi e porgendogli una moneta da cinque centesimi da barattare con un cartoccino di palline di zucchero colorate.

« Portali in chiesa », disse Cesare alla sorella maggiore. « Poi compra loro qualcosa da mangiare. Ci rivedremo qui in piazza verso mezzogiorno. »

« Verso mezzogiorno », ripeté confermando Giuseppina. In fondo era la prima volta che si trovava da sola in un posto sconosciuto con la responsabilità dei suoi fratelli. Non si aspettava di essere abbandonata da Cesare, ma se lui ordinava così, così andava fatto.

Sopra l'arco del portale del grande edificio c'era una scritta incisa nella pietra: COLLEGIO DEL SACRO CUORE DI GESÙ. La facciata non era imponente come Cesare si era immaginato e neanche tanto austera. Quello del Sacro Cuore di Gesù, essendo nato come collegio religioso per signorine di buona famiglia intorno alla metà del Settecento, portava i segni di quell'epoca frivola nell'agilità architettonica. Le monache del Sacro Cuore dirigevano la scuola da oltre un secolo e consideravano una benedizione del cielo il riuscire a convincere qualche fanciulla a rinunciare alla vita secolare e a prendere i voti. Ma le vocazioni delle fanciulle nobili e ricche, che avevano sempre significato prestigio e danaro per l'ordine monastico, erano in declino.

Cesare si fermò davanti allo spiazzo dell'edificio, un acciottolato immenso di un biancore abbagliante sotto il sole. La maniglia del campanello, al centro di una coppa d'ottone lucente, brillava come oro. Tirò l'impugnatura con discrezione, sentì prima lo scorrere del filo di ferro agganciato a un campanello lontano, poi il tintinnare festoso. Passò del tempo, un tempo ragionevole, per consentire a un'anziana monaca di trascinarsi dalla portineria alla porta. Lo spioncino si aprì per incorniciare il volto di una suora di età venerabile.

« Sia lodato Gesù Cristo. » Cesare ripeté con naturalezza la sola formula che gli avevano insegnato nell'approccio con la gente di chiesa. Si era tolto il cappello.

« Che cosa vuoi, ragazzo? » gli rispose una voce consumata dagli anni.

Effettivamente, se era andato fin lì, qualcosa voleva, ma non poteva mettersi a raccontare la storia della sua vita o a esprimere una sintesi dei pensieri che lo assillavano attraverso lo spioncino.

« Vorrei parlare con la reverenda madre superiora », spiegò.

« Eh », disse sorridendo la vecchietta non senza ironia, mettendo in evidenza le rughe che partivano a a raggiera dagli angoli degli occhi, « sei un bel tipo tu. Vorrei parlare con la madre superiora, dice. Sai quanta gente vorrebbe parlare con la madre superiora? Ne hai un'idea? » La vecchia suora aveva nell'espressione la curiosità della donna e il rispetto dei religiosi più umili per la gerarchia. « Tu conosci la madre superiora? » Parlava, interrogava il giovane, ma non si decideva ad abbandonare lo spioncino per aprire la porta.

« No, sorella », ammise Cesare che non era irritato dalla pignoleria della monaca, « non conosco la madre superiora. »

« Vedi, dunque », replicò la suora cambiando ad ogni secondo la mimica facciale dal suo teatrino, « che avevo ragione io? E perché vorresti parlarle? »

« Ho da chiederle delle informazioni. » Era dura da convincere.

« E tu vorresti disturbare la madre superiora soltanto per chiederle delle informazioni? Quali informazioni? » gli domandò con un'ansia poco monastica.

« Sorella, un motivo ce l'ho », rispose Cesare con voce ferma e decisa, « ma non posso raccontarlo a voi. »

« Ah, questa poi! Imprudente e villano », lo rimproverò agitandosi e muovendo la testa nel suo teatrino. « Aspetta! » esclamò improvvisamente chiudendo di colpo lo spioncino.

Passarono interminabili minuti di silenzio nel sole davanti al portone cupo. Dalla piazza venivano voci e suoni festosi. Finalmente si aprì un'anta del portone e la petulante e simpatica suora lo fece entrare.

« Sei un bel tipo tu », cominciò a borbottare girandogli lentamente intorno, minuta, rinsecchita e curiosa, « pretendi di vedere la madre superiora per un'informazione e pretendi di vederla subito senza nemmeno avere un appuntamento. » Parlava non più con intenzioni polemiche, ma usava le parole come un pretesto per prendere tempo, per osservare meglio, quasi cercasse nella fisionomia, nella voce, nella figura di quel ragazzo un ricordo che andava prendendo forma e consistenza nella galleria delle cose dimenticate.

Il fatto di essere entrato rappresentava per Cesare un progresso. « Pensate che potrà ricevermi? » domandò.

« Questo è da vedere », disse la religiosa continuando a scrutarlo soprattutto in faccia. « Eppure quegli occhi », mormorò cambiando improvvisamente discorso.

« Quali occhi? » si stupì il ragazzo.

« I tuoi occhi », insisté la suora. « Io quegli occhi azzurri li ho già visti. »

Cesare pensò che fosse colpa dell'età e della naturale propensione dei vecchi ad affastellare i ricordi. « Potrà ricevermi? »

« Chi? » La vecchia suora tolse con piccoli tocchi invisibili granelli di polvere dalla veste.

« La madre superiora », ribatté paziente Cesare.

« Tu aspetta, poi ti saprò dire », disse la suora.

Cesare si trovò solo in un cortiletto quadrato, un grazioso chiostro circondato da snelle colonnine chiuse in basso da una balaustra su cui erano allineati vasi di gerani di molti colori. Sentieri di ghiaietta bianca delimitavano le aiuole. Al centro chioccolava una fontanella tonda a coppa su un alto stelo di granito e sul bordo della vasca quattro colombine di marmo bianco zampillavano acqua dai loro beccucci. Il mormorio della fontana nel silenzio profumato d'erba e di fiori gli comunicava un senso di pace mai provato.

Dal fondo del portico, come se uscisse da un quadro o da un pensiero, vide avanzare una figurina esile, vestita di nero, le mani nascoste nelle ampie maniche dell'abito monacale. A mano a mano che la figura si avvicinava prendevano consistenza i lineamenti del volto, gli occhi franchi e imperiosi, il naso forte, ma ben proporzionato, la bocca sottile. Aveva il passo leggero della giovinezza e l'incarnato stupendo; una candida benda le fasciava la fronte e parte delle guance, il capo era coperto da un velo nero: sapeva di buono, di pace, di pulito, di cose certe e immutabili, come il silenzio accarezzato dal gorgoglio della fontana, il profumo dell'erba e dei fiori.

« Venga con me », gli disse senza fermarsi e Cesare la seguì. Quella voce sicura, morbida e musicale lo mandò in estasi; era una voce pura, senza accento né inflessioni dialettali.

Percorsero tutto il portico, salirono al primo piano ed entrarono in un fresco corridoio, dove la suora aprì una porta massiccia e non molto alta che immetteva, dopo un dislivello di due gradini di marmo, in un vasto locale in penombra nel quale aleggiava un vago profumo di spiga e di legno antico. Le pareti erano bianche e gli arredi essenziali: c'erano un tavolo scuro di noce e sedie dall'alto schienale. Dietro il tavolo campeggiava un crocefisso di legno. La madre superiora si accomodò al suo posto dietro il tavolo con grazia inafferrabile, senza che l'ampia veste facesse una piega, il busto eretto, le dita delle mani che si sfioravano in un atteggiamento che rivelava l'abitudine alla preghiera.

« La ascolto », disse.

Cesare era intimidito dall'ambiente e dalla presenza autorevole di quella giovane suora che con mondana aggressività lo guardava dritto negli occhi, sottolineando con un sorriso cortese, ma inequivocabile, il senso della distanza tra due costellazioni.

« Voi siete proprio la madre superiora? » domandò incredulo.

« Sono la madre superiora e sono qui per ascoltarla. » Era la prima volta che qualcuno gli parlava dandogli del lei. « Spero non sia una cosa lunga, perché abbiamo molto da fare. »

« È una storia un po' strana, reverenda madre. » Aveva chiamato madre quella giovane donna e sorella la vecchia monaca un po' svanita che aveva propiziato quell'incontro. « Ma io vedrò di farla corta », continuò, « tanto immagino che una storia del genere non possa interessarvi. Allora vi farò una domanda. Voi avrete certamente le carte di parecchio tempo fa. Io vorrei sapere se tanti anni fa c'era qui da voi una serva che si chiamava Isolina. »

La suora lo guardò senza manifestare apparente interesse « Perché lo vuole sapere? » domandò.

« Perché era la mia bisnonna. » Cesare non riusciva a mantenere la calma che si imponeva.

« E lavorava in questo collegio? » La voce della monaca era diventata più tagliente.

« Questo ho saputo. » Le sue parole rotolarono nel silenzio.

La suora era tanto immobile che sembrava dipinta e lo sfondo bianco e il crocefisso contribuivano a conferire alla scena la profondità e la suggestione di un quadro. « Bisogna andare molto indietro nel tempo », sembrò calcolare la madre superiora. « Bisogna risalire al secolo scorso. Secondo lei in quali anni questa Isolina fu con noi? »

« Proprio con esattezza non lo so. Faccia conto », anche lui aveva cominciato a dare del lei alla religiosa, « faccia conto che mia madre è nata nel 1876 e suo padre verso il 1850. Dunque la mia bisnonna doveva essere qui in quegli anni. »

Una vampata di rossore infiammò il volto della suora e i suoi occhi scintillarono d'indignazione. « Qui nessuna donna ha mai generato », disse. La voce fresca, dolce, immutabile era contraddetta dall'espressione alterata.

« Potrebbe essere successo prima che lei venisse qui », osò il ragazzo che cercava la verità sulle sue origini.

« Noi sappiamo bene chi frequenta la casa del Signore », precisò lei ammonendolo.

« Forse se vi raccontassi per filo e per segno la mia storia », soggiunse riprendendo il voi, « forse vi rendereste conto. »

« Non sono qui per ascoltare le storie degli altri », replicò alzandosi in piedi e chiudendo l'argomento. Aveva l'aria di conoscere bene quella storia e di non volerne parlare.

« Consideratela una confessione », insisté Cesare che non voleva arrendersi.

« Per le confessioni ci sono i sacerdoti », tagliò corto. « Immagino lei ricordi la strada », disse indicandogli la porta.

« Ho capito », mormorò il ragazzo mortificato. « Comunque grazie lo stesso. »

Si alzò a sua volta, se ne andò senza voltarsi e sentì chiudersi la pesante porta alle spalle. Rimase solo nel corridoio al primo piano dell'antico collegio che si apriva sul chiostro con una serie ininterrotta di finestre ogivali dalle quali si vedevano i tetti ricoperti di tegole rosse. Il gran caldo d'agosto restava escluso dal perimetro dell'edificio dove si respirava un'atmosfera di serenità che in qualche modo doveva somigliare alla pace celeste. Giungeva fino a lui l'eco sommessa di una preghiera recitata musicalmente in coro: « Salve Regina, mater misericordiae, vita, dulcedo, spes nostra, salve... » Appena percettibile nelle pause della preghiera, veniva il mormorio della fontana.

« Hai visto che avevo ragione io? » lo aggredì la vecchia suora che gli aveva aperto la porta. Era spuntata improvvisamente come se fosse in agguato.

« Volevo soltanto un'informazione », ribatté Cesare dopo un attimo di sorpresa.

« Già », disse ironica la suora con la faccia piena di rughe e di curiosità, « con quegli occhi azzurri che io ho già visto. Gli occhi azzurri di Isolina. »

« Allora, voi sapete? » Era più vicino di quanto pensasse alla verità sulle sue origini.

« Vieni, ragazzo », lo invitò la vecchia monaca incamminandosi verso l'uscita.

152

21

« Tu vuoi sapere di Isolina, vero? » La religiosa parlava con voce nota, una voce da cortile o da aia con dentro le inflessioni dialettali e gli accenti inconfondibili di chi ha vissuto a contatto con la gente, nel dolore e nella gioia. Invecchiava in quella pace claustrale, ma era cresciuta dove profonde sono le radici, dove un piatto di minestra e un pezzo di pane sono una benedizione del cielo.

« Sì, vorrei sapere », disse Cesare tutto teso per ascoltare.

« Me la ricordo, l'Isolina », si confidò. « Me la ricordo come se fosse qui, perché la conoscevo e perché aveva i tuoi occhi, la tua ansia di sapere, ma non la tua sfacciataggine. » Gli occhi neri, venati di rosso, fissavano la faccia sorpresa del ragazzo. « Ho la memoria dei vecchi che quando parlano dicono ieri. La memoria del passato. Di ciò che eravamo. » Sembrava ancora più piccola e minuta sulla grande poltrona, quasi rannicchiata. « Di oggi non ricordo quasi niente. Solo i tuoi occhi perché attraverso essi ho rivisto quelli di Isolina e la mia giovinezza. Ma tu chi saresti? Il nipote? Il pronipote? »

« Sono il pronipote, sorella », rispose Cesare. Erano nella cella della vecchia suora, la più vecchia della comunità, una cella chiara, piccola, luminosa e nitida quanto l'altra, quella della madre superiora, era grande e misteriosa: c'erano un letto, una croce, un tavolino su cui erano appoggiate una candela e una brocca d'acqua. La stanza era illuminata da una grande finestra protetta da una zanzariera. Cesare era seduto di fronte alla suora su una sedia impagliata.

« Il pronipote », ripeté la vecchia. « Povera Isolina. » Appoggiò un gomito al bracciolo della poltrona, premette il pollice sulla tempia e con le altre dita si massaggiò la fronte. Aveva il volto scarno, pieno di rughe, gli occhi infossati, il naso sottile quasi trasparente. « Era la nostra serva », disse. « Era una serva del Signore e aveva l'animo buono. » Si rivolgeva al giovane, ma era come se parlasse da sola. « Avevo pronunciato da poco i voti. Ero una ragazza. Isolina invece era già donna. Una volta l'anno le davano il permesso di andare a Milano a trovare un bimbo che era al collegio dei Martinitt. Però non andava mai sola. C'era sempre una suora con lei.

« Una volta l'accompagnai e fu durante il viaggio che mi raccontò il suo peccato. Un grave peccato », continuò la vecchia suora agitando la mano. « Si era lasciata disonorare da un giovane e i conti Casati, che erano persone facoltose e nostri grandi benefattori, siccome avevano a cuore la salvezza della sua anima l'avevano chiusa qui per espiare il grave peccato. »

« Io la sapevo diversamente », obiettò Cesare chinandosi in avanti.

« Taci tu, anticristo! » lo ammonì. « Isolina espiò tutti i suoi peccati. Lavorava dal mattino alla sera e pregava da una luce all'altra. Ogni tanto piangeva. Anche quella volta che l'accompagnai a Milano pianse. Io le chiedevo: 'Perché piangi Isolina? Dovresti essere contenta che andiamo con la barca fino a Milano a vedere tante novità'. Allora, ragazzo mio, c'era ancora la barca per andare a Milano. Fu in quell'occasione che mi confidò il suo segreto. Mi disse che andava a Milano a trovare un bambino, ma non un bambino qualsiasi. E il lato triste di tutta la storia era che neanche questo bambino, che era dai Martinitt, sapeva che la donna che lo andava a trovare una volta l'anno era sua madre. Forse non era gran cosa, ma ogni anno lei gli portava qualche pera, un po' di castagne secche e un cartoccio di biscotti. Ma a parte quei momenti in cui si incontravano era uno strazio. »

« Chi era il padre del bambino? » domandò Cesare per confrontare la risposta della suora con le sue informazioni.

« Isolina mi disse che era il giovane conte Casati, morto di crepacuore nella villa dove si era confinato. Guarda laggiù. » La vecchia alzò la mano dalle dita grosse e nodose, le unghie piatte e larghe e la orientò verso la finestra protetta dalla zanzariera. « È quella bella costruzione laggiù nella valle.» Era un elegante edificio al termine di un. lungo viale. Cesare guardò, ma anche per il violento riflesso del sole riuscì a vedere controluce solo un'immagine confusa.

« Si chiamava villa Carlotta », proseguì la vecchia suora, « dal nome della contessa madre che l'aveva fatta costruire. Ma da quando il conte Cesare vi si rinchiuse per finirvi i suoi giorni i paesani cominciarono a chiamarla 'La silenziosa'. Il nome è rimasto. La povera Isolina mi fece promettere che non avrei mai raccontato a nessuno questa storia. Io promisi e non raccontai. Oggi ne parlo per la prima volta per i tuoi occhi, che sono i suoi occhi. Tuttavia, mio buon ragazzo, mi accorsi fin da allora che questa storia era diventata una leggenda e stava ormai sulla bocca di tutti. La raccontavano le donne in confessione, gli uomini a veglia. Veniva riferita nei discorsi con allusioni e mezze parole. Ho sentito raccontare che il conte Cesare ogni notte accendeva un lume alla finestra che guardava verso il convento e che Isolina saliva nei solai di notte per vedere la fiamma ancora accesa del suo solo amore e del suo grande, unico peccato. Stava lassù ore e ore a pregare, a piangere, a invocare misericordia. Dicevano che lui avesse una deturpazione al viso: un occhio di bue e il cuore buono.

« Certo un angelo non era », continuò, « se ha messo nei guai quella povera creatura. Una notte il lume non si accese e non si accese più: il conte era morto. Passarono pochi mesi e anche Isolina si spense. Dicono che nelle notti di tempesta li sentono che si chiamano e piangono e implorano il divino perdono. Ma queste, che Dio li perdoni, sono superstizioni. Vedi quante cose tristi ci sono nella vita? Anche qui dentro, anche tra queste mura dove viviamo nella pace del Signore giungono i riflessi delle sofferenze umane. Era il tuo papà quel bambino che non ha mai saputo qual era il suo? »

« Era mio nonno », precisò Cesare, « ma credo che qualcosa abbia intuito. Io mi chiamo Cesare. Come il conte Casati. »

« D'altra parte che senso ha se siamo tutti figli di Dio? » La monaca sollevò faticosamente il braccio.

Cesare si chinò su di lei, le baciò la mano dalle dita nodose e disse: « Grazie, suora ». Aveva voglia di abbracciarla come una nonna.

« Credo di avere fatto molto poco per te, non vorrei avere risvegliato antichi rancori. »

« La verità aiuta », filosofeggiò il ragazzo ricordando recenti letture.

« Vai, ora, figliolo e che Dio ti benedica », lo congedò la vecchia suora, « vieni da sangue buono, non smarrirti per strada. »

Mancava poco a mezzogiorno quando Cesare arrivò al piccolo camposanto di Caravaggio, ma allo scoccare delle dodici avrebbe fatto in tempo a raggiungere i fratelli sulla piazza della chiesa come aveva promesso. Il cimitero era chiuso e deserto. Attraverso il cancello di ferro battuto Cesare guardò un vialetto fiancheggiato da cipressi che si restringeva nella prospettiva di un'elegante cappella mortuaria, chiusa da un altro cancello di ferro battuto. Sul frontone di marmo della costruzione funebre c'erano due parole scritte in lettere maiuscole e lucenti contro il sole: FAMIGLIA CASATI. Sembrava più grande e più bella quell'unica cappella di famiglia circondata da tombe contrassegnate da croci di ferro battuto, da qualche cippo di marmo o da un semplice tumulo.

Pensò a sua madre, al padre di sua madre e alla povera bisnonna Isolina: i loro corpi non riposavano in quella cappella perché portavano il nome dei trovatelli, dei figli di nessuno: Colombo. Ma anche sua madre avrebbe avuto degna sepoltura in quel camposanto. Anche per i suoi morti avrebbe fatto qualcosa di grande e guardando la cappella vide dissolversi le lettere della scritta FAMIGLIA CASATI e sovrapporsi ad esse quelle del suo cognome: FAMIGLIA BOLDRANI.

22

VENNE l'autunno con voci, parole e atti di guerra: l'ombra della morte si allungava sulla vecchia Europa. Nei quartieri della Vetra e nei cortili delle cascine era passata infausta come la coda di una cometa la notizia dell'assassinio di Serajevo. La morte dell'arciduca d'Austria Francesco Ferdinando e di sua moglie Sofia era ormai associata ad altri massacri sanguinosi, crudeli, insensati e inarrestabili: mezza Europa era coinvolta nell'immane carneficina. Gavrilo Princip, uno studente serbo, con due colpi di rivoltella aveva trasformato il mondo in un campo di battaglia.

« Ti sembra possibile? » domandò il Riccio.

« Che cosa? » disse Cesare che detestava i discorsi da osteria.

« Che bastino due colpi di rivoltella per rovesciare l'universo. »

« Dipende da chi preme il grilletto. Bisogna vedere se lo preme al momento giusto. » Era una delle solite risposte di Cesare, ma non era una risposta soddisfacente. I due giovani andavano sulle strade dell'Oltrepò nella fresca notte d'ottobre con l'intenzione di moltiplicare, nel commercio del vino, i biglietti da mille ricavati dal furto nella villa del conte Spada.

L'idea era del Riccio, un figlio della strada che dormiva dai nonni e abitava all'osteria, di cui gli piacevano le risse, le risate, le baldorie e gli affari più o meno leciti che vi si concludevano.

« Tanto noi la guerra non la facciamo », si consolò il Riccio.

« Perché siamo più belli? » obiettò Cesare. Si mosse sul carro per trovare una posizione più comoda.

« Perché l'Italia si è dichiarata neutrale », rispose il Riccio con l'orgoglio della persona informata.

« Già », brontolò Cesare, « come se i sì e i no dei governi fossero sinceri. » Ricordava i manipoli di interventisti scatenati che nelle vie e nelle piazze invocavano la guerra come unica alternativa possibile. Erano in tanti a sventolare bandiere e a gridare parole insensate: massimalisti, riformisti, sindacalisti, radicali, socialisti, garibaldini e intellettuali, poeti e letterati.

« Oh, Gigia, va' là ». Il Riccio incitò il cavallo che aveva rallentato il passo. « È stata gentile, Matilde », osservò, « a darci barroccio e cavallo. » Matilde era la padrona della lavanderia.

« Sì, è stata gentile », ammise Cesare. Ricordò il suo corpo di donna, il suo odore, i suoi baci, le goccioline di sudore sul seno gonfio d'amore per lui, le sue lacrime di tenerezza, le sue labbra, il piacere che era divampato in lui come un incendio.

« Credo che non avrebbe dato a nessun altro il cavallo e il barroccio », disse il Riccio malizioso. Si aspettava che l'altro reagisse.

« Probabile », rispose laconico Cesare deludendo la curiosità dell'amico.

Nuvole leggere passavano nel cielo velando le stelle, le zanzare erano intorpidite dal primo fresco, qualche farfalla svolazzava intorno al lume a petrolio che oscillava dietro il carro. Il doppio filare dei pioppi veniva loro incontro con la lentezza di un fiume. Lontano si udì il fischio d'un treno, cui rispose l'ululato di un cane. Il Riccio tentò le prime note della canzone di Rosetta, ma aveva la voce impastata di freddo, di fumo, di sonno.

« Non mangeresti qualcosa? » domandò a Cesare. La risposta era scontata, ma più che un'offerta era un modo per non lasciare languire la conversazione.

« No », rispose Cesare che non aveva voglia di parlare.

« Credo che abbiamo fatto bene a imbarcarci in questo commercio », osservò il Riccio che voleva consensi per la sua idea.

« Per cominciare sì », convenne Cesare che avrebbe volentieri taciuto, immerso com'era nei suoi pensieri. Avrebbe taciuto fino a Broni e Stradella e da Broni e Stradella fino a Milano.

Il vino e le osterie erano invece nel destino del Riccio. Quando gli domandavano: «Che cosa vuoi fare da grande?» lui rispondeva: «L'oste», come gli altri dicevano: «Il ladro come il mio pa'». La certezza della sua vocazione si era manifestata quando si era invaghito della Miranda che tra le femmine di via Vetraschi era la più sfacciata, ma anche la più schietta, il contrario del vino che suo padre oste mesceva nella bottega della *Ca' di can* dove la fanciulla cantava, ballava, intratteneva i clienti e si appartava con il Riccio in dolcissimi convegni d'amore.

Quell'osteria, malandata com'era, non era un punto di riferimento e lui aveva in mente un «esercizio» di prim'ordine, «nuovo di pacca», bello, con trattoria annessa e Miranda vestita di nuovo, troneggiante alla cassa a intascare il danaro degli avventori facoltosi e soddisfatti.

«Adesso che cominciamo a ingranare», disse, «ci mancherebbe la guerra.»

«Con questi pensieri ti ammalerai.» Cesare sembrava sul punto di appisolarsi.

«Sentilo», si arrabbiò, «il mondo va in malora e lui resta impassibile.»

«Dormi, che il cavallo sa la strada», lo consigliò Cesare.

«Sì, è meglio», ammise il Riccio rassegnato. Era convinto che il commercio del vino sarebbe stato la loro fortuna. Nelle osterie si era reso conto del funzionamento del meccanismo. Aveva capito che una damigiana di vino buono, acquistata a cinquanta lire, nelle successive suddivisioni in bottiglie e bicchieri rendeva un utile del cento per cento. E sapeva inoltre che una damigiana venduta all'oste a cinquanta lire ne costava venticinque al mediatore e quindici al grossista. L'idea era di saltare il mediatore, passare dal contadino all'oste e guadagnare trentacinque lire a damigiana. Perché non doveva riuscire dal momento che conosceva tutte le osterie della zona e aveva buone probabilità di conoscere tutte quelle di Milano? Cominciavano a lavorare la sera del sabato e finivano all'alba del lunedì, servendosi del carro e del cavallo di Matilde. Se il Riccio era un venditore eccezionale, Cesare era un compratore avveduto e sapeva ottenere il vino migliore al prezzo più vantaggioso. Nel giro di pochi mesi i due ragazzi erano riusciti a piazzare damigiane anche in osterie fuori del loro quartiere: la

Miranda teneva i conti e si occupava dei registri di carico e scarico del magazzino che i due soci, per iniziativa di Cesare Boldrani contro il parere del Riccio, avevano acquistato per un pezzo di pane in un vecchio stabile di via Pioppette. La costruzione era malandata, ma le cantine erano ampie e fresche e sembravano fatte apposta per conservare il vino. Il Riccio, che voleva mettere da parte i soldi per comperare l'osteria nuova, pianse un po' sul suo sogno svanito, ma poi, quando i prezzi degli immobili cominciarono ad aumentare, si rese conto che il « mal della pietra » di Cesare aveva procurato a tutt'e due un ottimo affare.

« Con tutto il lavoro che abbiamo », saltò su il Riccio con rabbia, « ci mancherebbe la guerra. »

« Capita che uno navighi nella tempesta », filosofeggiò Cesare, « faccia naufragio, approdi esausto in un'isola e trovi un tesoro. Capita che uno stia tranquillo in casa sua, gli prenda un colpo e muoia. »

« Leggi troppi libri, tu », osservò il Riccio alzando le spalle. Ricordava che alla fine di agosto le armate di un certo generale Von Moltke avevano sconfitto l'esercito francese a Charleroy e puntavano su Parigi. « Dici che vincono i crucchi? » domandò instancabile.

« Per me le guerre non le vince nessuno », sentenziò Cesare.

« Sul *Corriere* c'è scritto che i francesi perdono. » Il Riccio non gli diede tregua.

« Dormi, Riccio, che abbiamo davanti due notti e due giorni di lavoro. »

« Se la guerra mi rovina il commercio faccio un massacro », minacciò. « Non è possibile che ci sia gente che vuole la guerra. A Milano c'è il pane, c'è il lavoro. Filippo Turati ha detto che Milano è l'Inghilterra d'Italia. »

« Ma se non sai nemmeno dov'è l'Inghilterra », lo beccò Cesare.

« Che cosa c'entra? Ma Turati lo sa », si difese con dignità.

Erano discorsi da osteria. Cesare sorrise. Avrebbe camminato giorno per giorno senza fermarsi mai lungo una strada che si era imposto anche se ancora non vedeva il traguardo, ma lo intuiva e sapeva che nessuna guerra avrebbe cambiato i suoi programmi e lui non avrebbe finito i suoi giorni un attimo prima di quello che era scritto nel gran libro del destino. Leggeva abbastanza per sapere di vivere in un paese spaccato in

venti e diviso in due che alimentava la nascente industrializza-
zione esportando milioni di braccia in cambio di valuta pregia-
ta che serviva a fare girare la grande giostra. E la guerra
avrebbe moltiplicato i capitali ingigantendo i grandi, facendo
grandi i medi e mettendo anche i piccoli in condizione di
prosperare. Per molti raggiungere le lontane Americhe poteva
essere una soluzione, ma non per lui che non conosceva l'Europa e l'America e non aveva nessuna curiosità, nessuna ambi-
zione di questo tipo, nessuna ansia di spostamento. Il suo
mondo era lì: la casa, il quartiere, la città. Un giorno, se
qualcuno avesse avuto bisogno di lui, avrebbe saputo dove
trovarlo perché il nome di Cesare Boldrani sarebbe stato conosciuto da tutte le persone che contavano. Sarebbero arrivati
dalla Francia, dall'Inghilterra, dall'America e si sarebbero ri-
volti a lui con rispetto chiedendogli favori e consigli, deponen-
do ai suoi piedi favolosi tesori. Suo padre lo avrebbe guardato
con ammirazione e sua madre gli avrebbe sorriso dicendo:
« Lo sapevo, Cesare: sei un ragazzo che mantiene le promesse.
Ora grazie a te siamo tutti felici: i tuoi fratelli non soffriranno
più e anche Giuseppina si farà una vita ».

« Dai, Cesare, che siamo arrivati », lo svegliò il Riccio
interrompendo il sogno. « Salta giù. »

Mise i piedi a terra e si stropicciò gli occhi: era freddo e
albeggiava. il cavallo si era fermato sull'aia di una grande
cascina. Un cane gli andò incontro scodinzolando e gli sfregò
affettuosamente il muso contro i calzoni. Un omone grande con
un cappellaccio di paglia calcato sulla fronte li salutò, mentre
Cesare si interrogava su un problema fondamentale che lo a-
vrebbe assillato per il resto dei suoi giorni: « Perché l'uomo
non riesce a ricordarsi l'attimo in cui si addormenta? Perché
nessuno è mai stato capace di descrivere l'impalpabile confine
tra la veglia e il sonno? »

Cominciarono a discutere il prezzo del vino mentre i braccianti caricavano le damigiane.

Cesare non si era ancora deciso a lasciare la lavanderia di Matilde, dove ormai i suoi compiti erano molteplici: dal controllo dei capi, alla consegna nelle caserme, dall'organizzazione del lavoro, all'amministrazione. Le truppe diventavano sempre più numerose, si intensificavano gli addestramenti e i soldati imparavano a cantare: « Addio, mia bella, addio, l'armata se ne va. E se non partissi anch'io sarebbe una viltà ».

I soldi aumentavano, ma né lui né il Riccio sapevano decidersi a lasciare il vecchio lavoro. Era passato l'autunno, l'inverno e il sole di maggio splendeva sulla campagna fiorita, ronzante d'insetti. Nel cielo saettavano le rondini.

Perché dovrebbero fare la guerra? pensò Matilde respirando l'aria profumata del mattino.

La vedova entrò nella lavanderia e lo vide a torso nudo, in brache di tela: armeggiava attorno a una caldaia che non faceva giudizio. La donna se lo mangiava con gli occhi. Era lucido per il sudore e le gocce che correvano giù per la schiena facevano risaltare i muscoli guizzanti delle spalle larghe.

« Che cos'è che non va? » gli chiese.

Il ragazzo sollevò la bella faccia e le sorrise con le labbra e con gli occhi azzurri. « È una vite bastarda che non tiene più », rispose.

« Oggi chiamo l'operaio per cambiarla », disse Matilde. Parlava della macchina, ma si rivolgeva al maschio di cui respirava l'odore violento che la stordiva.

« Posso farlo io », si offrì lui. « Che cosa ci vuole? Una vite nuova. È un lavoro da niente. »

Era il momento della pausa e nel grande camerone surriscaldato dal vapore c'erano soltanto il ragazzo e la donna: lui in spasmodica attesa, lei combattuta fra l'insopprimibile desiderio dell'uomo e il proponimento di non lasciarsi andare. Tante volte si era detta: « Donna, non sei una puttana. Sei una vedova rispettabile. Devi comportarti come una vedova rispettabile ». E per aiutarsi continuava a tormentare l'immagine del marito morto che portava sul petto, come se fosse un antidoto contro l'insana passione che la divorava. Domani lo licenzio, promise a se stessa, gli do i suoi soldi, ma deve andare via. Così non posso più vivere.

« Oggi vado io a prendere la vite », disse Cesare guardandola negli occhi che erano diventati più dolci e splendenti.

Attratti da un magnetismo invincibile l'uomo e la donna si avvicinarono: lui sorrideva, lei era sul punto di singhiozzare e faceva no con la testa, ma i suoi occhi ardevano di desiderio e il seno rotondo e sodo si alzava e si abbassava sul ritmo del respiro.

Caddero in ginocchio sulla biancheria ancora bagnata e odorosa di lisciva e si amarono ebbri, storditi, in estasi, incapaci persino di pensare che chiunque avrebbe potuto entrare e sorprenderli. Si amarono come se fossero soli al mondo e quando qualcuno effettivamente entrò era talmente sconvolto che non era in grado di notare il turbamento dei due amanti che cercavano di rendersi presentabili. Era entrata una donna con gli occhi pieni di lacrime gridando: « Padrona, è scoppiata la guerra! Moriremo tutti. I nostri uomini andranno tutti a morire al fronte ».

« Chi ha detto che è scoppiata la guerra? » domandò la vedova che, ormai uscita dal vortice della passione era più preoccupata di evitare uno scandalo personale che un conflitto internazionale, che peraltro era già in atto.

« È venuto il maresciallo dalla caserma », singhiozzò la donna.

« Dov'è? »

« Fuori che vi aspetta. »

A Cesare vennero in mente i raduni di forsennati interventisti, gente che si riempiva la bocca di parole e le mani di bandiere: patria e tricolore, ardore e gagliardetti. Il ragazzo pensò che tanti degli eroi che aveva visto sulle piazze non avrebbero raggiunto le trincee e i camminamenti. Erano facilmente identificabili quei figli di papà in giacca e paglietta, letterati attaccabrighe e vanesi, artisti in cerca di emozioni, falliti senz'arte né parte, femmine assatanate invaghite del divino D'Annunzio, divoratrici dei romanzi di Pittigrilli, con tanta voglia di peccare, ma senza il coraggio di farlo.

« Ti voglio bene », disse Cesare a Matilde con composta fermezza.

« Per che cosa, *bambin*? » lei disse commossa.

« Per la tua generosità, per il tuo coraggio. »

La donna che aveva annunciato la guerra li guardava senza capire. « Che cosa devo fare, padrona? » domandò.

« Di' al maresciallo che vengo subito. Vai », le ordinò.

« Io non ho molto coraggio, *bambin* », disse rivolta a Cesare.

« Se tu vorrai non ti lascerò mai più », promise lui.

Matilde sorrise tra le lacrime: pianse ridendo e rise piangendo. « È scoppiata la guerra e io piango e rido perché un ragazzo mi ha detto che mi vuole bene. »

24

PARTIVANO uno dopo l'altro per la guerra, giovanotti e padri di famiglia, lasciando donne e bambini nella disperazione per un evento che tutti accettavano come un terremoto o un'alluvione, ma che soltanto pochi credevano di capire e perciò lo giustificavano o lo condannavano. Le donne innamorate di D'Annunzio, le divoratrici dei romanzi di Pitigrilli con tanta ansia di peccato, ma senza il coraggio di peccare, confezionavano sbilenchi e inutili calzerotti per i soldati al fronte e fornicavano per procura delegando i loro vizi alle eroine di carta.

Anche per il Riccio venne il momento della partenza.

« Così non ce l'hai fatta a imboscarti », scherzò sorridendo Cesare.

« Di' piuttosto che non ho voluto pagare il prezzo dell'imboscamento », replicò il Riccio.

Sedevano in un angolo appartato dell'osteria piena di voci, di fumo, di fiati che sapevano di vino in un'atmosfera irrespirabile, punteggiata da imprecazioni per una carta mal giocata e da grasse risate per un punto conseguito. Bevevano vino rosso e denso del Piemonte e fumavano Indigene, le sigarette più forti e a buon mercato. Si consumava il tempo in quel parlare fitto, in quel dialogo a bassa voce con dentro il rimpianto per il presente che si interrompeva.

« Ormai è inutile stare a piangerci sopra. » Cesare era fatalista e aveva in mente una sua idea precisa.

« Nelle trincee del Carso dicono che è un macello. » Il

Riccio era già partito e per quanto lo negasse ormai viveva il lato epico della guerra.

« Se è il tuo momento muori dappertutto. »

« Parli perché tu in guerra non ci vai. » Aveva il tono autorevole dell'adulto quando vuole affermare la propria superiorità di fronte a un ragazzo.

« Non è detto », replicò Cesare ironico.

« Quando uno ha diciassette anni non lo mandano al fronte. »

« Forse avrò l'età giusta prima che la guerra sia finita. »

« Balle: quando sarai maggiorenne sarà tutto sistemato. » Il Riccio bevve, tirò una boccata di fumo puzzolente dalla sigaretta e sputò centrando una sputacchiera a pochi metri: praticava quello sport da quando bazzicava per osterie e nessuno era mai riuscito a batterlo. « Era meglio se andavo in America due anni fa quando la Miranda me lo diceva. Se facevo l'emigrante non andavo a questa guerra che non mi riguarda. »

« Riguarda tutti », ribatté il ragazzo, « riguarda chi la vuole, ma soprattutto chi non la vuole e la subisce. Riguarda chi la vince e chi la perde. Chi ci ingrassa e chi muore. »

Il Riccio si toccò il davanti dei pantaloni. « Muore un cazzo », imprecò.

« Sicuro che tu non muori. » Cesare era certo della sua affermazione.

« Tu ridi, ma Miranda aveva trovato davvero un tale, un pezzo grosso che, se lei voleva, mi imboscava alla Marelli con la scusa che diventavo operaio di un'industria bellica. Ero sicuro di non andare al fronte, capisci? »

« Non mi dire che hai rifiutato per amore di patria. »

« Frega un cazzo della patria. La mia patria è dove c'è la lira e al fronte non c'è la lira. »

« È tutto da vedere », intervenne Cesare in tono fatalistico.

« Poi sono un vigliacco, io. Non me ne importa niente degli austriaci e dei tedeschi, ma di Miranda sì. Lei è matta, scatenata, ma ha il cuore buono. E quello là, quel pezzo grosso, non mi mandava certo alla Marelli per i miei begli occhi. Se mi imboscava voleva divertirsi con la mia donna. E questa è la sola vigliaccheria che non avrei sopportato. Tanto, come dici tu, se è destino è destino. »

« Quando parti? » Cesare estrasse dal taschino del gilè l'orologio d'argento con il quadrante di smalto e le ore segnate in numeri romani. Lo girò per guardare, come se la vedesse per la prima volta, la figura in rilievo della dea Fortuna, drappeggiata in una tunica, i capelli fluenti, gli occhi bendati.

« Domani parto, lo sai. » La prospettiva della partenza rendeva inutile ogni discorso.

Cesare lo sapeva, ma sapeva che al loro dialogo mancavano le battute più importanti e il Riccio, secondo un'antica abitudine, prendeva il discorso alla lontana. « Allora ti saluto », disse.

« Ho bisogno di un piacere. » Finalmente il Riccio usciva allo scoperto.

« Due, se posso. »

« Devi dare un occhio a Miranda. Tu conosci bene la mia donna. »

« Come, non la conosco? »

« Lei non sa stare da sola. » Voleva dire non sa dormire da sola, ma lo pensò soltanto. « Lei teme la solitudine come i passeri la neve. »

« Se ce ne sarà bisogno, curerò io la tua donna », promise Cesare, « ma non ce ne sarà bisogno. Lei ti vuole bene. »

« Lo so. » Era diventato improvvisamente triste, cupo.

« Lei sa che vai alla guerra », gli fece coraggio, « e patisce troppo per pensare al resto. »

Gente entrava e usciva facendo cigolare la porta dell'osteria e l'aria della sera smuoveva per un momento il fumo stagnante. Giocatori battevano il pugno sul tavolo nel calare la carta vincente.

Il Riccio sembrò persuaso e abbandonò il discorso sulla gelosia. Il ragazzo diceva parole convincenti che lo rassicuravano. « Bada anche ai nostri interessi », disse. « Miranda è al corrente di tutto: dalle damigiane che ci sono in magazzino ai debiti, ai crediti, alle consegne. Probabile che sapendomi via qualcuno cerchi di imbrogliarla. »

« Difficile. » Nessuno l'aveva mai fatta franca con lei. « Comunque ci sono io. »

« Che sei già preso con la lavanderia. » Bevve un sorso, tirò una boccata e si chinò verso l'amico con aria complice, certo che la delicatezza del momento gli desse il diritto di sapere. « Ma tu », domandò, « con Matilde ci sei andato? »

« La lavanderia mi dà da campare », rispose Cesare guardandolo dritto negli occhi e negandogli definitivamente ogni ulteriore confidenza.

« Non mi hai mai detto che cosa farai quando avremo raddoppiato o magari triplicato il capitale », cambiò discorso il Riccio.

« Sicuramente non farò l'oste, né il lavandaio. »

« E che cosa farai? »

« Il costruttore », affermò con decisione.

« Costruttore di che? »

« Di case: belle, grandi, imponenti. »

« Scherzi? Ma lo sai che per fare case ci vogliono decine e forse centinaia di biglietti da mille? »

« Ne parleremo quando sarà finita questa guerra. »

« Beato te che tanto la guerra non la fai », disse più con piacere che con invidia.

« Chissà! » esclamò Cesare.

« Chissà che cosa? »

« Chissà », ripeté sorridendo.

Il Riccio scosse la testa come faceva sempre quando gli atteggiamenti, le mezze parole dell'amico, le frasi non dette e le allusioni sfuggivano alla sua comprensione. Si salutarono davanti alla porta come sempre, ma sapevano che era un commiato diverso. Il giorno dopo non si sarebbero incontrati.

25

CESARE fece la guerra obbedendo al suo istinto, alla superstizione e al fatalistico senso della vita. La Sibiglia, una veggente, una strega, una pazza che nel quartiere faceva le carte e prediceva il futuro, gli aveva detto: « Vedo un moschetto e sei tu che lo porti. Però è lui che porta la tua fortuna. Pensaci bene prima di buttarlo via perché sarebbe come buttare via la fortuna ». La Sibiglia, vecchia cartomante dal passato avventuroso e forse in gran parte inventato, che diceva di avere vissuto a lungo nell'harem di un sultano d'Arabia prima di fuggire con un esploratore inglese che le aveva fatto fare sei figli e poi l'aveva abbandonata al Cairo; la Sibiglia, vecchia come il tempo, che era tornata in Europa con un beduino dalle chiappe tonde e sode come una mela dopo avere imparato a cucinare con i fiori e a preparare filtri d'amore e di morte, a fare incantesimi, a leggere nelle carte il destino degli uomini.

Tutti conoscevano la leggenda della Sibiglia dalle molte vite, ma nessuno seppe mai da dove venisse e come fosse approdata nel quartiere più malfamato di Milano dove Cesare l'aveva vista per la prima volta che era ancora un bambino e lei già vecchia e incartapecorita. Viveva in una grande stanza piena di gatti, di sporcizia, in cui ristagnavano il puzzo degli escrementi animali e i profumi d'oriente, l'aroma del narghilè che fumava in continuazione e quello dell'incenso che bruciava in un fornello di bronzo. Si nutriva d'intrugli d'erbe che solo lei conosceva e di latte. I vecchi dicevano che aveva più di cent'anni. I superstiziosi sostenevano che non sarebbe morta mai.

Cesare era stato attratto dall'irresistibile suggestione dell'antro dove l'immortale Sibiglia sedeva con le gambe incrociate su due cuscini di seta dal colore indefinibile davanti a un tavolino arabo, circondata dai suoi gatti. In testa portava un velo inspiegabilmente bianco e lieve come aria, lindo e ricamato.

La Sibiglia stava allineando sul tavolino i suoi colorati tarocchi e non aveva alzato nemmeno gli occhi per guardare il ragazzo che stava in piedi dinanzi a lei e le sorrideva con simpatia.

« Tu hai voglia di andare e non sai perché », gli aveva detto.

« Io non so ancora quello che voglio. » Era vero e aveva in testa una gran confusione.

« Prendi un cuscino e siediti. »

Cesare aveva preso il cuscino e il gatto che vi era accoccolato sopra se ne era andato con un fruscio e si era acquattato in un angolo buio.

« Sono venuto a salutarti, non a chiederti la buona sorte », le aveva spiegato.

La vecchia chiromante aveva alzato i suoi occhi quasi ciechi sul giovane, mentre i polpastrelli delle magre dita sfioravano le carte. « Io ti dirò lo stesso la sorte perché tu sei una persona che vive, non aspetti che sia domani per agire. Intuisci che la vita passa come una cosa che non ci appartiene e che quando siamo nati abbiamo cominciato a morire. »

« Che cosa devo fare? » la interrogò con decisione.

« Tu diventerai pirata o re del Borneo in casa tua perché saprai distinguere due cose diverse nella loro somiglianza. Saprai vedere il male dietro l'apparenza del bene e il bene dove appare il male. Ma prima... Prima farai la guerra. Vedo un moschetto nel tuo futuro e sei tu che lo porti. Però è lui che porta la tua fortuna. pensaci bene prima di buttarlo via perché sarebbe come buttare via la fortuna. »

26

IN un angolo della trincea i veterani facevano i loro bisogni di fronte a tutti con il morboso esibizionismo degli uomini che faceva rimpiangere al ragazzo la tollerabile naturalezza degli animali. Era freddo, era umido, era sporco. Le pezze marcivano ai piedi, le fasce andavano a pezzi, gli indumenti erano infangati, bagnati di acqua, di urina e di sangue.

« Milano, dammi un'altra sigaretta, che poi te la rendo. » Era un ragazzo accovacciato contro la parete di fango della trincea, la faccia avvolta in una benda insanguinata: si era strappato un orecchio con il filo spinato.

« Te ne do metà », rispose Cesare spezzando una Indigena in due e porgendogliene una metà.

« Sei un amico », lo ringraziò il ferito, un bergamasco di trent'anni che aveva consumato la fotografia della moglie e dei figli a forza di mostrarla ai commilitoni. « Questi cagoni più che mezzi toscani non fumano. Se stanno qui ancora un po' presto fumeranno la loro merda. »

Lontano brontolava il cannone. Distanziati esplodevano colpi di moschetto. I cecchini sparavano su tutto: sulle foglie che si muovevano, sui pezzi di carta, sulle ombre della loro immaginazione.

Quando avevano chiamato « i ragazzi del '99 », per colmare i vuoti spaventosi del massacro di Caporetto, Cesare non aveva fatto niente per rimanere a casa anche se aveva quelli che l'autorità definiva i titoli per essere esonerato dal servizio militare: era orfano, capofamiglia e aveva quattro fratelli da mantenere. Così, dopo un mese di addestramento sommario, era stato sbattuto al fronte.

« Dici che usciamo da questa fogna? » domandò il bergamasco che succhiava avidamente quello che restava della mezza sigaretta.

« Proprio a me lo chiedi? » protestò Cesare. Aveva le sue idee, ma non aveva voglia di parlarne.

« Hai l'aria di uno che sa le cose », disse con rispetto il bergamasco.

« Dormi, se ci riesci. » Era un consiglio fraterno.

« Il fatto è che non ci riesco. Quest'orecchio maledetto mi fa un male cane. Quando passa l'infermiere mi faccio dare una pastiglia per dormire. Dici che fa infezione? » insisté toccandosi la benda insanguinata.

« Ma che cosa vuoi che faccia infezione », replicò più che altro per interrompere la comunicazione. « Lascia dormire me, adesso. » Si tirò su il bavero del pastrano.

Si era ritrovato in un reggimento di fanteria dove c'erano più pidocchi che munizioni, aveva sbattuto il grugno contro l'arroganza e l'inefficienza dei gradi, si era scontrato con la disperazione, la cialtroneria, la disorganizzazione della truppa che era poi fatta di altri ragazzi come lui. Erano insieme anche se ognuno combatteva la propria guerra che consisteva nell'incessante tentativo di salvare la pelle, ma era un'illusione, perché isolatamente erano nessuno e insieme potevano soltanto andare al massacro per poi fare appuntare medaglie sul petto degli ufficiali cinici e incompetenti.

La loro vita era affidata alla bizzarria del caso e alla stupidità degli Stati Maggiori. Cesare aveva passato il giorno di Natale in una trincea con i piedi a bagno nell'acqua gelida e nel fango, con i veterani che cacavano e pisciavano davanti a tutti senza alcun ritegno raccontando storie rivoltanti sul generale Cadorna, mentre altri giocavano ai pidocchi: vinceva chi aveva il numero maggiore di insetti. Aveva visto il re a fianco del suocero, « zio Nicola » del Montenegro, passare in rassegna un branco di straccioni di cui anche lui faceva parte. E si era vergognato: per se stesso, per la gente che moriva senza chiedersi la ragione, per quel re piccolo e inerme in nome del quale centinaia di migliaia di uomini andavano al massacro.

Tentò di rileggere brani di una lettera consunta di Matilde

che l'aveva raggiunto in una caserma di Udine: « Adesso che non ci sei, mio adorato bambino, la vita è vuota... » Quelle parole senza suono lo irritavano, perché non c'era il calore di lei, la sua materna sollecitudine, il suo profumo di donna. Erano faticosi segni convenzionali su un foglio di carta a righe che dicevano cose diverse da quelle che sentiva, senza l'asprezza della vita, ma senza la dolcezza dell'amore, senza il brivido che dà lo sguardo di una donna quando ti accarezza.

Aveva nel cuore e negli occhi l'ultimo incontro alla stazione centrale, davanti al treno carico di dolore, di zaini, di fucili, di uomini già morti, tra uno sventolio di bandiere, tra uno sfarfallio di buone e generose signore che distribuivano calzerotti sbilenchi e inutili a soldati frastornati dagli incitamenti e dalla retorica, terrorizzati dalla paura dell'ignoto. Per farsi coraggio alcuni cantavano: « Addio mia bella addio », ma chi aveva una donna di fronte, non conoscendo parole d'amore, mormorava le ultime raccomandazioni che erano forse il modo più efficace per dire « ti voglio bene ».

Matilde e Cesare, l'una di fronte all'altro, capirono che le parole sono un'invenzione di quelli che per mestiere parlano alla gente e di chi scrive libri: loro avevano bisogno di guardarsi, di toccarsi, di respirarsi l'anima.

« Tornerò presto. »

« Chissà. »

« Sarà tutto come prima. »

« Speriamo. »

« Siamo stati bene insieme. »

« Quando tornerai guarderai le ragazze perché io sarò vecchia. »

« Non è vero. »

« Lo dici adesso perché non sai.»

Avevano vissuto nella nostalgia del passato e si erano lasciati prendere dalla vertigine del futuro dimenticando il presente che poteva esser l'ultimo presente della loro vita insieme.

27

Un ordine assurdo e inutile come la maggior parte degli ordini che venivano impartiti in quella guerra demenziale come tutte le guerre lo aveva inchiodato in una postazione maledetta da Dio alle pendici del monte Faiti. Era gennaio, faceva freddo, pioveva, il vento gli scorticava la faccia e una pioggia sottile lo pungeva con aghi di ghiaccio. Cesare tremava per il freddo e la febbre, aveva gli occhi pieni di vento e di sonno. Ormai da trenta ore fissava quella nebbia traditrice e perversa dalla quale in qualsiasi momento poteva spuntare un nemico invisibile e silenzioso. Aveva imparato da solo che si stava combattendo una guerra di nervi tra una battaglia e l'altra; tra la linea del Piave, sulla quale i crucchi si erano impantanati nel loro sangue, e la resistenza sul monte Grappa c'erano l'attesa snervante, la desolante angoscia dei fantasmi nella nebbia, la disperazione del gelo, la fame, la sporcizia, la farneticante smania degli ordini suggeriti da un bieco autoritarismo e subito dimenticati.

La guerra più lunga e difficile era proprio quella dei nervi. Perché alla morte ci si può anche rassegnare e abituare al dolore, ma non all'oltraggio. I nemici che forse da qualche parte stavano in agguato, ma non sicuramente nella nebbia dove Cesare cercava da ore un segno, sfruttavano il lato psicologico del conflitto e forse per quello i loro nervi resistevano di più.

Avrebbero dovuto dargli il cambio almeno tre volte, ma era

franato un camminamento o si era allagato o c'era qualche diavoleria o più semplicemente il comando si era dimenticato di ordinare l'avvicendamento o si erano addirittura scordati del fante Cesare Boldrani di Milano, Lombardia, classe 1899. Aveva le mani intirizzite, la barba lunga e un disgustoso viavai di pidocchi lungo tutto il corpo; i piedi non li sentiva più, immersi com'erano nel fango gelato. Pensò a quella puttana della Sibiglia e alle sue previsioni di merda e si incazzò con se stesso: se non avesse inseguito una superstizione poteva essere nella lavanderia di Crescenzago a godersi Matilde, poteva andare e venire dall'Oltrepò e fare fruttare i soldi suoi e del Riccio che erano affidati a Miranda. Invece era solo nel fango puzzolente di quella postazione maledetta da Dio, inchiodato da un ordine impartito distrattamente e subito dimenticato a cercare nella nebbia un nemico che non c'era più.

« Non abbandonare la postazione per nessun motivo. » Era un ordine e gli ordini non si discutono.

« Quando mi daranno il cambio? » Una domanda stupida in bocca a un fante che vale meno di un mulo.

« Siamo in guerra, soldato. » Una frase fatta, quattro parole che volevano dire tutto e niente, una frase che avrebbe avuto un senso se avesse avuto un legame diretto con Giuseppina, con i suoi fratelli, con Matilde, con il Riccio, con Miranda. Cesare non riusciva a soffrire per la patria come aveva sofferto per sua madre, e non si sentiva al fronte il difensore della sua famiglia, ma piuttosto un pezzo di quell'argine impastato di lacrime e di sangue, di sudore e di morte che proteggeva l'inettitudine degli Stati Maggiori e gli interessi che rappresentavano.

Ripensò all'ultima lettera di Giuseppina, piena di frasi che parlando non si dicono mai e con dentro tanta malinconia. Le maglie di lana che gli aveva mandato Matilde le aveva indossate tutte, e aveva fatto bene, mentre il panettone ormai secco e i salami li aveva divisi con i commilitoni. I soldi del vaglia spedito da Miranda li aveva nascosti nelle giberne e li spostava da una tasca all'altra e anche negli scarponi a seconda delle situazioni.

Aveva la testa piena di ricordi, di pidocchi, ma soprattutto di ordini e di contrordini: attacco, ritirata, pattugliamenti, scaramucce e poi trincea, sporchi, malnutriti, dimenticati, equipaggiati da schifo. Matilde, Giuseppina. Il Riccio. Sibiglia maledetta. La sottoveste bianca di Matilde nella nebbia. La penombra della sua casa con l'odore di spezie, il colore del glicine e su tutto il freddo. Poi il silenzio, l'ovattato silenzio del nulla.

Una fitta terribile al fianco lo riportò alla realtà della guerra, al fango della postazione.

« Così fai la guardia? » Di una sola cosa era certo: che la figura ancora indistinta che aveva di fronte e che inveiva contro di lui chiamandolo « lavativo » e invocando il senso del dovere incarnava l'autorità. Il tono della voce era basso, ma fermo e deciso.

Cesare si alzò in piedi per abitudine e per abitudine assunse la posizione di attenti.

Più che una domanda era una frustata: « Che cos'hai da dire? »

Era in bilico tra la realtà e l'incubo, che poi si somigliavano molto. « Niente », rispose Cesare e poi tacque. Che cosa poteva dire d'altra parte? Che era esausto? Che da mesi dormiva due o tre ore al giorno? Che per trenta ore consecutive non aveva chiuso occhio? Che non aveva saputo vincere la vertigine del sonno? Cesare non temeva l'uomo che aveva di fronte, con lui avrebbe potuto sempre misurarsi, temeva istintivamente ciò che che quell'uomo rappresentava, come i colombi temono lo sparviero senza averlo mai visto.

« Lo sai almeno quello che ti aspetta? » disse l'ufficiale la cui fisionomia andava delineandosi.

Cesare non rispose e gli nacque sulle labbra l'idea di un sorriso respirando un gradevole odore di lavanda, di panni puliti e freschi, di cuoio, di menta: l'odore dei signori che aveva sentito nel palazzo dei conti Spada, l'odore di una vita che aveva appena sfiorato e che avvertiva tanto più intensamente perché spezzava l'odore disgustoso che emanava dal suo corpo, dal panno grigioverde della divisa che sapeva di cane bagnato. Era una persona importante, non solo perché aveva i gradi di capitano, ma perché aveva l'aspetto di uno che con i gradi ci nasce, nella vita civile come in quella militare, e che non ha bisogno di scendere a compromessi per guadagnarseli.

« Devo deferirti alla corte marziale. » Parole come proiettili del plotone d'esecuzione. Dopo la disfatta di Caporetto le corti marziali costituite da ufficiali con divise di panno speciale, profumati di cuoio e di lavanda, avevano fatto scempio di tante giovani vite. Alto tradimento. Viltà di fronte al nemico.

176

Insubordinazione in zona di guerra. « Sai che cosa significa? » Lo voleva morto o giocava come il gatto con il topo?

Cesare era consapevole di essersi messo in una situazione tremenda: vide se stesso davanti al plotone d'esecuzione con gli occhi bendati; immaginò il silenzio verso il quale l'avrebbe spinto la scarica di fucileria. Una volta aveva sognato di morire, ma poi si era reso conto che stava sognando e si era svegliato. Ma in quel momento era freddo, bagnato, sporco, gli dolevano le mani e vedeva il cielo imbiancarsi della prima luce dell'alba. Pioveva piano, lentamente, con insistenza.

« Rispondi », ordinò l'ufficiale, « lo sai che cosa ti aspetta? » Lo sapeva, ma non rispose. Una volta con dei bambini aveva dato la caccia a un gatto e lo aveva spinto in un angolo del fienile: era un piccolo gatto magro, spaurito, sporco, forse malato, già provato dalle beffe e dalla crudeltà dei bambini. Ma quella volta il gatto sentendosi perduto, senza scampo, si era avventato contro uno dei persecutori sfregiandolo con le unghie. Probabilmente lo avrebbe accecato o forse ucciso se gli altri non glielo avessero strappato di dosso e buttato nell'aia. Cesare si sentì quel gatto oltraggiato, mutilato dalla violenza di un ordine assurdo, condannato per una colpa inesistente e barattò morte per morte, la rassegnazione della vittima con l'istintiva, disperata aggressività dell'animale senza scampo. L'ufficiale, che non si aspettava la fulminea reazione, si accorse di essere stato aggredito quando, con le spalle nella melma della postazione, sentì la punta della baionetta alla gola.

« Sei pazzo », rantolò.

« Sono morto », disse Cesare, « ma ti porto con me dall'altra parte. »

« Siamo ancora in tempo per salvarci tutt'e due », propose l'ufficiale che anche in quella drammatica situazione conservava un'insolita dignità.

« Se non t'ammazzo tu mi mandi davanti alla corte marziale. » Le parole diventavano vapore.

« Volevo soltanto spaventarti », replicò con accento sincero. « Ti ripeto che possiamo salvarci tutt'e due. »

« Chi me lo garantisce? »

« Nessuno. La mia parola contro la tua. »

« La parola di un ufficiale », disse con disprezzo tenendo sempre la baionetta puntata sul collo del capitano.

« Parola di gentiluomo », disse, come se stesse parlando

con un suo pari nel salone di un palazzo e non con un soldato puzzolente e disperato nel fango di una trincea, « altrimenti ammazzami e ammazzati. Perché da un momento all'altro vengono a cercarmi. »

Cesare allentò la presa, si tirò in piedi, consentendo all'ufficiale di alzarsi, e rinfoderò la baionetta. Si somigliavano con addosso il colore della trincea e il fango che cancellava i segni del comando.

« Come ti chiami? » domandò il capitano.

« Boldrani Cesare. Ottavo fanteria. »

« Quando vengono a darti il cambio presentati al comando. E chiedi del capitano Casati. Benedetto Casati. Invierò io un messaggio al tuo tenente. »

« Signorsì. » Prima non lo aveva visto per il sonno, poi la tensione gli aveva impedito di decifrare la faccia dell'uomo che gli stava di fronte, in quel momento, in cui avrebbe potuto farlo, era una maschera di fango. Ma non avrebbe mai dimenticato quegli occhi neri, giovani, scintillanti e quel nome: Casati. Benedetto Casati.

« Noi due siamo pari, soldato », disse congedandosi, « ma prima di essere pari ci siamo salvati reciprocamente la vita. »

« Signorsì », ripeté mentre l'ufficiale si allontanava. Si domandò se avesse fatto bene o male a credergli, ma a quel punto era inutile interrogarsi sul significato di un gesto compiuto e irrevocabile.

Aveva smesso di piovere e il vento freddo da settentrione faceva correre la nuvolaglia portando una promessa di sole. Cesare appoggiò il fucile modello 91 alla parete fangosa, accese una delle sue pestilenziali sigarette e aspirò il fumo con voluttà, soffiando sulla brace scoppiettante. Dal taschino della giubba tirò fuori il suo orologio. Gli dava conforto stringere tra le mani quella forma piacevole dalla quale proveniva un vitale ticchettio, come se il tempo avesse ripreso a scandire i suoi ritmi consueti. Azionò il carillon e le note della *Marcia turca* di Mozart si diffusero in onde concentriche nel silenzio dell'alba, avvolgendolo in una spirale di benessere. La sua forza, il senso profondo della giustizia e il significato vero della sua dignità avevano quel suono. Alitò sulle dita per riscaldarle e sfiorò con i polpastrelli i contorni sbalzati della dea Fortuna. Chiese perdono alla vecchia Sibiglia dalle cento vite e ripose con cura l'orologio. Forse la fortuna non lo aveva ancora abbandonato.

28

Il capitano Benedetto Casati sedeva su una poltrona di cuoio dietro una pesante scrivania piena di carte, di fascicoli, di libri. La stanza, una delle dodici stanze della palazzina del comando nel centro di Cormons, a pochi chilometri da Udine, era piacevolmente riscaldata. Sul ripiano di un tavolo con fregi dorati c'erano bottiglie di cognac, di anisetta e di altri liquori dai nomi sconosciuti.

« Non ti avrei mai riconosciuto », disse l'ufficiale. « Così hai l'aspetto di un essere umano. »

« Mi hanno dato il tempo di ripulirmi. » Rinfoderò le intenzioni polemiche, anche se avrebbe voluto dire qualcosa sul significato magico del biglietto con i tembri e i contrassegni del comando che aveva reso possibile l'impensabile. Aveva avuto il tempo per lavarsi e per cambiarsi, sostituendo con una divisa nuova quella sbrindellata e lurida che aveva indosso, cambiando inoltre fasce, stivali e biancheria. Per raggiungere la palazzina del comando gli avevano trovato un posto di fianco all'autista su un camion FIAT 18-BL.

« Siediti », lo invitò indicandogli una delle due sedie dall'alto schienale davanti alla scrivania.

Cesare obbedì, anche se avvertiva un certo disagio.

« Hai fatto bene a credere alla mia parola, te ne rendi conto? »

« Sì, signor capitano. » Si era riproposto di rispondere educatamente con poche frasi essenziali.

« Una sigaretta? » Gli offrì un'elegante scatola di cristallo.

« Se lei, signor capitano, non ha niente in contrario », azzardò, « preferirei le mie. » C'era in quella stanza una quiete dimenticata.

Fumarono.

« Sei capace di versare da bere senza rompere i bicchieri? » domandò sorridendo l'ufficiale.

« Sono pratico di osterie, di bicchieri e di bevande », lo rassicurò.

« Allora versa per te quello che vuoi. Per me cognac », ordinò.

Cesare se la cavò con dignità. Bevvero e parlarono come se si conoscessero da sempre, ma il ragazzo soprattutto ascoltò. Gli piaceva la musicalità delle frasi senza svolazzi, il timbro fermo e virile della voce, quel modo gradevole di strascicare la erre e le mani eleganti dalle unghie curate che gestivano senza muoversi. Beveva in un bicchiere di prezioso cristallo come se fosse vetro da dozzina, ma anche il vetro da dozzina nelle sue mani sarebbe sembrato prezioso cristallo. Aveva capelli castani lisci e pettinati con cura che mettevano in risalto la fronte pallida. Gli occhi neri e scintillanti avevano perduto la fermezza del momento in cui Cesare li aveva visti per la prima volta e rivelavano uno sguardo languido e sognante. Il naso piuttosto sottile e leggermente aquilino, i baffi biondi, quasi rossicci, e le labbra morbide conferivano all'insieme del volto un'espressione piacevole. Cesare notò che al mignolo della mano destra il capitano Casati portava un anello d'oro su cui era inciso uno stemma nobiliare.

« Ho letto le tue note personali », gli disse l'ufficiale. « Ho visto che sei orfano di padre e di madre. Hai quattro fratelli. Sei capofamiglia. Nonostante tutto questo sei sotto le armi. Hai la vocazione dell'eroe? »

« Sono del '99. Sono stato chiamato e non ho fatto ricorso. Tutto qui. »

« Tu non me la racconti giusta. » Lo guardò sospettoso e ironico.

« Comunque non ho quella che dice lei... la vocazione dell'eroe. »

« Però la grinta ce l'hai. » C'era qualcosa di singolare in quel ragazzo che aveva di fronte, qualcosa che lo distingueva dal branco, un contrassegno che prima o poi sarebbe riuscito a riconoscere e a interpretare. « E io », continuò, « non posso deferire alla corte marziale un diciottenne, orfano, capofamiglia, che in più ha la grinta dell'eroe. »

« Non me lo dimenticherò », disse Cesare.

Il capitano assentì e gli chiese: « Che cosa facevi nella vita civile? »

« Lavoravo in una grande lavanderia. »

« Che lavoro, esattamente? »

« Tutto. »

« Tutto è niente, soldato. »

« Organizzavo il lavoro, il personale, controllavo gli impianti, facevo le consegne. »

« Mandavi avanti tu questa lavanderia? »

« Facevo del mio meglio. »

« Titolo di studio? »

« Sesta classe elementare. » Lo disse con orgoglio. Molti suoi coetanei erano analfabeti, altri non avevano superato le primissime classi e a malapena sapevano leggere e scrivere.

« Sei assunto », disse il capitano alzandosi.

« Come, assunto? » Cesare lo vide come un antico sovrano che si apprestava a nominare cavaliere un suddito meritevole.

« Da questo momento sei il mio attendente », decretò.

« Al fronte », si preoccupò, « mi hanno detto di ritornare appena possibile. E comunque di giustificarmi. »

« Sei giustificato. Ho già chiesto e ottenuto il tuo trasferimento. »

Attendente del capitano Benedetto Casati nella palazzina del comando, al riparo dalla guerra, dai pidocchi, dal fango, dal freddo, dal sangue, dalla morte, dal lezzo delle trincee.

« Dice sul serio, signor capitano? »

« Non mi pare di averti dato occasione di giudicarmi come uno che scherzi. » Era ritornato l'ufficiale severo che aveva conosciuto in trincea.

« Allora devo ringraziarla molto. » Si era alzato in piedi, intuendo che la parentesi di familiarità era chiusa.

« Non mi devi niente. Noi due siamo pari. Sei qui perché ho l'impressione che tu possa servirmi. La riconoscenza non c'entra. Io non ti devo niente. »

L'atteggiamento dell'ufficiale che ristabiliva le distanze non lo sorprese: sarebbe stato stupito dal contrario. Gli rimase nel cuore e sulle labbra una domanda che non volle o non osò fare: quell'ufficiale era uno dei conti Casati che avevano la cappella di famiglia nel cimitero di Caravaggio? Prima di partire per la guerra Cesare Boldrani aveva fatto traslare la madre in quel camposanto così i suoi resti mortali riposavano a pochi metri dalla grande cappella.

29

Era una ragazzona bruna con i capelli neri, corti e ondulati: un'onda le copriva metà della fronte.

« Vieni, bel soldatino », ripeté l'invito reprimendo uno sbadiglio, mentre si sfilava una volta di troppo la vestaglia di seta.

Cesare guardò con ingordigia il seno pesante, le natiche rotonde, le cosce robuste e tozze. « Mi svesto? » chiese intimidito.

« Vieni così che facciamo più alla svelta », rispose la donna con l'aria di chiedergli un favore, « altrimenti: leva le fasce, metti le fasce; leva le brache, metti le brache, facciamo giorno. »

Fuori del bordello c'era la fila.

« Vieni, bel soldatino », ripeté annoiata e stanca. Aveva la faccia paffuta e pallida, gli occhi mansueti, grandi e inespressivi, la bocca carnosa, il nasino da bambina.

Quando il corpo della ragazza affondò nel letto e lei assunse un atteggiamento che voleva essere eccitante, ma che riuscì soltanto vagamente osceno, il suo grosso affare fu subito pronto. Montò la donna con molto riguardo ignorando i suoi occhi rassegnati che guardavano altrove. Fece l'amore guardando un quadretto con una gondola sul Canal Grande.

Fu l'unico breve, malinconico, amplesso in un bordello di guerra. Fu l'unico rapporto sessuale mercenario della sua vita. Lo ripugnava l'idea di masturbarsi con il corpo di un'altra persona.

Aspettò il capitano Casati davanti al bordello degli ufficiali, dove cambiava la qualità del prodotto e degli arredi, ma dove il rituale, con qualche bugia in più, era praticamente lo stesso.

« Ti sei divertito? » domandò cupo l'ufficiale.

« No, signor capitano. » Si sentiva a disagio con la propria coscienza e per giunta temeva di avere preso una brutta malattia.

« Nessun nascondiglio serve al peccatore », citò più per se stesso che per l'attendente, « poiché lo scopre e lo condanna la sua coscienza. »

« Credo che non andrò mai più in un bordello, signor capitano », concluse Cesare.

« È quello che ogni volta dico anch'io », confessò l'ufficiale avviandosi verso l'auto parcheggiata a pochi metri.

Cesare gli aprì la portiera e la richiuse, azionò la manovella della messa in moto poi prese posto al volante e guidò il veicolo verso la palazzina del comando.

In un anno di vita militare Cesare aveva imparato molte cose, ma negli ultimi mesi, praticando in tempo di guerra i due versanti della cosiddetta società civile, quello dei servi e quello dei padroni, aveva acquisito nozioni che neppure frequentando corsi scolastici superiori avrebbe potuto apprendere: sapeva servire a tavola, ma anche starci, sapeva obbedire, ma all'occasione comandare, distingueva una lettura banale da una buona, un oggetto elegante da uno soltanto vistoso. Sapeva come veste un signore e come veste un ricco, guidava l'automobile e la motocicletta, aveva imparato a scrivere in italiano corretto, conosceva le strade giuste e le parole essenziali per ottenere le cose.

« È una bella notte », osservò l'ufficiale.

« Sì, signor capitano. È una notte stupenda. » Era ottobre e l'aria era piena del profumo della campagna e fredda. Le stelle osservavano incantate i misfatti degli uomini. Da qualche parte tuonava il cannone, all'orizzonte si accendevano bagliori.

« Notizie da casa? » chiese Casati con interesse, non per passare il tempo.

Cesare faceva del suo meglio per evitare le buche che erano numerose e profonde.

« Brutte, signor capitano. » Giuseppina gli aveva scritto una lettera tristissima.

« Problemi economici? » Fosse stato soltanto quello sarebbe stato pronto a intervenire. Nutriva una profonda ammirazione per quel ragazzo dall'intelligenza pronta e dall'eccezionale intraprendenza.

« No, signor capitano: la spagnola. » Era un'influenza maligna che imperversava in tutto il paese, un'epidemia contro la quale la scienza era impotente e alla quale sopravvivevano solo i più forti.

« Allora non posso fare nulla per te. »

« No, signor capitano. » Era uno sterminio di vecchi e di bambini.

« Mi dicono che a Milano si registrano fino a centocinquanta morti al giorno. È un'altra guerra. »

« Ma non ci sono armi per difendersi. » Giuseppina gli aveva scritto che due portoni su quattro erano parati a lutto e il sindaco aveva emanato un'ordinanza che proibiva i cortei funebri per non diffondere ulteriormente l'epidemia e per non deprimere la popolazione terrorizzata dall'idea del contagio.

« La tua famiglia è stata colpita? » Incrociarono un camion che quasi li sfiorò.

« Sì, signor capitano », rispose Cesare, gli occhi fissi sulla strada.

« Gravemente? » Doveva strappargli di bocca ogni risposta.

« I due fratellini piccoli sono morti », disse Cesare senza emozione, « quello di dieci anni è molto grave. »

Il capitano Casati sapeva quanto Cesare amasse i fratelli e si rendeva conto che la freddezza di lui era dovuta a stoicismo e non a indifferenza. « E non mi hai detto niente? » si arrabbiò.

« Sarebbe cambiato qualche cosa se gliene avessi parlato? »

Ma che cos'era quel giovane straccione: un pazzo o un filosofo? « Sei uno strano tipo », disse, non sapendo che cosa rispondergli. « Vuoi andare a casa? » Desiderava fare qualcosa per lui.

« Se potessi salvare mio fratello andrei a Milano a piedi. »

« Già, già », bofonchiò l'ufficiale, « ecco, siamo arrivati. » I fari dell'auto illuminarono l'ingresso della palazzina del comando. La sentinella presentò le armi.

« Ordini per domani, signor capitano? »

« Sveglia alle sette. » Era imbarazzato dalla serenità del subalterno che di fronte all'ineluttabile, di fronte alla morte reagiva con la calma gravità dell'animale o del saggio. Non aveva niente da chiedergli, niente da dirgli, niente da ordinargli. Avrebbe voluto capirlo, quello sì.

30

AL biglietto da mille che si era portato da casa come un talismano e che era passato senza deteriorarsi dalle pezze da piedi al portafoglio di marocchino rosso, che aveva ottenuto in cambio di una bottiglia di cognac, si erano aggiunti i soldi di Matilde e cinque biglietti da cento, frutto dei più svariati commerci. Cesare aveva il talento di rintracciare le cose impossibili: dal cognac ai medicinali, dalle divise alle automobili. I soldi che guadagnava e quelli che aveva portato da casa gli facevano compagnia, lo proteggevano dai reumatismi e gli davano uno sconfinato senso di sicurezza. Avrebbe preferito andare in giro senza le brache o senza scarpe. Perché sapeva che un giorno o l'altro con quei soldi avrebbe concluso un affare in grado di modificare il corso della sua vita. Ma in guerra, almeno fino a quel momento, per i suoi traffici aveva avuto più bisogno di fantasia che di soldi.

« Andiamo a Padova », ordinò il capitano Casati.

« Quando, signor capitano? » domandò mettendosi sull'attenti.

« Subito. Prepara l'automobile. » Non c'era bisogno che spiegasse all'attendente come organizzare i rifornimenti o come stabilire il percorso più veloce e agevole. « Fra un'ora davanti alla palazzina. »

« Signorsì », rispose con entusiasmo battendo i tacchi. Padova era un buon posto per veder gente, per trafficare, per distrarsi. Era mattina e avrebbe viaggiato tutto il giorno lungo le strade dissestate, ma Cesare era un eccellente autista e conosceva i posti nei quali fare tappa.

Arrivarono prima di sera davanti all'*Hotel Posta*, il più importante della città, che, tra gli altri pezzi grossi, ospitava il colonnello Luigi Ferrari, del Comitato per la mobilitazione industriale: soprintendeva alla produzione delle fabbriche che lavoravano per l'esercito.

La Ditta Casati & Figlio produceva biciclette per i militari e il colonnello Luigi Ferrari, tra le altre cose, doveva assicurare al commissariato da cui dipendeva la qualità del prodotto e un prezzo vantaggioso. Cesare sapeva che nella vita civile il colonnello Ferrari era ingegnere capo del comune di Milano e quello lo mandava in estasi, per la duplice ragione che era un suo concittadino e che decideva in merito alla costruzione delle case nella sua città.

L'ufficiale del comitato per la mobilitazione industriale svolgeva certamente con diligenza i propri compiti, ma era portato a considerare con maggiore benevolenza l'attività di quelle aziende i cui proprietàri avevano per lui un occhio di riguardo e ai quali era unito da rapporti non soltanto protocollari e burocratici. Era un bell'uomo, alto, diritto, sui quarant'anni, colto e raffinato, i lineamenti aristocratici, la cortese fermezza del nobile e una certa vulnerabilità nello sguardo da gaudente, l'infantile spocchia e la sicurezza apparente del giocatore. Ultimo esponente di un'ottima e solida famiglia aveva dilapidato per quel suo vizio, che lo attraeva in una spirale perversa, una considerevole fortuna. La sua propensione al gioco lo rendeva facile preda di chi sapeva profittare di quella debolezza. Era ancora un uomo importante, un personaggio influente, ma soltanto chi lo conosceva bene o era al corrente dei suoi criticabili intrighi e del suo sempre più impraticabile vizio leggeva sotto gli occhi i segni di una stanchezza morale e nello sguardo lo smarrimento dell'animale braccato che vede irrimediabilmente restringersi lo spazio capace di garantirgli la sicurezza e la vita.

L'incontro fra il colonnello Luigi Ferrari e il capitano Benedetto Casati fu apparentemente cordiale, ma sostanzialmente freddo. Si strinsero la mano e si sorrisero nella hall dell'albergo in un viavai di divise impeccabili, di abiti all'ultima moda, di toilette raffinate. Cesare conosceva i riti e i personaggi che popolavano i centri nevralgici delle città dove avevano sede i comandi e sapeva distinguere i burattini dai burattinai, i cui ruoli non sempre corrispondevano all'importanza dei gradi.

« Sono contento che lei abbia accettato il mio invito, capitano », disse il colonnello Ferrari.

« Ho viaggiato tutto il giorno per essere qui in tempo. » Dietro le parole gentili c'era un severo rimprovero.

Cesare, discretamente in disparte, attendeva ordini, ma già studiava il mezzo di ascoltare la conversazione tra i due ufficiali quando le formalità di rito avessero lasciato il posto alla spietata concretezza di un discorso d'affari; poiché di affari si trattava, non di reciproci slanci patriottici o dell'elaborazione di segrete strategie.

Il conflitto che i politici lungimiranti e i generali impazienti avevano pronosticato breve si trascinava nel sangue e nel fango da troppi anni, una guerra d'attesa e di logoramento con improvvisi sussulti che provocavano impercettibili spostamenti di fronte e paurosi vuoti nelle truppe. Ma ormai, con Diaz al comando, la battaglia del Piave in pieno svolgimento e gli eserciti dell'Intesa solidamente attestati sul fronte occidentale, il grande massacro stava volgendo al termine.

I due ufficiali si guardarono un momento, poi si diressero verso la saletta di lettura, con lampade discrete dal paralume verde, la carta da parati a disegni liberty e ampie poltrone ricoperte di velluto. Cesare, che aspettava ordini, li seguì a ragionevole distanza pieno di curiosità per la prospettiva di un dialogo certamente diverso dalle schermaglie iniziali e per l'ambiente luminoso, elegante, lussuoso nel quale si trovava che gli suggeriva stravaganti paragoni con le trincee piene di merda e di fango. Anche al fronte c'erano gli studenti, i piccoli borghesi che avevano riempito di parole, di bandiere e di pagliette le radiose giornate del maggio 1915, ma non si notavano tanto mischiati com'erano ai braccianti e ai contadini che avevano urlato inascoltati sulle piazze la loro protesta contro la guerra: li univano l'orrore del sangue e della morte, la sporcizia e i pidocchi. Nelle hall dei grandi alberghi, invece, « patriottismo » e « disfattismo » continuavano a essere argomenti di conversazione tra signore con abiti eccentrici, scarpine di coppale, garze di seta nera sui capelli e gli azzimati eroi delle retrovie che citavano D'Annunzio, ma leggevano *Mimì Bluette, fiore del mio giardino*.

Il capitano Casati lo chiamò con un cenno.

« Aspettami dove vuoi », gli disse, « ma aspettami. » Lo voleva sempre a portata di voce o di sguardo. « Intanto fai sistemare i bagagli. »

« Mi sono già permesso di farlo, signor capitano », rispose Cesare.

« Meglio così. » Gli fece un segno che equivaleva all'ordine di allontanarsi.

Cesare salutò impeccabilmente e uscì dalla saletta, dopo avere notato che sul fondo c'era una porta che dava in un altro locale, evidentemente buio. Quando fu nella hall girò a destra, poi ancora a destra e si trovò nel locale buio la cui porta immetteva nella saletta di lettura. Sedette su una poltroncina, calcolò il rischio, meditò il pretesto banale, ma non incredibile, di fingersi addormentato nel caso fosse stato scoperto e decise di ascoltare la conversazione che ormai giungeva chiara, tumultuosa e concitata dalla stanza accanto.

« Temo di non potere fare più niente per lei, colonnello », disse il capitano Casati.

« Lei sembra dimenticare che io ho fatto molto per la sua famiglia. E non solo per la fabbrica di biciclette. »

« Mio padre e io le abbiamo sempre concretamentre testimoniato la nostra stima », gli rinfacciò il capitano.

« Ma che, perdio! È stata sempre concretamente ricambiata. Senza questa stima la Ditta Casati & Figlio non avrebbe assunto le sue attuali dimensioni. »

« Colonnello Ferrari, lei mi costringe a ricordarle che a tutt'oggi la nostra ditta le ha versato ben cinquantamila lire. »

« Io non mi considero particolarmente versato nella contabilità, ma ritengo di avere contribuito all'espansione della vostra azienda in modo ben più considerevole di quello che avete registrato sui vostri libri. »

« Colonnello, lei sta esagerando. E non credo che mio padre derogherà dalla sua decisione. La guerra sta per finire e con la guerra le forniture. E con le forniture la nostra collaborazione. »

« Lei, amico mio », intervenne il colonnello ritrovando il tono e la sicurezza della persona importante, « ha perso di vista le sue origini patrizie senza acquisire una chiara intelligenza imprenditoriale. Io sono un giocatore e come tutti i giocatori sono schiavo del compromesso, imparentato con la viltà,

189

pronto a scendere a patti con il demonio, qualunque forma il demonio voglia assumere. »

« Sono anni che la mia famiglia paga i suoi debiti di gioco », gli ricordò in tono sferzante il capitano Casati.

« Ho mai negato l'evidenza? Ma lei non deve arrabbiarsi perché io ho individuato i suoi punti deboli. L'imprenditore è quello che vede sempre un po' più lontano degli altri perché ha l'intelligenza del futuro. È un giocatore che non ha il vizio del gioco. »

Cesare, nel silenzio della sua comoda posizione, drizzava le orecchie e letteralmente si abbeverava a quella fonte di conoscenza, cercando di imparare a memoria parole e frasi che già gli ronzavano in testa, ma alle quali ancora non aveva saputo dare un senso compiuto.

« E lei perché non traduce nella realtà le sue suggestive teorie? » gli domandò il capitano Casati.

« Io sono un giocatore. » Nella sua voce c'era un sorriso trionfante. « I giocatori vivono quando rischiano e vincono quando perdono. Temo che sia un ragionamento troppo sottile per un non iniziato. Bisogna sapere che cosa significhi puntare l'esistenza su una carta, legare la reputazione a un numero, a un colore, in una perpetua ricerca di conferme, di certezze, di rassicurazioni, che equivale ad altrettanti modi di impegnarsi allo spasimo in una sistematica autodistruzione. È la ricerca dell'assoluto. Il sogno della pietra filosofale che trasforma la viltà dei metalli nella nobiltà dell'oro. È il peccato dei peccati: l'orgoglio dell'onnipotenza. C'è qualcosa di simile nella tensione morale dei grandi mistici. Anche nel mondo sublime e angoscioso dei giocatori esistono la colonna degli stiliti e il deserto degli anacoreti. Il demonio che tenta gli uni e gli altri è sempre lo stesso. C'è chi si salva nella purezza e chi si perde nel peccato. Forse per questo al termine della vita di un gentiluomo dedito al gioco c'è spesso un colpo di rivoltella alla tempia. » Era sincero, profondamente sincero, ma il suo interlocutore non colse quella verità.

« È una splendida teorizzazione », ammise, « ma non credo che sarà sufficiente per convincere mio padre a inviare entro due giorni altre millecinquecento lire. Dopo quello che le è stato dato », infierì, « gli sembrerà, come peraltro sembra a me, un'esagerazione. »

« Non mi pareva esistessero remore di alcun tipo quando vi

ho consentito di dare un'occhiata ai piani per l'espansione edilizia nella città di Milano. Mi sembravate ben disposti a una più ampia prodigalità. »

« Siamo in guerra, colonnello. E siamo uomini pratici. »

« Entro due giorni devo pagare un debito di gioco. Millecinquecento lire. Se non pago è il disonore, la vergogna. Senza questa somma potrei davvero essere costretto a spararmi. » Era di nuovo umile, sottomesso, pronto a tutto.

« Temo di non essermi spiegato », disse il capitano Casati, « per quello che riguarda la nostra ditta e la nostra famiglia il discorso è chiuso. » Si alzò e salutò battendo i tacchi e chinando appena la testa.

Cesare scattò dal suo posto e fece in tempo a vedere il suo superiore mentre, ritirata la chiave dal portiere, si avviava sulle scale. Lo avrebbe raggiunto in tempo per aiutarlo a cambiarsi per l'inevitabile incontro al circolo ufficiali e al bordello.

Intanto era uscito il colonnello Ferrari, pallido, ma sereno, probabilmente deciso ad attuare il proposito che aveva manifestato al suo interlocutore. Camminò verso l'uscita, passò dalla porta girevole e si avvicinò a un'automobile dov'era in attesa l'autista con la portiera aperta.

Cesare lo chiamò.

« Che cosa c'è soldato? » gli chiese il colonnello fermandosi.

« Ha perduto questi, signore », rispose Cesare porgendogli un rotolo di banconote: una da mille e cinque da cento.

« Perduto? » si interrogò come se stesse sognando di aver incontrato un soldato che gli metteva in mano i soldi che allontanavano l'onta del disonore e che forse gli salvavano la vita.

« Le sono caduti dal pastrano, signore. »

Il colonnello Ferrari guardò le banconote, le contò, osservò il ragazzo e poi ancora i soldi. « Ci sono tutti », disse.

« Sono contento per lei », ribatté Cesare fissandolo dritto in faccia con i suoi occhi azzurri e intensi. « Sarebbe stato un guaio se non me ne fossi accorto. »

L'ufficiale fece un cenno di assenso. « Ma te ne sei accorto », disse riconoscendo in lui l'attendente del capitano Casati. « Dimmi il tuo nome », ordinò, ma in tono educato.

« Soldato Boldrani Cesare. Milano. »

« C'è un tempo per le cose e un tempo in cui ci si chiede il perché delle cose. » Gli porse la mano che il ragazzo strinse e l'uomo avvertì in quella stretta, che pure fu contenuta, un vigore insospettato. « Grazie, soldato. Se un giorno perderai il tuo denaro spero che incontrerai qualcuno pronto come te a fartelo ritrovare. »

« È molto improbabile, signore, che io venga a trovarmi in una simile eventualità. »

« Posso fare qualcosa per te? » Era raggiante e aveva recuperato il suo spirito e la sua sicurezza.

« Ricordarsi il mio nome: mi chiamo Cesare Boldrani. E sono di Milano. » Aveva agito come un giocatore puntando parte della sua fortuna su un numero e soltanto quando la roulette si fosse fermata avrebbe saputo se il numero puntato era quello vincente.

31

QUANDO Cesare Boldrani seppe che il capitano Benedetto Casati era proprio della famiglia di quei conti Casati che avevano la cappella nel cimitero di Caravaggio aveva ormai imparato sui classici a non meravigliarsi dei precisi disegni orditi dal caso. Perché forse noi viviamo per caso e per caso respiriamo, mentre ci affanniamo spesso a modificare un destino immutabile. Non si stava vincendo per caso anche una guerra ormai perduta?

« Abbiamo visto tutto », disse il capitano Casati, « presto si torna a casa. » Le truppe dell'Intesa avanzavano sul fronte occidentale, la Russia era insanguinata dalla guerra civile, lo zar Nicola e la sua famiglia erano stati uccisi dagli insorti e Mosca era la nuova capitale. La distruzione e la morte erano entrate nella quotidianità della vita ed erano tollerate come un'abitudine.

« Sì, signor capitano. » Cesare aveva ormai i lineamenti e l'espressione di un uomo, lo sguardo intenso della virilità. Una leggera cicatrice bianca, appena percettibile, conferiva alla sua faccia un aspetto ancora più attraente. Colpa di una pallottola di striscio, come se la morte lo avesse accarezzato lasciandogli il segno di una vaccinazione contro tutti i mali. Non si ricordava esattamente dove, né quando fosse stato ferito, ricordava solo un sibilo, un graffio bruciante, la mano con cui si era toccato sporca di sangue.

« Che cosa farai a guerra finita? » gli domandò l'ufficiale.

« Ancora non lo so esattamente. » Sistemava le cose dello studio del capitano Casati e aveva rallentato i gesti consueti per prolungare la conversazione.

« Prima di tutto penso che ci prenderemo una bella vacanza », annunciò sorridendo l'ufficiale. Un tiepido sole invernale accarezzava i mobili e il pavimento della stanza e giocava sulle pareti, creando un piacevole gioco di luci e d'ombre.

« Sì, signor capitano. » Sapeva tacere senza irritare l'interlocutore, stimolando anzi, negli altri, con la sua silenziosa partecipazione, un irresistibile bisogno di comunicare o addirittura di confessare i più segreti pensieri.

« Hai sempre in mente la tua lavanderia? » gli chiese l'ufficiale. « Qualche volta ci penso », rispose. Matilde non cessava di scrivergli e di inviargli pacchi che lui riceveva soprattutto da quando era al comando e la posta arrivava con regolarità. Gli aveva detto che il lavoro aumentava, che bisognava pensare all'acquisto di macchine nuove, gli aveva fatto capire che il suo cuore era pieno di nostalgia e il suo letto vuoto d'amore.

« Qualche volta ci penso. » Pensava effettivamente alla lavanderia, pensava a Matilde, ai fratelli stroncati dalla spagnola, a Giuseppina, ma in quell'anno o poco più era passato un tempo immemorabile e lui era cambiato dentro, aveva visto in faccia la morte, l'aveva scoperta meno brutta di quanto l'avesse immaginata, più simile a un quieto, interminabile sonno che a un infinito tormento. Non aveva saputo fermare l'attimo in cui la coscienza ci lascia, ma era stato privato della coscienza nelle situazioni più tormentose e sempre, dall'altra parte, aveva trovato un quieto abbandono. Aveva spiato la morte sulle facce stordite dei suoi commilitoni e aveva visto prevalere, in quelli che stavano per compiere il grande viaggio, il desiderio di dormire, mentre sarebbe stato logico il contrario. Aveva capito che l'uomo non ha paura del sonno che è il nulla della vita: ha paura del nulla che è il sonno della morte. Per conto suo si era fatto un'idea precisa: quando sarebbe venuto il momento sarebbe ritornato senza drammi nel silenzio dal quale proveniva.

« I tuoi fratelli stanno bene? » Era una domanda dolorosa e forse inutile.

« Mia sorella sta bene. Il mio fratellino è morto. » Ne parlò come gli uomini semplici parlano delle cose inevitabili, ma senza partecipazione apparente.

Era la sintesi di un lungo discorso sulla precarietà dell'uomo e sull'instabilità della vita.

« Ci conosciamo ormai da tempo, noi due », osservò l'ufficiale, « ma certamente sono più le cose che tu sai sul mio conto di quelle che io so sul tuo. Credo che se tu volessi potresti scrivere la mia biografia, mentre io di te so quanto ho letto sul tuo fascicolo. Oltre naturalmente alle idee che mi sono fatto sulle tue attitudini personali. »

« Non ho mai parlato molto », disse Cesare senza avere l'aria di scusarsi.

« Ma avrai pure dei programmi, delle idee, delle intenzioni. »

« Credo di avere una gran confusione in testa. » Era sincero. Aveva riflettuto a lungo sulla possibilità di riprendere la relazione e il lavoro con Matilde, ma più pensava a quelle cose più si rendeva conto che appartenevano al passato, come i giorni che erano scivolati alle sue spalle: costituivano un utile punto di riferimento, ma il futuro era diverso, non sapeva ancora se sarebbe stato più brutto o più bello del passato, ma sarebbe stato diverso: non sarebbe stato certamente quello di sua madre e di suo padre, non quello della gente del quartiere. Forse non sarebbe diventato re del Borneo, come aveva previsto la vecchia Sibiglia dalle cento vite, o forse sì, ma nel tumulto dei giorni ancora da vivere, in quei barbagli di luce che lo affascinavano non poteva leggere di più.

« Lavoreresti per me? » Il capitano Casati diede per scontato che Cesare sapesse tutto della sua vita, delle sue scelte, della sua condizione, della sua fortuna.

« È una proposta o una curiosità? » domandò a sua volta uscendo dal ruolo dell'attendente per entrare con disinvoltura in quello dell'interlocutore.

« Non si può dire che tu non abbia la battuta pronta », osservò sorridendo l'ufficiale.

« Ho avuto un maestro eccellente », lo blandì Cesare.

« Noto che hai appreso anche l'arte dell'adulazione. » In realtà si era divertito a trasferire i suoi modi, le sue cognizioni, la sua cultura, la sua esperienza in quel personaggio per molti versi indecifrabile che aveva la capacità di acquisire con prontezza i concetti più complicati e difficili, intuendo le sfumature, le parole non dette, afferrando le comunicazioni multiple del linguaggio politico, le clamorose idiozie del parlare militaresco, i meccanismi variabili dell'economia, la fondamentale importanza delle relazioni. La capacità di ingenerare confidenza era una sua caratteristica innata. « Allora vuoi dirmi se lavoreresti volentieri per me? »

« Lo considererei un grandissimo privilegio e farei del mio meglio per non farla pentire della sua scelta », rispose con sicurezza.

« Non mi chiedi quale tipo di lavoro ho in serbo per te? » lo stuzzicò.

« No. Sono convinto che lei abbia scelto secondo le mie possibilità. »

« Io veramente ho pensato soltanto al mio interesse. » Lo guardò con curiosità.

« È un buon modo di scegliere, signor capitano. Facendo il nostro interesse qualche volta riusciamo a fare anche quello degli altri. »

« Già », borbottò massaggiandosi il mento. « A proposito », soggiunse, « fra dieci giorni è il compleanno del generale Parenti. »

« È già pronto il testo del suo telegramma », lo rassicurò Cesare.

« Ah. Bene. » Era quasi perfetto.

« Anche la ditta è avvertita. Hanno già predisposto l'invio del regalo nella residenza del generale a Roma. »

« Vedo che ti ricordi di tutto », disse con noncuranza.

« Faccio il possibile », ribatté ormai sul punto di andarsene.

« Hai voglia di divertirti? » Pensava al bordello, perché era quello il divertimento cui tutti gli ufficiali alludevano e cui ogni militare aspirava. Stava per mettere mano al portafoglio, ma poi si ricordò di avergli insegnato che con una buona mancia si compensa il servizio di un domestico, lo zelo di un maggiordomo, la rapidità di un corriere. Cesare non apparteneva a nessuna di quelle categorie.

« Ho molte cose da fare, signor capitano, e con il suo permesso prenderei congedo », affermò. Mise a posto una bottiglia e ripose un libro.

« Vai pure. Ricordati la lettera a mio padre. » Aprì un cassetto con un gesto meccanico, poi lo richiuse.

« L'ho consegnata al corriere due ore fa. » Fece un inchino e batté i tacchi. Sembrava lui l'ufficiale.

« Ma sì », pensò ad alta voce, « credo proprio di avere

fatto un buon affare proponendoti di lavorare per me. » Cesare era diventato un altro se stesso, più attento, più diligente, più percettivo e sensibile e soprattutto più intraprendente.

Aveva conosciuto il suo coraggio e la sua capacità di decidere nel fango di una postazione maledetta, dimenticata da Dio, quando non aveva esitato a scegliere morte per morte, intuendo forse di essere soltanto a una svolta importante della sua vita.

Mi domando come potrei fare a meno di quel bastardo, pensò quando fu solo e resistette al desiderio di richiamarlo per affidargli un'incombenza dimenticata.

Benedetto Casati aveva ormai trentaquattro anni e apparteneva a quell'antica nobiltà terriera lombarda che aveva avuto l'oculatezza di assecondare i tempi, qualche volta di prevenirli, convertendo i capitali tradizionalmente acquisiti in avventure imprenditoriali storicamente ed economicamente realizzabili. Il padre, Giovanni Casati, sette anni prima della guerra aveva fondato una fabbrica di biciclette che aveva avuto subito una certa fortuna, ma alla quale l'inizio del conflitto aveva dato un impulso vertiginoso: l'esercito aveva assorbito ingenti forniture del nuovo mezzo di locomozione. C'erano altre fabbriche di velocipedi a Milano e in Lombardia, ma non tutti i proprietari ricevevano nei loro salotti e nelle loro tenute di caccia gli uomini politici che potevano influire in maniera decisiva sulle commissioni che praticamente decidevano l'acquisto delle forniture per l'esercito.

Il conte Benedetto Casati era andato in guerra animato da sacro zelo, ma gli amici del padre erano riusciti a convincerlo con una certa facilità che la sua cultura umanistica e il suo talento organizzativo sarebbero stati molto più utili in un centro nevralgico, dove si decidevano le sorti di un intero settore, che non nella trincea dove si poteva influire al massimo su un singolo reparto. Era stato arruolato con il grado di tenente e subito promosso capitano per meriti familiari. Era scapolo, ricco, influente, ma era anche colto e intelligente, la qual cosa gli aveva subito consentito di verificare l'insipienza, l'inettitudine e il cinismo degli Stati Maggiori, aggravati dalla corruzione, dall'ignoranza, dall'incapacità di aderire agli schemi più elementari dell'arte bellica.

Nel mostruoso tritacarne della guerra passavano battaglioni, reggimenti, divisioni, ma nei locali dei comandi si diffondeva un buon odore di cognac lungamente invecchiato, di cuoio antico, di lavanda. L'unica sortita del capitano Casati sulla linea del fronte era stata quella che aveva visto l'incontro con Cesare Boldrani, un episodio dove la vita e la morte, l'amicizia e l'interesse si erano intrecciati in un ricamo tessuto dal caso.

La guerra produceva sangue, falcidiava eserciti, mutilava famiglie delle presenze che avrebbero dovuto assicurare loro la sopravvivenza, mentre la Ditta Casati & Figlio prosperava e stava mettendo in cantiere un nuovo tipo di motocicletta destinata a incontrare un sicuro successo. C'era molto da fare tornando a casa. « Ho fatto bene a scegliere quel ragazzo », confermò.

Entrò Cesare recando una bottiglia di champagne.

« Hai intenzione di festeggiare? » chiese sorridendo l'ufficiale.

« È un'occasione unica. » Senza aspettare ordini cominciò a togliere la carta dorata del tappo.

« Quale occasione? » Il capitano Casati sembrava contrariato, ma prevalse la curiosità.

« Le nostre truppe sono entrate a Trento e a Trieste », annunciò Cesare.

« Ma come, abbiamo vinto la guerra... tu lo sai e io non lo so? » Non sapeva se essere contento per la notizia o rammaricarsi per averla saputa dal suo attendente.

« È soltanto un caso, signor capitano. » Non era un caso: Cesare sapeva sempre le cose un attimo prima degli altri.

« Questa volta è finita davvero », mormorò Casati commosso. Si alzò, andò incontro all'attendente e gli porse la mano. « Torniamo a casa, Cesare », disse stringendogliela calorosamente.

Il giorno dopo la gente avrebbe pianto di gioia e ballato nelle strade per festeggiare la fine di una guerra che era costata quasi nove milioni di morti.

32

La ragazza lo osservò con sospetto e turbamento, tenendo gli occhi bassi: così le avevano insegnato a guardare gli uomini. Era un signore elegante che indossava con naturale disinvoltura un abito e un cappotto di ottimo taglio, portava un cappello di feltro chiaro all'ultima moda e aveva una valigia di vero cuoio. Quando sulla porta di casa si toccò la tesa del cappello in segno di saluto lei arrossì e fece l'inchino che aveva imparato dalle suore. Il giovane sorrise mettendo in mostra denti smaglianti e mentre sulla sua espressione si diffondeva un'indimenticabile familiarità Giuseppina vide emergere i lineamenti del fratello; e in quel momento lo riconobbe.

« Oh, Cesare », mormorò mentre le lacrime le correvano sulla faccia pallida, dove erano ormai impressi i segni del dolore e della solitudine, « sapessi quello che abbiamo sofferto anche noi. » Parlava della propria sofferenza con un senso di pudore, non osando contrapporla a quella del fratello che a suo giudizio doveva essere stata ben più tormentosa.

« Abbiamo tante cose da dimenticare insieme », la consolò Cesare abbracciandola.

« I bambini, Cesare. Uno strazio vederli portare via così, uno dopo l'altro. » Piangeva, la faccia appoggiata al petto forte e protettivo dell'uomo che sapeva di buono e odorava di lavanda. Le lacrime non le ridavano i fratellini, ma cominciavano a sciogliere il nodo che le toglieva il respiro.

Le disse la sola frase che nella sua semplicità poteva aiutarla: « Il Signore li ha voluti con sé. Adesso vivono eternamente nella sua luce ».

« Io ho pregato tanto per loro », subito reagì a quella carezza consolatrice. Aveva un viso ancora attraente, ma alla delicata bellezza di un tempo neppure tanto lontano stava sovrapponendosi la rassegnata malinconia dell'esclusa. « Ma non rimanere sulla porta », lo invitò facendogli strada.

Entrarono e subito Giuseppina cominciò ad armeggiare intorno al focolare mettendo legna nuova e attizzando il fuoco che subito prese a scoppiettare. Era la sola cosa viva nella grande e desolata cucina.

Cesare era tornato dalla guerra con molta esperienza in più e qualche illusione in meno nella cascina dov'era nato, dov'erano nati e morti i suoi fratelli, dov'erano passati i suoi genitori aggrappati a uno straccio di vita, dove si trascinava nella polverosa consuetudine dei giorni la sorella Giuseppina.

« Ti aspettavo vestito da soldato. » Andava dalla tavola al fuoco e dal fuoco alla tavola, incerta tra le lacrime e il sorriso. « Sei proprio tu », ripeteva e mentre lo diceva aveva voglia di ridere, di toccarlo, di chiamarlo per nome.

« La divisa l'ho buttata », spiegò. « Anche la guerra è da dimenticare. »

« E io », disse disperata, « che non ho niente da offrirti. Avrai fame, avrai sete. C'è una cosa che posso fare? »

« Calmarti », l'ammonì con dolcezza, « da quando sono arrivato non fai che agitarti. »

« Devi essere paziente con me », si scusò. « Devo riabituarmi all'idea che sei di nuovo qui. Così diverso. Un uomo. Un signore. Sembri uno di quei signori che passano per caso in una cascina. »

« Dovrai abituarti a molte cose. » Si alzò dalla sedia e appoggiò le mani sul tavolo. « Noi di qui ce ne andiamo, Giuseppina. »

« Gesù Maria, dov'è che andiamo? » Era sorpresa ed emozionata.

« In una casa. In una casa vera con il rubinetto dell'acqua e il gabinetto, con il bagno e lo scaldabagno, così ci sarà l'acqua calda e fredda tutte le volte che ne avrai voglia. »

« Una casa così, dici? » Era stravolta. « Esiste per noi una casa fatta in quel modo? »

« Esiste e io l'ho presa in affitto. Contenta? »

« Ma dov'è questa casa? » Non era contenta, né scontenta: era incapace di formulare un giudizio, di esprimere un pensiero. Era semplicemente sconvolta.

« È un bell'appartamento in una casa nuova di corso Buenos Aires. Ho fatto il contratto per mezzo di una persona che ho conosciuto al fronte. Ora andiamo insieme a vederlo. » Tirò fuori il portafoglio e sfilò due enormi biglietti da mille lire. Li aprì come magici lenzuoli colorati. « E questi sono i soldi per arredarlo. Dovrai pensarci tu nelle prossime settimane. »

Un fiotto di sangue le imporporò la faccia pallida. « Ma ti sembra che io possa maneggiare tutti questi soldi? » disse puntando l'indice contro i fogli di carta che valevano una fortuna. « Credi davvero che io... »

« Io non ho tempo per queste cose, Giuseppina. » Cesare era già in viaggio verso un porto ancora sconosciuto che però andava delineandosi. « Ho bisogno che tu pensi alla casa. Siamo noi due, ormai. »

« Farò tutto quello che posso. » Obbediva volentieri al fratello e per la prima volta quell'improvvisa, grandissima responsabilità la fece sentire diversa dissipando un po' di malinconia nel suo sguardo rassegnato.

Cesare si guardò intorno e fu invaso dalla tristezza. Pensò ai giorni in cui la madre si affacciava sulla porta della camera dove dormiva con i figli più piccoli. Augusto, Anacleto, Serafina: il Signore se li era ripresi.

« Sarà tutto un altro vivere, Giuseppina, vedrai. » L'incontro, al di là del piacere di rivedersi e delle parole essenziali da dirsi, stava diventando imbarazzante. L'immutabile espressione della miseria gli riusciva ormai sgradevole e intollerabile a quasi due anni di distanza. Eppure su quel materasso di foglie secche di granturco, sotto la coperta di tela color verde smunto aveva passato le notti dell'infanzia e della prima giovinezza e non s'era nemmeno trovato male.

« Come sei cambiato », gli disse ammirata la sorella, « non sembri nemmeno uno di noi. »

« Siamo cambiati tutti, Giuseppina. La guerra cambia sempre qualcosa nella gente. » Pensò a sua madre. Se fosse stata viva la buona Elvira sarebbe cambiata? La ricordò con tenerezza, la faccia ancora giovane segnata dalla mancanza di sonno, con indosso una gonna di cotone scuro arricciata in vita, mentre con una punta di civetteria si aggiustava i soffici capelli castani raccolti in una crocchia al centro della testa. « Mamm », disse soprappensiero. Fu una commozione intensa quella che lo aggredì per un attimo.

« E la nostra roba? » domandò la ragazza indicando con sussiego l'indecorosa modestia degli arredi.

« Qualcuno se la prenderà », rispose Cesare con noncuranza sotto lo sguardo scandalizzato della sorella.

« Ma allora siamo proprio ricchi », mormorò con una certa apprensione.

Il ragazzo sorrise. « Diciamo che siamo benestanti. »

« Ma tutta la roba della mamma? » Un groppo le serrò la gola e fu sul punto di piangere. « Tutta la roba della mamma », ripeté reprimendo i singhiozzi. Ogni volta che le parole e l'atteggiamento del fratello l'allontanavano dai tormenti passati lei cercava pretesti per riaggrapparsi alla tensione emotiva che, suscitandole il pianto, la faceva sentire in pace con se stessa.

« Anche se ora tu tieni stretto il tuo dolore », recitò Cesare, « esso ti sfuggirà. »

« Se lo dici tu sarà certamente così. Lasceremo la roba nostra alla gente del cortile. » Era finalmente convinta.

« Tutto », precisò il ragazzo, « esclusa la fotografia del matrimonio. » Andò nella camera da sposa della madre a prendere il ritratto che suscitava sempre nella povera Elvira una moltitudine di ricordi. Cesare la vide bella e giovane nell'abito color grigio perla con le maniche lunghe e strette, chiuso al collo da una spilla d'oro che Angelo le aveva donato. Angelo era suo padre, un gigante mansueto dalla forza smisurata, una presenza imponente, ma senza peso, una macchina per lavorare. Era la prima volta che Cesare faceva una riflessione sul padre e c'era voluta quella fotografia ingiallita.

« Le faremo mettere una cornice d'argento », disse il giovane. Corrugò la fronte, osservò meglio il ritratto e cambiò idea. « No, lo lasceremo così. Mamm non avrebbe cambiato questa cornice nemmeno con una d'oro. »

« Faremo come hai deciso tu », disse Giuseppina il cui sguardo era irresistibilmente attratto dalla colorata magia delle banconote.

« Prendile », le ordinò il fratello, « sarai tu da questo momento l'amministratrice della casa. »

« Terrò i conti su un libretto, così potrai controllare tutto. » Era una prova di diligenza e un doveroso atto di sottomissione.

« Non parlare mai delle novità che interessano noi due », l'avvertì. « La casa nuova e i nostri programmi. Quello che la gente deve sapere », soggiunse con severità, « lo dirò io. Mentre tu prepari le nostre cose io vado da don Oreste. Voglio salutarlo. »

33

« Così sei tornato », disse il vecchio parroco, « e ti sei fatto uomo. Sembri figlio di signori. E quella? » domandò indicando la cicatrice che gli segnava appena la guancia destra.

« Un graffio », minimizzò Cesare, anche per evitare un fastidioso discorso sulla guerra.

« Sono molto contento di rivederti », gli sorrise con affabilità. « Sei cambiato, ma gli occhi sono rimasti gli stessi: fieri, azzurri, trasparenti, duri. » Sapeva che il figlio della buona Elvira, brutto anatroccolo delle cascine di Porta Ticinese, si sarebbe trasformato in un cigno superbo, ma ancora non aveva sciolto l'unica perplessità: il povero prete non sapeva se Cesare sarebbe diventato un cigno bianco o un cigno nero.

Sedevano, il vecchio e il ragazzo, nella penombra della sacrestia profumata d'incenso misto a quel particolare, gradevole odore che proveniva dai grandi armadi di rovere che contenevano i paramenti e gli arredi sacri. Don Oreste versò in due calici del vino ambrato da una bottiglia di antico cristallo.

« Non sono un gran bevitore », si scusò Cesare.

« Un goccio di vino della santa messa non può farti male. »

« Don Oreste, io me ne vado da Porta Ticinese », annunciò.

Il parroco aveva molte domande da fare a quel proposito, ma sapeva che Cesare non era prodigo di particolari e non faceva mai un lungo discorso se poteva farne uno breve. « Così lasci il quartiere », ribatté. « Sei sicuro di fare una cosa giusta? »

« Sbaglia anche il prete a dire messa, don Oreste. Io faccio quello che mi sembra più... » Bevve un sorso di vino. Era buono, sincero.

« Quello che ti sembra più giusto? » terminò per lui il parroco.

« Quello che mi sembra più opportuno », precisò il giovane.

« L'opportunità e la giustizia qualche volta seguono strade diverse. » Usava parole precise con un uomo che aveva imparato a conoscere il significato delle parole.

« Non chiedetemi quello che non so », disse Cesare con sincerità.

« Ma io non t'ho chiesto niente. Hai imparato molte cose in questi due anni. Le tue parole hanno un suono diverso. » Era vero: Cesare sembrava un altro uomo.

« Ho visto molti libri, ne ho scelti pochi, ho tenuto gli occhi aperti. » Era tornato dal fronte con cinque libri in tutto, una bottiglia di cognac e regali per gli amici.

Da una grande finestra si vedeva il cielo imbronciato. « Ho paura che faccia molta neve quest'anno », si preoccupò il parroco, « c'è in giro una miseria che anche l'aria piange. Prima dicevamo: quando avremo vinto la guerra. Adesso l'abbiamo vinta e si chiede alla gente di tirare la cinghia per pareggiare i danni che ha provocato. Abbiamo appena finito di ammazzarci e già siamo divisi in bianchi e rossi. Si parla di scioperi, di rivoluzioni bolsceviche. Dalla Russia, figlio mio, vengono grandi tentazioni, ma non è rovesciando governi e versando sangue che si libera l'uomo dalla miseria. L'amore, non la morte, salverà il mondo. » Il prete si tolse gli occhiali e cominciò a pulire le lenti con un fazzolettone a quadretti bianchi e blu. « Tanto », riprese, « non saranno un povero prete e un ragazzo con tanta volontà di emergere a modificare le sorti del mondo. La guerra ha cambiato le cose, ma non in meglio. »

« Per qualcuno sono cambiate in meglio », lo contraddisse Cesare, « ma sono sempre pochi quelli che hanno tratto vantaggio da questa carneficina. »

« Comunque ci lasci con i problemi di sempre: miseria morale e materiale. Ma direi, anche se non è poi una grande consolazione, che quella del nostro piccolo gregge è soprattutto una miseria materiale. » In fondo i suoi parrocchiani erano buoni cristiani.

« Io non dimentico che sono nato qui », disse Cesare, « e non dimentico nemmeno gli amici e tutti quelli che hanno aiutato i miei fratelli. »

« È stato fatto per loro tutto il possibile: che il Signore li abbia in gloria. » Il prete alzò gli occhi e le mani al cielo.

« Lo so, don Oreste. » Cesare tirò fuori una busta dalla tasca della giacca.

« Io non so come ricambiare queste buone azioni, voi invece lo sapete. Voi sapete anche pregare meglio di me. » Tese la busta con mano ferma.

Il parroco ne esaminò attentamente il contenuto: era denaro, una cifra considerevole. « Posso prendere questi soldi? » chiese mettendo in quella domanda la richiesta di garanzie morali che Cesare avrebbe dovuto dargli.

« Li ho guadagnati commerciando vino dell'Oltrepò. » Era una risposta sincera.

« Io li prendo per denari onesti », disse don Oreste che probabilmente nutriva qualche dubbio.

Ma esistono i soldi onesti e puliti oltre a quelli che guadagnavano mio padre e mia madre? pensò. Erano puliti i soldi delle forniture di guerra e quelli della farmaceutica Castelli? Aveva tenuto gli occhi aperti e imparato parole nuove, complicati concetti, ma nessuno avrebbe mai saputo spiegargli come fa un uomo a diventare ricco. C'è sempre un mistero più o meno turpe all'origine di ogni fortuna. Per il suo mistero, che considerava moralmente accettabile, aveva ormai chiesto perdono a Dio.

« Io li prendo per denari onesti », ripeté don Oreste.

« E io ve li dò come tali », garantì il ragazzo che alla domanda aveva risposto con sincerità.

« Sei sicuro di volermi dare tutti questi soldi? » Gli era rimasto qualche scrupolo.

« Qualche anno fa ho contratto un debito con il Padreterno proprio in questa chiesa. Non mi sdebito certo con questa somma, ma è solo l'inizio, per dimostrare la mia buona volontà. Lei sa come usare questo danaro. Io lavorerò onestamente nei limiti dell'onestà scritta sulle leggi degli uomini, che non sono le leggi del Signore. Davanti a voi mi riprometto di non sporcarmi le mani e di tenermi lontano dalla corruzione. Ho buone prospettive, ma non sono ancora quello che desidero. »

« Ma tu alla fine, benedetto ragazzo, che cosa vuoi? » Don

Oreste stava veramente perdendo la calma.

« Io voglio fare case », si infervorò Cesare, « perché ogni casa costruita è una speranza in più, è un oltraggio in meno, è un'afflizione risparmiata. Nessuno può promettere una casa a tutti, ma nessuno potrà impedirmi di costruire quante più case potrò. Tenete questi soldi. Ogni mese, finché ce la farò, la chiesa riceverà un aiuto per i poveri. »

Il prete lo guardò fisso come se volesse scavargli nell'anima i segreti nascosti. « Il denaro non è tutto. »

« Ma aiuta a vivere con più dignità », replicò il ragazzo.

« Credi forse che il buon Dio abbia bisogno di essere sovvenzionato da te? » Il bravo prete cercava di ridimensionarlo.

« Lui no, certo, ma la povera gente sì. Date e vi sarà dato. » Si salvava sempre.

« Con questo spirito la parrocchia accetta il tuo aiuto. » Il parroco lo benedisse.

« Don Oreste », si congedò Cesare, « anch'io ho i miei peccati da farmi perdonare, ma non credo che il buon Dio accetti di barattare il suo perdono con questa miseria. Io non ho il tempo di pregare come voi mi avete insegnato e questo è il solo modo che ho per dimostrare la mia fede. »

« Vai, figliolo, e che Dio ti benedica. » Don Oreste vide un superbo cigno bianco e si augurò che la sua visione rispondesse al vero.

34

Tornò in un grigio crepuscolo invernale nella lavanderia e nella casa che ricordava in un giorno di sole, nell'estate che rimane negli occhi e nel cuore, di cui si ha nostalgia quando scende la nebbia. Ricordava voli di rondini e stormi di colombi che cambiavano colore nell'aria limpida, richiami melodiosi e allegri di campane e ritrovava il gelido inverno lombardo. La casa era la stessa, ma un odore triste si sovrapponeva a quello di sicurezza, di spezie, di provviste.

« *Bambin*, sei tornato. » Matilde lo aspettava in cima alla scala, vestita di scuro, il volto pallido, l'espressione malinconica.

Cesare l'abbracciò senza parole. Si aspettava la sua fresca risata, la sua voce allegra, musicale, un po' roca, il suo odore di donna che era lo stesso della casa e che gli ricordava il glicine a primavera, i grandi occhi neri e splendenti che fissavano la sua prorompente giovinezza, ma ritrovò uno sguardo triste e segnato, un corpo infiacchito, un volto ancora bello, ma scavato.

« Che cosa c'è, Matilde? » Cesare la sorresse prendendola per la vita e la guidò verso il divano del salotto buono, aiutandola a sdraiarsi.

« Hai visto che sfacelo? » Doveva avere compiuto uno sforzo tremendo per rendersi presentabile.

« Sei solo un po' stanca. » Diceva frasi che gli venivano in mente, senza convinzione, cercando di capire. « Riposati. Prendi fiato. »

« C'è poco da prendere », sorrise mestamente, « ormai questo è tutto il fiato che ho. » Respirava velocemente cercando di nascondere l'affanno.

« Ma che cos'è successo, Matilde? » Non l'aveva mai chiamata per nome tante volte di seguito.

« Ti ricordi? » Inseguiva pensieri suoi che le davano tristezza e consolazione. « La prima volta. Cinque anni fa. Ti ricordi, *bambin*? »

« Aspetta di guarire e vedrai », gli disse sempre più turbato. No, non era quella la donna vera e desiderabile che lo aveva iniziato all'amore nella camera da letto ricca e severa, con i mobili massicci illuminati dal sole.

Matilde ignorò l'ottimismo del ragazzo. « Sei diventato bello », osservò, « sei più bello di prima. Sei diventato un uomo. Hai mantenuto le promesse. »

« Anche tu sei bella. » Cesare non mentiva perché la malattia metteva in risalto una dolcezza estrema, un'espressione gentile.

« Bella come un tramonto. » Ricordava le parole di Mimì, la gaia fioraia di Giacomo Puccini. Quante volte avevano ascoltato insieme il toccante duetto finale de *La bohème* soffrendo e commuovendosi per la tragica sorte della protagonista. Ma erano lacrime che illanguidivano i sensi e addolcivano la passione. In quel momento c'era soltanto un dolore sordo e senza sbocco.

« Ma che cosa stai dicendo? » Aveva visto l'agonia e la morte al punto da abituarsi e accorgendosi che si stava spegnendo un sogno sentiva morire anche una parte dei suoi giorni.

« È l'ultimo atto, *bambin*. » Lo accarezzò con la bella mano ormai disabituata al lavoro e diventata fragile e quasi trasparente.

« Che cos'hai? » chiese con l'intenzione di sapere.

« È cominciato con un colpo di freddo », spiegò, « poi la pleurite, poi i polmoni. Ormai respiro con i denti. Ho resistito perché ti aspettavo. »

« E non mi hai detto niente nelle tue lettere? » La baciò piano sugli occhi e sulla bocca.

« Per farti stare in pena? Che cosa sarebbe cambiato? E

io poi sapevo che saresti tornato in tempo. » Beveva il suo respiro e prendeva dentro di sé il suo odore vivo, la sua fresca giovinezza.

« Ma chi ti ha detto che sei tanto grave? » le domandò sottovoce continuando a baciarla, ad accarezzarla.

« Il dottore mi fa coraggio, ma io so che non c'è più niente da fare. È stato bello, sai? È ancora bello se tu mi consoli e mi stai vicino. Sarebbe finita comunque e sarebbe finita anche peggio: senza amore, forse con astio. Certo con dolore ti avrei visto andar via con un'altra. Perché io sono vecchia, *bambin*. Potrei essere tua madre. E tu mi hai dato tanto: la tua giovinezza, i tuoi baci, le tue maniere gentili, la tua dolcezza. »

« La medicina ha fatto grandi progressi, Matilde. I soldi non ci mancano. Cercheremo i più bravi medici. Troverò per te il migliore. Ti porterò da lui e ti guarirà. » Non aveva mai detto tante bugie una dopo l'altra.

« Sei tu il mio medico, *bambin*. » Allungò una mano a sfiorargli i capelli e gli sorrise. « Non agitarti, Cesare, tanto non serve. Dimmi piuttosto: la casa che ho trovato per te e per tua sorella ti è piaciuta? »

« Ci vado domani. » Aveva altro per la testa che pensare alla casa.

« Vedrai che ti piacerà. Credo di avere fatto una buona scelta. L'affitto è conveniente. Ho stipulato il contratto a nome tuo e ho pagato per un anno. »

« Ai conti penseremo dopo. »

« Dopo », mormorò con un sorriso ironico, « è una parola che non posso permettermi. »

« Lasciami fare un tentativo », la interruppe lui.

« Fai tutti i tentativi che vuoi, ma intanto ascoltami. » Era ormai serena, sicura di sé, affettuosamente materna. « La lavanderia, questa casa e i soldi che sono alla posta in un libretto sono tutta roba tua. »

« Ma io non ho bisogno di niente », cercò di dissuaderla.

« Non interrompermi, ti prego. Io non ho nessuno al mondo all'infuori di te e non saprei neanche a chi lasciare la roba. Però non voglio che la gente chiacchieri. Così ho pensato di nominare erede la tua Giuseppina. Ho già dettato tutto al notaio. Per giustificare la cosa lei dovrà venire a stare con me per questi giorni che mi restano. Durante la tua assenza ho conosciuto bene quella ragazza. È diversa da te, ma ti somiglia. Le sono molto affezionata. Qui ci sono le chiavi », concluse porgendogliele, « ai nostri affari penserai tu. A me penserà Giuseppina. »

« Intanto a te ci penso io. » Sorrise con un'allegria che sembrava vera, aprì un pacchetto che aveva posato sul tavolino e sciorinò con l'abilità di un mercante da fiera uno stupendo scialle friulano di lana fine dalla frangia lunga e setosa. Glielo avvolse intorno alle spalle, lo sistemò con bel garbo e infine contemplò la sua opera. « Sei uno splendore », disse ammirato.

« Come sei bello, *bambin*. E quanta consolazione mi dai. »

« E questo è soltanto l'inizio, Matilde, vedrai quando sarai guarita. »

« Non sporcare con le bugie la tua bella voce », lo rimproverò in tono materno. « Io ho peccato, ma ho pregato tanto, ho chiesto perdono a Dio e sono stata assolta dal prete. Se Dio assolve quelli che hanno voluto bene assolve anche me, perché te ne ho voluto e te ne voglio tanto. Ti chiedo una sola cosa. »

« Domandami quello che vuoi. » Si chinò su di lei con amore.

« Aiutami a morire. Tienimi la mano adesso che viene il buio. »

Cesare la prese tra le braccia, la sollevò come se fosse senza peso e la portò nella sua camera. Volle spogliarla, farle indossare la più bella camicia da notte, metterla a letto e rimboccarle le coperte come a una bambina. Alimentò la pesante stufa di ghisa che brontolava nell'ingresso diffondendo un gradevole tepore.

« E adesso », propose lui, « facciamo finta che non sia successo niente. »

« Così mi piace di più », disse Matilde ricambiando il suo sorriso.

« Vado a sistemarmi nella casa nuova e ti mando Giuseppina », promise.

« Però torna anche tu. »

« Certo che torno. Altrimenti chi manda avanti questa baracca? »

Uscì all'aperto senza allacciarsi il cappotto; l'aria fredda gli faceva bene, ne aveva bisogno, dissipava la malinconia che si era diffusa in tutto il suo essere. Camminò con passo agile mentre, nonostante tutto, gli ritornava la gioia di vivere.

35

« Non mi dire che sei stato ferito mentre andavi all'attacco », esclamò Cesare.

« Mai attaccato in vita mia », confessò il Riccio. « Stavo sempre con la testa per terra. Perciò mi hanno ferito al culo. » La scheggia di una granata gli aveva portato via mezza chiappa ed era finita con quel cospicuo, ma inglorioso spargimento di sangue la sua partecipazione alla guerra sul fronte dell'Isonzo.

« Così sei tornato quasi subito. » Cesare si versò da bere.

« Un anno prima di te. Mi hanno dato una medaglia, una pensione di invalidità e le donne impazziscono per vedermi il didietro. Anche tu hai un bel ricamo in faccia », disse indicando la cicatrice sulla guancia di Cesare.

« Un ricamino. Ma niente medaglia. E niente pensione. » Si toccò la guancia.

Gli occhi della gente erano ancora pieni dell'immagine della vittoria alata disegnata da Beltrame sulla *Domenica del Corriere*, con il grembo fiorito, mentre spargeva corone d'alloro sull'esercito vittorioso e già si accentuava il solco tra patrioti e democratici che segnava fin da prima del conflitto la linea di confine tra interventisti e pacifisti.

L'osteria era piena di reduci che avevano vinto la guerra e si trovavano peggio di quando erano partiti. Seicentomila di loro erano rimasti sul Carso, sul Piave, sull'Isonzo, lungo la valle dell'Adige, sull'altopiano di Asiago. Tutti si erano comportati bene nonostante l'equipaggiamento inadeguato e gli

Stati Maggiori inetti. Si erano opposti all'impero austro-ungarico come si opponevano alla miseria: con grinta.

La gente beveva, giocava a carte, bestemmiava. Quando c'era la prospettiva del fronte venivano trattati da cittadini e non da sudditi e un commilitone di carta, enfatico, con fucile, elmetto giberne e tascapane sembrava uscire dai manifesti affissi ad ogni angolo di strada per puntare contro di loro l'indice accusatore, spronandoli a fare il loro dovere.

« Adesso che il nostro dovere lo abbiamo fatto », disse uno ancora in divisa, « se ne sbattono di noi. »

Molti ricordarono la « settimana rossa » organizzata nel 1914 dai socialisti Benito Mussolini, Pietro Nenni e dall'anarchico Enrico Malatesta, una rivoluzione fatta in casa, che, partendo dalla Romagna e dalle Marche, dov'era divampata, era riuscita a propagarsi in tutto il paese.

« Quella è roba da ridere », disse un anziano, « in confronto a quello che succederà adesso. Altro che 'settimana rossa'. »

Ormai non si parlava più dell'Italia semplicemente, si parlava dell'Italia di Caporetto e di Vittorio Veneto. Il sangue era stato versato e sacrifici erano stati fatti, ma anche i giochi: le grandi industrie fornitrici dello Stato in guerra avevano decuplicato i capitali, mentre i contadini che tornavano dal fronte erano più poveri di prima. Gli operai e gli impiegati si erano visti rosicchiare salari e stipendi dall'inflazione.

« Tu che cosa ne pensi? » domandò il Riccio alludendo alle proteste che si levavano tra i tavoli.

« Indietro non si torna, mai », rispose Cesare. « Tutti hanno fatto il loro dovere e adesso è ora di mantenere le promesse. »

« Dici che fanno la rivoluzione? »

« Le rivoluzioni cambiano le cose, ma non sempre le migliorano. » Cesare tirò fuori una scatola di sigarette Macedonia con il bocchino dorato.

« Ma secondo te », insisté il Riccio, « la faranno la rivoluzione? »

« Se saranno costretti ci proveranno, in un modo o nell'altro. »

« E per noi? » Il Riccio ammetteva di non essere mai riuscito ad attuare la massima evangelica: « Ama il prossimo tuo come te stesso ».

« Noi siamo fuori del branco, se è ai nostri interessi che alludi; anzi, ai tuoi. »

« Scusa, fammi capire », disse con aria sorpresa, « perché ai miei interessi e non ai nostri? »

« Perché io sono arrivato alla mia stazione », annunciò Cesare, « prendo i bagagli e scendo. »

Il Riccio si picchiò l'indice sulla fronte. « Ma tu dai i numeri. »

« No, io scendo veramente. E cambio linea. » Si guardò intorno: era ormai tra gente che non riconosceva.

« Dai, dimmi che è uno scherzo. » Si mordicchiò il labbro inferiore, poi quello superiore facendo delle ridicole smorfie.

« Non è uno scherzo », confermò, « lo hai sempre saputo che un giorno o l'altro avrei cambiato strada. »

« Sì, è vero », ammise a malincuore. « Mi illudevo che questo giorno fosse ancora lontano. Non potrei venire anch'io? » Era una domanda inutile.

« Dovunque io vada c'è posto per un amico come te », rispose sorridendo Cesare.

« Questo è un discorso serio. » Tamburellò le dita sul tavolo.

« Ma tu il commercio del vino, l'osteria e Miranda li hai nel sangue », gli ricordò senza volerlo dissuadere.

« Questo è un discorso vero », ammise il Riccio. « Continuo per la vecchia strada. Se per caso cambi idea ti tengo il posto caldo », concluse, sentendosi sollevato.

Entrò una donna della lavanderia e si orientò nella nebbia fumosa della taverna prima di dirigersi al tavolo dei due amici dove si fermò. Sembrava il personaggio di un'altra storia.

« Vostra sorella », comunicò a Cesare, « mi incarica di dirvi che la signora Matilde muore. » Volse le spalle ai due giovani e lasciò l'osteria con il sollievo di un attore alle prime armi spaventato dal pubblico.

36

GIUSEPPINA bussò alla porta del fratello con discrezione.

«Che cosa c'è?» domandò. Si sentiva intimidita, ancora un'estranea nella nuova casa.

«E perché diamine non dovresti potere entrare?» replicò. «Dai, vieni.»

La vide nella cornice luminosa della porta mentre gli porgeva una busta gialla con mano tremante.

«È un telegramma», mormorò quasi sul punto di piangere. Per la povera gente il telegrafo era un mezzo inconsueto, portatore di notizie nefaste come i dispacci consegnati a mano dai carabinieri durante la guerra: un ferito, un caduto, un disperso.

Cesare si tirò a sedere sul letto. «Apri la finestra», disse.

La luce di quel chiaro mattino di aprile inondò la stanza.

«Un telegramma, Cesare», balbettò Giuseppina che nel lungo abito grigio di lana leggera, quasi monacale, andava sempre più assumendo l'aspetto di una fedele governante. «Un telegramma per te.» Splendeva il sole e l'aria era piena del profumo dei campi che si stendevano subito dietro le ultime case di corso Buenos Aires.

Quando la ragazza trovò il coraggio di avvicinarsi Cesare le diede un buffetto affettuoso sulla guancia. «Non sempre i telegrammi portano cattive notizie», cercò di rassicurarla prendendo il rettangolino giallo e ficcandolo nella tasca del pigiama.

«Ma come, non lo leggi?» si scandalizzò lei.

«Dopo. Adesso voglio fare un bagno mentre mi prepari

una ricca colazione. Caffè », si raccomandò, « pane, burro, marmellata, ma per l'amor del cielo niente polenta. »

Giuseppina non era ancora definitivamente entrata nella nuova vita, però si era abituata a molte cose, alcune delle quali apprezzava in modo particolare, come l'abitudine aristocratica del fratello di indossare il pigiama, ma non sapeva rinunciare alla polenta del mattino, che era forse un modo di non staccarsi definitivamente dalle tradizioni della cascina.

« Certo, Cesare, niente polenta. » Stava in attesa con gli occhi spalancati.

« C'è l'acqua calda? » si informò l'uomo, pronto a rimproverarle la sua parsimonia.

« C'è, c'è », si affrettò a rispondere Giuseppina, « sono due ore che ho acceso lo scaldabagno. Le sembrava di avere fatto acquisti principeschi per la casa nuova, ma il risultato era di una modestia essenziale; però c'era l'acqua in casa, il bagno con lo scaldabagno a legna, la luce elettrica in tutte le stanze che era ben diversa dalla lampada a petrolio e che diffondeva una luminosità da fiaba. Giuseppina non sapeva abituarsi al miracolo inspiegabile che si realizzava ad ogni giro dell'interruttore bianco di maiolica e non riusciva a capire come quella fonte radiosa potesse scorrere come in un fiume sotterraneo dentro i fili ricoperti di seta bianca fissati al muro da piccoli isolatori color latte.

« Sei contenta della nuova casa? » le domandò Cesare.

« Chi non sarebbe contento? » rispose. « Faccio la vita della signora. » Era sincera, ma la dignitosa sistemazione che lei scambiava per un sontuoso insediamento aveva interrotto certi canali di comunicazione senza i quali si sentiva smarrita e sola nella sua splendida prigione. Quando Cesare era con lei non avvertiva tanto la distanza, ma se il fratello era assente le mancavano le voci e le facce della cascina. E l'odore della campagna che veniva sul vento della primavera accentuava quella nostalgia. Con la gente del palazzo nuovo e con i bottegai più che buongiorno e buonasera non si dicevano. « Sì, sono proprio contenta. » Volle rafforzare il concetto in modo che il fratello non avesse dubbi.

Cesare si affacciò alla finestra. Passavano carri, barrocci, qualche automobile e gruppi di sfaccendati. Nella grande strada gente si chiamava da bottega a bottega con voci familiari e scherzose. Un fabbro picchiava sul ferro incandescente facendo poi rimbalzare il martello sull'incudine e il risultato era una serie ininterrotta di suoni ovattati e festosi.

« È un posto che mi piace », disse, « ma non è ancora il posto nel quale intendo stabilirmi definitivamente. »

Giuseppina non disse niente e si limitò a guardarlo piena di ammirazione mentre lui si stiracchiava come un gatto. Andò in bagno, fece scorrere l'acqua calda e fumante nella grande vasca di smalto bianco che poggiava su quattro piedi di metallo e quando il fratello entrò lei abbassò lo sguardo e uscì silenziosamente: era pur sempre un uomo.

Cesare si immerse nell'acqua calda provandone un dolce piacere, prese il sapone di Marsiglia, giallo e odoroso di pulito, cominciò a insaponarsi le mani, poi cambiò idea e lo rimise al suo posto: voleva rilassarsi ancora per qualche minuto. In pochi mesi aveva pianto il primo grande amore della sua giovinezza, aveva festeggiato il fidanzamento tra il Riccio e Miranda, aveva preso alloggio in una casa nuova e mandava avanti la lavanderia di Crescenzago. Rinunciando alla sua partecipazione all'attività commerciale con l'amico aveva messo da parte una bella cifra che, assommata all'eredità di Matilde, costituiva un capitale di tutto rispetto. Aveva molto e ne era consapevole, nel momento in cui il paese e la società vivevano una crisi tremenda: alla conferenza di Parigi gli alleati avevano tagliato le ali alla splendida vittoria italiana mentre si moltiplicavano gli scioperi che si traducevano in miglioramenti salariali e in orari più umani, ma non risolvevano i problemi di fondo. Massimalisti velleitari e riformisti indecisi paralizzavano il più grande schieramento politico del momento: il partito socialista italiano. Cesare seguiva attentamente sui giornali l'evolversi degli avvenimenti e aspettava fatalisticamente che qualcosa accadesse nella sua vita. Perché di quello era certo: qualcosa doveva accadere. Il capitano Casati gli aveva promesso che lo avrebbe chiamato appena tornato dal fronte e certamente era ormai a Milano, ma quel silenzio non lo preoccupava. Si lasciava cullare dal fatalismo delle persone concrete e sapeva che il destino che lui aveva in parte programmato si sarebbe compiuto. Intanto si godeva la pace e il benessere che era riuscito a ottenere. Si lavò con cura, poi si frizionò vigorosamente con un lenzuolo di lino e infine si guardò nel grande specchio che aveva voluto alla parete del bagno, proprio di fronte alla vasca. Il torace possente e le braccia muscolose avevano uno straordinario vigore mentre la bella faccia virile, appena segnata dalla cicatrice bianca, aveva una sicurezza un po' insolente che lo schietto sorriso riusciva soltanto a mitigare. I suoi limpidi occhi azzurri, che si incupivano nella collera, incutevano rispetto e soggezione. Si guardò e si piacque, ma ammise con se stesso che non era quello che la gente definisce una persona simpatica.

Indossò la biancheria pulita preparata da Giuseppina sul letto, scelse un vestito grigio di lana leggera dal suo armadio ormai sufficientemente fornito, si pettinò e si presentò vestito di tutto punto in cucina, dov'era pronto per la colazione.

Giuseppina versò il caffè e quasi lo fece traboccare dalla tazzina, affascinata com'era da quel fratello elegante e autorevole, tanto diverso da lei; somigliava alla madre e ricordava il padre nel colore degli occhi più che nello sguardo.

« Allora, che cosa te ne pare? » le domandò Cesare alludendo alla loro nuova condizione.

« Sono contenta », rispose sedendo a tavola come una parente povera, « sono così contenta che neanche te lo immagini. Dopo tante disgrazie », la sua voce si fece triste, « mi sei rimasto solo tu. E mi fai fare la vita della signora. »

« Non credere che io voglia passare il resto dei miei giorni con te », scherzò.

« Oh, Cesare », saltò su spaventata, « e con chi dovrei vivere se non con te? »

« Sei giovane, sei bella, un giorno o l'altro ti sposerai. » Sapeva di evocare penosi ricordi.

La ragazza si morse il labbro inferiore e abbassò lo sguardo. « Cesare, di questo non devi parlare mai più », disse. « Io non avrò mai un marito. Io non mi sposerò mai. » Il sesso, l'uomo, la vergogna, il peccato formavano un unico groviglio.

« Dai, non prendertela. » Erano passati cinque anni, cinque lunghi anni dall'oltraggio subìto, ma lei non aveva dimenticato. « Nessuno ti farà del male, mai più. »

« Lo so », sorrise mestamente, « ma preferirei che di queste cose non si parlasse. »

« Farai quello che ti piacerà », disse Cesare cercando di buttarla sullo scherzo, « e se vorrai andrai al cinematografo o a teatro. E una sera della prossima stagione ti porterò alla Scala. A vedere *La bohème.* » Quella volta fu lui a rattristarsi ricordando Matilde e le melodie pucciniane che facevano da sfondo alla sua storia d'amore, ma subito si riprese, si alzò da tavola, obbligò la sorella a fare altrettanto, l'afferrò per la vita e fischiando e cantando la fece volteggiare sulle note di un valzer. « Ecco che cosa faremo », soggiunse, « andremo a un veglione e balleremo tutta la notte. »

« Fermati, Cesare, che mi fai girare la testa », protestò elettrizzata e felice, sentendo in quel momento prevalere il lato lieto della vita. Cesare l'aiutò a sedersi e lei si prese la faccia tra le mani. « Dio mio, che cosa mi fai fare. Sei proprio pazzo », lo rimproverò con tutta la dolcezza di cui era capace. « E il telegramma? » si ricordò improvvisamente ritornando seria.

Cesare andò a prenderlo nella tasca del pigiama e lo lesse; diceva: « Preghiamola presentarsi lunedì dieci ore otto direzione ditta Casati & Figlio ».

« Che cos'è? » chiese Giuseppina in apprensione.

« Forse una buona prospettiva di lavoro. »

37

NELLA Ditta Casati & Figlio lo colpì il silenzio nel quale echeggiava il ticchettio delle macchine per scrivere, l'essenzialità delle parole e dei dialoghi, i rapidi passaggi del fattorino, la sussiegosa ingenuità della segretaria, né giovane né vecchia, né brutta né bella che esprimeva un grande attaccamento al lavoro e una completa dedizione al titolare dell'azienda di cui pronunciava il nome con religioso rispetto.

« Il conte Rinaldo Casati la prega di attendere », disse la donna in grembiule nero e collettino bianco.

Cesare fece cenno di sì e rispose che andava bene che facesse pure con comodo. La sua innata curiosità gli impediva di annoiarsi: c'erano molte cose da guardare e particolari da scoprire. I ritratti del re Vittorio Emanuele III e della regina Elena campeggiavano alla parete sotto un crocefisso.

La segretaria era bionda e gentile, ma si alterava nell'espressione e nei modi quando parlava al telefono: la voce diventava imperiosa, tra l'aggressività e lo spavento, come se fosse rivolta a un interlocutore dall'altra parte di un cortile. Quando squillava il campanello aveva un impercettibile sussulto, subito si ricomponeva, tendeva la mano con un gesto da fine dicitore, afferrava il ricevitore e, dopo avere disegnato nell'aria un elegante svolazzo, se lo portava all'orecchio, drizzava la schiena, alzava la testa, si guardava intorno nella speranza che qualcuno la vedesse nell'esercizio della delicata mansione e gridava un terrificante: « Prontiiii! »

Venne il fattorino, un tipo da sacrestia, magro come un chiodo, con le mezze maniche di makò nero. « Se vuole accomodarsi », disse, « il signor conte l'aspetta. »

Lo studio del conte Rinaldo Casati era molto grande, ma a Cesare parve immenso come una piazza d'armi; le pareti erano rivestite di un alto zoccolo di legno scuro, il parquet in qualche punto scricchiolava sotto i suoi passi. La scrivania alla quale sedeva il padrone era massiccia, quadrata, color mogano. Sembrava costruita sulla sua misura di uomo imponente, sui settant'anni, con la gran testa da guerriero antico calva e lucida come il liscio e sgombro ripiano della scrivania. Il naso prominente, ma non sgradevole era sottolineato da un superbo paio di baffi bianchi che quasi nascondevano la bocca. Gli occhi grigi scintillavano con giovanile superbia. Indossava un abito color ferro di taglio impeccabile e una camicia immacolata su cui risaltava una cravatta nera.

« Dunque? » Esordiva con una sola parola: il tratto era quello del signore, ma il piglio militaresco, da ufficiale di carriera. Sfilò dalla tasca interna della giacca un astuccio di cuoio, lo aprì e tirò fuori un sigaro Virginia, lo annusò con piacere e lo accese godendo di quel fumo azzurrino che disegnava eleganti spirali intorno alla sua testa. « Dunque? » ripeté.

Cesare aveva accumulato abbastanza esperienza per non aspettarsi mai da chi comanda manifestazioni di affettuosa familiarità, caso mai si sarebbe stupito del contrario. Era abbastanza scontato l'atteggiamento del vecchio, quello della persona importante che tra mille impegni fondamentali trova anche un ritaglio di tempo per un problema irrilevante. Cesare provocò però un lieve imbarazzo al padrone regalandogli uno dei suoi sorrisi irresistibili che escludevano qualsiasi forma di soggezione o di sottomissione e che equivalevano a un « se parli, va bene, ma se non parli la cosa mi lascia del tutto indifferente ».

« Mio figlio mi ha parlato di lei in termini lusinghieri », disse il vecchio abbreviando la pausa che avrebbe dovuto mettere a disagio il giovane.

« Ho molta stima per il capitano Casati », disse Cesare rompendo il silenzio. Guardò un delicato paesaggio campestre splendidamente dipinto in una cornice dorata sulla parete a fianco della scrivania. Di fronte la parete era interamente occupata da un'elegante libreria. Un giorno ne avrò una più bella, pensò.

« Mio figlio passa per un conoscitore di uomini, giovanotto. » Guardò il sigaro che teneva tra le mani.

« Non ne ho mai dubitato e mi dispiacerebbe negare con la mia insipienza questa splendida facoltà. »

« Non è la sfacciataggine che le manca », il vecchio lo richiamò perentoriamente all'ordine, « ma questa è anche una particolarità dei ribaldi. » Guardò per qualche istante la cenere bianca sulla brace del sigaro prima di fissare il suo grigio sguardo d'acciaio nell'azzurro intenso degli occhi di Cesare. « È anche una caratteristica dei ribaldi e dei sovversivi », soggiunse. « Sovversione » e « reazione » stavano entrando nel linguaggio politico, come negli anni della guerra erano diventati popolari i termini disfattismo e patriottismo.

« Detesto le etichette. » Non si era imposto lo scontro, ma visto che c'era non aveva nessuna intenzione di tirarsi indietro: non lo aveva mai fatto, neanche quando sapeva di rischiare la vita. « E non accetto la legge del branco », concluse.

« Vediamo di non perdere tempo », tagliò corto il vecchio, « che cosa sa fare? »

« Il conte Benedetto Casati conosce le mie poche virtù, credo che gliene abbia parlato e ritengo che lei abbia già in mente di mettermi alla prova. Si vogliono sempre mettere alla prova le persone che in qualche modo dipendono da noi. »

« Neppure gli argomenti le mancano. » Decisamente quel ragazzo si meritava un sorriso.

« Sono soltanto pieno di voglia di fare, signor conte », disse intuendo la piega favorevole che stava prendendo la conversazione. Respirava in quell'aria calda diffusa dai termosifoni l'odore del benessere che, con qualche variante, era lo stesso in tutti gli insediamenti dei ricchi: nel palazzo del conte Spada, negli uffici dei conti Casati; era profumo di pulito, di buon tabacco, di lavanda, di antiche certezze, di attuali solidità.

« Ma si accomodi », l'invitò finalmente il vecchio indicandogli una delle due sedie ricoperte di pelle davanti alla scrivania. « Mi dicono che lei sappia risolvere tutti i problemi. »

Fece alcuni passi sul tappeto morbido dai colori tenui a disegni orientali e sedette. « Credo di sapere comprare », cominciò Cesare, « e di sapere riconoscere una cosa utile da una inutile. » Non disse, ma lo pensò, che la sua abilità era quella di « comprare » uomini dopo avere riconosciuto quelli in vendita. Forse il segreto consisteva proprio in quella sua particolare attitudine.

« A noi serve gente che sappia vendere », replicò il vecchio che provava un gusto malizioso nel contraddirlo. « Il settore della bicicletta e della moto è in espansione. Produrre è relativamente facile. Convincere la gente a comperare le cose che produciamo è il vero problema. »

« Soprattutto adesso che la guerra è finita. » Quel pensiero ad alta voce non piacque molto al vecchio.

« Mio figlio aveva in mente di affiancarla al nostro direttore alle vendite. Ha una certa età. È stanco. E avrebbe bisogno di un valido aiuto. »

« Può darsi che suo figlio abbia ragione », ribatté, « ma anche se non dovrei per la mia età e la mia inesperienza mi permetto d'insistere. Credo che potrei essere più utile nel settore acquisti. Saprei comprare tutto: materie prime a prezzi competitivi, brevetti, idee. È più facile vendere quando si ha a disposizione un prodotto migliore a un prezzo più vantaggioso. » Senza chiedere il permesso tirò fuori una delle sue Macedonia dal bocchino dorato e l'accese.

Il vecchio, affascinato dalla prontezza del giovane, decise di non sottolineare l'impertinenza. Cesare non era più un tipo qualsiasi da ricevere in un ritaglio di tempo, era un personaggio da scoprire, un talento da individuare, un'intelligenza da mettere alla prova. « C'è un problema che lei potrebbe aiutarmi a risolvere », disse. Aprì un cassetto della massiccia scrivania, prese una grande cartella e l'aprì. « Questa è la mappa di un appezzamento di terreno », spiegò.

« Proprio dietro corso Buenos Aires », disse Cesare individuandolo subito.

« Ha l'occhio pronto », commentò Casati piacevolmente sorpreso.

« Abito da quelle parti. Poi ho tirato a indovinare. » Non voleva correre il rischio di strafare.

« Allora è inutile che le illustri le caratteristiche di questo terreno, le vede da sé: prati immensi, fattorie abbandonate, vecchie bicocche. Qui vogliamo costruire la nuova fabbrica di cicli e motocicli. Un moderno stabilimento che prevede l'impiego di oltre cinquecento operai, con la pista di collaudo dei motoveicoli. Questa terra », continuò passando la mano larga e forte sul foglio di carta, « è quasi tutta acquistata. Mancano alcuni lotti. Appartengono a piccoli proprietari, quelli che ne fanno una questione sentimentale, che si richiamano alla tradizione e che, insomma, sono i più restii. Mi piacerebbe vedere se lei sa effettivamente comperare. »

« Se è una proposta la ringrazio e l'accetto, signor conte. » Cominciò a leggere quelle carte e a decifrare quelle planimetrie, buttandosi a capofitto come in un libro di avventure di cui lui era il personaggio principale. Era convinto ormai di essere entrato nello spazio riservato a una « ristretta brigata di pochi grandi finanzieri e di pochi grandi industriali » e risultava evidente che l'imponenza del progetto prevedeva un necessario accordo tra banca e industria. Quella prospettiva era attraente, ma c'era una cosa che addirittura lo esaltava: la terra da comprare per costruirvi case, palazzi, fabbriche. La terra, la calce, i mattoni, il cemento, i muri erano i suoi elementi vitali.

Cesare prospettò tattiche individuali e una generale strategia, mischiando le carte in modo da far sembrare le decisioni finali una scelta del vecchio mentre era lui, il ragazzo, che conosceva i numeri della combinazione.

Fu così che il conte Rinaldo Casati, affascinato dalla saggia intraprendenza del giovane interlocutore, cominciò a scoprire in lui la sua stessa scaltrezza e si riconobbe nella chiarezza delle idee e nel modo pacato di formulare i pensieri. Il vecchio cavallo di razza e il giovane puledro selvaggio fecero un tratto insieme sulla stessa pista. Il magico incanto fu spezzato dall'arrivo del figlio Benedetto che entrò nell'ufficio dopo avere bussato due colpi, senza neppure attendere che il padre lo invitasse a entrare.

« Buongiorno, papà », salutò allegramente, domandandosi chi potesse essere quel signore chino sulle planimetrie, preso a un punto tale dai progetti da non accorgersi che era entrato. Ma quando Cesare sollevò il capo dalle carte regalandogli un sorriso smagliante riconobbe in quell'uomo elegante, bello, con l'aspetto del vero signore, il suo attendente.

« Buongiorno », disse Cesare, « capitano o conte Casati? » propose cordialmente tendendogli la mano.

In quel momento Benedetto Casati vide sovrapporsi alla immagine dell'uomo attraente in abiti civili quella del soldato sporco, puzzolente, che gli stava sopra nel fango di una postazione dimenticata da Dio, puntandogli una baionetta alla gola. Provò un'invidia sorda, cattiva per quella metamorfosi che sembrava farlo passare in seconda linea anche nel rapporto con il padre.

« Non gli stringi la mano? » domandò il vecchio, sorpreso.

« Quest'uomo deve imparare ad alzarsi quando entro. » Era teso, con un leggero tremito alle labbra.

« Ma non mi avevi detto tu di riceverlo? » intervenne il vecchio. « Non mi avevi detto di lui tutto il bene possibile? »

« Questo non lo autorizza a perdere il senso delle proporzioni e a comportarsi come un cialtrone. » Lo odiava, lo detestava profondamente perché lo sentiva superiore a lui, proiettato nel futuro. Di fronte a quel bastardo sarebbe stato sempre con la schiena a terra e con un coltello puntato alla gola, anche perché non c'erano più i gradi e la disciplina militare a difenderlo. Doveva dargli una lezione per fargli sapere chi comandava e cancellare le familiarità e i vantaggi conseguiti.

Cesare impallidì e la cicatrice sulla guancia destra si evidenziò maggiormente, ma il suo sorriso conservò smalto e splendore. « Forse la puntualizzazione del signor conte è stata eccessiva », disse, « ma la sintesi efficace. »

Il più impressionato dei tre fu il vecchio: si era sbagliato a giudicare quel ragazzo, si era immaginato che sentendosi chiamare cialtrone avrebbe reagito saltando alla gola del figlio. Evidentemente il suo metro di giudizio non era più tanto esatto.

« Sei stato un abile attendente, ragazzo », lo classificò Benedetto Casati ridimensionando il suo ruolo, « hai saputo servirmi con impegno, ma questo non significa che tu possa assolvere incarichi importanti in un'azienda come la nostra. Non dico che questa eventualità possa essere esclusa », continuò con magnanimità, « ma dovrà essere il risultato di un'esperienza conseguita gradualmente. »

« Mi sembra un'osservazione ragionevole », disse Cesare. Era sereno e fiero della sua compostezza. I tempi della trincea erano lontani e non si trattava più di scegliere morte per morte, bensì vita per vita.

« Così lei accetta di lavorare per noi? » intervenne il vecchio combattuto fra il disprezzo per quel pallone pieno di boria che si era clamorosamente sgonfiato e il rimpianto per l'intelligente interlocutore perduto.

« Con la mia poca esperienza e la mia giovane età », rispose Cesare, « non posso permettermi di rinunciare a cuor leggero a una simile opportunità. »

« Allora resti in attesa di una nostra ulteriore comunicazione », disse il vecchio sentendosi tradito.

« Nel frattempo non rinunciare alle tue attività, se ne hai », infierì il giovane padrone. « La nostra convocazione potrebbe arrivare non troppo presto. E poi non è detto che il tuo lavoro sia di nostro gradimento. »

« Non ho nessuna fretta, signor capitano. Signori. » Chinò appena la testa, alla maniera degli ufficiali, in segno di saluto, sorrise come se non fosse successo niente e se ne andò.

38

« Ma dove avrà preso tanti soldi, quel figlio di puttana? » Benedetto Casati era verde di rabbia e interrogava se stesso più che l'ingegner Luigi Ferrari che lo ospitava nel suo ufficio in municipio.

« Temo di potere fare molto poco per lei, caro conte. » L'ingegnere capo diceva parole semplici con tono cordiale, quasi temesse di evocare il penoso ricordo dell'ultimo incontro all'*Hotel Posta* di Padova, quando si era umiliato in un'imbarazzante richiesta di danaro, peraltro rifiutata, anche se doveva servire per pagare un debito di gioco.

« Quel cialtrone! » imprecò. « Quel figlio di puttana! » Subiva con l'ingegnere una seconda mortificazione. La prima gli era venuta dal padre che senza mezzi termini lo aveva battezzato incapace e presuntuoso, per essersi lasciato giocare come un principiante.

« Le carte sono in perfetta regola », disse Ferrari consultando i suoi appunti. « I contratti hanno tutti i crismi di legge. Due appezzamenti di terreno in località viale Abruzzi sono stati regolarmente acquistati dal signor Cesare Boldrani per la somma di lire diecimila. »

« Non mi abbasserò mai a trattare con il mio ex attendente », sentenziò Benedetto Casati.

« Mi sembrava che corresse buon sangue tra voi, ai tempi », lo stuzzicò Ferrari.

« Era un soddisfacente rapporto di dipendenza », precisò

l'ex ufficiale irrequieto come un animale in trappola.

« Comunque, caro conte, questo è un problema che può risolvere soltanto lei. » L'ingegnère si alzò con l'aria di volere congedare l'ospite. « Fra dieci minuti », si scusò, « ho una riunione dal sindaco. »

« Così non c'è proprio una scappatoia? Una possibilità qualsiasi? Un cavillo? » Avrebbe venduto l'anima al diavolo per ribaltare la situazione.

« No », ribatté Ferrari, « la sola possibilità è rappresentata dall'acquisto dei terreni e per fare questo la ditta deve trattare con il signor Cesare Boldrani che ne è il legittimo proprietario. Ammesso che il signor Boldrani sia disposto a venderli », puntualizzò.

« Ma se li ha comprati per quello », replicò Benedetto Casati ignorando l'invito di Ferrari. « Ha carpito con l'inganno un'informazione e ha comprato per ricattarci. D'altra parte, mi dica lei, ingegnere, che cosa se ne fa di tre o quattro poderi al centro di un terreno che appartiene a noi? »

« Se le cose stanno così tanto vale scegliere il male minore. » Era un buon suggerimento.

« Lei mi consiglia di trattare? » Era una domanda inutile. Prendeva tempo solo per tacitare il suo amor proprio.

« Mi consenta di essere franco », riprese l'ingegner Ferrari allargando le braccia; era molto cambiato da quell'ultimo incontro, aveva riacquistato dignità e sicurezza, « voi non avete alternative. Quella dietro corso Buenos Aires è attualmente la sola zona in città dove si possa ragionevolmente costruire una fabbrica. »

« Su questo non ci sono dubbi. Abbiamo fatto venire un architetto apposta da Francoforte per studiare la giusta collocazione. »

« Vede anche lei che stiamo girando a vuoto. La vicinanza con gli svincoli più importanti è assicurata. Ci sono due splendide possibilità di collegamento: con la ferrovia e con la strada. Io non aspetterei altro tempo se, come dice lei, Boldrani è disposto a vendere. »

« Perché ne dubita? » domandò Casati mettendosi in allarme. Quel terreno senza gli appezzamenti acquistati da Cesare perdeva due terzi del suo valore.

« Io non conosco il proprietario », mentì mentre quel nome gli ronzava nella mente associato a un lontano, piacevole ricordo, « ma potrebbe essere consigliato da qualcuno. Lei stesso si è chiesto dove possa avere trovato tanti soldi. »

« Quel bastardo! » scagliata da un nobile l'offesa era anche più grave. « È sempre stato un maestro dell'intrigo. »

« Io devo proprio andare dal sindaco », disse l'ingegnere. « Per quanto riguarda il suo problema non vedo altre vie di uscita. E al suo posto », concluse mentre l'usciere apriva la porta all'ospite, « non farei tanto il difficile. »

« Il coglione... » stava per dire « siamo stati noi », ma si corresse, « sono stato io. » Aveva toccato il fondo perdendo ogni ritegno.

« Tutto, anche l'autolesionismo, pur di non ammettere la superiorità dell'avversario. » Ferrari gli batté amichevolmente una mano sulla spalla.

« Un ex attendente, figlio di puttana », imprecò con aria infantile.

« Conte Casati », replicò Ferrari in tono severo, « questo ex attendente non lo deve sposare, né invitare a casa sua, ma deve soltanto concludere con lui un affare. Prima lo concluderà, prima risolverà il suo problema. »

39

« Ma tu, da che parte stai? » Il vecchio cominciò a dargli del
tu, non per sottovalutarlo. Al contrario lo innalzava al suo livello. « Ti rendi conto », proseguì, « che continuiamo a essere
poveri e in più siamo pieni di debiti? » Partiva da lontano,
dalle condizioni economiche del paese, e teneva il discorso
sulle generali. Fatte le dovute proporzioni, quello tra Cesare
e il conte Rinaldo Casati non valeva più di certi discorsi fatti
dalla povera gente nei cortili o all'osteria. « E abbiamo fatto
la guerra e l'abbiamo vinta. Adesso », continuò, « i sovversivi
ci scavano la terra sotto i piedi, si iscrivono a milioni nei sin-
dacati, organizzano scioperi di fronte ai quali le sommosse del
1901-1902 sono niente. »

La gravità della situazione non sfuggiva a nessuno: la catena delle astensioni paralizzava l'intero apparato produttivo.

Scioperavano i servizi pubblici, i ferrovieri, i postelegra-
fonici, i braccianti, gli impiegati, ma Cesare Boldrani era andato dal vecchio per trattare la cessione dei terreni dietro corso
Buenos Aires e si rendeva perfettamente conto che la situazione
generale del paese non dipendeva da lui.

« Non sto da nessuna parte », disse, « e lei lo sa benissimo. » Fumava tranquillamente la sua Macedonia.

« Occupano le fabbriche adesso che i socialisti hanno cen-
tocinquantasei deputati in Parlamento. » Lo rimproverava, quasi, come se fosse lui a organizzare gli scioperi.

« Hanno anche occupato le piazze, se è per questo, e ci

sono stati tumulti. Il carovita è una maledizione. Gli ex combattenti hanno occupato le terre nel Lazio e nel sud, ma perché? Perché i prezzi sono inaccessibili. »

« Perché non c'è lo Stato! » disse battendo un pugno sulla scrivania. « Perché manca l'autorità, perché dilagano l'anarchia e il lassismo. »

« Molti hanno fame », lo sfidò Cesare.

« Anche quando scioperano per manifestare la loro solidarietà alla Russia dei Soviet? » si agitò il vecchio. « E intanto i socialisti », proseguì con il tono di chi fa una confidenza, « promettono la rivoluzione imminente. »

« I socialisti promettono anche una democratica politica di riforme », intervenne Cesare, « ma per il momento non si vedono barricate, né serie proposte di collaborazione. »

« Siamo nelle mani dei rossi: disfattisti e sovversivi. Solo D'Annunzio, prendendo Fiume, ha dato prova di virile fermezza. »

« E il socialista dissidente Benito Mussolini, che dirige il *Popolo d'Italia*, ha fondato il Movimento Fascista. »

« Non confondiamo il poeta soldato con quella banda di avventurieri », precisò il vecchio Casati. « Con l'emotività non si fa politica, non si fa l'economia, non si fa la storia. I fascisti », si indispettì, « hanno quattromila voti a Milano. Il vero pericolo nostro sono i sovversivi. La nostra salvezza è il pugno di ferro. » Anche in un'umanità sommariamente divisa in buoni e cattivi per risolvere i problemi di fondo non bastava una banale generalizzazione. I propugnatori dell'intervento che avevano voluto la guerra per Trento, Trieste e l'Istria anche perché, sbagliando, ritenevano che il conflitto si sarebbe presto concluso, decretavano l'imminente tramonto dello Stato liberale e l'avvento della rivoluzione. Dando per scontato il fallimento avevano disertato le urne favorendo la vittoria dei socialisti.

« Conte Casati », disse Cesare, « io non ritengo di avere validi argomenti per risolvere una questione della quale, sinceramente, ho un'opinione molto personale. D'altra parte lei ha un problema: quello dei terreni di viale Abruzzi, dietro corso Buenos Aires. »

« Io impiccherei tutti i rossi », decretò il vecchio facendo lo sguardo cattivo.

« È un metodo antico, ma non ha mai dato grandi frutti. »

« Mi giudichi un malvagio? » Attese il giudizio del giovane interlocutore.

« Un grande storico, dovendo testimoniare della clemenza di Giulio Cesare, lo definì mite nelle sue vendette perché fece strangolare un gran numero di pirati costretti alla resa, prima di metterli in croce. Infatti, se li avesse fatti inchiodare ancora vivi sul legno, sarebbe stato più crudele. Per chi considera la pena capitale una giusta pena invocare la condanna a morte non è malvagità. »

« Sei furbo come una volpe e svelto come una lepre », gli disse Casati con simpatia. « È inutile che cerchi da te dei discorsi che equivalgano a un qualsiasi impegno. Nessuno saprà mai quello che hai nella testa », soggiunse con invidia. « Mi hai giocato, eh, ribaldo? »

« Ho concluso un semplice affare », replicò freddamente.

« E adesso trattiamo », concluse il conte Casati mettendo finalmente le carte in tavola. Aggrottò le folte sopracciglia e cercò nervosamente l'astuccio di cuoio dei sigari Virginia che per due volte gli sfuggì di mano. « Trattiamo », ripeté aspirando il profumato aroma del tabacco, « ma sei tu che conduci il gioco: quanto vuoi? »

Cesare accavallò le gambe, assunse un'aria pensierosa sotto lo sguardo attento del vecchio che cercava di « spillare » i suoi pensieri come carte da poker, si passò l'indice sul naso diritto, si massaggiò la fronte e finalmente sorrise, schietto e imprevedibile. « Io glieli cedo per diecimila lire. Esattamente il prezzo che li ho pagati. Neanche una lira di più. »

Il vecchio scattò in piedi e puntò le mani sulla scrivania sovrastando il giovane seduto con l'imponenza della sua mole. « Ma allora », tuonò, « perché hai montato tutto questo bordello? »

« Perché mi avete messo alla porta. Altrimenti non mi sarei mai sognato di tradire la vostra fiducia. »

Il vecchio lo guardò con stima e forse con affetto. « Di' la verità », cercò di farlo confessare, « volevi dare una lezione a Benedetto. Volevi mettere in riga mio figlio. »

« Solo in un caso l'uomo ha diritto di dare una lezione a un altro uomo: quando subisce l'oltraggio del più forte. Allora, questo almeno è il mio pensiero, la lezione non consiste nel fregargli un affare. »

« Benedetto era più forte », disse il vecchio, « e ti ha chiamato cialtrone, quindi ti ha oltraggiato. » Lo provocava soffiando sul fuoco, ma senza risultato.

« Mi permetta di avere sull'argomento un'opinione contraria alla sua. » Alzando la voce Benedetto Casati si era infatti mostrato il più debole.

Continuava a non capirlo. « Dunque vuoi soltanto i soldi che hai speso? »

« Non uno di meno, non uno di più », affermò Cesare.

« C'è il tranello? » domandò maliziosamente il vecchio.

« Naturale », rispose sorridendo Cesare. « Se non ci fosse il tranello che affare sarebbe? »

L'ottimismo del giovane contagiò anche il vecchio: era piacevole ritornare sul terreno infido della trattativa con le armi della tradizione. « Che cosa vuoi, dunque? »

« Un fido bancario. » Era una richiesta assolutamente inedita e imprevista.

« Un fido bancario? » Il vecchio si aspettava una domanda di partecipazione nell'azienda, una grossa somma, un ricatto, insomma, ma non un prestito.

« Un fido bancario per centomila lire », precisò il giovane senza alterarsi minimamente.

« E se non te lo do? »

« Io rinuncio ai miei sogni. Lei rinuncia alla sua fabbrica. » Il ragionamento non faceva una grinza.

« Con centomila lire compri Milano », osservò esagerando Casati.

« No, Milano no, però ne compero un bel pezzo », ribatté Cesare.

« Che garanzie mi dai, ragazzo? » Non poteva cedere subito, anche se non aveva alternative.

« Un grosso favore e la mia parola. » Ribatteva colpo su colpo con sicurezza.

« Per quanto tempo ti occorrono quei soldi? » Ormai erano alle ultime battute.

« Un anno. Entro un anno il nostro patto si conclude », precisò il giovane, « e ognuno per la sua strada. »

« Siamo già su due strade diverse », disse il vecchio con nostalgia. Avrebbe voluto tenerlo con sé, ma sapeva che sarebbe stato inutile riproporglielo.

« Allora? » lo incalzò Cesare guardando la pallina d'avorio di un'immaginaria roulette che girava vorticosamente.

« Avrai il fido bancario. » La pallina d'avorio si era fermata sul numero vincente. « Ma non lo faccio soltanto per ricambiarti un favore, lo faccio perché credo in te. »

« Bene. » Cesare si alzò senza ringraziare, porgendo per primo la mano al vecchio industriale che gliela strinse vigorosamente.

« Vorrei dirti una cosa, ragazzo », lo trattenne il vecchio, « e tu sei padrone di fare l'uso che vuoi delle mie parole, ma desidererei tu sapessi che l'epoca dei cavalli bianchi e dei lupi solitari è definitivamente tramontata. Da solo, con il tuo talento e centomila lire, puoi diventare qualcuno. Ma non è questo il tuo traguardo. Tu vuoi diventare l'unico, il solo. E allora devi sapere le cose un attimo prima degli altri. Devi sapere quando quella data terra verrà attrezzata, ma devi soprattutto avere forza sufficiente per influire su chi fa le leggi. E questo, mio giovane amico, non può insegnartelo nessuno. »

Cesare uscì da via San Paolo, prese per corso Vittorio Emanuele e in piazza del Duomo incrociò un corteo di manifestanti. La città era paralizzata dallo sciopero, i mezzi pubblici non funzionavano e picchetti di scioperanti impedivano ai crumiri di ripristinare il servizio. Possibile che non ci fosse un modo al di fuori delle vuote parole, delle generiche promesse di reazione e di rivoluzione per ristabilire un equilibrio che stava naufragando in una spirale perversa e inarrestabile? Gli operai scioperavano contro i padroni, ma soprattutto contro altri disperati come loro che erano costretti a bivaccare nelle stazioni se abitavano fuori città, o a sobbarcarsi lunghi viaggi a piedi se risiedevano in una località raggiungibile. Gli uffici pubblici erano chiusi. Le scuole non funzionavano. La gente aveva fame e paura.

Non era freddo, c'era il sole e camminare gli dava piacere. Certo, si sarebbe ricordato che i tempi dei cavalli bianchi e dei lupi solitari erano definitivamente tramontati e avrebbe fatto tesoro delle parole del vecchio. Si era appena incamminato sulla strada che portava dove si fanno le leggi, ma in mente aveva ben chiaro il percorso. I primi contatti politici si erano realizzati secondo le previsioni. Un rapporto più o meno felice, certo utile, con la politica avrebbe caratterizzato tutta la sua vita.

Anna 1980

L'ex presidente del consiglio sedeva di fronte a lei davanti al caminetto e Anna, dopo avere fatto un piccolo spuntino, gli parlava con familiarità, sinceramente, anche perché l'argomento di cui conversavano non era ancora quello che stava a cuore all'ereditiera e al politico. Anzi, gli argomenti erano diversi, superficiali e vacui, un po' mondani, nei quali l'ex premier, se proprio non eccelleva, mostrava una discreta competenza. Era un uomo sempre sorridente. Gli occhi neri e vivaci e la espressione soltanto apparentemente statica e indifferente parlavano un linguaggio intelligibile a un osservatore attento; e Anna non si distraeva mai.

« Mi rendo conto che lei possa considerare questa dolorosa parentesi come l'ultimo passaggio nel nostro tormentato paese. » Il ministro dava prova di sicuro autocontrollo. « Ha letto anche lei l'orribile tragedia della bambina sgozzata dalla sua stessa catenina d'oro, strappatale da un bruto che forse aveva bisogno di una dose di droga? »

Anna ebbe un gesto di disappunto e di dolore. Sì, aveva letto, ma non era ciò che di demoniaco si trova nella natura umana a farle sentire un irresistibile bisogno di allontanarsi dal suo paese. Negli Stati Uniti, dove spesso risiedevano, la cronaca registrava episodi altrettanto crudeli. Si conviveva con l'orrore, con la paura. No, non voleva andarsene soltanto per quello: era disgustata dal trionfo della banalità, dal diffondersi di una corruzione meschina, dalla difesa esasperata degli interessi corporativi.

« È difficile abituarsi all'idea di doversi spostare seguiti costantemente dalle guardie del corpo. » Anna cominciava a pensare cose e a dirne altre, segno che il momento cruciale stava avvicinandosi.

« Effettivamente è una consuetudine fastidiosa », ammise lui. Il suo tono risultò lievemente ironico. Aveva una bella testa da cortigiano cinquecentesco, con le guance lievemente scavate, gli zigomi alti e il mento aguzzo, che Anna vedeva emergere da una gorgera di pizzo.

« Non creda che rimpianga i tempi lontani dei sollevatori di polvere », precisò Anna.

« Le dirò », ribatté l'onorevole, « che l'idea di viaggiare preceduti da uno stuolo di esploratori numidi e di battistrada, come facevano i potenti dell'antica Roma, non la scarterei. Ho un collega comunista che vivrebbe di ostriche e champagne. Conosco un socialista che manda avanti la fanteria per tenere sgombra la strada dai pedoni e sollevare polvere. »

« Purtroppo, oggi, il problema da voi », disse Anna, « è tenere sgombra la strada dai predoni. Ai pedoni ci pensano gli automobilisti. »

La battuta strappò al ministro una risata discreta, ma irresistibile. « Capisco che lei abbia delle buone ragioni per trasferirsi », disse. « Noi politici abbiamo dei doveri. »

« Lei, signor ministro, è mai andato a New York? » gli domandò.

« No, signora », rispose lui. « A Washington, sì. Ma non per diporto. »

« Lei non ci crederà, ma l'incomprensibile labirinto di New York è ancora praticabile », si accalorò lei, « ci sono pause di tenerezza e di poesia. Io credo sia importante anche la commessa di un grande magazzino che ti aiuta a trovare quello che cerchi. O l'addetto alla biglietteria che sorride porgendoti il resto. »

« Credo di capire quello a cui allude », replicò sorridendo l'uomo, « è un'impressione generale, un clima che si ricostruisce con tanti particolari. » Guardò quella stupenda donna di quarant'anni dagli occhi verdi, la figura slanciata e il portamento aristocratico, cercando di prevedere l'attimo in cui si sarebbe manifestata la sua reale intenzione. Nell'ultimo colloquio avuto con lui Cesare Boldrani era stato chiaro: «Però, entro quest'anno vi presenterò il conto». Il ministro non aveva perduto la propria impassibilità reagendo, come reagiva, da animale a sangue freddo.

«Ma lei, signor ministro», cominciò a scoprirsi e non senza un certo compiacimento, «non è venuto a trovarmi in questa orribile notte per intervistarmi su New York.»

«Ahimè, devo riconoscerlo», confermò, «anche se l'argomento ha un suo fascino sottile cui non sono indifferente.»

«Ha visto come sta bene?» Anna indicò l'ottocentesco orologio da tavolo in oro e smalto di Van Cleef & Arpels che il ministro e gli amici di Cesare Boldrani avevano regalato a Natale alla figlia del finanziere.

«Effettivamente è un oggetto molto piacevole», ammise con discrezione.

«Ma il totem di casa Boldrani, signor ministro, è questo.» Con gesto lento e rituale, come aveva visto fare cento volte da suo padre, sollevò dal tavolino che aveva davanti un orologio d'argento con il quadrante di smalto e le ore segnate in numeri romani. Sulla cassa era sbalzata la dea Fortuna. Anna schiacciò un pulsante quasi invisibile, la cassa si aprì e da un carillon uscirono le note della *Marcia turca* di Mozart.

«Molto suggestivo e ingegnoso», commentò l'ex primo ministro.

«Ora possiamo parlare», disse Anna posando con cura l'orologio. «Da dove vogliamo cominciare?» soggiunse dichiarando aperte le ostilità.

«Non vorrei che mi costringesse ad ammettere che per la prima volta mi trovo in qualche imbarazzo», mentì.

«Vuole che le parli di depositi auriferi? Di partecipazioni azionarie? Di rapporti internazionali?» Era finalmente in pista, aveva una buona macchina, ottime gomme e un equipaggiamento perfetto. Gli occhi verdi di Anna brillarono in attesa della bandierina dello starter.

«Parliamo del caso Pennisi», propose il ministro.

«Dello scandalo Pennisi», precisò Anna.

«Sono convinto anch'io sia più producente chiamare le cose per nome.» Il sorriso di carriera dell'ex presidente del consiglio sottolineava le parole espresse in tono pacato e civile.

«Papà mi ha parlato a lungo di questo problema. Gli stava molto a cuore», cominciò Anna.

« Allora lei sa che in questa vicenda spiacevole per tutti è coinvolto anche il mio nome », confessò candidamente.

« Per un complicato gioco del destino, immagino. » Cominciava a pungere.

« O, se preferisce », replicò lui, « per quella serie di delicate circostanze che a volte mettono gli uomini politici in situazioni imbarazzanti. »

« Temo di non capire, signor ministro: io vivo in una dimensione più frivola e mi sfuggono i sofismi della filosofia politica. » Tormentava un ninnolo d'avorio con apparente disinteresse.

« Allora cercherò di essere chiaro », disse esemplificando il gioco, « suo padre, da qualche parte, e non mi meraviglierei se lei sapesse anche dove, ha dei documenti che possono nuocere a me e al mio partito. Potrei farle un lungo discorso e magari convincerla che sono invulnerabile, che il mio partito è intoccabile, che il mio potere è inattaccabile. Potrei dirle la verità, ma lei rimarrebbe libera di credere che se qualcuno rivelasse certi segreti il partito mi butterebbe a mare come una bottiglia senza messaggio. »

« Io non ho motivo per mettere in dubbio le sue parole, ma credo che delle due possibilità una sola sia praticabile. »

« Posso farle una domanda? » chiese con una punta di galanteria.

« Ho ancora trenta minuti per lei. » Teneva banco e fissava il limite del gioco in senso orario, come suo padre, ma non l'entità delle puntate. « Può chiedermi tutto quello che desidera. »

« Lei ha motivi personali di risentimento contro di me? Mi perdoni », prevenne la risposta, « che cosa ne ricaverebbe da un eventuale scandalo? Dalle mie parti dicono che quando il carbone non brucia, sporca. È difficile sollevare polvere come facevano i battistrada dei nobili romani e non restare impolverati. »

« Lei crede che io abbia qualcosa da perdere innescando la bomba? »

« No, contessa », la rassicurò, « ma sono certo che se vorrà consegnarmi questo dossier così come si trova agirà con saggezza e avrà sempre un uomo pronto a testimoniarle la propria devozione. »

« Vede, signor ministro, io conosco molto poco delle cose

di cui mi parla, anche se ho vissuto abbastanza con mio padre per sapere come certi meccanismi apparentemente puliti e sicuramente legali rendano possibili sordide complicità. »

« Non dimentichi che suo padre, in qualità di presidente della Finmida, resta uno' dei contraenti, una parte in causa. Un complice. E con ogni probabilità il propiziatore, se non proprio il propugnatore di quest'alleanza che lei bolla con un aggettivo infame. » C'era sempre il sorriso sulle sue labbra.

Anna sbatté più volte le palpebre accentuando il lato frivolo della sua personalità. « Il fatto è che non mi sono mai interessata a fondo di questi problemi. I miei interessi, come probabilmente lei saprà, sono altri: gli abiti, i gioielli, le vacanze, i figli, la vita mondana. Cose banali, se vuole, ma che riempiono l'esistenza di una donna. » Cercava di tenerlo ancora un po' sulla corda, ma il ministro manifestava il desiderio di scendere.

« Se vuole può dirmi quello che sa o, se preferisce, farmelo riferire da una persona di sua fiducia. »

« So quello che mi ha raccontato mio padre », rispose sorridendo amabilmente, « e lei non ci crederà, ma l'ho ascoltato più per dovere e rispetto filiale che per autentico interesse. »

« E Cesare Boldrani le avrà sicuramente detto che lo scandalo Pennisi è stato voluto da lui perché ai Pennisi l'aveva giurata e, se mi permette una confidenza, sono certo che l'avesse giurata anche a me. »

« Lei mi è di grande aiuto, signor ministro, nel dipanare questo gomitolo imbrogliato. Sì, ha detto bene. Ha detto proprio bene: il vecchio l'ha giurata a tutt'e due. »

« Come vede », allargò le braccia fingendo modestia, « nel mio piccolo ero sufficientemente informato. Comunque, se ho capito bene, lei voleva sbrogliare questa matassa. »

« Esattamente. Quando il Pennisi figlio, quattro anni fa, venne da lei per chiederle di essere presentato a mio padre lei subito garantì per lui. Lei disse: 'Signor Boldrani, aiuti questo ragazzo che vuole farsi le ossa nell'edilizia. Sarà un favore fatto a me personalmente'. Non sono sicura di conoscere tutte le ragioni che indussero mio padre ad accettare e forse qualcuna la dimentico, ma una sicuramente la ricordo. Il vecchio sapeva che il costruttore siciliano aveva progettato un quartiere alla periferia di Trapani per togliere, diceva, un branco di derelitti dalle borgate. Lei a Trapani ha il suo collegio e il potenziale di elettori sarebbe stato immenso. I derelitti che trovano casa sono voti, sono voti quelli che lavorano nella edilizia, sono voti le famiglie di chi fa le case e di chi le abita. Posso farle a mia volta una domanda personale? »

« Ma certo. »

« Perché non avviò la procedura con le banche di Stato invece che con quelle della Finmida? »

« Fu un concorso di circostanze », spiegò lui senza spiegare nulla con la vaghezza tipica dei politici.

« Non fu per caso il desiderio di procedere individualmente senza l'intermediazione dell'amministrazione del partito? » Anna posò l'oggetto d'avorio sopra il tavolino.

« Non credo. » Fu una risposta banale, piatta, che segnava un clamoroso punto a suo sfavore. La sola cosa originale era il sorriso di carriera che rimaneva acceso, nonostante tutto.

« Mio padre, d'altronde, se tirava fuori qualche miliardo, una ragione doveva averla. Intanto c'era il particolare non secondario che il finanziamento teneva i Pennisi alla larga dal mercato del Nord. E lei, che conosce il pedigree di questi signori, capisce subito a che cosa alludo: estorsioni, minacce, ricatti, lavoro nero. Al Nord i Pennisi non sarebbero stati graditi e avrebbero comunque rappresentato un problema. Vede, non vorrei sembrarle razzista, ma credo che se da Firenze in su l'edilizia ha conservato una certa pulizia lo si deve anche a uomini come mio padre. »

« Su questo non ho mai avuto dubbi », ammise lui.

« Il vecchio Boldrani », parlava di suo padre come di un personaggio appartenente alla storia della finanza, « rifuggiva dalla violenza e preferiva prevenire piuttosto che reprimere. »

« Sapeva però attuare anche la seconda parte della proposizione », osservò l'uomo, deciso.

« È probabile. Senza punti d'appoggio non si sale tanto in alto. Comunque preferì finanziare i Pennisi nel Sud piuttosto che averli in un secondo tempo a Milano, magari con l'aiuto di una banca di Stato. »

« Facciamo finta che le cose siano andate esattamente così », accettò il ministro. « Poi? »

« A questo punto, come si legge nei classici del giallo, dovrei fare un passo indietro. Lei e i Pennisi vi conoscevate bene. Così i costruttori, in cambio del favore, le avevano promesso, oltre a un solido appoggio elettorale, un assegno di ottocento milioni. »

« Il partito... » cominciò e fu subito interrotto.

« Il partito non c'entra e non mi corregga, perché qui non sbaglio. Avendo avuto da una delle banche controllate da mio padre quattro miliardi e mezzo e avendo anticipato all'impresa di costruzioni novecento milioni, i Pennisi si trovavano in tasca tre miliardi e cento milioni da investire in proprietà, in relazioni pubbliche, in regali favolosi, in finanziamenti privati, in viaggi oltreoceano per consolidare alleanze, in puntate da sceicchi nei casinò della Costa Azzurra. E tutto con i soldi dei Boldrani. » Per la prima volta si associava nell'impresa.

« Lei dovrebbe scrivere dei romanzi. » Effettivamente il racconto aveva una sua suspense.

« Ma la storia che le sto raccontando ha il pregio di essere vera e come tutte le storie vere non ha l'obbligo di essere credibile. Perché i documenti provano l'autenticità delle notizie e l'attendibilità delle fonti. Le pare poco? Io trovo la cosa estremamente divertente. I Pennisi, dal canto loro, erano perfettamente in regola. Prima che i palazzi fossero ultimati avevano venduto gli appartamenti e pagavano puntualmente gli interessi alla banca. Portavano avanti nuovi progetti, ormai certi dell'approvazione. Bisogna sempre incentivare l'attività dei creditori, soprattutto se sono in combutta con i politici. Poi ci sono delle ragioni che sfuggono alla gente, quelle che inducono a dare una mano a tutt'e due per evitare che, cadendo insieme, trascinino nel disastro molta altra gente. »

« Vede che c'è sempre questa preoccupazione per le conseguenze dello scandalo? » Il ministro tirava acqua al suo mulino.

« Non sempre. Qualche volta. Ma può darsi che io sbagli, signor ministro, perché io continuo a raccontare cose apprese da mio padre, non dai giornali o da altre fonti. Non so nemmeno se tutti i particolari coincidano. Ho una tale confusione in testa. Ora i Pennisi sono indebitati con mio padre, e quindi con me, per un bel pacco di miliardi. A proposito, che cosa c'è di vero nella storia della villa con piscina ad Ansedonia che i Pennisi le avrebbero regalato? No. Non mi risponda così sui due piedi. · E poi si tranquillizzi, nessuno lo saprà mai. Come nessuno saprà mai che le agenzie di viaggio di mio padre le hanno consentito frequenti spostamenti gratuiti nel mondo con tutta la famiglia. »

« Lei, signora, ha una memoria stupefacente. » Non sembrava preoccupato, né mortificato.

« Ma se non ricordo neanche le cose della spesa e devo scrivere la lista », si scusò assumendo l'aria della casalinga. « Però sono bene informata. È vero che sono bene informata? » chiese. « Però mi creda », continuò senza consentirgli di rispondere, « questa faccenda non l'ho voluta, l'ho subita. »

« Visto che tutto ha sempre funzionato per il verso giusto », replicò il ministro fingendo stupore, « che bisogno c'è di fare questo polverone? »

« Ecco, lei mi chiede: 'Perché?' e fa benissimo », replicò Anna. « Lei conosceva mio padre? »

« Ritenevo di conoscerlo », rispose, sopraffatto per la prima volta dall'emozione, ma anche quella era finta. Era la stessa che sfoggiava in Parlamento per commuovere il pubblico e convincere i giornalisti.

« Ha detto bene, signor ministro: 'ritenevo'. Se avesse conosciuto bene il vecchio non avrebbe ordinato delle ispezioni amministrative in alcuni settori del suo gruppo. »

« Io? » Cercò di parare il colpo mostrandosi stupefatto.

« Se si mette a dire le bugie mi obbliga a rimproverarla. Sì, lei ha ordinato le ispezioni per uno scopo che... vendetta? ricatto? Non lo so, mi perdoni. Credo che l'avvocato Domenico Scaglia, il nostro Pazienza, me lo abbia detto, ma devo essermelo dimenticato. È stato un affronto che lei non avrebbe dovuto fare al vecchio. Così è bastato esigere i crediti del Pennisi, il quale, non potendo far fronte all'impegno, è scappato prima dell'arrivo dei carabinieri. La cosa più curiosa, signor ministro, è che lo scandalo sta dilagando su una base patrimoniale inconsistente. Perché, come lei sa, la Finmida è rientrata di quasi tutto il suo denaro. Ci sono i palazzi attualmente in costruzione e non ancora venduti, i vari terreni acquistati per poco e diventati edificabili. E il Pennisi, dal canto suo, ha pagato con lo sputtanamento, mi passi l'espressione, a vita. Gli hanno sequestrato persino le pellicce della moglie. È il personaggio più patetico della vicenda. Povera donna. Dovrò ricordarmi di mandargliene qualcuna delle mie. »

« Allora non vedo il motivo di tanto allarme », cercò di minimizzare il ministro.

« Il motivo », puntualizzò Anna, « sono due. E glieli spiego. Primo, l'ispezione a scopo di ricatto. Secondo, il senso della giustizia. Chi più, chi meno, tutti hanno restituito il maltolto. Il solo che non ha restituito niente e che non ha pagato niente è lei, signor ministro. Le pare giusto? Questa è stata la domanda di mio padre. Mi ha detto: 'Anna, ti sembra giusto che i politici si salvino sempre?' »

« E lei, che cosa ha risposto? » replicò l'ex presidente del consiglio ostentando il suo impenetrabile sorriso.

« Le piacerebbe saperlo, eh? » infierì Anna. Si accorse di avere commesso un errore: aveva spinto la sua vittima in un angolo dove non poteva più manovrare con il fioretto, ma soltanto menare fendenti. Si era dimenticata uno dei consigli del padre: « Mai mettere l'avversario nella condizione di non avere più nulla da perdere ». Si rese conto, invece, che la situazione in cui si trovava il ministro era proprio quella.

« Non me ne frega niente, signora, di conoscere la sua risposta », disse lui manifestando tutto il suo livore.

« Ma io gliela riferisco lo stesso. » Cercò di mettere la prua contro l'onda. « Ho risposto che ci dovevo pensare. Il problema è complesso e non può essere risolto così, sui due piedi. »

« Mi sembra una soluzione molto saggia », confermò il politico, « e ne approfitti per pensarci bene. » Si sollevò dall'ampia poltrona con agilità insospettata decidendo contro ogni regola di interrompere la conversazione. Guardò quella che definiva in cuor suo una puttana internazionale e con un'occhiata scintillante le promise vita difficile. « Sì, contessa, ci pensi bene. Io non ho mai dubitato della sua sincerità. E sono convinto che lei abbia prove inoppugnabili a sostegno delle sue accuse. Immagino che lei sappia giocare a scacchi. »

« Sono una pessima dilettante », confessò lei candidamente.

« Dovevo immaginarlo », disse l'uomo bonariamente, « altrimenti saprebbe che la scacchiera è piena d'insidie. E ogni mossa può rivelarne una fatale. Sono comunque certo », raddrizzò il tiro, « che lei conosce le regole del poker. »

« So distinguere un full da una scala reale. »

« Allora », si inchinò mentre lei gli porgeva la mano da baciare, « saprà che solo a carte scoperte è possibile individuare il gioco vincente. Io sono in grado di dichiarare una pesante combinazione. Le mie prove contro le sue. Non avevo avventatamente ordinato l'ispezione amministrativa », spiegò, « l'ho autorizzata solo quando sono entrato in possesso di documenti tali da consentirmi di gettare lo scompiglio nella vostra famiglia. Io so che lei non è la figlia del vecchio Boldrani. So che sua madre, la grande Maria, come vede sono informato anche sui particolari, è la sola persona che sia riuscita a raggirare il vecchio. Ci pensi bene prima di innescare la bomba. Perché lei, cara contessa », si congedò accentuando il sorriso di carriera, « è la figlia di una domestica e di una specie di saltimbanco da fiere di paese. È una notizia da prima pagina e da copertina. Non trova? »

Maria 1938

1

Quando Maria Martelli vide Nemesio Milkovich subito se ne innamorò perdutamente. Maria aveva diciotto anni, era bruna e bella da togliere il fiato, aveva una figura slanciata, armoniosa e una gran massa di capelli corvini, lucenti, inanellati, che portava orgogliosamente sciolti sulle spalle. Il volto dai lineamenti netti riassumeva, esaltandoli, i tratti della tipica bellezza lombarda: grandi occhi a mandorla color nocciola, zigomi alti e in morbida evidenza, naso diritto e imperioso, labbra ben disegnate, denti brillanti, un incarnato di latte e miele. Maria era fiera della propria avvenenza. Tutto quello che si vedeva in lei era il risultato di felici combinazioni e di vigorosi incroci tra le popolazioni della Gallia Cisalpina con quelle delle guarnigioni romane, potenziate in seguito dal contributo genetico delle tribù barbare provenienti dal centro Europa. Da quelle mescolanze di cromosomi, di sangue e di abitudini era nata la gente di Lombardia, di cui Maria sembrava essere l'espressione più significativa nel bene e nel male. Era lombarda nel portamento, nei sentimenti e nel linguaggio, conservava integra la scontrosità di carattere, la sbrigatività dei modi, la diffidenza per l'estraneo, il pudore dei sentimenti e delle emozioni. Il suo numero perfetto era il due: il mondo era diviso in due. C'erano il bene e il male, il brutto e il bello, il ricco e il povero, il Nord e il Sud. Quando seppe che Nemesio Milkovich, pur essendo di origine slava, era nato in Emilia, gli disse: « Io ti voglio bene, ma tu sei un terrone. Dal Po in giù sono tutti terroni ».

Maria era nata nel 1920 quando a Milano si era aperta la prima Fiera Campionaria sui bastioni di Porta Venezia e di quella singolare coincidenza, che poteva essere un segno del destino, andava orgogliosa. Suo padre non l'aveva conosciuto: era stato investito e ucciso da una rombante automobile mentre leggeva sul marciapiede davanti a casa la notizia dell'assassinio a Cuernavaca del rivoluzionario messicano Emiliano Zapata. La macchina era sbandata in curva e lo aveva preso in pieno abbattendolo come un birillo. Vera Cajati, sua moglie e futura madre, con altra gente del cortile aveva cercato di soccorrerlo, ma lui, il pover'uomo, c'era rimasto secco. Senza accorgersene era passato dalla vita alla morte. Vera aveva accarezzato quel volto esangue e gli aveva chiuso gli occhi in cui si era congelato lo stupore per un evento che lui, pur così apprensivo, non si sarebbe mai sognato di prevedere.

Il conducente dell'auto, un signore dall'aspetto molto distinto, aveva dato le sue generalità alla vedova e l'aveva pregata di considerarlo a sua disposizione, ma Vera non l'aveva mai più visto. I suoi avvocati avevano trattato il caso e se l'erano cavata con una manciata di soldi e l'assunzione della donna in qualità di domestica.

La madre di Maria aveva il talento della stiratrice e quell'innata attitudine aveva salvato lei dalla miseria e la bambina dall'orfanotrofio. Le amiche della casa di corso Vercelli nei primi tempi l'avevano aiutata accudendo alla piccola, che era riuscita perfetta nonostante lo spavento e il dolore, ma poi, quando aveva cominciato a diffondersi la fama della sua bravura, Vera non aveva più avuto bisogno nemmeno di quello. Persino due ballerine della Scala andavano a portarle i loro costumi da stirare.

A Vera quel lavoro piaceva a un punto tale che non sentiva nemmeno la stanchezza: l'apprezzamento dei clienti la ringiovaniva. Forse anche per quello non si era più risposata e metteva da parte soldo su soldo: voleva che la sua bella bambina avesse una vita migliore della sua e fosse in grado di badare a se stessa anche se un giorno si fosse trovata sola.

Maria era cresciuta senza particolari problemi; era andata prima all'asilo, poi a scuola, aveva imparato a leggere e scrivere e, quando aveva compiuto i dodici anni, visto che di stirare non ne voleva sapere, la madre le aveva trovato un posto da piccinina presso un'importante modisteria di via Torino. Era alta per la sua età e i capelli corvini le battevano sulle spalle mentre camminava lungo le vie del centro per consegnare scatoloni più grandi di lei. Le piaceva di più uscire che rimanere nel laboratorio a spazzare ritagli di feltro, di passamaneria, di filo, di piume che continuavano ad ammucchiarsi sul pavimento. Fuori c'era la distrazione delle vetrine, la gente indaffarata; dentro c'era la prospettiva di raccogliere le *paillettes* una per una, se per caso una lavorante ne rovesciava una scatola.

Una volta era andata a fare una consegna alla nuova stazione ferroviaria perché la cliente doveva partire per Roma. Andare direttamente in Centrale era il sistema più spiccio. Così Maria aveva viaggiato per la prima volta su un'auto pubblica, avendo la sensazione di volare, e aveva visto la monumentale stazione con le pareti e i soffitti affrescati, ornata di bassorilievi e di statue e illuminata da immense vetrate. Le era sembrato di sognare.

Quando nel 1938 Maria conobbe l'emiliano di origine slava Nemesio Milcovich era sulla buona strada per diventare una modista finita: le sarebbero occorsi due o tre anni per considerarsi tale. Era stata una buona scelta: la moda dei cappellini si diffondeva a macchia d'olio e le riviste specializzate dedicavano all'argomento interi servizi. Si teneva aggiornata, ma soprattutto, secondo l'abitudine del tempo, leggeva novelle e romanzi di appendice. Il volto marziale dell'Italia fascista modellato sullo stile littorio non escludeva, anzi assecondava, le frivolezze femminili, la letteratura e il cinema d'evasione.

Ogni giorno camminando da via Torino a corso Vercelli, Maria sentiva sulla pelle lo sguardo ammirato dei giovanotti che si voltavano a guardarla: la sua bellezza non passava inosservata, ma lei non dava corda a nessuno, un po' perché era timida e riservata, ma soprattutto perché temeva le mani della madre che l'avrebbe fatta nera di botte se fosse stata sorpresa a parlare con un uomo. Vera non aveva badato ai sacrifici ed era riuscita a mettere da parte una somma sufficiente per assicurarle un dignitoso partito, ma era fuori discussione che lo sposo per la figlia lo avrebbe scelto lei; e doveva essere un giovane di buona famiglia, serio, posato, lavoratore.

Una sera d'estate, dietro corso Vercelli, in uno spiazzo delimitato da una fila di vecchie case da un lato e dal Naviglio dall'altro, comparve una compagnia di saltimbanchi che presentava varie attrazioni: la celebre acrobata fantasista Nadina Nadette, reduce da clamorosi successi parigini, il grande fachiro turco Mustafà Alì che vomitava fuoco dalle fauci arroventate e mangiava lamette da barba, l'incantevole Fatima, regina d'Oriente e i suoi pitoni, Kociss, il terrore dei popoli neri, che divorava un pollo con le penne e tutto, e infine Nemesio Milkovich, detto Ursus, l'uomo cresciuto tra i monti della Serbia, pronto a sfidare nella nobile arte del pugilato chiunque si fosse presentato sulla pedana.

La madre di Maria, quella sera, vincendo l'abituale parsimonia aveva deciso che potevano ben spendere cinquanta centesimi a testa per andare a godersi lo spettacolo. Presero posto su una panchetta traballante in prima fila e si incantarono di fronte al susseguirsi delle attrazioni, con lo stupore e l'innocenza dei bambini e della gente semplice, cui basta un grossolano simulacro di esotismo per andare in visibilio.

E finalmente venne Ursus, l'uomo cresciuto tra i monti della Serbia. Maria, che si aspettava un incrocio tra Maciste e l'uomo delle nevi, fu stupita vedendo balzare di fronte al pubblico un giovane di straordinaria bellezza, più simile a un ginnasta che a un sollevatore di pesi, biondo con gli occhi verdi e scanzonati, le spalle larghe e armoniose, la vita stretta da una cintura lucente, i fianchi snelli e le lunghe gambe fasciate da una calzamaglia nera.

Maria lo guardò, spalancò gli occhi e rimase senza fiato: era bello come un angelo.

« Perdoni lo spettabile pubblico », cominciò a parlare con voce chiara e sonora, « il mio deprecabile accento straniero che deriva da una lunga permanenza sui monti della Serbia. » Insisteva sulle esse, tendeva a chiudere le o e inciampava malamente sulle zeta; più che un'origine slava tradiva una matrice emiliano-romagnola. Maria non era stata né sotto il Po, né sopra l'Isonzo: il suo mondo era nel perimetro delimitato da Porta Venezia, Porta Ticinese, Porta Lodovica e Porta Volta. Per quello che la riguardava l'accento del giovane poteva benissimo essere slavo o serbo-croato, certo non era milanese. « Nelle mie complesse elucubrazioni ginnico-stilistiche », continuava l'atleta bello come un angelo, « nelle mie fortificanti peregrinazioni, ho avuto modo di affinare l'armonia del rapporto psicodinamico, così da sollecitare la potenzialità somatica in relazione all'abbandono del principio gravitazionale. Gentili signori, belle signore, incantevole signorina », disse rivolto proprio a Maria che avvampò, « per questa serie di considerazioni che implicano cognizioni trigonometriche, ma che rispettano la simbologia dell'avvicendamento astrale; io, Nemesio Milkovich, detto Ursus, sono in grado di sprigionare un magnetismo provocato dal passaggio degli anni luce, e di respingere gli assalti degli uomini più forti del mondo. »

Quelle parole che Maria non aveva capito, leggere come l'aria della notte estiva che diffondeva per la città un delicato profumo di tigli, l'avevano accarezzata come nessun dialogo di romanzo era riuscito a fare.

« Ma che cos'hai da blaterare, tu, pistola! » Un gigante di proporzioni bibliche si era alzato tra gli spettatori e si faceva largo verso la pedana circolare dove si svolgeva lo spettacolo. « Allora », soggiunse, « tu avresti il magnetismo degli anni luce. E io ho una campana », mostrò un pugno grosso come un'incudine, « che ti fa andare in gondola. »

Ursus si inchinò, lieve e ironico come un Arlecchino o un Pulcinella. « Ho motivo di ritenere », replicò, « che il signore voglia misurare il suo quintale di puro suino contro la fantasmagoria megalitica e nuragica delle metamorfosi muscolari. »

Lo sfidante diventò blu per la collera. « Ehi, tu, mezza donnetta », esclamò avvicinandosi al cerchio dei saltimbanchi e togliendosi la giacca, « dove vorresti arrivare? »

« Nella considerazione, nella stima », ribatté fissando i suoi occhi verdi su Maria che era inchiodata al suo posto per lo stupore, « negli affetti più segreti della fanciulla più dolce e affascinante del mondo. »

« Adesso te la do io la fanciulla. » Lento e forte come un gigante l'uomo partì con una larga sventola che travolse più che colpire il giovane facendolo ruzzolare.

Nemesio Milcovich, detto Ursus, scattò come un giocattolo a molla e fu subito in piedi. « Sono stato colpito a tradimento », spiegò sorridendo al pubblico in atteggiamento di scusa.

« Aspetta che ti sistemo io, buffone. » Il gigante si guardò intorno con aria di trionfo avanzando inesorabilmente verso il giovanotto.

« Il mio labbro, signore e signori, non conosce menzogna », declamò Nemesio con simpatica enfasi. « Questa splendida fanciulla in prima fila mi è testimone », continuò accentrando su Maria l'attenzione generale e suscitando risatine e commenti, « il mio sguardo pagano, rapito dalla sua divina bellezza, non poteva intuire lo zampone di un goffo antagonista. »

« Bene, bravo », urlò uno mentre la gente si agitava aspettandosi una conclusione drammatica.

« Fai vedere, se non sei una mezza donnetta », lo spronò un altro soffiando sul fuoco.

« Spaccalo, Maciste », proruppe un terzo facendo megafono con le mani.

Maria, in uno stato di totale confusione, si era fatta rossa come la brace e avrebbe voluto sprofondare per sottrarsi agli sguardi del pubblico che nel frattempo aveva cominciato ad applaudire per incitare i contendenti alla rissa. La fanciulla non sprofondò, ma fu letteralmente strappata al suo posto da Vera che quasi la sollevò da terra per trascinarla lontano da quel recinto polveroso dove un saltimbanco da strapazzo, sfacciato, imbroglione e spudorato, si prendeva gioco di sua figlia e di lei.

« Mia dolce, incantevole visione che scompari nel nulla della notte lombarda », la inseguì Nemesio Milcovich con un accorato madrigale, « lascia che sfidi a singolar tenzone questo animale da cortile, poi sarò ai tuoi piedi nel giardino lussureggiante dove fioriscono bellezza e poesia. »

« I carabinieri, ci vorrebbero », protestò Vera, « altro che poesia. Ai miei tempi un uomo non avrebbe mai osato tanto. »

Fecero la strada che le separava la casa quasi di corsa e quando vi giunsero Vera disse: « D'ora in poi, alla sera si resta in casa. Due donne sole, senza un uomo che le difenda, fanno presto a farsi una cattiva reputazione ». Così la madre considerò chiuso l'incidente, andò a letto, si addormentò subito e dormì fino al mattino.

Maria invece non chiuse occhio tutta la notte. Ascoltò il lento scorrere del tempo scandito da un lontano campanile, lo sferragliare di un tram, il fischio di un treno, voci di gente che passava cantando tra osteria e casa, ma non riuscì ad abbandonarsi tra le braccia del sonno. Dentro di lei, nel momento in cui quel giovanotto l'aveva guardata, si era accesa una lampadina, aveva sentito un brivido correrle lungo la schiena mentre qualcosa che non sapeva definire, una sensazione feroce e dolcissima che l'attraeva spaventandola come una vertigine, un richiamo irresistibile l'accarezzava e la feriva. Non riusciva a trovare un rapporto tra il giovane bello come un angelo e i sintomi inquietanti di una malattia sconosciuta che le davano i brividi.

254

Il mattino seguente, uscendo di casa dopo una silenziosa colazione con la madre, Maria non sentiva il peso della notte insonne, avrebbe voluto cantare, ballare, abbracciare la gente che passava per la strada e dire buongiorno a tutti con una graziosa e ironica riverenza, come aveva visto fare da Nemesio Milkovich, detto Ursus, l'uomo cresciuto tra i monti della Serbia.

« È dunque questo il giardino dove fiorisce la bellezza e dove sboccia la poesia? » Nemesio Milkovich si materializzò dal nulla all'angolo dell'isolato, si tolse il cappello e la salutò con un sorriso smagliante. I grandi occhi verdi del ragazzo brillarono d'ammirazione e di tenerezza per lei.

« Ma lei », cominciò Maria, « lei... » E in quel momento non trovò altre parole per esprimere la sua emozione.

« Sono qui dalle prime luci dell'alba », spiegò, « ma se non avessi temuto di non essere presentabile avrei potuto vegliare l'intera notte davanti alla sua porta. » Era molto elegante in un abito sportivo di lana e calzava morbide scarpe di vitello.

Maria ricambiò il sorriso e cominciò a camminare al suo fianco come se fosse la cosa più naturale del mondo: la tensione notturna si era stemperata in una piacevole sensazione di generale benessere. « Se fossi una ragazza sensata dovrei dirle di andarsene. » Si padroneggiò per non fare una giravolta su se stessa, come quando era bambina, e mostrare il vestito che faceva la ruota e i lunghi capelli al vento. Era un vestito leggero, semplice, di cotone a grandi strisce bianche e blu, stretto in vita da una larga cintura di pelle.

Camminavano senza contare il tempo, sembrava che il marciapiede si muovesse come un fiume e loro fossero immobili a rubarsi l'anima con occhiate languide e furtive.

« Lei sa che non può mandarmi via », disse Nemesio.

« A proposito », gli chiese Maria scoprendo in sé un insospettato coraggio, « come ha saputo che abito in corso Vercelli e che per andare al lavoro faccio questa strada? »

« È un segreto », sussurrò mettendosi un dito sulle labbra.

« Ma dove stiamo andando? » si stupì Maria accorgendosi che già da qualche minuto seguiva l'uomo lungo un percorso diverso da quello che portava alla modisteria.

« A casa mia. » Era dolce, rassicurante, bello, sorridente.

« Andiamo », ribatté lei, « come se non capissi che sta scherzando. » Poi domandò: « Com'è andata ieri sera con quel gigante? »

« Credo che stia ancora dormendo », rispose Nemesio con tono professionale senza gloriarsi della vittoria.

« Ma era tre volte più grosso di lei », osservò la ragazza, sorpresa.

« Anche il gigante Golia era molto più grosso del piccolo Davide », spiegò continuando a camminare e prendendola sottobraccio.

Aveva sempre la frase giusta per giustificare ogni cosa, ma lei non riusciva a spiegare a se stessa la ragione che la spingeva a seguirlo sulla via sbagliata. « Sarà meglio che io cambi direzione, altrimenti farò tardi », si scusò con un certo rammarico.

« No, Maria, tu non stai sbagliando strada. » L'aveva chiamata per nome e fu per lei, quella familiarità sulle labbra di Nemesio, una lunghissima carezza. « Maria, la bella, la grande, dolcissima Maria: non potevi avere un altro nome. Maria: eterna definizione della bellezza e della grazia », la blandì con la voce e con lo sguardo.

« Ma tu chi sei, saltimbanco? » mormorò la ragazza mentre le gambe le tremavano, mentre contro ogni logica e ogni insegnamento continuava a seguirlo sulla strada sbagliata.

« Sono l'uomo che aspettavi. E tu sei la donna che il destino mi ha riservato. » I tram, le automobili, la gente, le vetrine erano uno sfondo colorato e confuso su cui si stagliavano come ritratti i loro bei volti, i loro chiari profili, i loro sguardi accesi.

« Dove mi porti, Nemesio? » Non chiedeva per potersi negare, né per sapere, chiedeva per chiedere, per sentire la sua voce e quella dell'uomo che rispondeva alle sue domande. Si appese al suo braccio e si lasciò portare da un fiume di felicità.

« Io ti sposo, Maria », disse il saltimbanco.

« Quando mi sposi? » gli domandò sapendo la risposta.

« Subito. » E già salivano le scale di una vecchia casa.

Si fermarono sul secondo pianerottolo davanti a una porta socchiusa. Nemesio prese in braccio Maria, spinse l'uscio con la punta del piede ed entrò in una povera camera ammobiliata che Maria non vide neanche perché assaporava il piacere di una situazione della quale era felicemente e inspiegabilmente prigioniera.

« Io mi fido di te », disse mentre l'uomo l'adagiava sul letto.

« Devi fidarti, sono il tuo uomo. »

La spogliò dei suoi abiti e la vestì di parole.

« È giusto quello che stiamo facendo? » gli domandò. Ma era già fra le sue braccia.

« L'amore è l'essenza della vita », le disse piano, « è scritto che l'amore salverà il mondo. » La guardò nuda, con gli occhi socchiusi, i capezzoli eretti nel seno glorioso, la vita sottile, il ventre piatto e palpitante, le lunghe cosce elastiche e ambrate alla cui confluenza emergeva scura, forte e misteriosa, l'isola del sesso. Era bruna e bella da togliere il fiato, con i capelli corvini, lucenti e inanellati, sparsi sul cuscino, gli occhi a mandorla color nocciola messi in rilievo dagli zigomi alti.

« Perché mi lasci sola? » sussurrò lei tendendogli le braccia. Nessuno le aveva mai rivelato i misteri del sesso, nessuno le aveva parlato dell'uomo, eppure guardava senza vergogna quel saltimbanco nudo, perfetto come una statua e bello come un angelo, tenero come un sospiro e forte come una quercia. Si rendeva conto che veniva da lui l'aggressione feroce e dolcissima che la sconvolgeva, che per lui provava quella sensazione che l'attraeva e al tempo stesso la spaventava. Era quel maschio sconosciuto che con intensa familiarità infrangeva le protezioni delle intimità più segrete, secoli di pudore.

« Vieni da me », le disse stringendosela accanto. Furono due corpi nudi senza vergogna, uno stesso spasimo, un identico respiro, un affanno meditato, una continua inesauribile ricerca di colorati misteri, di strazianti piaceri, di singhiozzi d'amore.

« È questo che succede fra un uomo e una donna? » Le sembrava impossibile quella giostra inarrestabile dove il bisogno d'amore si trasformava in desiderio d'amore, in una spasmodica ricerca del piacere che nasceva da una sessualità inestinguibile.

« Questo succede fra Maria e Nemesio, fra quell'uomo e quella donna », precisò lui. « L'amore è un'invenzione sublime, nasce dal cuore e dall'intelligenza. È una favola su misura che solo quell'uomo e quella donna possono raccontarsi. » Era entrato in lei con mille cautele, vestendo di parole attuali un antico mistero, mescolando con naturale sapienza il dolore e il piacere fino a quando questo aveva prevalso su quello e la indecifrabile realtà di un orgasmo completo aveva vibrato in ogni fibra del suo corpo e nel più profondo dell'anima.

« Perché si ritorna? » domandò Maria. « Perché si ritorna dal paradiso? » precisò.

« Abbiamo tanti biglietti d'andata e ritorno, tanti quanto durerà la nostra giovinezza », la rassicurò. Erano passate le ore, era-

257

no esausti, ma il desiderio si stava riaccendendo in loro fino a diventare irresistibile.

« La nostra giovinezza », ripeté Maria. Poggiava la bella testa sul petto di lui che le accarezzava i capelli e le spalle. Improvvisamente saltò su. « Ma sarà passato mezzogiorno? » Il sole filtrava dalla finestra socchiusa e si sentiva il brusio del traffico.

Il ragazzo prese l'orologio dal ripiano del comodino. « Da cinque minuti », rispose.

« Devo tornare da mia madre », si preoccupò, « altrimenti starà in pensiero. » La violenta reazione di Vera era scontata, prevedibile e non la impensieriva. « Devo dirle che parto con te. »

Nemesio l'abbracciò e l'amò ancora con gratitudine.

« Mamma, io mi sposo con quest'uomo », dichiarò Maria con fermezza.

Vera si appoggiò alla sedia per non cadere. Erano in cucina, la luce dell'estate pioveva dalla finestra spalancata, voci, soprattutto voci di bimbi, salivano dal cortile. Un moscone iridescente ronzava tra i vetri e la tendina di pizzo in un'irriducibile, ma vana, smania di evasione.

« Sediamoci e parliamone », propose la donna modificando di fronte alla realtà che la schiacciava il suo atteggiamento sul matrimonio in generale e in particolare su quello della sua unica figlia: si era spesso immaginato un genero positivo, lavoratore, rispettoso delle regole e delle leggi e invece si trovava a dovere discutere con un saltimbanco rissoso, spudorato e parolaio, un niente vestito da uomo, un serpente ingannatore che, senza pensarci un momento, sulla piazza di un quartiere o di un altro paese avrebbe magari adescato un'altra cretina come sua figlia.

« Non mi bastoni? » si stupì Maria, « non mi prendi a schiaffi? » La invitava quasi ad assumere gli atteggiamenti imposti dal suo ruolo di madre autoritaria.

« No, in questo caso le botte non servono a niente. » Vera sapeva per esperienza che oltre un certo limite nemmeno le frustate possono convincere una persona a fare il contrario di quello che pensa, soprattutto se è in preda al fuoco della passione. La passione. Anche lei c'era cascata con il suo Alfredo e inutilmente suo padre le aveva segnato le gambe con la frusta da barrocciaio. « No, Maria, è meglio ragionare. »

« Dici sul serio? » domandò la ragazza con aria triste. Era pronta all'aggressione, ma era impreparata di fronte al ragionamento.

« Se me lo consente », intervenne Nemesio, « posso cercare di spiegarle io. »

« È un discorso tra me e mia figlia », lo zittì Vera.

« Mamma, io so quello che provi », disse con dolcezza Maria, « ma vedrai che con il tempo tutto si chiarirà. So che cosa avevi in mente per me. Che uomo. Che vita. Ma se lo conoscerai meglio capirai che Nem... » si rimangiò quel nome bizzarro che avrebbe aggiunto confusione a confusione, « capirai che questo ragazzo è molto diverso da quello che credi. »

« Io non credo niente, Maria, » ribatté la madre passandosi una mano tra i capelli, e rivelando così un volto ancora giovane sconvolto da una violenta emozione, « io so che tu stai facendo il più grande sbaglio della tua vita. »

« Io gli voglio bene », disse la ragazza cercando di sintetizzare ciò che provava per Nemesio.

« Ma come fai? » la rimproverò parlando a bassa voce per non farsi sentire dai vicini e battendosi i polpastrelli uniti della mano sulla fronte in un gesto inequivocabile. « Come fai a dire 'io gli voglio bene' se ieri mattina a quest'ora non sapevi nemmeno che esistesse? Di', è vero o non è vero? » Gli occhi di Vera brillavano come se avesse la febbre.

Era vero che ventiquattr'ore prima neppure lo conosceva, ma era altrettanto vero che le sembrava di conoscerlo e di amarlo da sempre ed era pronta a seguirlo in capo al mondo. Seppe soltanto ripetere: « Io gli voglio bene, mamma ».

« D'accordo », cominciò lei pronta a scendere a patti, « ma potrai aspettare un po' di tempo, no? Come fai a dire: io mi sposo con quest'uomo? Ci vuole tempo per sposarsi, anche quando le cose vanno tutte per il verso giusto. Nemmeno il Papa può dispensarti dalle pratiche che ci sono. Prima dovrete pure fidanzarvi, no? » domandò sperando in una risposta che premiasse la sua resistenza.

« Praticamente siamo già sposati », confessò la ragazza.

« Fammi capire, Maria », fece Vera, « si è sposati quando si è detto sì davanti al prete. »

« Ma tra noi è successo quello che succede tra marito e moglie », replicò la ragazza con fermezza. La verità nuda e cruda risparmiava a tutti le meschine conseguenze e il dolore di una pietosa bugia.

« Vuoi proprio dire », intervenne la donna indicando alternativamente Maria e Nemesio, « che tu e lui... » Si interruppe sgranando gli occhi e scuotendo malinconicamente il capo. « Ma tu non sei una puttana », mormorò, « io ti ho allevato come una ragazza perbene, gelosa del tuo onore. Io ti ho insegnato il rispetto di te stessa. »

« Signora », tentò di inserirsi Nemesio, « io posso dirle soltanto che la sposerò. » Rinunciò a intervenire. Le sue parole, la sua vivacità, la sua simpatia, i suoi argomenti non potevano neppure scalfire la legge morale della donna che da secoli sopravviveva solida come una roccia.

« Tu sei un ladro », lo insultò, « tu sei un ladro e un impostore. Tu mi porti via gli anni più belli della mia vita, tutte le speranze che avevo nel cuore, tutti i sogni per questa ragazza. »

« Farò di tutto per renderla felice. » Era sempre caparbio, ma non più tanto sicuro.

« Mi consola un unico pensiero », gli disse Vera con cattiveria, « che prima o poi anche lei capirà lo sbaglio fatto e allora gli anni più belli della vita, ma forse i mesi o i giorni, verranno strappati anche a te. E ti sentirai vecchio come questa povera vecchia che ti sta di fronte. » Poi si rivolse alla figlia: « Potrei mandarlo in galera, ma ci resterebbe il tempo per convincerlo a un matrimonio riparatore. È quello che vuole, in fondo. Vattene subito con il tuo vagabondo. Prendi i tuoi quattro stracci e vattene. » Era una persona diversa da quella che Maria credeva di conoscere tanto bene.

« Mamma », disse facendo l'atto di abbracciarla.

« Mi abbraccerai quando tornerai a casa tua. Ma senza questo saltimbanco. Per te la porta è sempre aperta. »

Attraversarono di notte il ponte di ferro sul grande fiume, seduti sulle panche di un vagone di terza classe.

Nemesio guardò fuori. « Ecco », disse piano, « questo è il Po. » Il rumore del treno evocava altri viaggi nel buio.

Maria si mosse; aveva sonno, era stanca ed emozionata e cercò fuori un segno che giustificasse la sua malinconia, mentre il passaggio sui tralicci di ferro del ponte accentuava lo sferragliare del convoglio. « Non vedo niente », si stupì.

Nemesio l'aiutò ad alzarsi e la fece accomodare al suo posto. « Ecco », le spiegò, « avvicinati al vetro. » C'era altra gente nella carrozza, alcuni con la testa a penzoloni, altri con gli occhi fissi verso un punto lontano, qualcuno parlava. L'odore era quello grigio della miseria. Nel settore dei due giovani c'era soltanto una vecchina addormentata, la testa e le spalle avvolte in un grande scialle nero, seduta di fronte a loro nel posto vicino al finestrino.

La ragazza usò le mani come paraocchi e mentre si abituava al buio si rendeva conto che anche la notte aveva una sua fioca, suggestiva luminosità. « Questo sarebbe il Po? » domandò incredula senza abbandonare la sua postazione.

Nemesio le appoggiò una mano sulla spalla. « Che cosa ti aspettavi? » mormorò con un sorriso. « Un fiume può soltanto essere un fiume », soggiunse.

Già, che cosa si aspettava? Postazioni di filo spinato? Sentinelle? Un posto di frontiera? Maria non lo sapeva esattamente, ma si aspettava che qualcosa accadesse, che il paesaggio cambiasse, che suonassero le campane, che qualcuno mettesse in guardia i passeggeri per aiutarli a capire le abitudini degli indigeni. Invece era una notte simile a tante altre notti, con un fiume forse poco più grande, ma nemmeno poi tanto più grande dell'Adda o del Ticino, che scorreva sempre uguale e sempre diverso in un paesaggio che non differiva molto dalla campagna che lei conosceva e amava. « Di là dal Po ci sono i terroni », recitò piano, cercando un segno che giustificasse la sua affermazione.

Nemesio non la contraddisse. « Tra poco saremo a Piacenza », la informò, « potrai constatarlo personalmente. Poi », continuò, « verranno Fidenza, Parma, Reggio, Rubiera e Modena finalmente. »

La ragazza non si staccava dal finestrino. Ascoltava Parma, Reggio e Modena, ma capiva Casablanca, Tangeri, Marrakesh. « Modena è la tua città. » Era un'affermazione e una domanda, mentre il treno volava sul traliccio di ferro messo per traverso al fiume e quel convoglio sferragliante si trascinava dietro l'anima e le radici di lei, la strappava alla sua terra per portarla chissà dove. Vide l'altra sponda del fiume, vasti canneti, chiari e lucenti boschi di pioppi; poi ancora altri alberi scuri, prati e vigne, campi di grano e, di tanto in tanto, una luce sulla strada o in una casa.

« Modena è la mia città », rispose Nemesio, « sono sicuro che ti troverai bene. » Cercava di rassicurarla, ma non era del tutto convinto. Aveva prevalso lo spirito d'avventura, avevano obbedito al richiamo della grande passione, ma non erano ancora entrati nel futuro che già insorgevano le prime difficoltà, i primi dubbi.

Il treno frenò sbuffando e cigolando nella stazione di Piacenza. « Oh, mamma mia, siamo in Emilia », disse Maria e pensò Africa. Piangeva in silenzio e le lacrime le riempivano i grandi occhi nocciola e le scivolavano sulle gote, come una volta da bambina quando aveva perduto la strada di casa.

Nemesio le passò il braccio intorno alle spalle e l'attirò a sé, prese un fazzoletto e le asciugò le lacrime. « Non ho esperienze del genere », disse, « ma credo che sia normale quello che ti succede. Credo sia normale anche la voglia che hai di tornare indietro. »

Era la prima volta che qualcuno non le chiedeva perché piangesse. Anche quando era piccola qualcuno glielo chiedeva sempre e lei rispondeva con una bugia. Nemesio non aveva capito soltanto che una donna ha sempre una buona ragione per piangere, ma aveva intuito la sua particolare ragione. « Sono sicura che mi troverò benissimo », lo rassicurò sorridendo, in bilico tra l'inquietudine del futuro, che era già cominciato, e la nostalgia del passato in cui si svolgeva la sua vita serena, equilibrata, senza scossoni e senza turbamenti.

« Milano non è alla fine del mondo », la consolò, « puoi sempre ritornarci. In tre ore al massimo dalla mia città si arriva alla tua. »

Era una buona notizia, anche se lei ragionava all'inverso, essendo partita dal centro del mondo per spingersi oltre i confini della civiltà. « Tu mi starai sempre vicino, vero? » domandò cercando protezione.

« È per questo che ti porto con me. » Guardò la vecchina, si assicurò che dormisse, diede un'occhiata in giro alla ricerca di sguardi curiosi, poi, quando si rese conto che nessuno li osservava, la baciò lungamente sulla bocca traendo da quel bruciante contatto una violenta eccitazione.

« Ma tu, sei matto? » si stupì Maria vedendo il sesso dell'uomo gonfiarsi sotto i calzoni. « La tua è una malattia. »

La strinse tra le braccia, le prese una mano e l'appoggiò

sul suo ventre. « Curami, Maria », mormorò con voce roca all'orecchio di lei.

Anche le guance della ragazza ormai bruciavano e lei si stupì del brusco passaggio dalle lacrime al desiderio, dall'indolenzimento dell'anima all'irresistibile richiamo dei sensi. « Cerchiamo di dormire », propose Maria. Se non gli avesse imposto un minimo di moderazione quel saltimbanco era capace di inventare l'amore anche di fronte alla vecchietta, in una carrozza di terza classe.

Nemesio si tirò indietro i capelli, si alzò, andò nella toilette, cercò di mettersi in ordine e si lavò alla meglio.

« Hai ragione tu, Maria », disse, « cerchiamo di dormire. Anzi », suggerì, « dormi tu. Sarebbe fastidioso che ci addormentassimo tutt'e due e non ci accorgessimo quando il treno arriva a Modena. »

« Facciamo come vuoi », convenne la ragazza ormai sopraffatta dall'emozione, dalla stanchezza, dal sonno.

L'uomo cominciò a parlarle con dolcezza di sé, di lei, del loro futuro e Maria, a poco a poco, si addormentò tra le sue braccia.

2

« Così ti sei presa questo sacramento! » tuonò il fornaio con una voce profonda da basso. Sembrava quella di Sparafucile, il bandito assassino del *Rigoletto*. Invece era un uomo piccolo, minuto, sui sessant'anni, gli occhi chiari e innocenti da bambino, il cranio lucido per la calvizie e intorno al capo una corona rada e lieve di candidi capelli. Indossava pantaloni di tela grigi, canottiera di lana e aveva un fazzoletto bianco annodato intorno al collo. Sembrava quello che era: un brav'uomo.

« Dai, Perfédia », intervenne Nemesio che sorrideva di fianco a Maria con l'aria di sdrammatizzare la situazione, « questa non ti conosce, magari ti crede. Non metterle dei pensieri in testa », soggiunse, « che ha già i suoi problemi. »

Maria capì Perfédia e tradusse Perfidia, sorpresa che quell'uomo mite con la voce di Sparafucile potesse esprimere la subdola malvagità che il nome gli attribuiva. « Sì », ammise con una certezza trovata in un mare di dubbi, « mi sono presa questo bel soggetto. » Nonostante la stanchezza che la intorpidiva e la confusione che aveva in testa, o forse proprio per quello, Maria si difendeva aggredendo, stava al gioco. Ormai il ghiaccio era rotto, l'argine morale travolto e lei viveva, attimo per attimo, come in un sogno, l'esistenza che aveva accettato appassionatamente, ma certo in modo avventato, di dividere con uno sconosciuto chiamato Nemesio Milkovich, un uomo singolare dal nome esotico che, da un momento all'altro, l'aveva trascinata sul versante dell'avventura e dell'incertezza in un paese che temeva come le cose che non si conoscono.

« Ognuno ha i suoi gusti », sorrise Perfédia il cui nome non nasceva dall'efferata radice di chi inganna a fin di male, ma derivava dalle analogie che la sua scattante persona aveva con un giocattolo accessibile anche ai bambini poveri che compariva il 31 gennaio, il giorno di San Geminiano, santo patrono della città. Era questo Perfédia una specie di birillo intagliato in una pannocchia di granturco, il tronco bianco, la testina rotonda dipinta di rosso, fissato a una lamina di metallo e che, opportunamente manovrato, si raddrizzava con la rapidità di un folletto. « Dai », li invitò premuroso, « venite su da Bianca a prendere un caffè. »

Nemesio e Maria erano arrivati alla stazione di Modena alle prime luci dell'alba e in quel momento, mentre erano davanti al forno di Perfédia, in corso Adriano, una laterale della via Emilia, l'aurora allungava le sue dita dorate sulla città facendo brillare, quasi fremere, in una prima estenuante carezza, i sassi di fiume che ricoprivano la strada, dove Maria avrebbe abitato. Dalla bottega veniva l'odore fragrante del pane fresco che un ragazzo in canottiera e calzoncini corti sfornava a ripetizione con una pala di legno. Era pane diverso dalle *michette* lombarde, era pane di una forma inconsueta che ricordava due mani chiuse a pugno unite tra loro con i pollici sollevati e diritti.

Perfédia sorrise ai due giovani con i suoi occhi innocenti e dolcissimi, guardando soprattutto Maria per darle la certezza delle sue buone intenzioni e disse: « Io e Bianca vi accogliamo a braccia aperte ». Perfédia era soltanto un amico, ma il sentimento che lo univa a Nemesio era più intenso di un legame di sangue. Aveva visto crescere quel disperato e ne subiva il fascino irresistibile: lo amava come un figlio.

« Allora muoviamoci », propose Nemesio manifestando improvvisamente una certa fretta. Presto si sarebbero aperte le altre botteghe: l'« industria del gelo » e il meccanico per motociclette sul piccolo piazzale dove la strada faceva uno slargo, il fabbro e il falegname nella vecchia casa di mattoni erosi dal tempo con i camini esterni, le insegne di legno applicate sopra le porte, guardate da un antico lampione ormai spento da anni. Il meccanico, il gelataio, il fabbro e il falegname si sarebbero avventati su Nemesio con le loro infantili bestemmie e le loro terrificanti maledizioni espresse in dialetto.

« Andiamo », disse Maria. Le sembrava di cominciare a capire e volle sorridere, ma le restava dentro una grande malinconia. Dall'alto di una casa venne un fischio acutissimo. Su una colombaia d'altana, in bilico come un funambolo, un uomo in maniche di camicia fischiava diabolicamente agitando una lunga, flessibile pertica in cima alla quale sventolava uno straccio sbrindellato. Seguendo le flessioni della pertica che frustava l'aria un nutrito stormo di colombi obbediva a quei fischi diabolici e a quei segnali, come un'orchestra al proprio direttore, producendosi in una serie ininterrotta di figure acrobatiche che a tratti assumevano la plasticità di un disegno. A volte erano uno stendardo, a volte un ombrello, in altri casi, a seconda della luce, un lago grigio e scintillante di piume.

« È arrivato il triganiere », disse allegro il fornaio. Il nome derivava dai colombi chiamati appunto triganini.

« È molto bello », osservò Maria incantata dallo spettacolo insolito.

« Adesso vedrai che arrivano anche gli altri », le spiegò Nemesio. E proprio in quel momento si udirono altri fischi e sulle colombaie d'altana si agitarono altre lunghissime pertiche e altri stormi di colombi cominciarono a volare obbedendo ai misteriosi segnali dei triganieri. Gli stormi si fronteggiavano, poi si univano e si ricostituivano nelle formazioni di partenza, come le carte di un prestigiatore, ma ogni volta una delle formazioni diventava più numerosa, come se un certo numero di colombi avversari fosse stato catturato o avesse deciso di passare al nemico.

« È così o sbaglio? » domandò Maria affascinata dal carosello.

« Il gioco è proprio questo », rispose Nemesio, « vince lo stormo che è riuscito a portare via più colombi agli altri stormi. »

« Il caffè è pronto », si affacciò Bianca, la moglie di Perfédia.

« Veniamo », rispose il fornaio con la sua voce tonante.

Bianca li accolse affettuosamente, abbracciò Maria e strinse la mano a Nemesio. Era una donna un po' chiacchierona, ma di sentimenti buoni. La tavola era apparecchiata con una tovaglia di bucato sopra la quale brillavano le tazzine speciali di porcellana inglese con un filo d'oro sul bordo, decorate con eleganti roselline rosa. Al centro, su un grande piatto, larghi pezzi di focaccia. C'era nell'aria l'odore piacevole di una casa pulita e ordinata, regolata sul ritmo di consolidati schemi.

Maria sedette, mentre Bianca le raccontava una lunga storia che la ragazza non sapeva ascoltare. Il caffè fumante e il latte diffondevano intorno un gradevole aroma. La voce della donna, il suo parlare fitto fitto, l'odore piacevole della casa pulita e ordinata, la tovaglia di bucato, le tazzine di porcellana inglese, la vita che scorreva sui binari di antiche abitudini sciolsero in lacrime il turbamento di Maria, le cui prospettive ancora ignote erano molto diverse dal quadro che aveva sotto gli occhi.

« Piangi, bambina », disse Bianca che con i suoi quaranta-cinque anni poteva esserle madre. La padrona di casa, pensando a quel particolare, si commosse. Chissà che cosa avrebbe dato lei, senza figli, per avere una figlia come Maria. « Piangi che ti fa bene », soggiunse cingendole le spalle e chinandosi su di lei mentre Nemesio e Perfédia si guardavano smarriti.

« Vedrai che poi le passa », disse il fornaio.

« Certo che le passa », replicò Nemesio. Un campanile lontano batté le sei. Suo padre gli raccontava da piccolo che più o meno a quell'ora, quando ancora c'erano le mura, si aprivano le quattro porte della città, i dazieri davano il segnale di via libera, i contadini, i fruttivendoli, i commercianti e i sensali entravano sui carri e la città cominciava a vivere.

Erano all'ultimo piano e si vedevano una distesa di tetti e di altane, qualche campanile, colombi che volavano nel cielo terso di un azzurro intenso, il triganiere che si sbracciava per far volare il suo stormo con intenzioni di rapina.

« Cambierò vita, Maria », disse Nemesio sostituendosi a Bianca. « Avrai una casa come questa. E una vita tranquilla. »

Maria sollevò la sua bella faccia dagli zigomi alti e gli occhi color nocciola e fece cenno di sì, ma sapeva che era una reciproca menzogna.

3

« Non ti lasciare prendere dallo sconforto », disse la donna. « Quando hai appena avuto un figlio », soggiunse, « succede sempre così. » Era una vecchietta dagli occhi color fiordaliso, i lineamenti delicati e fermi di una bambola di Norimberga. Piccola, aveva proprio le dimensioni di una grande bambola, con una straordinaria energia nella figura inesistente e un'insolita dolcezza nello sguardo.

« Adesso mi passa », ribatté Maria posando il bambino nella cesta di vimini adattata a culla. Il piccino di pochi mesi agitò le manine, mosse due volte la testa e ripiombò in un sonno profondo.

« I bambini sono doni del Signore », recitò con voce melodiosa intrisa di cantilenanti inflessioni dialettali. « Forse per loro il mondo sarà meno brutto », continuò persuasa.

« Sì, nonna. » Maria la chiamava nonna o nonna Stella. Anche se era la madre di Nemesio non aveva mai sentito il desiderio di chiamarla più familiarmente mamma, ma aveva per lei un rispetto profondo e una stima sincera. Il bambino era bianco e tenero come il latte, con due lievi petali di rosa agli zigomi. Sembrava fatto di finissima porcellana, una vena pulsava lievemente sulla tempia sinistra e venuzze appena percettibili affioravano sulle palpebre trasparenti.

« Io ne ho avuto venti », raccontò la vecchia muovendosi nella grande mansarda dal soffitto inclinato con le piccole finestre affacciate su una distesa di tetti e di altane bianche di neve. « Venti, ragazza mia. Venti. Sai che cosa sono venti figli? » La vecchia parlava come le vecchie delle favole, ma raccontava la vita, un tirare avanti giorno dopo giorno sofferto e stentato, senza slanci, senza impeti, senza fantasia, affidata al caso, al destino, alla provvidenza.

« Sono tanti », osservò Maria sedendosi su uno sgabello e mettendosi a posto i capelli. Il pomeriggio volgeva al crepuscolo e il grigio triste del cielo sopra la neve dilagava nella mansarda accentuando la tristezza dell'ora.

« Torna presto Nemesio? » Era una domanda inutile soprattutto per lei che sapeva la risposta. Da quando si ricordava gli uomini non avevano orario. Godevano della libertà dei gatti, andavano e venivano a loro piacimento: parlavano e amavano se ne avevano voglia.

« Dipende da quello che ha trovato da fare. » Gli occhi di Maria scintillarono con fierezza. « Ma perché continuo a dire bugie », esclamò alzandosi di scatto, « tornerà quando gli pare. Come sempre. »

« È il nostro destino. » La vecchia dagli occhi color fiordaliso credette così di rassicurarla, stuzzicando con un ferro la stufetta parigina tutta dipinta di porporina argentata. Un lungo tubo sostenuto da fili di ferro con un ben congegnato gioco di equilibri attraversava un bel pezzo della stanza, riscaldandola uniformemente. Era l'unica cosa efficiente in quella soffitta nata per i colombi. « Venti figli », riprese la vecchia, china sulla stufa, setacciando attraverso la griglia di ferro la cenere arroventata. « Ogni anno un bambino moriva e uno nasceva. » Sollevò lo sguardo color fiordaliso sulla nuora. « Un battesimo e un funerale. Ci sono nove croci del cimitero di San Cataldo. Undici figli sono rimasti in vita. Quando Nemesio, che è il più piccolo, è venuto al mondo, il più vecchio faceva il soldato a Santa Maria Capua Vetere in aviazione. » C'era qualche cosa d'indomito nel carattere apparentemente rassegnato della vecchia vestita di nero con i capelli bianchi raccolti in un fazzoletto scuro.

Maria guardò la vecchia e identificò con quell'ascetica rassegnazione il suo futuro. « Non voglio », disse.

« Che cosa non vuoi? » le domandò la vecchia.

« Non voglio invecchiare nella miseria sotto il peso dei figli », disse facendosi forza e prendendosi la faccia tra le mani per guardare nel pozzo profondo del suo recente passato.

« Sarà quello che Dio vorrà », disse la vecchia che aveva

imparato a soffrire, ma non sapeva leggere nel carattere di quella nuora lombarda lontana da lei più di una generazione.

« E noi? » disse Maria chinandosi a sua volta sul bambino come per proteggerlo.

« Noi che cosa? » le chiese la vecchia con stupore e l'aria di rivolgerle un mite rimprovero.

« Niente », rispose Maria per evitare di imbarcarsi in una discussione senza uscita. Le avevano insegnato che tutti gli uomini obbediscono a un destino, ma lei era persuasa che il suo destino, in qualche modo, avrebbe potuto contribuire a delinearlo.

« Nevica. » Bianchi fiocchi planavano verticalmente nell'aria senza vento. « È un buon segno », osservò sorridendo la vecchia e i suoi occhi color fiordaliso si illuminarono di una luce di gioia. « Una volta », cominciò a narrare con voce melodiosa, « quando il 31 gennaio, il giorno di san Geminiano, non nevicava, si gettavano piume e farina dall'alto della Ghirlandina, così la gente aveva l'illusione che nevicasse. » Il fuoco scoppiettava nella stufa e il tubo tirava le fiamme verso l'alto con un piacevole brontolio. « Vedrai che presto viene a casa », volle rassicurarla la vecchia.

« Non me ne importa niente », replicò Maria con sincerità.

« La gravidanza e i figli danno gioia, ma anche tristezza », rifletté la vecchia. « È una cosa difficile da spiegare. Magari ci sono tante ragioni, solo che è difficile trovare le parole. Con questa luce viene l'ora dell'attesa. Quando ero giovane per le strade cominciavano a girare i lampionai. Andavano in giro con la pertica in spalla per accendere i fanali a gas. »

« Anche per noi è venuto il momento di accendere », si rallegrò Maria guardando la lumiera bianca sulla credenza color legno. Un fiammifero brillò nelle sue mani e la fiamma accarezzò lo stoppino che lei regolò manovrando una rotellina di rame. La fiamma, dapprima tremolante, divenne una equilibrata sorgente luminosa quando la donna vi collocò sopra il tubo di vetro panciuto e alzò lievemente la fiamma. Si diffuse nell'aria un penetrante odore di petrolio. « Non è la luce elettrica », commentò Maria, « ma è sempre meglio di niente. »

« Vediamo fuori la luce che abbiamo dentro », disse la vecchia. « C'è sempre abbastanza luce per due donne sole », soggiunse. « Ma già, di questi tempi non si bada più al consumo », osservò con serietà.

270

« Mi piace un po' di chiaro », obiettò Maria, pur sapendo che anche con quella donna buona la comunicazione era problematica Le dividevano milioni di anni luce. Era inutile discutere: era gente diversa che parlava un'altra lingua e pensava altre cose. Il bambino si mosse e Maria fece per toccarlo con un gesto apprensivo.

« Sogna », la fermò la vecchia. « Ma non devi preoccuparti così per niente. Adesso un'ombra ti manda in confusione. Quando ne avrai fatti cinque o sei ti comporterai diversamente. »

« Non avrò mai cinque o sei figli », si ribellò Maria buttando indietro la bella testa e facendo ondeggiare i capelli neri e folti. I suoi splendidi occhi nocciola tagliati a mandorla lampeggiarono di sdegno.

« Lascia tempo al tempo », mormorò la vecchia con tono profetico. Dalla strada veniva un'allegra baraonda di zufoli, di trombe, di trombette, di ocarine, di « pive », di piccoli palloncini che sgonfiandosi producevano un suono petulante e lamentoso.

« Si divertono », osservò Maria più che altro per cambiare discorso.

« Si ubriacano di parole », la corresse la vecchia con mestizia, « di coriandoli, di vino. » Sistemò sulla stufa una pentola di smalto blu per due terzi piena di pasta e fagioli, che aveva portato da casa per Maria e Nemesio. « Vedrai che fra poco arriva anche lui », disse alludendo al figlio.

« Certo. » Maria si morse il labbro inferiore e andò verso la finestra: la neve cadeva lentamente. Era sul punto di piangere, di urlare, di rompere tutto quello che aveva a portata di mano, di buttare nella strada quei maledetti libri che consentivano al marito di costruire un alibi alla sua vita randagia.

Ricordava l'arrivo nella piccola città sconosciuta che pure l'aveva accolta con cordialità. La mansarda di Nemesio le era parsa inconsueta e persino romantica quando lui, dopo averla presa in braccio sul pianerottolo, aveva spalancato la porta con una pedata e l'aveva posata delicatamente su un grande letto dicendole: « Questa sarà la tua reggia ». Maria si era guardata intorno, piacevolmente colpita da quell'ambiente bizzarro, un po' scapigliato, tanto diverso dalla sua casa. Oltre al letto c'era un tavolo pieno di libri e libri erano messi alla rinfusa per terra, sotto le travi, nel catino, nella credenza semiaperta tra piatti e bicchieri.

« Ma di' », gli aveva chiesto Maria, « questi libri li leggi? »

« Certo che li leggo », le aveva risposto.

« Ma tu chi sei? » le aveva domandato, un po' spaventata. « Un libraio o un saltimbanco? »

E Nemesio le aveva raccontato delle battaglie combattute contro i fascisti nel 1921 quando, ancora ragazzo, si era messo con gli antifascisti che difendevano la camera del lavoro dall'aggressione dei neri e suo padre, giardiniere dei marchesi Rangoni, lo aveva riempito di botte. Ma era ormai un uomo quando, nel 1937, aveva preso parte alla guerra di Spagna insieme con altri uomini provenienti da ogni parte del mondo, animati dallo stesso ideale, ma assolutamente privi di qualsiasi esperienza militare. Era stato ricevuto al centro di reclutamento della Prima brigata internazionale, vestito, nutrito, inquadrato e addestrato in un paio di settimane. Aveva combattuto a Guadalajara, aveva stretto la mano a Valentìn Gonzales, « El Campesìno », era stato testimone di uno dei più efferati crimini contro l'umanità: la distruzione di Guernica a opera dell'aviazione tedesca comandata da Göring.

Maria si era rifugiata tra le braccia del suo eroe scampato all'immane massacro perpetrato da centoquaranta aerei tedeschi nell'antica capitale dei baschi. Isolato e ferito, con l'aiuto di una famiglia di montanari era riuscito a raggiungere la Francia attraverso i Pirenei. A Parigi si era aggregato al grande circo Marcel Breton e, nascosto in un carro bestiame tra due elefanti, era riuscito a tornare in Italia. Quando il circo era ripartito Nemesio era salito sul baraccone dei saltimbanchi girovaghi. Così aveva conosciuto Maria.

« Io vado », disse la vecchia stringendosi nello scialle. Si era fatto buio. « Vado per l'offerta dei ceri a San Geminiano. » Venivano dai paesi più lontani per partecipare all'antica cerimonia culminante nel bacio del braccio del santo.

« Vada pure, nonna », disse Maria. Guardò la cassetta che ormai conteneva poche mattonelle di antracite per la stufa.

« Domani, se posso, te ne porto ancora », la rassicurò la vecchia.

« Vada, nonna », la invitò Maria, « altrimenti farà tardi. » La piccola stufa dipinta di porporina argentata irradiava un piacevole tepore e il bambino era bianco e rosa come un putto dipinto.

« Addio, Giulio », gli disse la vecchia mandandogli un bacio, « sei proprio una benedizione del Signore. »

Quando nonna Stella uscì al campanile di San Biagio suonarono le sei. In quella chiesa con la facciata che dava sulla piazzetta del Carmine, Maria si era sposata con Nemesio. Aveva rimediato un abito decente con una sartina piena di buona volontà e di poche pretese. I testimoni erano Bianca e Perfédia, poi c'erano alcuni dei fratelli e delle sorelle di Nemesio e la nonna Stella. Mancava nonno Pompeo perché era andato alla villa di Castelfranco Emilia, a piedi, per sistemare il giardino del marchese.

La prima notte di nozze, che non era stata la prima notte d'amore, Maria, con lombarda concretezza, aveva cercato di sondare la sua personalità inafferrabile.

« Chi sei? » gli aveva chiesto. « Un sovversivo, un eroe, un saltimbanco? Che cosa sei? » L'idea di non potere leggere in quell'animo apparentemente semplice la faceva disperare. Camminava con lui in una nebbia fitta e densa e sentiva la mano dell'uomo che allentava la presa. Ma non era forse la sua mano che cercava altri appigli?

« Fai delle domande da persona anziana », le aveva risposto, « e sei appena una bambina. »

« Siamo una famiglia, ormai », aveva insistito Maria.

« Non vedo la differenza. »

« Ma dimmi », aveva insistito, « tu che mestiere fai? » Era quella la domanda giusta che dalle sue parti si faceva a un uomo per ricavare dalla risposta un giudizio.

Nemesio l'aveva stretta fra le braccia facendole conoscere un'estasi meno profonda delle precedenti, donandole un amore di cui Maria cominciava a toccare i limiti angusti.

L'uomo non aveva risposto alla domanda fondamentale perché faceva tutto e niente. Anche nella lotta che conduceva per un mondo nuovo era isolato. Tutti lo stimavano per la sua innocenza, ma nessuno lo prendeva sul serio per la sua mancanza di senso pratico. Aveva scagliato, quasi bambino, le tegole della camera del lavoro addosso ai fascisti, aveva combattuto in Spagna con lo stesso spirito che lo induceva a fermarsi per strada e a buttarsi a capofitto in una lite per prendere la parte del più debole. I fascisti lo tolleravano perché era solo, gli antifascisti organizzati non contavano su di lui per la sua incapacità di uniformarsi a uno schema e di darsi una disciplina.

Quel cavaliere senza armatura nato in una piccola città di provincia con molti secoli di ritardo, quell'uomo che pure lei amava con tutta se stessa, le faceva paura, non tanto per il male che poteva fare agli altri, quanto per quello che gli altri avrebbero fatto a lui e alla sua famiglia.

L'abitudine di stare fuori spesso fino a tarda sera si poteva correggere e non era il peggiore dei mali, ma quello che Maria non avrebbe mai vinto era l'aspetto inafferrabile del suo carattere, che era la sua forza e la sua infantile debolezza. Era prigioniero di una illusione di libertà nella quale si ubriacava. I sogni erano la sua vita, i libri lo aiutavano a sognare e anche lei, Maria, si sentiva avvolgere dalla sostanza impalpabile di cui sono fatti i sogni. Non c'era ordine in quella stanza che si affacciava su una distesa di tetti, di altane, di campanili; non erano reali quei voli di colombi che si mescolavano e si ricomponevano come le carte di un prestigiatore e non c'era ordine nella sua vita. Con Nemesio si sentiva su un palcoscenico, frugata fino in fondo all'anima dagli occhi impudichi degli spettatori. Anche Perfédia era uno spettatore, pur essendo un amico, tutti gli amici erano spettatori, pur essendo amici, perché lui, Nemesio, era uno spettacolo vivente, a metà strada tra Pulcinella e D'Artagnan, sia che combattesse nel nome di un ideale, sia che mettesse il suo braccio e la sua intelligenza al servizio dei saltimbanchi o del primo che passava per la strada. Amare quell'uomo era come amare il vento che per un po' ti accarezza, poi ti fa venire la polmonite.

« Ma tu che mestiere fai? » aveva inutilmente ripetuto Maria vedendolo alle prese con i sacchi da scaricare, i motori da riparare, i cani da addestrare per la caccia, il piccolo commercio più o meno pulito.

Sì, era un antifascista, ma ormai, se si presentava da solo alla caserma dei carabinieri quando c'era la visita di un gerarca per restare in guardina il tempo di permanenza in città del pezzo grosso, nessuno gli dava fastidio. La simpatia che suscitava gli apriva molte strade, ma lui non sopportava la catena di un rapporto di lavoro continuo. Invece si lasciava coinvolgere nella rissa. Una sera, la vigilia del battesimo di

Giulio, era tornato a casa conciato da far paura e si era presentato il giorno dopo al fonte battesimale con un occhio nero e un brutto graffio allo zigomo destro.

Della cerimonia Maria ricordava i disperati tentativi di Nemesio di esprimere un sorriso con un labbro gonfio e l'occhio tumefatto: il risultato era tragicomico. Un altro particolare l'aveva fatto sorridere ed era stato quando il parroco della chiesa di San Biagio si era rivolto al padrino di Giulio dicendogli più o meno: « Rinunci a Satana, alle sue pompe, alle sue opere? » Sì, le parole erano pressappoco quelle, e Maria aveva pensato che Satana fosse un idraulico che lavorava al teatro municipale dove rappresentavano *La traviata* e *La bohème*. Nemesio aveva riso molto e quella sera si erano amati con tenerezza e con trasporto.

Quell'uomo era capace di azioni esaltanti. A Natale aveva scavalcato il muro di un parco, si era arrampicato sull'abete più alto e aveva segato la cima offrendo a Maria l'albero di Natale più bello della città.

« Prometti di non azzuffarti più? » lo aveva implorato.

« Prometto », le aveva risposto sorridendo come Clark Gable in *Accadde una notte*.

Da quella volta non era più successo, ma erano passati soltanto pochi mesi ed era sempre più spesso sola di sera, la bella faccia china con espressione apprensiva sulla cesta trasformata in culla nella quale dormiva Giulio.

Maria aveva tentato di riassumere il proprio disagio in una lettera alla madre, ma non avendo avuto mai troppa dimestichezza con le parole scritte aveva rinunciato quasi subito. Che cosa avrebbe potuto dire alla madre che Vera già non sapesse? Non si era mai ambientata in quella città che gli esuli da lontano rimpiangevano, ma nella quale chi l'aveva lasciata soltanto raramente faceva ritorno. C'era in quel grande villaggio, nel quale tutti si conoscevano, qualcosa di storto, un particolare inafferrabile che alimentava ansia e tensione. Perché in provincia la solidarietà è forse più accentuata, ma anche l'odio è più acceso, i solchi che separano le ideologie sono più profondi e le risse per motivi più o meno futili rasentano la ferocia.

Eppure quella città, come tutte le vecchie città, aveva un cuore che Maria identificava nel duomo e nella Ghirlandina, costruita mille anni prima con grandi blocchi di marmo provenienti da edifici romani. Per visitare la celebre torre si era rivolta all'economato municipale e aveva pagato due lire: una follia. Aveva sostato delusa dinanzi a una « vil secchia di legno », che i modenesi avevano rubato ai bolognesi nella battaglia di Zappolino, ispiratrice del poema eroicomico di Alessandro Tassoni.

Nella classica magnificenza del duomo, invece, aveva provato sensazioni di pace e di benessere. Le onde che agitavano la sua coscienza inquieta si erano improvvisamente calmate come per miracolo. Da dove le veniva tutta quella serenità? La meravigliosa basilica finanziata dal popolo modenese e dalla contessa Matilde di Canossa negli ultimi anni del secolo XI agiva su di lei come una medicina. Maria aveva ammirato la bellezza tranquillizzante della facciata, i leoni vigilanti di marmo rosa, i bassorilievi del grande Wiligelmo.

Prima delle sette rientrò Nemesio. Apparve sulla porta con un cappello di paglia da contadino che lui contrabbandava per un copricapo da rivoluzionario messicano, un naso finto e soffiava in una « lingua di menelicche », un tubo di carta colorata che si srotolava come un proiettile e che si ritraeva fulmineo. Aveva un cartoccio pieno di croccanti, di caramelle, di cioccolatini, di castagne secche, di bastoncini di zucchero filato.

« La cornucopia della festa », cominciò a recitare, « è piena di doni per la più tenera delle spose. »

« Sveglierai il bambino », lo rimproverò Maria.

« Che cosa sarà mai », replicò lui, « vorrà dire che faremo festa tutti insieme. »

Era entrata nella stanza insieme con lui una ventata d'aria fresca con l'odore inconfondibile della neve che continuava a cadere dal mattino. Il bambino si svegliò e cominciò a strillare, spaventato dagli sberleffi e dai lazzi che suo padre continuava a fare con l'illusione di calmarlo.

« Ci sei riuscito », lo rimproverò Maria, sollevando il piccolo dalla cesta e stringendoselo tra le braccia dove finalmente si calmò.

Nemesio si tolse cappello e cappotto e tirò via il naso posticcio: aveva un occhio tumefatto e il labbro gonfio.

« Hai fatto a pugni un'altra volta », esclamò Maria portandosi istintivamente una mano alla faccia, che era un modo naturale di sottrarre alla propria vista quello sfacelo.

« In un certo senso, ecco... » rispose l'uomo prendendo tempo per imbastire una scusa che non gli veniva in mente.

« Voglio un futuro per questo bambino », disse lei con durezza e determinazione.

« Ti prego, Maria, non essere eccessiva », cercò di sdrammatizzare Nemesio.

« Io me ne vado », disse dura come una statua.

« Parliamone domani », propose l'uomo che tuttavia sentiva di non avere argomenti da contrapporre a quelli della moglie.

« No », affermò con decisione, « se ne riparlassimo domani dovremmo riparlarne tra due giorni, poi tra una settimana e tra un mese. » Il bambino la guardava con i suoi grandi occhi innocenti come se fosse affascinato dal movimento delle labbra che pronunciavano parole chiare e definitive. Tra le braccia della madre non c'era niente che potesse spaventarlo.

« Non ti sembra che quel bambino abbia la faccia un po' gonfia? » disse Nemesio osservando il figlio con un certo stupore.

« Questa volta non m'imbrogli », replicò Maria che conosceva tutte le sottili astuzie cui il marito era capace di ricorrere, da commediante nato, per deviare il discorso nella direzione che più gli conveniva.

« Non ti ho chiesto di dare retta a me », disse con insolita severità, « ma di guardare il bambino. Per me ha la faccia gonfia. »

Maria l'osservò con attenzione. « Effettivamente sembra gonfio », fu costretta ad ammettere.

« Che cosa può essere? » le domandò allarmato.

« Ti prego, Nemesio », protestò, « non parlarmi come se tu fossi un imbecille e io un dottore. » Mentre l'uomo si smarriva Maria acquistava coraggio.

« Ci vorrebbe un medico », osservò Nemesio guardando con amarezza i simboli della festa, ormai dimenticati sul tavolo, nei quali aveva investito i pochi spiccioli che gli ballavano in tasca.

« Però tu », esclamò Maria intuendo il pensiero dell'uomo, « non hai più un centesimo. »

« Questo non ha importanza. » Si esprimeva come se per lui tutto fosse facile.

« Se tu non fossi a spasso non ci troveremmo in questa situazione. » Maria faceva i conti con una diversa realtà.

Voci allegre e zufoli venivano dalla strada.

« Ti ho detto che non ha importanza. » Guardò la cassetta delle formelle di antracite per la stufa: era quasi vuota. « È venuta mia madre? » domandò vedendo la pentola di smalto blu sulla stufa.

« È venuta, ma non è questo il problema », rispose Maria guardando il figlio con apprensione. Le pareva che la bella faccia di Giulio continuasse a gonfiarsi a vista d'occhio.

« Vado a cercare un dottore. » Nemesio uscì senza cappotto e corse giù per le scale come un pazzo.

Maria sapeva anche dove avrebbe trovato i soldi per pagare il dottore: da Perfédia, l'amico fornaio, ed era proprio quel continuo ricorrere a una forma praticabile di mendicità che era ripugnante per Maria.

Mezz'ora dopo Nemesio tornò con il medico e c'erano Perfédia e Bianca a confermare la facile previsione di Maria.

« Niente paura per questo giovanotto », disse il medico dopo un'attenta visita. Era un uomo sui cinquant'anni, i capelli ancora neri, l'espressione viva della persona serena.

« Che cos'ha? » chiese Maria già abbastanza rassicurata dalla presenza e dalle parole del medico.

« Orecchioni », rispose lui sorridendo. « Banalissimi orecchioni. »

« Che cosa devo fare? »

« Niente. Tenerlo al caldo, ben coperto, mettergli un po' di questa pomata che le prescrivo e lasciare che il male guarisca da solo. »

Si lavò le mani nel catino e se le asciugò con una salvietta di bucato che Maria aveva tirato fuori del cassetto apposta per lui. Si fermò a bere un bicchiere, a parlare della festa, della neve, del tempo, ma quando Nemesio cercò di trasferire il discorso sui tempi e sulla politica il dottore salutò e uscì.

Maria guardò Perfédia. « Ho già fatto io per il disturbo », disse il fornaio.

« Le restituirò tutto », promise Maria arrossendo.

« Ma che cosa vai a pensare », si intromise affettuosamente Bianca.

« Oggi a te domani a me », disse Nemesio buttando la cosa sul ridere nel momento dello scampato pericolo.

« È sempre oggi », sottolineò Maria, « ed è sempre per te. »

Quando anche gli amici se ne furono andati Maria, sistemato il bambino nella cesta di vimini, affrontò Nemesio.

« Quando Giulio è guarito me ne vado », disse. Poi mise a posto il barattolo dello zucchero che era rimasto sulla credenza. Sistemava le cose non per mascherare un imbarazzo che non c'era, ma per un innato bisogno di precisione e di ordine.

« Vogliamo parlarne quando sarà guarito? » Nemesio prese una formella di antracite, sollevò due cerchi arroventati con le molle e la lasciò cadere nella stufa cilindrica.

Maria attese che i due cerchi fossero nuovamente nella loro sede naturale, si mise di fronte all'uomo e guardandolo dritto negli occhi disse: « Non volevo cominciare una discussione, ma solo comunicarti quello che ho intenzione di fare ».

« E il bambino? » le domandò in tono irato.

« Il bambino viene con me. » Nella strada passò un barroccio degli spalatori.

« E come farai a mantenerlo? » L'uomo cercava pretesti.

« Lavorando. » Disse quella sola parola e Nemesio ne intese il pesante significato.

« Il che fa supporre », rispose, « che io non sono in grado di offrire al bambino le stesse certezze. »

Maria gli prese la testa fra le mani con materna dolcezza. « Ma non capisci che sei tu stesso un bambino? » Gli parlava senza risentimento, prospettandogli una realtà che lui doveva intendere nell'interesse di tutti.

« Parliamone domani, vuoi? » La forza e l'agilità che in lui erano evidenti Maria le aveva dentro, insieme con una determinazione e una volontà indomabili. E in quel momento, mentre cercava sempre più debolmente di contrastarla, vedeva brillare negli splendidi occhi color nocciola una decisione irrevocabile, la stessa che aveva visto brillare per lui quando la ragazza, da un istante all'altro, aveva deciso di seguirlo contro il parere della madre.

« Non c'è più niente da dire », concluse Maria con un sorriso accarezzandogli la faccia segnata dai colpi. « Un pazzo saltimbanco in famiglia basta, non ti pare? »

Era molto improbabile che Maria cambiasse idea: ormai la goccia aveva fatto traboccare il vaso. « E mentre tu lavori », le chiese, « Giulio dove starà? » Sedevano ai due lati del tavolo al centro del quale brillava il lume a petrolio.

« Da mia madre », rispose Maria. « Non vuole vedere te, ma il bambino lo terrà meglio e più volentieri che se fosse suo. »

« E se io mi sistemassi seriamente? » domandò lui con aria di sfida.

« Prima fallo, poi vedremo. » Aveva per lui l'atteggiamento realistico che i genitori severi hanno nei confronti dei bambini intelligenti che non si applicano e che per questo non riusciranno mai a portare a termine i corsi scolastici.

« Ma se trovassi un posto fisso? » insisté.

« Sono sempre tua moglie », affermò lei, « e sai il bene che ti voglio. »

« Torneresti con me? » sorrideva, ma aveva voglia di piangere.

« È successo qualcosa tra noi », ammise con sincerità, « e fingere che tutto sia esattamente come prima sarebbe disonesto. Questo non significa, però, che non si possa ristabilire l'equilibrio. » Aveva letto dei libri e quello aveva migliorato parecchio la sua capacità di esprimersi. Un dato positivo che doveva a Nemesio.

« Diciamo che per il momento torni a Milano da tua madre », accondiscese lui sulla via del compromesso, « e appena io mi trovo una sistemazione definitiva ti vengo a prendere. »

« Appena trovi una sistemazione definitiva », precisò, « mettiamo le carte in tavola e ne riparliamo. » Pensava che sarebbe stato più difficile convincerlo ed ebbe il sospetto che tutta quella ragionata condiscendenza nascondesse un'aspirazione inconscia alla libertà totale. Dormirono nello stesso letto, ma non fecero l'amore perché Maria, pur desiderando l'uomo che aveva sposato e che stava per lasciare, non voleva che quell'amplesso desiderato assomigliasse al tentativo di colmare un vuoto con un nuovo concepimento.

Il giorno dopo, più di quella del bambino, si era gonfiata a dismisura la faccia di Nemesio e certamente non per i colpi buscati nell'ultima lite.

« Ma... che cos'hai fatto? » si impressionò Maria.

Nemesio si prese la testa tra le mani e andò davanti allo specchio.

« Sembro Benito Mussolini », disse portandosi le mani ai fianchi e muovendo il busto e la testa negli atteggiamenti tipici che il dittatore assumeva durante i suoi discorsi a palazzo Venezia. « Guarda che mandibole. »

L'ilarità prevalse sulla preoccupazione e il volto di Maria passò da un'espressione di sconforto al sorriso, poi esplose in una risata sincera. « Sembri proprio lui », ammise con le lacrime agli occhi.

« Solo Iddio può spezzare la volontà fascista », recitò Nemesio che anche in punto di morte sarebbe stato pronto allo scherzo, « gli uomini e le cose mai! »

« Gli orecchioni sempre », disse la donna che di fronte a un malessere così vistoso, ma scarsamente pericoloso, poteva anche permettersi di scherzare. « Ursus, l'uomo più forte del mondo messo K.O. dagli orecchioni. »

Era ritornata affabile, gentile, disponibile e per tutto il tempo della malattia si era prodigata nel suo ruolo di madre e moglie affettuosa, tanto che Nemesio pensava che il proposito di tornare a Milano fosse ormai abbandonato. Invece, quando il medico decretò su dati obiettivi la fine della malattia, Maria fece le valigie.

« Domani me ne vado », annunciò. E se ne andò con il bambino.

« Quando avrò un posto », le disse alla stazione, « tornerai? »

« Quando avrai un posto ne riparleremo », ribatté lei decisa.

« Tu non sei una donna », fu il viatico di Nemesio, « sei un maresciallo dei gendarmi del Lombardo-Veneto. »

4

A MILANO si respirava un'altra aria, c'era un ritmo diverso, come se le meschinità e il tedio si stemperassero in uno spazio più vasto e libero. A Maria sembrava che il vento della grande città in qualche modo cancellasse le angustie dell'anima. Le automobili, i tram, le vetrine che riflettevano la sua figura resa più statuaria dalla recente maternità le davano inspiegabilmente gioia. L'incontro con sua madre era stato breve e scontato.

Vera provava dei sentimenti di gioia o di tenerezza, ma non li aveva traditi, nemmeno con il bambino che pure aveva subito preso sotto la sua protezione. Era stato un incontro tra una figlia malmaritata e una madre inasprita dalle amarezze, dalle delusioni, dalla solitudine. Vera aveva rinfacciato a Maria la sua situazione e i suoi errori, i sacrifici che lei aveva fatto per assicurarle un avvenire dignitoso. Tutto quello era previsto.

Stava camminando per via Orefici verso piazza Cordusio, leggera come l'aria, con un'assurda voglia di sorridere alla gente che passava. La vacanza che non aveva mai fatto se la sognava così. Era tornata ragazza, non aveva mai conosciuto un saltimbanco, oppure l'aveva sognato; il tenero legame con il bambino che aveva lasciato al sicuro in casa dalla madre sembrava fatto di niente.

A largo Cordusio ammirò la solenne struttura delle cattedrali innalzate al commercio e alle assicurazioni, i palazzoni che trasudavano solidità e ricchezza. Prese per via Dante e scorse la torre del Filarete svettante sul Castello Sforzesco: le avevano insegnato a scuola che era il simbolo delle Signorie. Sbucò in largo Cairoli e svoltò a destra in foro Bonaparte.

Maria suonò il campanello di ottone lucente incastonato nello stipite della porta di mogano massiccio che mandava un buon odore di legno, di vernice, di cera. La targa di ottone con su inciso in elegante corsivo *Lémonnier* era così brillante che Maria vi si poteva specchiare. Si avvicinò per controllare se i capelli erano a posto e la nuvola del suo alito appannò l'ottone frustrando la sua civetteria.

La porta si aprì. « Desidera? » chiese con fare compito una giovane domestica. Indossava una princesse di raso nero, un grembiulino bianco bordato di pizzo e in testa portava una crestina inamidata. La ragazza dallo sguardo vispo e il nasino leggermente all'insù, di costituzione robusta, era l'immagine di una tranquilla e sicura professionalità.

« Vorrei parlare con la signora Lémonnier », rispose Maria, consapevole della situazione d'inferiorità in cui si trovava e della difficoltà rappresentata dall'ostacolo che aveva dinanzi.

« Lei ha un appuntamento? » La domanda precisa equivaleva a una dichiarazione di guerra.

« No », rispose con sicurezza, « non ho un appuntamento, ma credo che alla signora dispiacerebbe sapere che sono venuta senza avere avuto la possibilità di vederla. » Ricordò Nemesio, le sue tiritere da fine dicitore, i suoi lazzi da saltimbanco: quel matto litigioso e romantico le aveva insegnato qualcosa.

« La signora la conosce? » si impuntò ancora la cameriera ormai sul punto di capitolare.

Per Maria fu un invito a nozze. « Se così non fosse », disse sfoderando il suo sorriso più smagliante, « le sembra che sarei qui a importunarla? »

L'ultimo baluardo crollò e Maria si sentì sollevata. « Si accomodi », la invitò la cameriera facendosi da parte, « vedo se la signora può riceverla. »

Maria entrò volentieri, il freddo di febbraio, nonostante il sole, era pungente.

Si trovò in un'anticamera spaziosa, al centro della quale troneggiava un divano rotondo di velluto azzurro. Agli angoli, da enormi *cache-pots* dello stesso colore, spuntavano piante rigogliose e ben curate. Due imponenti draghi cinesi di porcellana blu sembravano esotici e quieti guardiani ai lati della porta.

Tutto quell'azzurro e quel verde suggerirono a Maria l'idea dell'anticamera del paradiso.

Era la prima volta che entrava nella casa dalla porta principale. Quando faceva le consegne per la modisteria, obbedendo alle disposizioni dei padroni, si era sempre servita dell'ingresso di servizio. La scelta premeditata dell'ingresso principale equivaleva a una sfida: non veniva da postulante, né da ragazzina addetta alle consegne. Era una donna, andava a trovare un'altra donna che aveva dimostrato per lei simpatia e benevolenza.

« Vuole dirmi il suo nome, signorina? » le chiese la cameriera.

« Signora », la corresse Maria decisa a sfruttare il proprio vantaggio.

« Dica alla signora Lémonnier che Maria, la modista, desidera parlarle. »

L'ancella cambiò espressione e montò in lei il sacro furore degli umili quando ritengono di essere stati scavalcati da persone che la gerarchia sociale colloca su un gradino ritenuto inferiore al loro. « La modista », ripeté guardando l'ospite bene in faccia e annuendo con il capo. Le disse con un'occhiata che non sarebbe dovuta entrare dall'ingresso padronale.

« La modista », sorrise con schietta improntitudine Maria sedendosi dignitosamente sul divano di velluto color azzurro cielo, rendendo problematico, e forse cruento, un ripensamento della cameriera.

« Certo », prese tempo la fantesca guardando alternativamente Maria e la porta, chiedendosi se un tentativo civile di farla uscire, ristabilendo l'ordine del protocollo, avesse qualche probabilità di riuscire.

« Dunque? » Maria sosteneva il suo sguardo e aveva negli occhi una ferrea determinazione. La domestica lesse nell'espressione di quella giovane donna che navigava in un mare di guai le parole che Maria non disse: « Se provi a farmi uscire di qui ti graffio la faccia ».

« Attenda, prego », si decise finalmente la cameriera scegliendo la soluzione meno drammatica.

Maria aveva imparato a dissimulare i propri stati d'animo, ma non poteva impedire al proprio cuore di battere all'impazzata. Per distrarsi dalla tempesta che aveva dentro guardò il traffico del corso attraverso le doppie finestre del palazzo. C'era qualcosa di magico nel viavai silenzioso di tram, di automobili, di passanti indaffarati.

« Mia cara! Sono tanto felice di rivederti. » La voce calma e ridente della signora Lémonnier, che subito riconobbe, e fu un balsamo per la sua angoscia. « Sono davvero felice di rivederti », soggiunse la padrona di casa.

Maria si voltò e si trovò di fronte a una donna naturalmente elegante, aristocraticamente compita, superbamente bella. Apparteneva a quella categoria sempre più esigua di persone che hanno l'aria di volersi far perdonare la loro ricchezza e la loro condizione. Era nata signora e della signora aveva il garbo. Maria aveva sempre avuto per lei, lontana e irraggiungibile come un sogno, una profonda ammirazione.

Con un movimento fiero del capo, che le era abituale, Maria buttò indietro i folti capelli mettendo in evidenza i tratti di bella popolana, fiera della propria origine, che sa distinguere lo stile dall'acquisita condiscendenza.

« Madame », esordì, « non mi giudichi sfacciata, anche se lo sembro e forse lo sono. »

« Devo ancora sapere a che cosa devo il piacere della tua visita », replicò la signora con un sorriso, « e già mi attribuisci dei giudizi. Sei nei guai? »

« Be', sì », rispose Maria prendendo la scorciatoia della sincerità. « Da quando mi sono maritata ho avuto la mia dose di disgrazie. »

« Spero che si possa ancora riparare », disse la signora.

« Ho bisogno del suo aiuto », si decise finalmente Maria.

Elisabetta Lémonnier le circondò le spalle con un gesto affettuoso.

Maria respirò il leggero profumo di gelsomino e di cipria e il buon odore dell'abito di lana leggera, con il colletto da finta collegiale e la gonna corta poco al di sotto del ginocchio, che la signora indossava con eleganza.

« Vieni, mia cara », la sospinse con dolcezza, « andiamo in salotto a chiacchierare un po'. »

« Non chiedevo tanto », si scusò Maria sorpresa da quella familiarità.

« In fondo la tua visita è una piacevole variante alla solita vita », la rassicurò, « come vedi, anche tu mi stai facendo un favore. E poi lasciami esprimere un'opinione che può sembrarti ovvia e persino banale: quando una donna è giovane, sana e bella come te le contrarietà non sono mai così terribili. » La guidò in un delizioso salottino rivestito di *bois de rose* con molti quadri raffiguranti fiori dai colori tenui e sfumati e sedette di fianco a lei su un divano rivestito di seta che sembrava riflettere le tonalità delle pareti e dei dipinti.

« L'ho pensato anch'io venendo da lei », ammise Maria, « che le difficoltà non sono sempre insormontabili. Se però qualcuno ci dà una mano... »

La cameriera, inappuntabile e apparentemente senza rancore, servì su un vassoio d'argento un *café-crème* all'uso francese. Elisabetta Lémonnier, ginevrina, moglie separata di un banchiere di Zurigo, aveva serbato anche in Italia le care abitudini della sua terra. Parlarono a lungo, come vecchie amiche, sorbendo il caffè, pur appartenendo a due costellazioni diverse e lontane. Maria raccontò a Elisabetta, che l'ascoltò con interesse, la sua fuga con il saltimbanco, il matrimonio, la nascita del bambino.

« Ho bisogno di lavorare », continuò, « ma per diventare modista finita avrei dovuto fare pratica ancora per un paio d'anni. I prossimi sono venti. E non posso mettermi a fare l'apprendista. Praticamente non ho una professione. Scuole ne ho fatte poche. L'unica strada aperta è quella della domestica », soggiunse sottovoce temendo che la cameriera fosse in agguato.

« È un'analisi realistica », convenne la padrona di casa, « ma il salario di una domestica è poca cosa. Settanta, al massimo ottanta lire al mese. È tutto quello che puoi guadagnare. »

« Sempre meglio di niente. »

« Anche questo è vero. » Il senso pratico della ragazza colpiva quasi sempre nel segno. « E il bambino? »

« Lo tiene mia madre. » Già, il bambino. In quella stanza dai colori sfumati e dai profumi tenui, in quel delizioso scrigno rivestito di legno di rosa aveva quasi dimenticato il passato. Forse era la sicurezza che le dava sua madre, affettuosa custode di Giulio, a rendere meno penoso il distacco. « E sarà anche felice di averlo tutto per sé. È convinta che, avventata come sono, non potrò mai essere una buona mamma. » Maria parlava con passione, accalorandosi, mentre Elisabetta, che aveva appena dieci anni più di lei, la osservava, la studiava, intuendone la forza e la volontà. Avvertiva in lei la grinta dell'animale di razza. Per emergere le mancava un buon addestramento.

« Forse ho la sistemazione che fa per te », disse massaggiandosi le tempie e corrugando la fronte. Ma perché non ci aveva pensato prima? Le piacevano il coraggio di Maria e la sua schiettezza e, mentre la ragazza raccontava le proprie disavventure, le era balenata in mente la soluzione.

« Sarebbe troppo bello, così, subito », disse Maria.

« Un signore », riprese Elisabetta, « mio buon amico, una persona seria e affidabile, ha bisogno di una governante. »

« Sì? » Maria tratteneva il respiro per non perdere una parola o un'inflessione di voce.

« Vive poco lontano da qui », spiegò versandosi ancora del caffè, « ne vuoi anche tu? »

« No, grazie », rispose Maria. Era soltanto ansiosa di sapere.

« Questo signore, mio buon amico », continuò, « è scapolo. Vive con la sorella che si è sempre presa cura di lui. Una donna semplice e all'antica, che, però, adesso pare sia molto cagionevole di salute. Credo anzi sia proprio lei ad avere bisogno d'aiuto. Il signore abita nel palazzo accanto a questo. Si chiama Cesare Boldrani. »

« Il costruttore? » domandò Maria facendo tanto d'occhi. Aveva sentito parlare di quell'uomo importante quando andava in giro a fare consegne per la modisteria, ma non aveva mai varcato la porta del suo palazzo. Maria ricordò i pettegolezzi che aveva udito anni addietro e le venne in mente che in modisteria e nelle case che frequentava, sia pure passando dalle porte di servizio, si parlava di una relazione tra la ricca ginevrina e il grande imprenditore milanese.

« Proprio il costruttore », rispose Elisabetta Lémonnier che sembrava intuire la ridda di pensieri che si accavallavano nella mente di Maria senza attribuire al fatto alcuna importanza. « Mi sembra una buona idea », continuò, cercando di fare coincidere le linee di un suo disegno. « Telefonami domattina. » Prese una matita da una scatola d'argento e sul foglietto di un notes scrisse quattro cifre: 4715. « Questo è il mio numero telefonico », spiegò con un sorriso porgendo il pezzettino di carta a Maria, « chiama dopo le nove. Ti dirò in che giorno e a che ora potrai presentarti a casa del signore. »

5

MARIA era in piedi davanti all'austero palazzo di foro Bonaparte e lo squadrava dalla portineria al cornicione, come se avesse un conto da regolare con quell'edificio che, ovviamente, essendo di pietra, rimaneva impassibile. Era un palazzo solido, massiccio, non privo di una sua eleganza, espressione della concreta borghesia lombarda che all'apparenza preferisce la sostanza delle cose.

Nel giro di due giorni il vento era caduto e si era alzata la nebbia, anzi un nebbione che dava le vertigini. A Milano la nebbia non le metteva tristezza come a Modena, forse era persino un buon segno nel momento in cui sarebbe diventata ufficialmente la governante del signor Cesare Boldrani. Governante per lei era già tanto, governante in casa Boldrani era il massimo. « La paga », le aveva comunicato Elisabetta Lémonnier al telefono, « è di duecento lire al mese. » Molto più di quanto si aspettasse.

Maria ricordò di reggere una pesante valigia di fibra perché sentì la mano piena di formicolii e la spalla indolenzita. Indossava un cappotto marrone da poco prezzo bordato di lapin e calzava scarpe dozzinali con il tacco basso. Una cintura di pelle sottolineava la vita valorizzando il busto e accentuando la curva armoniosa delle anche. Le gambe lunghe e snelle la facevano somigliare alla ragazza che Boccasile disegnava sul settimanale *Grandi Firme*. Nonostante quell'orribile cappotto riusciva a essere elegante.

Maria varcò la soglia del portone e si fermò davanti alla guardiola della portineria, dalla quale sfuggiva un intenso odore di minestrone, che, tuttavia, non si confaceva alla dignità della casa. Ne prese mentalmente nota per ricordarsi che un giorno o l'altro avrebbe dovuto provvedere.

« Lei che cosa vuole? » Un portiere in livrea la fermò con alterigia. Era alto, ben piantato, e aveva la faccia dura del mastino consapevole della propria funzione. In un certo senso l'ordine del palazzo dipendeva anche da lui, infallibile conoscitore di persone.

'« Sono la nuova governante di casa Boldrani. » Maria, presentando le proprie credenziali, ebbe cura di sottolineare l'importanza del ruolo. « Il signor Boldrani mi aspetta », soggiunse.

La divisa e la delicata mansione che svolgeva giustificavano l'abituale sussiego del portiere. Disse: « In fondo al cortile a destra. Primo piano. Scala di servizio ».

Ora o mai più, pensò Maria e volle subito chiarire la sua posizione. « Forse non mi sono spiegata », replicò con pacata fermezza, « ho detto governante, non sguattera. » Poi, calcando sul tono della voce: « Quando lei sarà chiamato dal signore per qualche incombenza si servirà della scala di servizio. Io sono la governante. Sono la sola autorizzata a servirsi della scala padronale. » Elisabetta Lémonnier le aveva comunicato le regole fondamentali e lei, come sempre, non aveva perso una sillaba. Girò sui tacchi e cominciò a salire la vasta scalinata di marmo chiaro senza dare all'uomo il tempo di riprendersi.

Maria era attesa, il portinaio aveva fatto il suo dovere, e prima ancora che avesse il tempo di suonare la porta venne aperta da un ometto sui sessant'anni con una trasandata livrea verde e nera da cameriere. Aveva i capelli bianchi, gli occhi grandi e azzurri, il naso a patata leggermente venato di rosso, le labbra atteggiate in uno schietto sorriso e un'aria mite e familiare.

« Lei è la signora Maria, vero? » le disse andandole incontro prima che avesse il tempo di parlare. « Mi dia la valigia », soggiunse premuroso. « Pesante, eh? Benvenuta. Venga dentro. Si accomodi. Lo sa che l'aspettavamo? » Posò la valigia e l'aiutò a togliersi il cappotto. C'era calore umano e cordiale disponibilità nella sua voce dall'inconfondibile accento milanese. Mancava assolutamente l'atteggiamento invidioso e ostile che il più delle volte caratterizza i rapporti tra quanti portano il nome ambiguo di colleghi.

« Io sono Ambrogino », proseguì sparando parole come una mitragliatrice, « e da quando la sorella del signore si è ammalata, faccio tutto io. » Le girava intorno come un folletto buono, anzi, più lo guardava e più lo trovava somigliante al personaggio di un film americano che aveva visto con Nemesio: un vecchietto sceso dal cielo per fare una buona azione. « La sorella del signor Cesare », continuò, « si chiama Giuseppina. Venga, venga con me in cucina », la invitò riprendendo la valigia, « ho preparato il caffè, ne beve un po', così si scalda, e poi l'accompagno dal signor Cesare. Intanto la metto al corrente di quello che deve sapere.

« Perché vede », continuò abbassando il tono della voce, « il signor Cesare è un uomo di poche parole. Mi dice sempre: 'Ambrogino, taci il doppio e parla la metà!' Lui, quando ha detto sì e no, ha detto tanto. Ma è una gran brava persona. Uno con il cuore in mano. Vedrà, signora Maria, che da noi si troverà bene. »

La cucina era immensa e triste, forse per via dei muri ingialliti che davano il segno della trascuratezza in cui la casa si trovava. Maria sentì che mancava la mano svelta e la mente ordinata di una donna. Su una grande stufa rivestita di maiolica bianca fumavano pentole di varia grandezza e su un tavolo di marmo chiaro venato di grigio erano disposte in bell'ordine due tazzine per il caffè, una zuccheriera e il bricco del latte.

« Forse dovrei andare subito a presentarmi al signore », si preoccupò Maria, « non sta bene fare aspettare. » Le due cose che sua madre le aveva insegnato e che non avrebbe dimenticato mai in tutta la vita erano la puntualità e la buona abitudine di non avanzare il cibo nel piatto.

« Il signor Cesare adesso è al telefono », le spiegò Ambrogino costringendola quasi a sedersi. « Lui tutte le mattine, dalle otto alle dieci, sta al telefono. Non va certo in giro. Casa e ufficio. Ufficio e casa. Però, che sia in ufficio o a casa, lavora sempre. Guardi, signora Maria, può stare tranquilla, perché prima che sia libero c'è un'ora buona. Intanto lei deve vedere la casa. Lo sa che è bella? »

« Tutte le case dei signori sono belle », osservò Maria, anche se si aspettava molto di più. Aveva visto case meno rinomate ridondanti di ori e di stucchi, impreziosite da arreda-

290

menti d'autore, con camerieri eleganti e maggiordomi impeccabili. Fino a quel momento, nel palazzo del grande Cesare Boldrani, l'aveva colpita soltanto l'imponenza dell'edificio e la supponenza del custode.. « Tutte le case dei signori sono belle », ripeté soprappensiero.

« Ma che cosa va a pensare, signora Maria », cinguettò Ambrogino, « non sto parlando della casa, ma di lei. Lei è bella. Mi fa venire in mente la mia povera moglie. Non era proprio grande come lei, però bella era bella. Adesso sono tanti anni che è morta », si rattristò, « e io sono vecchio. Sa quanti anni ho? »

« Cinquanta », mentì Maria che si sentiva allegra in compagnia di quel vecchietto ciarliero.

« Lei mi vuole canzonare », si schermì mostrando tuttavia di gradire il complimento, « altro che cinquanta. »

Un campanello stonato gracchiò e una luce rossa si accese sul vecchio quadrante sistemato accanto alla credenza. Ambrogino guardò il segnale. « È la signorina Giuseppina », disse alzandosi premuroso. « Vado a vedere di che cosa ha bisogno. »

« Potrei conoscerla? » propose Maria, ansiosa di incontrare almeno uno dei padroni per i quali avrebbe dovuto lavorare.

« No, signora Maria », rispose il cameriere agitando l'indice della mano destra in segno di diniego, « questa incombenza spetta al signor Cesare. Pensi, signora Maria, che si è tanto raccomandato. 'Ambrogino', mi ha detto, 'che mia sorella non sappia che ho assunto una persona per lei. Ci penserò io a spiegarle tutto'. Perché deve sapere che la signorina Giuseppina è malata di cuore e certe fatiche non può farle più. Invece, a darle retta, non starebbe mai ferma. Eh, che donna la signorina Giuseppina. La conoscerà. Ma messa com'è non campa tanto. Poverina », scosse la testa con sincera afflizione. « Ben, la conoscerà. Con permesso, adesso vado da lei. »

Maria si guardò intorno soddisfatta: quel posto, pur senza il lusso e le raffinatezze che si aspettava, aveva l'aria di essere un buon posto. C'era un contrasto singolare, che ancora le sfuggiva, tra la facciata signorile e l'innaturale modestia degli interni e degli arredi, come se il padrone di casa facesse di tutto per passare inosservato. Comunque, a parte quelle considerazioni che potevano essere frutto di un'opinione affrettata, era convinta che fosse lo stesso un buon posto, anche se non si faceva illusioni. Ambrogino l'aveva accolta come se l'assunzione fosse definitiva, invece lei sapeva da Elisabetta Lémonnier che doveva superare un periodo di prova di un mese. Ma intanto, se quel mese aveva il significato di un esame, doveva cominciare a darsi da fare. Osservò la rastrelliera di legno su cui erano appese pentole, padelle e paioli di rame e constatò che non erano tirati a lucido. Avrebbe detto ad Ambrogino di lavarli con acqua e aceto.

Scoperchiò le pentole che erano sulla stufa. In una il lesso bolliva piano con tante verdure. Maria aspirò l'odore delicato e appetitoso e sentì che mancava il sedano: bisognava aggiungerlo subito, intanto che la carne stava assorbendo gli aromi. Lo trovò in un cestello nell'enorme ghiacciaia di legno scuro: prese due gambi grossi, di un bel verde tenero, li pulì delle foglie, li lavò accuratamente nell'acquaio di granito e li mise in pentola. Così andava decisamente meglio.

Si stava intanto chiedendo come potesse il mite Ambrogino provvedere da solo a tante incombenze quando la porta si spalancò e fece il suo ingresso una strana creatura, sicuramente di sesso femminile, di un'età tra i quaranta e i sessanta e di aspetto singolare.

« Oh, poveretta me! » si lamentò la nuova venuta. « Oh, povera donna! » continuò sempre rivolta a se stessa. « Anche la spesa adesso mi tocca fare, a me che mi spacco la schiena dal... » La donna vide Maria, si bloccò e rimase a guardarla con occhi strabici e senza colore, la bocca spalancata con le parole congelate sulla punta della lingua.

« Sono la nuova governante », si presentò Maria per tranquillizzarla.

« Oh, Signore, finalmente è arrivata! » La donna lasciò andare le borse che caddero sul pavimento con il loro carico di provviste. « Ma quando è arrivata? » domandò.

« Questa mattina », rispose Maria, « anzi, pochi minuti fa. »

« Io sono Cecchina, serva tuttofare, per servirla. » La domestica si mosse, ma non si capì bene se per stringerle la mano, per fare un inchino o per darsela a gambe. Nonostante fosse irrimediabilmente strabica, con un grande naso rosso ciliegia, e avesse una peluria nera e ispida sul mento e sul labbro superiore, riusciva ad esprimere una simpatica e popolaresca arguzia. Aveva capelli neri, ispidi e arruffati e indossava con malagrazia un grembiule a quadri bianchi e azzurri.

« Allora lavoreremo insieme da adesso », esclamò Maria porgendole la mano.

« Sì, signora... » disse Cecchina sfiorandole con soggezione la punta delle dita.

« Maria », le suggerì. « Mi chiamo Maria. »

« Sì, signora Maria », disse contenta di avere avuto l'informazione che cercava, « farò il possibile, Poi, se tante volte non ci arrivo, lei mi dirà quello che devo fare. Pensi che stamattina, siccome Ambrogino l'aspettava, è toccato a me andare a fare la spesa. » Scostò una sedia dal tavolo e vi si lasciò cadere emettendo un sospiro di sollievo. « Con questi poveri piedi che mi fanno male girare da una bottega all'altra non è certo un piacere, sa. » La guardò con ammirazione. « Così giovane e già governante. » Per lei il grado di governante equivaleva a quello di generale. « Come cambiano i tempi. Fanno diciannove anni adesso che sto a servizio in casa del signor Cesare. » Un sorriso sgraziato su una bocca semisdentata sottolineò l'intenzione critica della frase.

« Diciannove anni in questo palazzo? » domandò Maria preoccupandosi di nascondere la curiosità.

« Non glielo ha detto Ambrogino? » si stupì Cecchina.

« Mi ha spiegato molte altre cose », rispose Maria.

« Ah, credo bene », si lasciò andare, « è come un colabrodo: non tiene neanche la pipì. » Si portò una mano alla bocca tentando inutilmente di fermare la parola grossa che ormai le era sfuggita. « Lei mi scuserà se mi sono permessa », mormorò tutta umile. « Ma Ambrogino non tace mai. Be', allora glielo dico io. Prima stavamo in corso Buenos Aires. »

« Quasi subito abbiamo fatto il trasloco e siamo venuti a stare qui, in foro Bonaparte. La casa, si sa, è grande, così la signorina Giuseppina ha preso a servizio anche Ambrogino che era rimasto vedovo da poco. Ma questo gliel'avrà detto lui. O sbaglio? Quello lì è un uomo d'oro, ma parla senza requie. »

« Sì, effettivamente me l'ha raccontato. » Maria ebbe la certezza che in quella casa, esclusi i padroni che ancora non conosceva, tutti erano piuttosto ciarlieri. La cosa non le dispiacque: parlava poco, ma le chiacchiere degli altri le facevano compagnia.

« Ha già visto il signor Cesare? » riprese implacabile la donna. « No, eh? » continuò senza lasciarle il tempo di rispondere.

« A quest'ora, poi, è nel suo studio attaccato a quel demonio di telefono.

« Ieri sera, mentre stava mangiando, ha fatto chiamare me e Ambrogino e ci ha detto: 'Guardate, domani viene una governante. Ubbiditele e andate d'accordo'. Così Cecchina adesso è qui per servirla. Comandi, signora. » Mentre dichiarava la propria disponibilità Cecchina si abbandonava contro lo schienale della sedia, tirando un altro sospiro di sollievo. Si alzò in piedi lamentandosi e cominciò a vuotare le borse disponendo sul tavolo i cartocci degli acquisti.

Il campanello gracchiò nuovamente e sul quadrante si accese un'altra spia rossa.

« Oh, mamma mia », si allarmò Cecchina, « è il signor Cesare che chiama. E Ambrogino non c'è. » Poi, passando dalla disperazione alla speranza, soggiunse: « Ma c'è lei, no? »

« Certo, ci sono io », disse con sicurezza Maria che non aspettava altro, « mi insegni la strada. »

Cecchina la guidò lungo un corridoio in penombra per alcuni metri e, puntando un dito in direzione di una porta chiusa, ma tenendosi prudenzialmente a distanza, disse: « È lì ». E se ne andò.

Maria bussò due colpi discreti e senza attendere risposta socchiuse piano l'uscio. Cesare Boldrani sedeva a un'ampia scrivania, un mobile talmente insolito da far dimenticare per qualche attimo a Maria la presenza del padrone di casa. Era un imponente scrittoio impiallacciato di palissandro con fasce di legno rosa e intarsi che raffiguravano urne e fogliame di forma classicheggiante. Legni di diverse colorazioni naturali erano combinati in modo da ottenere un effetto di chiaroscuro. Decorazioni di metallo dorato suddividevano la scrivania in pannelli.

« Può guardarmi tranquillamente in faccia », disse Cesare con la voce ferma di chi non ha tempo da perdere. « Non so quello che possono averle riferito sul mio conto, ma le assicuro che sono completamente innocuo. » Guardò la ragazza incorniciata nel vano della porta; era probabilmente più giovane e bella di quanto supponesse, ma la cosa era del tutto irrilevante. Le avrebbe comunque accordato l'attenzione prevista per uno qualsiasi dei problemi della giornata.

« La guardo », disse sorridendo con prudenza Maria, che non poteva dirgli di essere stata affascinata dalla scrivania e di avere dimenticato la sua presenza. « Il signore ha suonato? » soggiunse assumendo un tono cortese, ma professionale.

« Sì, ho suonato », rispose lui, « ma non mi aspettavo di trovarla qui. Credevo ci fosse Ambrogino. »

« È dalla signorina Giuseppina », lo informò.

Lo studio di Cesare Boldrani era una stanza quadrata, la più grande della casa, con le pareti interamente rivestite da librerie di noce chiaro, piene di libri rilegati in pelle e con la costa finemente stampata a lettere dorate. Per terra un enorme, soffice tappeto a trama molto fitta, con disegni a losanghe sui toni avorio e bordeaux.

« Venga avanti, segga », disse l'uomo facendole un cenno con la mano e indicandole una delle due poltrone di fronte a lui. Il piano della scrivania era completamente sgombro. C'era soltanto il telefono. « Mi assicurano che lei sia una ragazza molto sveglia », continuò con tono sbrigativo alludendo alle informazioni avute da Elisabetta Lémonnier, « quindi mi limiterò alle cose essenziali. Il suo compenso è stato stabilito, no? »

« Sissignore. »

« Con sua soddisfazione? »

« Sissignore. »

« Ma si accomodi, le ho detto », insisté.

« Sissignore. » Maria sedette sull'orlo di una poltrona imbottita rivestita di damasco scuro. Taceva, intimidita più dalla fama del personaggio che dall'uomo che si andava a poco a poco svelando. Ancora non avrebbe saputo dire se doveva considerarlo buono o cattivo, comprensivo o arrogante. Con sicurezza credette di poterlo ritenere un uomo sincero.

« Qui viviamo mia sorella e io », esordì Cesare. « Ci sono anche i due domestici che ha conosciuto. Non sono probabilmente le persone che lei si aspettava di trovare », la stupì leggendo nei suoi pensieri, « ma io non scelgo le persone per quello che sembrano. Le scelgo per quello che sono. E i due sono brave persone che hanno voglia di lavorare. »

« Sissignore. »

« Mia sorella è malata di cuore », si rattristò. « In questi ultimi tempi i disturbi si sono aggravati. Non abbiamo mai avuto una governante perché mia sorella si è sempre occupata della casa. E la casa era tutto per lei. Ora non può più fare sforzi. Voglio che lei la conosca. Subito. Le darà tutte le indicazioni necessarie. Spero che lei si trovi bene in questa casa.» Cesare si alzò imitato da Maria che per tutto il tempo aveva continuato ad assentire con lievi cenni del capo. Per un momento furono uno di fronte all'altra e la ragazza lo vide ergersi in tutta la sua statura, dritto, forte, deciso. Indossava un abito grigio di taglio perfetto su cui spiccava il candore della camicia e il blu della cravatta. Il gilè era attraversato dalla catena d'oro dell'orologio. Cesare lo tolse dal taschino per guardare l'ora. Era un orologio d'argento dal quadrante di smalto e le ore segnate in numeri romani. Sulla cassa era disegnata in rilievo una figura di donna drappeggiata in una tunica, le chiome fluenti e gli occhi bendati. Improvvisamente si diffuse nell'aria una musica melodiosa e Maria sorrise, piacevolmente sorpresa. «Le piace?» domandò addolcendo per la prima volta l'espressione.

«Be', sì... effettivamente... non credevo», balbettò lei.

«Venga», la sollecitò quasi con allegria, sorridendo a sua volta e mettendo in evidenza dei denti smaglianti. Maria in un primo tempo l'aveva giudicato vecchio e aveva pensato che con i suoi quarant'anni avrebbe potuto essere suo padre, ma quel sorriso luminoso che gli accendeva l'espressione e lo sguardo azzurro lo ringiovaniva molto. Certo era un bell'uomo e quel segno bianco di una cicatrice sulla guancia destra lo rendeva ancora più attraente. Maria notò anche l'argento che gli spruzzava le tempie.

La guidò per un lungo corridoio fino a una porta socchiusa. «Qualunque osservazione faccia mia sorella nei suoi confronti», l'avvertì, «non si offenda.»

Maria annuì. «Farò come dice lei», rispose.

Bussò con discrezione, aspettò qualche istante, poi entrò, seguito da Maria, in una camera luminosa con le luci accese per fugare le ombre della nebbiosa mattina invernale, le pareti di carta a fiori non nuovissima e un bel letto dalla testiera d'ottone lucente. Nel letto, appoggiata a una pila di cuscini, sedeva una donna dalla figura esile, il volto diafano e delicato con le occhiaie profondamente segnate. Era relativamente giovane, anche se Maria non avrebbe saputo attribuirle un'età precisa. Forse dipendeva dalla malattia.

«Chi è quella ragazza?» domandò Giuseppina precedendo il fratello e mettendosi in allarme.

«Si chiama Maria», rispose sorridendo Cesare per tranquillizzarla, «la manda la signora Elisabetta.»

« Per che cosa la manda? » Anni di consuetudine con il fratello e la malattia avevano reso il suo carattere, solitamente mite, un po' più aggressivo.

« È venuta per aiutarci un po' », rispose Cesare rivelando la sua scarsa abilità diplomatica, « naturalmente se anche tu sei d'accordo. »

« Se dipendesse da me mi alzerei subito », si lamentò con voce querula.

Cesare sedette accanto al letto e prese tra le sue una mano della sorella. « Dovresti essere contenta che madame Lémonnier si è ricordata di noi », la rimproverò con dolcezza.

Giuseppina scrutò Maria con i grandi occhi in cui si leggeva la rassegnazione di fronte al male. « Mi sembra giovane », osservò.

« Non è un difetto », replicò Cesare paziente.

« Sarà poi una ragazza a posto? » Gli anni e il benessere avevano modificato la sua iniziale fiducia e ormai parlava con l'egoismo delle persone abituate e fare scelte oculate, preoccupandosi più del proprio interesse che della sensibilità altrui.

« Elisabetta la conosce bene », rispose Cesare, « dunque possiamo fidarci, ti pare? »

« Mi pare, mi pare », replicò la malata negando con il tono quello che le parole dicevano.

« Hai bisogno di compagnia, Giuseppina », cercò di convincerla lui. « La nostra è una casa pesante. »

« Ma non bastano quei due là? » ribatté alludendo a Cecchina e Ambrogino.

« Un po' di gioventù non guasta. » Con nessun'altra persona al mondo Cesare Boldrani avrebbe mai perduto tanto tempo.

« Ma costa », ribatté Giuseppina che anche nella ricchezza continuava ad avere come punto di riferimento il prezzo di un chilo di pane.

« Possiamo permettercelo. »

« Dici che si adatterà? »

« Dipende da te. »

« Allora la prendiamo », decise Giuseppina.

Maria, che aveva assistito immobile come una pietra, ma con i nervi tesi, a quella specie di mercato, si rilassò con un sospiro.

« Ci vediamo stasera », la salutò Cesare. Poi, rivolto a Ma-

297

ria: « Mia sorella avrà certamente molte cose da dirle. Io vi lascio ». E se ne andò.

« Vieni qui », le ordinò Giuseppina quando furono sole, « vieni a sederti vicino a me. »

« Sì, signora », obbedì Maria con studiata docilità.

« Chiamami Giuseppina », la riprese senza volerla rimproverare, « così non ti sbagli. Perché io sono signorina. Anzi, una zitella un po' acida. » Parlava con naturalezza, senza fare la bambina, con simpatia, come se tutta la commedia di poco prima l'avesse interpretata per il fratello. « Però devi darmi del lei. La sorella di Cesare Boldrani non può farsi dare del tu da una governante. »

« Come vuole, Giuseppina », acconsentì Maria che aveva preso il posto di Cesare al capezzale dell'inferma.

« Bisogna che ci conosciamo meglio, noi due. » La voce della donna era affaticata e il respiro si era fatto più pesante.

« Si riposi », le consigliò Maria aiutandola ad appoggiarsi meglio sui cuscini.

« Non dovrei mai parlare troppo a lungo, ma purtroppo parlare è la sola distrazione che mi resta, oltre a pregare. » I capelli raccolti sulla nuca erano attraversati da parecchi fili bianchi.

« Possiamo riprendere più tardi. » Maria non si era mai trovata a faccia a faccia con la malattia che porta in sé l'idea della morte. Nel ruolo insolito d'infermiera aveva assistito due malati d'orecchioni: suo figlio e suo marito.

« Dammi quelle gocce lì, sul comodino », ordinò sollevando la mano magra dalle dita sottili. « Ne conti dieci e ci metti un po' d'acqua. »

Maria obbedì con sollecitudine e l'aiutò a prendere la medicina.

« Ora va meglio », disse mentre si riprendeva a vista d'occhio. « Mi sembra di avere un macigno qui sul petto », confessò toccandosi lo sterno sporgente. « Queste gocce fanno sciogliere il peso e rendono il male sopportabile. Per fortuna non è sempre così. Ma io continuo ad angustiarti con le mie pene. Si vede proprio che non ho imparato niente dalla mia povera mamma. Lei non ci ha mai fatto pesare le sue sofferenze. Probabilmente il benessere cambia anche lo spirito della gente. Ma queste cose a te non interessano. Dimmi, piuttosto », le chiese, « hai visto tutta la casa? »

« Non ancora. » Maria era sopraffatta da quel disperato bisogno di comunicare.

« Allora bisogna che tu mi aiuti ad alzarmi », sussurrò chiedendo complicità, « perché lui adesso è uscito e fino a mezzogiorno non lo vediamo. A mezzogiorno mangia con Pazienza. Lo conoscerai. È un eccellente avvocato. Un giovane di grande talento. Aiutami », la pregò mentre già tirava giù le gambe dal letto, « così faremo il giro della casa. Ti spiegherò quello che c'è da fare e come va fatto. »

6

« Facciamo gli isolazionisti, inventiamo l'autarchia e ci manca l'aria per respirare », disse Cesare, mentre Maria serviva il risotto giallo alla milanese. « Basta così », la fermò alla seconda cucchiaiata. C'era nell'aria un buon odore di brodo e di zafferano.

« Però abbiamo vinto la guerra in Spagna », osservò l'avvocato Mimmo Scaglia, detto Pazienza. Il legale di Cesare Boldrani era combattuto fra l'importanza della colazione di lavoro e l'interesse suscitato in lui da quella donna incantevole di cui nessuno gli aveva parlato, con la bella faccia improntata a una pulita bellezza, i capelli raccolti in uno chignon, il corpo morbidamente aggressivo rilevato da un abito di leggera lana nera su cui spiccava un candido grembiule.

« Si chiama Maria », lo informò Cesare con il tono di chi apre e definitivamente chiude un argomento prima di riprendere il discorso interrotto. « Già, Valencia e Madrid si sono arrese », continuò. « La guerra civile è finita. La prova generale della prossima guerra si è svolta positivamente. Ma il mondo non è la Spagna. E neppure l'Africa Orientale. Con le armi da operetta che abbiamo saremmo dei pessimi alleati per chiunque. » Versò nei bicchieri di cristallo del Barbaresco 1918, riserva speciale del Riccio che ormai era fornitore persino della Real Casa. I due uomini mangiavano a un grande tavolo ovale stile Impero e sedevano su sedie firmate dai fratelli Jacob, con lo schienale a colonnette incrostate di ebano e di metallo che

Boldrani giudicava belle perché glielo avevano detto, ma scomodissime per esperienza diretta.

« Non è scritto che sia per forza guerra », ribatté Pazienza che aveva le sue idee.

« Faranno la guerra », profetizzò Cesare senza alzare la voce come se riferisse un episodio banale. « Sono inflessibili, spietati. Si sentono al centro del mondo. La gente crede loro. Sono quello che l'uomo della strada vorrebbe essere. Dicono le parole che la gente si aspetta di sentire. Loro sono maschi e la folla femmina. Il maschio con il suo grosso affare sul podio e la femmina in piazza in venerazione, umiliata e soddisfatta perché il maschio qualche volta la fa godere. »

Maria, che andava e veniva facendo del suo meglio perché tutto si svolgesse senza intoppi, colse il significato pesantemente allusivo della frase e arrossì.

« E fin che dura questa specie d'amore », continuò il padrone di casa, « possono stare relativamente tranquilli. Ma quando la folla si sveglierà sentendosi una puttana oltraggiata si rivolterà contro il maschio per strappargli l'anima. Sì, caro Pazienza, faranno la guerra, anche se la stessa Inghilterra non lo crede e sarebbe disponibile a vantaggiosi accordi economici. » Fuori della metafora Cesare riacquistava l'abituale concretezza e l'ospite credette che le ultime osservazioni venissero da notizie sicure e di prima mano; invece il grande costruttore obbediva soltanto al proprio istinto e credeva nell'oroscopo della misteriosa, immortale Sibiglia dalle cento vite che, segretamente, continuava a consultare, apparentemente negando il suo spirito pratico.

« Prospettive di guerra », osservò Pazienza, « corporazioni e burocrazia. » Il legale spostò il tiro sul suo terreno abituale.

« Certo », replicò Cesare, « con i vizi delle prime che aggravano i difetti della seconda. » Gustò il risotto con un'espressione da intenditore che non gli era propria. C'era in quel piatto qualcosa di diverso, di delicato. Ora che ci pensava, anche la tavola era trattata con insolita cura. « D'altra parte », rientrò subito in tema, « non possiamo non avere legami con Roma. Il credito, gli scambi e il commercio, l'intera economia si muovono soltanto ungendo le ruote del carrozzone statale. E siamo sempre più vicini alla guerra. Hitler marcia su Praga facendo scempio dei trattati. Sbandieriamo la legge dei numeri per giustificare la folle equazione mussoliniana del numero come potenza. »

Le due grandi finestre si riempirono di sole. Fuori soffiava un vento forte, ma tiepido, che sembrava annunciare la primavera. Maria ritirò i piatti del servizio di porcellana di Sèvres scovato nella credenza e che non era mai stato usato.

« Io continuo a sperare », replicò Pazienza che, quando Cesare aveva alluso alla folle equazione mussoliniana, si era toccato il distintivo tricolore sormontato da un fascio littorio che portava all'occhiello per ragioni di opportunità pratica, pur invidiando Boldrani che era tra i pochi che potevano evitare il diffuso contrassegno.

« Certo », disse Cesare conciliante, « ma mentre gli altri guardano all'Africa noi cerchiamo di non perdere di vista l'Europa e il resto del mondo. Qui stiamo tornando indietro. La politica crispina di 'Tripoli bel suol d'amore' non ci interessa. »

Maria, su un grande piatto da portata che reggeva con disinvoltura, cominciò a servire polpettone di vitello con purée di patate soffice come panna. Il sole andava e veniva riempiendo di luce un dipinto settecentesco raffigurante una scampagnata di dame e cavalieri, riflettendosi su un *bas-d'armoire* in mogano dove erano collocate due incantevoli navicelle di vermeil adorne di cestelli. Per qualche istante i due uomini mangiarono in silenzio e si sentì soltanto il tintinnio delle posate d'argento sulla porcellana dei piatti. Maria osservò con soddisfazione il risultato del proprio lavoro. Sulla credenza inglese del periodo Sheraton, che si intonava benissimo con il resto dell'arredo, troneggiava un grande mazzo di rose rosse. Peccato che le tende e la tappezzeria fossero ormai in uno stato deplorevole; del resto mancavano piante e fiori e l'illuminazione era affidata a un unico lampadario centrale di cristallo di Boemia che in quell'ambiente era del tutto fuori posto.

Cesare non si aspettava che il suo più intelligente e fedele collaboratore lo sollecitasse a comunicargli la ragione vera di quell'incontro. Il soprannome di Pazienza se lo era guadagnato nel corso di una vita. Ma prima di riferirgli il programma che aveva in mente volle sapere lui di un progetto che Mimmo Scaglia, abitualmente riflessivo, stava portando a termine, a suo parere, avventatamente. « Così hai proprio deciso di sposarti? » gli domandò.

Maria colse al volo la frase e si fece attenta: finalmente parlavano di cose comprensibili.

« Mi pareva di avertelo detto », rispose sorridendo appena, rinunciando diplomaticamente, com'era nel suo carattere, a ripetergli che gli aveva comunicato almeno cento volte la notizia delle sue nozze imminenti.

« Se ti dicessi che stai facendo un errore tu non mi ascolteresti », tentò ugualmente Cesare.

« È così », ammise Pazienza con una fermezza e una severità che nei rapporti con Cesare non gli erano abituali.

« Io però te l'ho detto. » Versò nuovamente da bere.

« Il fatto è che tu non puoi capire », tentò di spiegare l'avvocato, che era un uomo decisamente non bello e lo sapeva. « Hai avuto tutte le donne che hai voluto. Ti basta fare un cenno perché qualsiasi femmina sia tua. » Dalle successive stratificazioni culturali e dalle mescolanze di sangue che si erano verificate in Sicilia, da dove proveniva, Mimmo Scaglia aveva derivato la fantasia degli arabi, la volontà dei normanni e la prudenza degli svevi. A Milano aveva subito acquisito il senso dell'efficienza. « Se ogni donna che guardo mi cadesse tra le braccia forse non mi sposerei con la prima donna che dice di amarmi alla follia. » Era sincero.

Maria, tornando in cucina, fu turbata da quella rivelazione: non dalla notizia del prossimo matrimonio dell'avvocato Domenico Scaglia, ma dalla fama di uomo affascinante che circondava il signor Cesare Boldrani, fama che spingéva tra le sue braccia le più belle donne di Milano. Quella voce era già circolata e Maria l'aveva raccolta da tempo, ma come tanti, tra la gente umile, attribuiva i successi sentimentali dell'imprenditore alla fortuna economica. Allora era proprio vero che con i soldi non si può comperare l'amore. E un uomo importante come l'avvocato Mimmo Scaglia si sposava con la prima donna che gli aveva detto 'ti voglio bene'. Da quel momento osservò Pazienza con tenerezza e il signor Cesare con un senso di paura che le metteva addosso un brivido strano.

Cesare Boldrani un uomo affascinante. Questa poi, pensò, come può un uomo che ha passato i quarant'anni e che potrebbe essere mio padre... Comunque lo guardò con occhi diversi e si rese conto che c'era effettivamente qualcosa di inquietante nel suo sguardo azzurro che cambiava tonalità secondo la luce e nella sua espressione severa e decisa che il sorriso ringiovaniva.

Ma da quello a cadergli tra le braccia c'era un abisso. Quando Maria tornò in sala da pranzo con un vassoio di cannoli siciliani che aveva ordinato alla pasticceria Marchesi per fare cosa gradita all'ospite la conversazione continuava.

« Perché non ci pensi ancora un po'? » propose Cesare. « In fondo l'hai vista a Napoli in una commediola pochi mesi fa. Poi a Cinecittà. E infine ieri a Milano al teatro Dal Verme. »

« È allegra, Cesare », affermò, « mi diverte. Quando racconto le mie storielle stupide è la sola che ride. Mi dà gioia. Che altro puoi chiedere· a una donna? »

« E allora sposati », disse rassegnato pensando « allora impiccati! »

« Per dire sì ci vuole un attimo », replicò Pazienza prendendo un cannolo e ringraziando Maria con un sorriso. « Vedo che ti sei ricordato delle mie origini », osservò alludendo al dolce. « Ti ringrazio. »

« Io non ho memoria per certe cose », confessò Cesare, « ringrazia lei » e indicò Maria, « è una iniziativa sua. »

Maria quasi inciampò nel tappeto quando Pazienza le mormorò alcune parole cortesi.

« Ma le pare? » riuscì soltanto a rispondere.

« Naturalmente tu non vieni a Napoli. » L'avvocato conosceva la risposta.

« Naturalmente. » E chiuse l'argomento secondo il suo stile. « Fra otto giorni parti per New York », lo informò Cesare aprendo un nuovo capitolo e cambiando completamente tono.

« Con mia moglie? » chiese per rispetto.

« Con chi ti pare », rispose Cesare, « purché sia proprio quel giorno. Ho già fatto riservare un posto sul *Conte di Savoia*. » Pazienza aveva già viaggiato su quel piroscafo considerato una meraviglia dell'ingegneria navale italiana.

« D'accordo », disse aspettando l'altra parte del discorso, certo la più importante. La traversata dal Mediterraneo a New York durava meno di una settimana e, una volta tanto, avrebbe visto con occhi diversi la sala Colonna dove si svolgevano le feste e il ballo di gala: viaggiando solo si era annoiato mortalmente.

« Sono anni che investiamo nelle Manhattan Central », riprese Cesare. « È venuto il momento di fare un conto preciso di quello che è rimasto nella rete. »

« Sarà una buona pesca », disse Pazienza con sicurezza.

« Da quando William Kissam si è trasferito in Francia lasciando tutto nelle mani di Pierpont Morgan ha perduto ogni occasione. »

« I Vanderbilt », osservò Cesare, « si illudono di poter conservare il loro impero soltanto perché si chiamano Vanderbilt. Ci vuole altro. Già tutti stanno loro addosso. Noi siamo nella torta con una mano: dobbiamo metterci anche l'altra. Andiamo avanti per la nostra strada, visto che non possiamo cambiare la testa di chi comanda oggi. Le truppe italiane hanno già occupato l'Albania. E io ti voglio indietro prima del grande botto. Non ho nessuno che ti sostituisca. »

Maria ascoltava i discorsi dei due uomini che non sempre comprendeva, ma nei quali talvolta riconosceva fatti e situazioni. Era molto emozionata e aveva parecchie perplessità, ma alcune cose le aveva capite con certezza: la guerra di Spagna era finita (com'erano lontani i racconti fantastici di quel pazzo scatenato di Nemesio), un'altra e più terribile guerra si profilava all'orizzonte, Pazienza si sposava e, ultima e più sconvolgente scoperta, il suo padrone era un uomo pieno di fascino di fronte al quale le donne più belle perdevano la testa. Per rendersene conto aveva avuto bisogno che l'avvocato Domenico Scaglia le aprisse gli occhi.

Mimmo Scaglia era un siciliano abbastanza tradizionale, nel senso che era piccolo, con i capelli neri e ondulati con un tocco di brillantina, gli occhi tondi, scuri e penetranti, la pelle olivastra e i lineamente arabi. Parlava senza ombra di accento l'italiano, il francese e l'inglese. Era stato Cesare Boldrani che lo aveva mandato all'estero e ne aveva fatto un signore elegante obbligando il proprio sarto a sapienti equilibrismi su quel fisico che si prestava meglio ai pantaloni sbrindellati e alla maglietta da pescatore che al doppiopetto e allo smoking. Boldrani era il potere occulto, Mimmo Scaglia di quel potere era l'espressione visibile.

Domenico Scaglia, detto Mimmo e soprannominato Pazienza, era originario di Trapani. Cesare e Giuseppina lo avevano conosciuto quando era un bambino e i due fratelli, subito dopo la guerra, si erano trasferiti dalla cascina di Porta Ticinese all'appartamento di corso Buenos Aires. Il ragazzo viveva con la madre che aveva una bottega da ortolana sull'angolo con via Melzo.

A soprannominarlo Pazienza era stata Giuseppina che si fermava volentieri nel piccolo negozio a parlare con Assunta, madre del piccolo Mimmo che frequentava ancora le scuole elementari e che al pomeriggio andava e veniva con la bicicletta carica di pacchetti da consegnare a domicilio.

« Dai, Mimmo, vieni a giocare », lo invitavano gli amici.

« Non posso », rispondeva lui con l'accento siciliano che ancora non aveva perduto, « devo aiutare mammà. »

« Bravo, non sai l'occasione che ti perdi », rispondevano perfidamente gli amici.

« Pazienza », si consolava lui alzando le spalle.

« Devi tornare dalla cliente dove sei appena andato », gli diceva la madre. « Ho dimenticato il prezzemolo. Mi dispiace. »

« Pazienza », rispondeva.

E quando Giuseppina lo lodava per quanto era bravo a scuola e per come aiutava la madre a bottega Mimmo diceva: « Siamo poveri, signora mia. I poveri devono avere pazienza ».

Giuseppina finì per chiamarlo Pazienza e anche Cesare, che lo conobbe nel momento magico della sua ascesa, cominciò a soprannominare così il bambino che qualche volta incontrava rientrando o uscendo di casa.

Mimmo Scaglia veniva da Trapani dove suo padre Salvatore era stato ucciso prima che testimoniasse contro l'imprenditore Nicola Pennisi a proposito di numerosi incidenti sul lavoro, tre dei quali mortali, verificatisi nei cantieri del costruttore siciliano. Salvatore Scaglia, capomastro e padre di Mimmo, avrebbe dovuto testimoniare sulla inadeguatezza delle impalcature, sullo sfruttamento selvaggio dei lavoratori, sui salari da fame, sulle rappresaglie contro chi osava protestare. Il provvedimento più lieve era il licenziamento in tronco. E le corporazioni sindacali di ispirazione fascista non avevano mai potuto o voluto porvi rimedio.

Salvatore Scaglia venne assassinato con due colpi micidiali di lupara una sera mentre rientrava dal cantiere poco fuori città, alla svolta di un viottolo. Lì lo trovarono i carabinieri che lo fecero trasportare all'Istituto di medicina legale. Assunta e Mimmo videro il corpo avvolto in un lenzuolo nella camera mortuaria dell'ospedale. La donna pianse e si disperò, ma il bambino non disse una parola e non versò una lacrima.

Pochi giorni dopo mamma Assunta venne avvicinata da un tipo conosciuto che le offrì una somma ragguardevole: cinquecento lire.

« Perché? » domandò la donna con la faccia scavata dal

306

dolore e dalla disperazione. Era interamente vestita di nero, senza speranza, senza futuro.

« Una persona buona », le spiegò l'uomo, « ha saputo della disgrazia che vi ha colpito e vuole aiutarvi. »

« E basta? » domandò Assunta che cominciava a intendere il vero significato di quel baratto.

« Vuole, questa persona buona, che voi e vostro figlio vi rifacciate una vita. Una povera vedova e *nu picciriddu* in una piccola città su una piccola isola non possono fare niente. È brutto vivere dove la vita vale il prezzo di una cartuccia. »

« E dove dovrei andare? » chiese turbata, lei che conosceva soltanto le strade del quartiere dove abitava.

« A Milano », rispose quel tipo con un ghigno. « Farete certamente il bene vostro e di vostro figlio. E se volete un consiglio », soggiunse forzando il tono, « dimenticate la disgrazia. »

Assunta, che capiva il significato dei gesti, delle allusioni, delle parole non dette, ficcò in due valigie di cartone le cose ritenute indispensabili, si mise in testa lo scialle nero, prese per mano il figlio e salì sul treno che l'avrebbe condotta in quella grande città in cima allo stivale. Viaggiò un giorno, una notte e il giorno seguente arrivò a Milano, mentre una folla di gente gioiosa gridava il nome Girardengo, vincitore del giro d'Italia in bicicletta.

Il ragazzo non seppe mai dalle sue labbra le ragioni vere di quello spostamento, Assunta non si lasciò mai scappare una parola nemmeno sui sospetti che aveva sulla morte del marito, ma nella memoria di Mimmo il nome di Nicola Pennisi si era inciso come un marchio.

Alla stazione di Milano la vedova Assunta Scaglia trovò ad aspettarla l'amico di un amico di Trapani. Evidentemente la persona buona che aveva voluto aiutarla voleva anche avere la certezza che i soldi offerti fossero spesi bene e con sicuro profitto. In cambio di due terzi della cifra di cui la dònna disponeva l'uomo le consegnò le chiavi della botteguccia di corso Buenos Aires.

Assunta era una donna naturalmente cupa e in più non aveva nessuna ragione obiettiva per essere contenta: il muso era di rigore e parlava soltanto per dire lo stretto indispensabile.

Milano non era Trapani, ma aveva la sua brutta percentuale di analfabeti. Un maestro che abitava nello stabile ed era cliente di Assunta le aveva spiegato che Mimmo era sveglio e se voleva farsi un avvenire doveva studiare. Così Assunta, di malavoglia, mandò il figlio a scuola e Mimmo, che aveva effettivamente un'intelligenza vivissima, fece in un biennio i quattro anni delle elementari e a dieci anni superò brillantemente l'esame: sembrava nato per lo studio e il maestro spiegò alla madre che sarebbe stato un delitto toglierlo dalla scuola per mandarlo a lavorare. Inadeguate per le sue possibilità sarebbero state anche la quinta e la sesta elementare, che non offrivano sbocchi. Meglio sarebbe stato il ginnasio che ad Assunta ricordava un antico collegio frequentato da ragazzi ricchi che indossavano eleganti divise blu. Dove li prendeva i soldi per le tasse e per i libri? Mimmo decise per lei e trovò la soluzione. Visto che la società laica gli chiudeva le porte dell'istruzione perché non rivolgersi alla Chiesa? La Chiesa poteva offrirgli gratuitamente l'opportunità di esprimere il meglio delle proprie possibilità.

« Mamma, voglio entrare in seminario », le disse un giorno con decisione.

Assunta non aveva mai notato nel comportamento del figlio i segni di una particolare devozione, né quelli di una precoce vocazione, ma l'intelligenza del ragazzo, la sua profonda dedizione allo studio, il suo spirito di sacrificio gli aprirono le porte del seminario di Venegono. Superò con il massimo dei voti e un encomio solenne la maturità classica e, mentre in seminario si preparava in teologia, ebbe in via del tutto eccezionale il permesso di frequentare da esterno l'università Cattolica per i corsi di giurisprudenza.

Cesare e Giuseppina Boldrani non avevano mai perduto di vista il ragazzo e l'uomo, pur nella sua continua, esaltante ascesa, trovava il tempo, un paio di volte l'anno, per un lungo colloquio con Pazienza nella nuova casa di Foro Bonaparte. Non si era mai chiesto, l'imprenditore milanese, le ragioni che avevano spinto Pazienza sulla via del sacerdozio, anche perché dava per scontata la spinta di una sicura vocazione.

Quando era ormai prossimo il tempo in cui Mimmo avrebbe dovuto pronunciare i voti il giovane gli confidò la verità: « Non ho mai voluto diventare prete. Desideravo soltanto studiare ».

Cesare Boldrani lo guardò con severità. « Hai commesso

un peccato », lo rimproverò. « Non si scherza con la religione. La Chiesa è una cosa seria. »

« Questo l'ho sempre pensato. » Gli occhi scuri del ragazzo si accesero di vergogna.

« Dovevi parlarne con me », gli disse.

« Ho scelto la strada che mi sembrava in quel momento più semplice », ammise candidamente. « E adesso? »

« Adesso che cosa? » ribatté Cesare.

« Un consiglio », lo supplicò mettendo l'anima e la nativa furbizia nella sua faccia da arabo.

« La sincerità », suggerì Cesare.

« Come? »

« Parla con il tuo vescovo. »

« Dovrei presentare la richiesta al direttore del seminario. »

« Presentala. »

« Mi chiederà perché. La respingerà. »

« E tu presentala. »

« Lei pensa che il vescovo... »

« Presenta la tua richiesta e abbi fede. Avrai imparato almeno questo in tanti anni di seminario, no? » concluse.

Domenico Scaglia chiese al superiore il permesso di conferire con Sua Eminenza il vescovo, permesso che gli venne accordato dopo una ragionevole attesa. Nessuno seppe mai che cosa si dissero durante un colloquio di un'ora Domenico Scaglia, detto Mimmo e soprannominato Pazienza, immigrato siciliano, figlio di un povero carpentiere assassinato a colpi di lupara in un agguato mafioso e Sua Eminenza Reverendissima, il cui sangue derivava dalla più antica nobiltà lombarda, ma certo l'alto prelato seppe riconoscere il valore e probabilmente le buone ragioni del giovane che aveva ricevuto al suo cospetto.

La sola realtà ufficiale fu quella che quasi sconvolse il direttore del seminario quando, dopo sessanta minuti, le porte dello studio vescovile si aprirono e il seminarista si inginocchiò per il bacio dell'anello.

« Questo nostro figliolo », disse il prelato al superiore di Mimmo, « da oggi lascia il seminario. »

« Sì, Eminenza », boccheggiò il religioso come una cernia appena pescata.

« Entrerà nella vita secolare », continuò il vescovo, « la sua vocazione non fornisce garanzie sufficienti per fare di lui un buon pastore. Sono sicuro che sarà invece un buon cristiano.

La sua intelligenza penetrante e la sua eloquenza faranno di lui un buon avvocato. Una persona stimabilissima, un eccellente cristiano, un generoso amico della Chiesa, da questo momento si occuperà della sua formazione. »

Il giorno dopo il figlio di Salvatore Scaglia, assassinato a colpi di lupara da un sicario di Nicola Pennisi, si recò in Foro Bonaparte dove Cesare Boldrani lo aspettava.

« Da adesso lavori per me », affermò l'imprenditore porgendogli la mano.

Pazienza fu lieto di accettare l'offerta e rispose con sincerità a tutte le domande, ma Cesare Boldrani non gli chiese mai di Nicola Pennisi e il giovane fu felice di non confessare quella verità: nascondeva un oltraggio senza nome, un'angoscia tremenda che soltanto la vendetta avrebbe potuto cancellare.

7

VERA sembrava più vecchia e triste dopo il « tradimento » di Maria: si era indurita e ormai viveva esclusivamente per il piccolo Giulio, cui era morbosamente attaccata. Quando la figlia andò a trovarli e il bambino, dopo un po' che era in braccio alla madre, tese le manine verso la nonna, che in definitiva era la sua autentica madre, Vera andò in visibilio.

« Vieni dalla nonna, *bambin* », gli disse amorevole e querula, strappandolo letteralmente dalle braccia della mamma.

Maria, anche quel giorno, portò come sempre nella sua vecchia casa soldi buoni e roba di prima qualità, ma Vera, indifferente a quelle generose offerte, la caricò di rimproveri.

« Bella soddisfazione », si lamentò, « aver cresciuto una figlia per farne una malmaritata e una serva. I ricchi », generalizzò, « sono tutti uguali. A cominciare da quello che ha messo sotto il tuo povero papà. Sono nel mondo per far del male ai poveri. Tu invece li servi e li riverisci. »

Voleva rispondere che era praticamente impossibile non dipendere da qualcuno. Si trattava di scegliere tra il lavoro biblico, che è una maledizione, e il lavoro accettato che può essere un modo per liberarsi dal bisogno. Maria, nella sua nuova mansione, si sentiva serena e aveva la sensazione di camminare lungo una strada che l'avrebbe portata lontano. Da Nemesio aveva imparato a sognare, ma i suoi sogni erano sempre ancorati alle profonde radici delle proprie origini. Sognava le cose possibili o quelle che riteneva tali.

« Guadagno bene, mamma », tentò di convincerla, « mi rispettano. È vero: ho sbagliato a lasciare questa casa, ma ormai non posso più tornare indietro. D'altra parte questo bambino non ci sarebbe. »

« Lascia stare questo povero angelo. » Lo strinse in un drammatico abbraccio facendolo piangere. « Andarsi a mettere con un saltimbanco. Dopo tutti i sacrifici che ho fatto. » La sua era ormai una fissazione maniacale.

« Be', allora io vado. » Baciò il bambino, salutò la madre e uscì nel sole di una calda primavera respirando l'aria profumata con la stessa gioiosa frenesia che molti anni prima l'assaliva uscendo da scuola. Suo figlio era al sicuro, la madre, orgogliosamente impegnata nella missione di nonna, cresceva come Dio comanda « quel povero infelice », Nemesio, dopo averle scritto lettere appassionate al ritmo di una al giorno, aveva rallentato la cadenza e da circa un mese non aveva sue notizie. Niente nuove, buone nuove, si consolò camminando allegramente sulla strada di casa Boldrani.

« Su, prenda la medicina », la invitò con gentilezza Maria.

« Queste gocce sono amare come il veleno », si ribellò Giuseppina facendo una smorfia, ma bevve.

« Ha visto che non era poi il diavolo? » osservò Maria riponendo il bicchiere. « Adesso lei si mette lì tranquilla e io faccio un po' d'ordine in questa stanza », disse cominciando a mettere in atto i suoi proponimenti.

« Il diavolo », mormorò Giuseppina.

« Che cosa dice? » si preoccupò Maria vedendo il terrore diffondersi sul volto della donna.

« Niente », mentì Giuseppina mentre i suoi occhi si fissavano su un lontanissimo ricordo. Il sole illuminava gaiamente la stanza.

« Sente che buon odore di pulito? » cercò di rincuorarla Maria.

Il sole e il profumo della primavera, che una volta le davano allegria, in quel momento rendevano più angosciosa la paura del buio che si approssimava. I suoi disturbi aumentavano progressivamente, i dolori incalzavano con allarmante frequenza, le labbra diventavano bluastre, il fluire del sangue era disordinato e imprevedibile: lento e quasi impercettibile la maggior parte del tempo, tumultuoso da toglierle il respiro per lunghissimi attimi. E quel macigno invisibile continuava a straziarle il petto.

Se non fosse stato per il buio che temeva sopra ogni cosa al mondo l'idea della morte che presto, lo sentiva, sarebbe venuta, non sarebbe stata così crudele. E quando pensava alla vita eterna promessa dalla madre e dal povero don Oreste, che a settant'anni se n'era andato come un santo, il buio si dissipava e l'ansia di raggiungere la buona Elvira la riempiva di serenità. Aveva passato lunghissimi anni accudendo al fratello e aspettando quel momento. Era in pace con Dio e voleva che anche i suoi cari lo fossero.

« Ha visto che avevo ragione? » si intromise allegramente nei suoi pensieri Maria vedendo che alla smorfia di dolore si era sostituita una sorridente beatitudine.

« Hai sempre ragione », l'accontentò Giuseppina, cui quella giovinezza presente che irrompeva nella sua stanza come l'aria e il sole ricordava la vita e rendeva meno agghiacciante l'idea della morte. Si assopì dolcemente affondando nella nebbia del passato che aveva la consistenza del pulviscolo illuminato dal sole. L'assalì il ricordo dell'oltraggio subìto da un individuo turpe nella stagione della prima giovinezza, rivide quell'uomo forte e buono che era suo padre, la donna mite uccisa dalla fatica che era sua madre, rammentò i fratelli portati via uno dopo l'altro dalla terribile spagnola, lesse tra la veglia e il sonno la profezia negli occhi magnetici del prete di Rattanà che aveva visto il suo dolore, il suo sangue, individuando l'angelo vendicatore che avrebbe ucciso il diavolo stupratore. Il sogno si riempì dell'immagine suggestiva di San Giorgio e il drago. San Giorgio aveva i lineamenti fermi e gentili di Cesare, il drago aveva i denti da lupo e la faccia d'avvoltoio del diavolo stupratore che aveva distrutto i suoi sogni di ragazza e il suo onore di donna. Ma poi, come in un gioco di specchi, le parti si scambiavano: il diavolo diventava San Giorgio e San Giorgio il diavolo e la malata non sapeva più chi fosse il demonio.

« Giuseppina », chiamò la voce preoccupata di Maria, « mi risponda. Sta male? » La ragazza era china su di lei che scuoteva il capo, aveva il respiro affannoso e pronunciava parole sconnesse.

« Niente, niente », mormorò Giuseppina svegliandosi, « ho soltanto fatto un sogno. » Aprì gli occhi, vide la stanza inon-

313

data da un sole radioso e sorrise. Il respiro tornò leggero e il dolore svanì quasi completamente.

« Il pranzo è pronto », disse Maria.

« Che cosa c'è? » I suoi occhi cercarono il vassoio che probabilmente conteneva le cose di sempre.

« Pastina in brodo e pollo lesso. » Maria confermò le sue facili previsioni.

La malata si tirò a sedere sul letto con energia insospettata. « Sono stanca di queste porcherie », si arrabbiò. « Voglio un piatto di polenta. »

« Eh? » Maria cercò di contrastare l'aggressività della padrona, trincerandosi dietro le severe prescrizioni mediche.

« Non parlarmi del dottore e delle sue diavolerie », esclamò. « Ho detto polenta e voglio polenta. Vedi, Maria », cominciò a spiegare, « noi siamo nati poveri. E siamo cresciuti a polenta. »

Maria si rese conto che doveva accontentarla e in un'ora Cecchina le preparò la polenta.

« Bella, vero? » osservò Giuseppina. « Ha un buon odore. » La malata l'assaggiò appena con la punta della forchetta, poi abbandonò il braccio esausto. « Il sapore è diverso », giudicò assaggiando, « non è più quello di una volta. Forse sono cambiata io », ammise alla fine.

Maria era con lei da un mese e per Giuseppina era diventata una presenza necessaria. La voleva sempre accanto e le parlava come a un'altra se stessa. Maria aveva capito i semplici meccanismi necessari al buon andamento della casa, aveva impostato una corretta organizzazione e, una dopo l'altra, le stanze stavano cambiando faccia. Soltanto la presenza di Cesare Boldrani le creava qualche imbarazzo, ma era la soggezione che l'uomo le incuteva.

« Oggi dobbiamo spedire i vaglia postali », disse Giuseppina, che dal suo letto trasmetteva alla nuova governante le necessarie istruzioni. « Guarda nel cassettino in alto del mio comò. Ecco, proprio lì », continuò guidando la ricerca di Maria. « C'è la lista dei destinatari. Proprio quella. Ecco, mettiti allo scrittoio. »

« Io? » domandò Maria lusingata, ma anche intimidita da quell'incombenza che esulava dalle sue abituali funzioni.

« Dovrai farlo anche quando non ci sarò più », le ricordò Giuseppina. « E dovrai farlo ogni ventisette del mese. »

Maria si mise all'opera. Doveva compilare i vaglia e lasciare in bianco la cifra: quella l'avrebbe messa il padrone. La ragazza scoprì, procedendo nel suo lavoro, che Cesare Boldrani, il ventisette di ogni mese, inviava soldi a chiese, istituti religiosi, ricoveri per anziani, ospedali, orfanotrofi e a persone sconosciute. Nell'elenco dei destinatari c'era un nome che colpì Maria: Memore Lovati.

« Memore, che strano nome », osservò rivolgendosi all'inferma.

« Dietro questo nome che a te sembra strano c'è una storia che non ti ho ancora raccontato. Se vuoi te la racconto adesso », propose Giuseppina alla governante incuriosita.

Maria conobbe così dalla fievole, ma chiara voce di Giuseppina, la storia della piccola Memore. Rivide Cesare Boldrani nel 1914, ancora ragazzo e reduce dalla delusione del licenziamento, lo seguì in quel tramonto d'estate davanti all'*Osteria della Noce*, con i tavolini di marmo sotto il pergolato, conobbe Memore che forse non aveva ancora otto anni, una bambina ben nutrita dai capelli neri tagliati corti e la frangetta, mentre imbruniva, nel cielo saettavano le rondini e più in basso piccoli pipistrelli che uscivano da un buco sopra il solaio della casa si producevano nei loro bizzarri ghirigori. Cesare, anche se non aveva senso, aveva voluto raccontare alla piccola Memore la sua disavventura. Gli avevano chiuso in faccia i cancelli della fabbrica, con i grandi non aveva voglia di parlare: il suo segreto lo aveva confessato alla bambina sconosciuta che aveva proteso verso di lui la bambola che teneva in grembo perché la vedesse bene. « Si chiama Gisella », gli aveva detto. Poi gli aveva proposto di giocare con lei, ma Cesare le aveva detto che doveva tornare a casa. E lei lo aveva piantato in asso senza una parola di saluto ed era scomparsa dietro la tenda rossa e scolorita dell'osteria. Era naturale che la bambina benestante e un po' viziata si comportasse così e Cesare non se l'era presa, anzi, gli era rimasta impressa quella faccia simpatica, quella frangetta sbarazzina, quegli occhi scuri e indagatori. Si era appena incamminato quando si era sentito tirare per la camicia. Era Memore. « Prendi », gli aveva detto la bimba porgendogli una grossa forma di pane profumato. « È proprio un bel regalo », gli aveva risposto Cesare. « Io ne ho tanto », aveva minimizzato la bimba. « Mi chiamo Cesare », le aveva confidato, « e mi ricorderò di te, Memore. »

« Passarono gli anni », continuò a raccontare Giuseppina, « e Cesare era ormai sulla strada per diventare quello che è diventato. Un giorno viene un suo amico d'infanzia che commercia in vini e che noi chiamiamo il Riccio e gli dice: 'Cesare, ti ricordi l'*Osteria della Noce*?' 'Come faccio a dimenticarla?' risponde mio fratello. 'Be', la compro io.' 'La compri tu?' domanda lui. 'Sai, il padrone è morto. Ci sono rimaste solo la moglie e la figlia. Ma manca loro la grinta per mandare avanti l'esercizio. Viene via con un pezzo di pane', si rallegra il Riccio. 'Viene via al prezzo che dico io', replica Cesare.

« Poi mio fratello pianta lì tutti gli affari, prende la macchina e con l'amico va a Porta Ticinese. Trova Memore che nel frattempo è diventata signorina e si riconoscono subito. In quattro e quattr'otto fa il prezzo e dice al Riccio: 'È quello che vale'. Il Riccio, che è un avventuriero, ma anche un galantuomo, accetta subito. 'Il prezzo che fai tu a me sta bene.' Tutti i mesi Cesare manda un vaglia a Memore e la ragazza ogni anno a Natale gli manda un paio di lenzuola ricamate da lei. Non si è sposata, sai? Vive con sua madre e fa la ricamatrice. »

« È buono, il signor Cesare », osservò Maria commossa dal racconto su Memore. Anche a lei sarebbe piaciuto, nei momenti difficili, che da qualche parte ci fosse un Cesare Boldrani che pensasse a lei.

« È buono », ammise Giuseppina, « ma se sia sempre buono solo Dio può dirlo. Tutti sanno che chi ha avuto bisogno di lui è stato aiutato. E chi gli ha fatto un favore è stato ricompensato. Lui non dimentica i favori ricevuti. Ma neanche i torti, purtroppo, che Dio lo perdoni. »

8

« L'AVVOCATO Pazienza va a Napoli a sposarsi », la informò Ambrogino. « E lei non s'immagina neanche chi sposa », soggiunse fra il misterioso e lo scandalizzato.

« Chi sposerà mai? » domandò Maria fingendo di cadere dalle nuvole.

« Poveri noi », saltò su Cecchina che non aspettava altro. « Non c'è più religione. »

« Pensi », sussurrò Ambrogino con l'aria del cospiratore, « che il signor Cesare è andato dal Cusi, che è il più grande gioielliere di Milano, a ordinare un collier di brillanti per la sposa. *Robb de matt*! »

« Rosetta », si inserì Cecchina a gomitate, « che sarebbe la *femme de chambre* di madame Lémonnier, m'ha detto che anche la sua padrona parte con l'avvocato Pazienza per andare al matrimonio. Vanno in *wagon lit*. Pare, dico pare », sottolineò per dare forza all'affermazione, « che lei abbia offerto tutti i fiori che mettono in chiesa. E poi sapete dove vengono a stare? Vengono a stare nella palazzina dell'avvocato, quella di via Besana. »

In realtà la palazzina di via Besana, un'elegante costruzione ottocentesca, era proprietà di Cesare Boldrani, si trovava a un passo dal tribunale e faceva parte della dotazione dell'avvocato Domenico Scaglia, insieme con le altre cose che l'imprenditore riteneva indispensabili per la posizione di rilievo che occupava il suo uomo di fiducia. Pazienza, da quando si era laureato a pieni voti con una tesi sul diritto canonico, dopo il tirocinio in un prestigioso studio legale e superati gli esami per diventare avvocato si era trovato a disporre di quei simboli di prestigio di cui Cesare Boldrani poteva benissimo fare a meno: aveva un'*Isotta Fraschini*, un cameriere personale, una cuoca, una guardarobiera, un tavolo fisso al *Savini*, il palco alla Scala, il posto in tribuna all'ippodromo e allo stadio.

Era autorizzato a essere di una prodigalità principesca e aveva imparato a servirsi del potere che la ricchezza gli conferiva per conoscere vita, morte e miracoli delle persone che avevano anche marginalmente rapporti d'affari con Cesare Boldrani: era il suo ministro degli esteri e il capo dei suoi servizi di sicurezza. L'avvocato Domenico Scaglia, con la sua innata pazienza, aveva costituito un preziosissimo archivio fitto di informazioni e di documenti che avrebbero potuto far tremare imprenditori, finanzieri e persino uomini politici.

« Va a Napoli anche il signor Cesare? » tentò di sapere Maria che ancora era all'oscuro della decisione del padrone.

« Ma no », si affrettò a rispondere Ambrogino. « Ha voglia di scherzare? »

« Figuriamoci se il signore parte », commentò Cecchina.

« Sarebbe proprio bella », disse ironicamente il servitore, « il signor Cesare non ha mai fatto un viaggio in vita sua. L'unica volta, ed è arrivato dalle parti di Udine, è stato quando era militare. »

« Tu non sai niente », lo beccò Cecchina. « Non hai memoria. Non ti ricordi che cinque anni fa è andato fino a Sanremo ad accompagnare la signorina Giuseppina quando ha avuto il primo attacco di cuore? »

« È vero », ammise Ambrogino, « il dottore aveva raccomandato l'aria della riviera. L'ha portata fin là, le ha comperato una villa stupenda, poi non ha viaggiato più. »

« Tanto l'aria di mare », si intromise Cecchina, « ha fatto bene alla signorina come l'acqua fresca. Adesso l'avvocato Pazienza viaggia per lui. »

« Pensi, signora Maria », si accalorò Ambrogino, « che a volte prende perfino l'apparecchio. Ci crede lei? Vola! » spiegò imitando un volatile con un risultato ridicolo. « Quello, signora Maria, è matto. »

« Se non era matto », commentò Cecchina, « una così non la sposava di certo. »

« Ma in fin dei conti », si spazientì Maria, « chi diavolo sposa? »

« Non lo sa? » si stupì Cecchina. Poi, con un filo di voce e gli occhi ancora più strabici: « Sposa una cocotte ». E si coprì la faccia con le mani.

« Ma quale cocotte », precisò Ambrogino, « sposa una sciantosa. Una tutta dipinta che va sul palcoscenico senza preoccuparsi se è poco coperta dove una donna dovrebbe esserlo di più. E dire che una volta voleva farsi prete. »

« Te li raccomando gli ex preti », Cecchina rincarò la dose. « Non c'è più religione. »

Gracchiò la specie di campanello di fianco alla credenza e si accese la spia luminosa corrispondente alla camera della signorina Giuseppina. Maria accorse prontamente inseguita dai commenti dei vecchi servitori, eccitati dalle prossime nozze dell'avvocato Pazienza.

« Ho due cose », le spiegò la malata, « una per te e l'altra per Pazienza. »

« Per me? » si stupì la governante.

« Avrei fatto meglio a dire per tuo figlio. » Giuseppina le porse una moneta lucente. « È un marengo d'oro. Non è molto, ma a qualche cosa gli servirà. »

« Ma non doveva disturbarsi », disse sinceramente Maria. Aveva raccontato a Giuseppina la sua storia e la donna sapeva quasi tutto di lei. Probabilmente non aveva provato invidia perché quel sentimento le era sconosciuto, ma certo si era bevuta le sue avventure con avidità. In quella passione romantica e insensata, c'era forse il suo desiderio d'amore inappagato.

« Devi pensare al futuro », le ricordò. « Hai alle spalle una storia che potrebbe ricominciare. Io sono una donna che invece non può più ricominciare niente. »

« Ma che cosa va a pensare? » la rimproverò Maria con dolcezza.

« Tu hai il cuore grande », la elogiò Giuseppina. « Anche tuo marito è un uomo sincero. È uno zingaro. È fatto di vento. Tu sei milanese. Sei fatta di terra. » Era una sintesi efficace riflettendo sulla quale Maria credette di capire il senso della separazione provvisoria da Nemesio. Per un attimo il vento aveva accarezzato la terra e la terra aveva rabbrividito. « Il vento va lontano », disse ancora Giuseppina, « non ha una meta il vento. La terra resta dov'è a nutrire le sue radici. »

« La ringrazio », disse Maria mettendo in tasca la moneta d'oro e considerandola più come talismano e pegno d'affetto che come un oggetto di valore.

« E questo », riprese porgendole un pacchettino legato con uno spago dorato, « è il mio regalo di nozze per Pazienza. Portaglielo in via Besana prima che parta per Napoli. »

« Fra un'ora lo avrà », la rassicurò Maria facendo l'atto di andarsene.

« No, non andare ancora via », la pregò quasi. « Siediti un momento vicino a me. » Le mani ormai libere spiegazzavano il lenzuolo. « È un bravo ragazzo, sai, questo Pazienza. Ha fatto giudizio tutta la vita. E adesso che ha trenta anni è diventato matto. »

« Mi sembra una così brava persona », si limitò a osservare Maria che certo quanto a colpi di testa non era seconda a nessuno.

« Questo è fuori discussione », convenne Giuseppina. « Io mi domando: possibile che un ragazzo serio, posato, concreto come lui... Anche se ha avuto la disgrazia di nascere in Sicilia », commentò con l'invincibile spirito separatista dei vecchi milanesi, « è poi cresciuto tra noi. Parla la nostra lingua. Ha le nostre abitudini. E va a sposarsi con una che si chiama Rosa Esposito, napoletana. Un'attrice di teatro. Almeno fosse Eleonora Duse. È una comprimaria che senza di lui in certi ambienti non arriverebbe mai. »

« Se si vogliono bene », osservò Maria con fare salomonico, pronta alla solidarietà con chi stava per compiere il suo stesso errore. Anche lei aveva sposato un terrone di Modena, geograficamente un po' meno terrone di Rosa Esposito di Napoli. Tutt'e due comunque erano nati di là dal Po.

« Povero Pazienza », lo commiserò Giuseppina, « che Dio l'assista. Ieri, quando è venuto a salutarmi, aveva le lacrime agli occhi. Gliel'ho detto, sai? Gli ho detto: 'Sei sicuro di fare un passo sensato? Ti ho visto crescere. Sei un bravo ragazzo. Con tutti i partiti che potresti avere a Milano'. E lui: 'Vedrai, Giuseppina, ti piacerà. È buona, la mia Rosa'. Dopo che è andato via, mio fratello ha detto che se va bene a lui deve piacere anche a noi. Però conosco Cesare. Non è convinto. »

« Sarà lo stesso un bel matrimonio », fu l'ottimistico verdetto di Maria. « L'avvocato Pazienza è ricco. E quando ci sono i soldi tante cose si aggiustano. » La vicenda di cui Giuseppina aveva delineato i contorni sembrava la fiaba della ballerina che sposa il principe. Non aveva l'aria di assomigliare a quella malamente naufragata tra un'aspirante modista e un saltimbanco.

« Pensi a tuo marito, vero? » la sorprese Giuseppina.

« Sì, ci penso », ammise malinconicamente.

« Tu hai sposato un vagabondo. Sarebbe rimasto vagabondo anche con i soldi. E tu saresti stata ugualmente infelice. »

« Ormai », fu l'ottimistica considerazione di Maria, « tanto vale pensare al futuro. »

« Mi sembra un discorso sensato. Ascolta, Maria », le confidò facendole segno di avvicinarsi. « Pazienza e la sua sposa andranno in viaggio di nozze in America. Vanno con il piroscafo. Lui approfitta della luna di miele per sbrigare certi affari che mio fratello ha laggiù. Quando tornano io potrei non esserci più. »

« Ma che cosa va a pensare? » la sgridò sorridendo per farle coraggio e per scacciare i suoi pensieri di morte.

« Se avessi ragione io », la contraddisse, « quando mio fratello inviterà a pranzo gli sposi vedi che sia un pranzo come si deve. Dovrai fare le mie veci. Ormai sai tutto della casa, delle nostre abitudini, delle abitudini del signor Cesare. » Era la prima volta che lo chiamava così.

« Ma lei sta molto meglio », disse Maria. « E con la buona stagione migliorerà ancora. Farà lei gli onori di casa. Io sono soltanto una poveretta che si dà arie da governante in casa Boldrani. »

« Ce la farai a sostituirmi », osservò con convinzione. « Hai la stoffa. Sei di razza buona. »

Quella notte Giuseppina morì. La trovò al mattino Maria, con gli occhi chiusi, appoggiata ai cuscini, con l'espressione serena, come se fosse passata dal sonno alla morte mentre sognava un sogno lieto. Fu sepolta al cimitero di Caravaggio nella tomba di famiglia, che era più grande e monumentale di quella che tanti anni prima avevano fatto costruire per la loro famiglia i marchesi Casati.

9

« E tu mi vieni a parlare di tecnica manageriale? » gli domandò Cesare, frenando l'entusiasmo dell'interlocutore.

« Era un'osservazione obiettiva », si rammaricò Pazienza, che era tornato entusiasta dagli Stati Uniti. Accese una sigaretta americana dall'aroma penetrante.

« Troppo forti », criticò Cesare ricorrendo alle sue predilette *Macedonia* dal bocchino dorato. « Vanno bene per gli americani. Come i discorsi sulla tecnica manageriale. » Sedeva dietro la sua bella scrivania nella comoda poltrona di cuoio. Indossava un completo blu gessato e, inspiegabilmente, Pazienza lo notò, aveva all'occhiello un fiore di campo. « Noi non siamo degli industriali nel senso americano o tedesco o inglese della parola. Siamo dei fabbricanti di qualcosa. C'è chi fabbrica scarpe, chi stoffa. C'è chi fabbrica divise e chi cannoni. E basta. Noi fabbrichiamo case. Comperiamo terreni. Vendiamo terreni. Se mi metto a cercare i materiali migliori, a parte che non li trovo, e attuo le tecniche più avanzate, io chiudo. Se per comperare un terreno aspetto uno studio serio sulla programmazione edilizia io ho finito di lavorare. Perché non ci sono materiali, perché le tecniche giuste ti fanno costruire in perdita, perché non ci sono studi e nemmeno programmazione edilizia. »

« Va bene », ammise Pazienza mettendo avanti le mani per arginare quella valanga di parole, « va bene. Ho capito. »

« Viviamo in un mondo organizzato per favorire la frode

allo Stato », osservò Cesare, più calmo. « Il nostro è un paese fondato sugli intermediari e sui controllori che controllano quello che a noi fa comodo. Noi abbiamo il danaro, Pazienza. Ce lo chiedono per fare le adunate e per giocare alla guerra e noi lo diamo in cambio delle agevolazioni che ci servono. »

« Domani vado a Roma », gli comunicò l'avvocato tornando a questioni più pratiche.

« Questo è un discorso valido », si rallegrò Cesare, « dobbiamo ottenere l'esenzione fiscale per le aree su cui costruiremo la nuova acciaieria. Ecco a cosa ci serve l'"energia volitiva' predicata dal duce. La scienza e la tecnica italiane sono chiamate a collaborare al raggiungimento dei massimi obiettivi imposti dall'autarchia. E noi con la tecnica dovremmo inventare il petrolio, il carbone e l'acciaio che non abbiamo. Comunque », lo assolse e lo premiò con un sorriso, « hai fatto un eccellente lavoro a New York. Hai concluso degli affari che saranno molto utili al momento opportuno. Prima che chiudano le frontiere dobbiamo impartire le necessarie disposizioni ai nostri agenti a Londra, Zurigo e Parigi. »

I due uomini si erano alzati e Cesare Boldrani, che sovrastava con la sua imponenza il collaboratore, gli batté amichevolmente la mano sulla spalla mentre lo accompagnava alla porta.

« Quando devo partire? » gli domandò Pazienza.

« Ieri », rispose Cesare. « E saresti già stato in ritardo. »

Era abituato alle battute del principale la cui personalità e la cui capacità di decidere non erano seconde a quelle dei boss che aveva conosciuto negli Stati Uniti. « Bene », disse facendo un cenno di assenso.

« Tua moglie? » si informò distrattamente.

« Ottimamente », rispose secco Pazienza: temeva che la sua scelta fosse rimessa in discussione. « E quel fiorellino all'occhiello? » contrattaccò quando aveva già la mano sulla maniglia della porta.

« Quale fiorellino? » domandò sorpreso Cesare portandosi istintivamente la mano destra al bavero della giacca.

« Proprio quello », infierì Pazienza.

« Bah, che ne so? » si confuse. « Vedi piuttosto di partire al più presto. »

« Naturalmente », rispose Pazienza con una venatura di ironia nella voce.

« Se hai voglia », lo invitò, « uno di questi giorni vieni a pranzo da me. Con la signora, naturalmente. » I due uomini si strinsero la mano.

Quando Pazienza se ne fu andato l'espressione di Cesare si incupì, poi si rasserenò e lui cercò l'effetto che faceva il fiore all'occhiello specchiandosi nel vetro della libreria. Giudicò piacevole il risultato. Si avvicinò alla monumentale radio Marelli, l'accese e l'altoparlante diffuse il coretto mielato del trio Lescano: cantavano una canzone che parlava di tulipani.

« È una canzone allegra », lo sorprese Maria.

« Da quando entri senza bussare? » esclamò spegnendo la radio come se stesse facendo un gioco proibito.

« C'era la porta aperta », si giustificò Maria che tuttavia non se la prese per quella reazione. L'abito primaverile di cotone azzurro semplicissimo, non troppo aderente, chiuso da un collettino bianco, la rendeva particolarmente attraente.

« Che cosa c'è? » domandò burbero riguadagnando la scrivania quasi per mettersi al sicuro.

« La posta, signore », rispose compita Maria. « E volevo anche sapere se il signore oggi pranza a casa. » Posò sul piano della scrivania alcune lettere prendendole da un vassoio.

Cesare cominciò a lacerare la prima busta. « Non lo so », rispose. « Te lo dirò più tardi. » Guardò il pesante apparecchio telefonico nero alludendo alle interminabili, quotidiane conversazioni.

« Un'altra cosa », aggiunse Maria prendendo dalla tasca due grandi banconote che mise sulla scrivania. « Ho trovato duecento lire in più nella busta del mio stipendio. Dev'esserci un errore. »

Cesare la fissò intensamente e gli occhi nocciola della ragazza percorsi da luminose vibrazioni sostennero l'impetuoso sguardo azzurro dell'uomo. « Non è uno sbaglio », la corresse, « è un aumento di stipendio. » Si era nuovamente seduto.

« Ma io non sapevo », balbettò lei, « io non so se è giusto. »

« Giusto che cosa? » le domandò Cesare, troppo attento allo spoglio della corrispondenza.

« Non so se me lo merito », trovò il coraggio di dire Maria. « È davvero troppo. »

« Comprati dei vestiti. » Ormai non la guardava più e, alla sua maniera, considerava chiuso l'incidente. « I vestiti piacciono alle donne, no? » aggiunse con malagrazia.

Maria si accorse da quell'inutile arroganza che le parole dell'uomo, per la prima volta, rivelavano un disagio e si sorprese a pensare che fossero l'espressione di uno stato d'animo che forse la coinvolgeva. « Allora la ringrazio », concluse ritenendo inutile imbarcarsi in una discussione che non avrebbe potuto sostenere. Se ne andò abbozzando un impercettibile inchino.

La guardò scomparire dietro la porta e respirò il suo delicato, ma penetrante profumo di donna. Guarda se ne azzecco mai una con quella ragazzina che finge sottomissione e finisce per fare tutto quello che vuole, pensò mentre si accendeva una sigaretta.

Maria era una presenza significativa e indispensabile. Ormai faceva parte della sua vita: era una voce, un sorriso, un principio organizzatore che scandiva i ritmi di una esistenza nuova. Al mattino, alzandosi, Cesare trovava il bagno pronto, gli abiti preparati nello spogliatoio, la cravatta e i calzini sempre perfettamente intonati. La prima colazione era diventata un'affettuosa consuetudine che Maria rallegrava ripristinando l'antico splendore di un prezioso vasellame e dell'argenteria scintillante. Ma a conferire una calda e familiare ritualità al quotidiano incontro era il tocco gentile di un fiore, una rosa, un garofano, una margherita, un narciso, a seconda della stagione, che la ragazza metteva in un vasetto di cristallo svedese. A volte, quando il fiore era piccolo, come quel giorno, Cesare se lo metteva all'occhiello.

Giuseppina aveva lasciato nel cuore dell'uomo un grande vuoto e un profondo rimpianto, ma lui, per quanto riguardava la casa, non aveva mai avuto occasione di pensare: « Se ci fosse stata mia sorella questo non sarebbe accaduto ». Si era detto invece: « Quest'idea a Giuseppina non sarebbe mai venuta ».

Maria aveva il dono di una silenziosa efficienza e di una assoluta discrezione: i pochi, selezionati ospiti che passavano in casa Boldrani, oltre alle sue ricchezze e al suo potere invidiavano al grande finanziere quella governante perfetta che sembrava uscita da un castello della vecchia Inghilterra.

Lo squillo del telefono lo distolse dalle sue piacevoli riflessioni. « Intercomunale da Roma », cinguettò la telefonista, « un momento, prego. »

Il tram era diretto a Porta Ticinese e Cesare Boldrani saltò sul predellino quando già la carrozza era in moto e prima che prendesse velocità. Poteva scegliere tra un consiglio d'amministrazione, la sua postazione in borsa, l'alcova di Elisabetta Lémonnier, una puntata al circolo e invece saltò sul tram diretto a Porta Ticinese, subendo senza protestare i rimbrotti del controllore che gli consegnò il biglietto.

La gente parlava di guerra, due giovani si mostravano vicendevolmente le cartoline di richiamo alle armi. « Io devo presentarmi al distretto entro nove giorni », disse il primo.

« Beato te », protestò il secondo, « a me tocca fra una settimana. »

. « Quando la patria chiama », commentò un vecchio seduto al posto riservato ai mutilati e agli invalidi, « i figli accorrono con entusiasmo e sprezzo del pericolo. »

I due giovani che osservavano le rispettive cartoline non sembravano molto persuasi.

« Tu dici che fanno la guerra? » domandò il primo.

« Ma no », lo tranquillizzò il secondo che aveva la faccia furba e che se ne intendeva, « è un richiamo di prova. L'Italia è neutrale. Siamo un paese pacifico. »

« Ma che non ci tocchino », si intromise nuovamente il vecchio bellicoso, « altrimenti ce n'è per tutti », minacciò facendo l'atto di picchiare.

La prima volta che Cesare era andato in tram accompagnato da suo padre aveva provato il gioioso turbamento di un esploratore in una terra sconosciuta e desiderata; in quel momento in cui quell'improvvisa scelta lo declassava, ponendolo momentaneamente sullo stesso piano della gente comune, si rendeva conto che era diventato, come del resto tutti i ricchi, un personaggio mitico, lontano da una realtà grigia che in qualche modo contribuiva a creare.

Vide nel negozio di un fioraio dei magnifici tulipani rossi e gialli. Suonò il campanello, scese alla prima fermata, tornò indietro ed entrò nella bottega.

« Quei fiori », disse indicandoli con la mano.

« I tulipani? » domandò un ometto in maniche di camicia con puntigliosa curiosità professionale.

« Sì, proprio quelli », confermò Cesare imbarazzato.

« Quanti? » L'ometto era pronto con la mano alzata a contare i fiori.

« Tutti », rispose Cesare stupendolo.

« Tutti? » chiese sbattendo le palpebre.

« Tutti », ripeté Cesare.

Il fioraio guardò il cliente: l'abito elegante, la catena d'oro, l'espressione severa, l'aria distinta e quando fu persuaso che avrebbe pagato cominciò a confezionare il più grande mazzo di tulipani della sua carriera.

Cesare tornò a casa con un'auto pubblica, passò veloce davanti al portinaio che rischiò di scambiarlo per un fattorino e fece i gradini a quattro a quattro fino al primo piano. Aveva comperato tutti quei tulipani pensando a Maria, ma quando lei venne ad aprirgli la porta gli mancò il coraggio di offrirglieli. Anzi, se ne liberò come di un oggetto ingombrante e glieli consegnò bruscamente: la donna dovette compiere una piccola acrobazia per non lasciarli cadere. Più che porgerglieli glieli aveva buttati in grembo.

« Metti un po' di fiori in casa », sembrò volerla rimproverare, « visto che è primavera. » E senza darle il tempo di rispondere si rifugiò nel suo studio.

« Grázie, signor Cesare », disse Maria all'anticamera vuota, mentre Cecchina si affacciava per rendersi personalmente conto della situazione.

« Li ha portati il padrone », domandò, « o sono diventata matta? »

« Li ha portati il padrone », confermò Maria mentre andava in cucina seguita dalla domestica.

« Allora sono diventata matta lo stesso. » Per Cecchina il fatto che il suo padrone portasse a casa dei fiori rappresentava un evento innaturale.

Sul significato di quel gesto Maria, invece, aveva un'opinione assolutamente diversa. Pochi minuti dopo bussò allo studio di Cesare Boldrani recando in un vaso di cristallo parte dei fiori.

« Che cosa c'è? » ricominciò con il tono burbero di quando era in imbarazzo.

« Eseguo gli ordini », rispose Maria con sorridente cordialità.

« Mettili dove ti pare », accondiscese abbracciando con un ampio gesto del braccio l'intero locale.

« A me piacciono tanto i fiori », confessò Maria sistemando il vaso sulla scrivania, « fra tutti preferisco i narcisi: sono più profumati e durano più a lungo. »

« E tu comprati i narcisi », accondiscese burbero continuando a prendere appunti su un quaderno rilegato in marocchino.

« Ecco, signor Cesare », osò dire Maria contando sul pretesto dei fiori, « io dovrei chiederle una sua autorizzazione. »

« Quale autorizzazione? » si stupì lui sollevando gli occhi dal quaderno.

« Ho pensato che la casa avrebbe bisogno di una rinfrescata », cominciò Maria con femminile incisività. « Molte tappezzerie sono ingiallite, alcune fodere sono da cambiare. Ci sono tende e divani da rifare. Mattonelle malandate da sostituire. La rubinetteria è vecchia... »

« Vecchia? » l'aggredì lui rifiutandosi di condividere la sua diagnosi.

« Superata, se vuole, signore. » Maria ripeté con parole diverse gli stessi concetti per vincere l'opposizione dell'uomo ai provvedimenti che avrebbero modificato radicalmente un ordine accettato per anni. Cesare era favorevole al lento sistema con cui Maria stava migliorando l'abitazione, ma lo atterriva l'idea di un brusco e totale rivolgimento.

« Prima mi parli di una rinfrescatina », la riprese, « poi mi organizzi una Russia che non finisce mai. » In milanese quell'espressione era sinonimo di rivoluzione.

« Intervenendo adesso », sostenne lei con lo spirito di un attento amministratore, « risparmieremmo tempo e denaro. »

« Non si può dire che tu abbia del tutto torto », mugugnò lui. « È una cosa che si può considerare. Chiama qualcuno e fatti fare dei preventivi. »

« Già fatto », esclamò Maria porgendogli alcuni fogli.

Cesare era combattuto fra il desiderio di ridere e quello di arrabbiarsi. Prima di compromettersi scegliendo l'uno o l'altro degli estremi disse: « Va bene. Fa' come ti pare ».

Cesare quella notte, invece di passare in rassegna mentalmente gli impegni di lavoro per l'indomani, come faceva sempre, pensò a Maria. La cosa in sé era abbastanza singolare, ma il fatto straordinario era che per la prima volta il viso stupendo della donna si scomponeva, con l'effetto di un meraviglioso caleidoscopio, per ricomporsi nelle fisionomie di sua madre, di Matilde, di Elisabetta Lémonnier. Alla fine, però, era sempre la ferma espressione di Maria che si ricostituiva fissandosi nei colorati frammenti del ricordo.

Dal 1919, al ritorno dal fronte, grazie al suo innato talento e alla sua audacia, quando aveva mosso i primi passi con la complicità dell'ingegner Ferrari e con la collaborazione forzata del vecchio marchese Casati, che gli aveva messo a disposizione i primi capitali, era salito tanto che ormai poteva guardare dall'alto i suoi modelli, i suoi punti di riferimento, i suoi concorrenti di ieri agitarsi come un popolo di formiche spaventate da un temporale.

Il vecchio marchese Casati era ormai nella tomba di famiglia nel cimitero di Caravaggio, a pochi metri dalla madre di Cesare, ma prima di morire aveva visto sorgere i primi pilastri dell'impero Boldrani. L'ingegner Ferrari, impenitente giocatore, aveva trovato la morte guidando la sua *Lancia* sulla strada tortuosa che attraversa la Foresta Nera. Proveniva da Baden-Baden, nel cui casino aveva dissipato parte della fortuna guadagnata con Boldrani, pensando a Dostoievski, grande frequentatore di quella casa da gioco.

Cesare in quel periodo non aveva più bisogno di lui, la sua influenza si era enormemente allargata e poteva guardare molto più lontano sia politicamente, sia economicamente. La sua impresa era talmente solida e affermata da potere contare su parte dei quattrocento milioni di dollari (dieci erano andati alla FIAT, venti alla Edison) che gli Stati Uniti avevano messo a disposizione degli enti pubblici e dell'industria italiana, ingolositi dai vantaggi di una sicura rivalutazione.

Servendosi di Domenico Scaglia come di una lunga mano, Cesare Boldrani aveva compiuto una tra le più sorprendenti scalate di tutti i tempi, senza compromettersi definitivamente con il regime e senza sporcarsi più del necessario. Non conosceva una parola d'inglese, di francese e di tedesco e trattava affari colossali con gli esponenti più prestigiosi del commercio e della finanza di tutto il mondo. Aveva visto la montagna combattendo la prima guerra mondiale, aveva visto una volta il mare quando aveva accompagnato la sorella a Sanremo. Era sempre vissuto a Milano, tra casa e ufficio: il suo nome e le sue molte sigle erano una garanzia in tutti i paesi.

Ma che senso aveva un bilancio simile fatto proprio quella notte, partendo dall'immagine di Maria che si scomponeva con l'effetto di un caleidoscopio per ricomporsi nelle fisionomie di sua madre, di Matilde e di Elisabetta Lémonnier e per riprendere, alla fine, i contorni della ferma espressione di Maria? Sempre quella splendida faccia di una bellezza al tempo stesso insolente e pacata, rassegnata e aggressiva, prudente e tentatrice, casta e sensuale, che innescava la spirale dei ricordi come se fosse la cartina di tornasole di una verità che il grande Cesare Boldrani si rifiutava di riconoscere.

Passarono per giorni e giorni nell'ingresso con la tracotanza degli invasori; irrompevano nei corridoi con le loro scarpacce sporche, prendevano possesso delle stanze, dei salotti e persino dello studio di Cesare Boldrani. Era un piccolo esercito di muratori, di stuccatori, di tappezzieri, di imbianchini, di ebanisti, di falegnami, di piastrellisti, di elettricisti, di idraulici che Maria dirigeva a bacchetta con energia e disinvoltura.

« Questa casa è diventata un bordello », gridò Cesare il secondo giorno di quella baraonda infernale. Rifiutò la colazione che Maria era riuscita ugualmente a servirgli e uscì infuriato sbattendo la porta.

« Visto, Maria? » osservò Ambrogino, un po' intimorito. « E adesso come facciamo? » E giunse le mani come se pregasse.

« Ma lei non ha paura, signora Maria? » saltò su Cecchina.

« Riderà quando la casa sarà perfettamente in ordine », li rassicurò Maria riprendendo il suo posto in plancia, pronta a impartire ordini e a suggerire modifiche.

Cesare telefonò dall'ufficio verso le undici. « Oggi mangio al *Savini* », disse, cercando di farle pesare il sacrificio che si accingeva a compiere per colpa sua.

« Va bene, signor Cesare », gli rispose Maria che era presa dai suoi lavori di restauro e di rifacimento.

Poi fu la volta di Pazienza. « Si può sapere che cosa gli hai combinato? » le telefonò l'avvocato.

« Io? » si impermalì Maria cadendo dal mondo delle nuvole. Da quando si era messa in mente di fare una cosa che riteneva indispensabile e alla quale dedicava il suo tempo e la sua fantasia tutti le davano addosso o avevano qualche cosa da dire, cominciando da Cesare Boldrani e finendo con Cecchina.

« Mi ha spiegato che era costretto a rifugiarsi a Caravaggio », disse Pazienza. « Era fuori di sé. »

Maria passò dal risentimento a una franca risata. « Ma se è stato lui in persona a darmi il benestare », gridò nell'apparecchio con il quale aveva poca confidenza. «Certo, ci sono dei muratori e dei falegnami che vanno e vengono. Io cerco di dare un minimo di decoro alla sua casa, ma non ho una bacchetta magica. Il Signore», glielo riferisca pure se vuole, «ha fatto il mondo in sei giorni. Io sono soltanto una governante e nello stesso tempo prometto che riuscirò a far cambiare faccia alla sua casa.»

«Va be'», si rassegnò Pazienza che conosceva i furori di Boldrani quando degli estranei si intromettevano nella sua vita privata. «Vedrai che gli passa. D'altra parte devo riconoscere che la casa aveva bisogno di una bella ripulita. Quando è finito il quarantotto telefonami. Così l'avverto che c'è via libera.»

«Spero che abbia la bontà di farsi vivo», si risentì la donna. «È lontano Caravaggio?» domandò.

«Trentacinque chilometri», rispose Pazienza. «Mezz'ora in automobile.»

«Tutti i giorni per cinque giorni», si preoccupò, «deve fare avanti e indietro?»

«Non è un gran sacrificio.»

«Allora sono più tranquilla.» Pensò a Cesare da solo in quella grande villa che non conosceva e la invase una profonda tristezza.

«È bella questa villa di Caravaggio?» chiese Maria mentre stava mangiando in cucina con Cecchina e Ambrogino.

«È meravigliosa», rispose il cameriere dopo avere ingoiato frettolosamente il boccone.

«L'ha comperata il signor Cesare dal conte Benedetto Casati per una fortuna.» Cecchina, con la sua faccia singolare e arguta, volle fornire il proprio contributo.

«Tu, benedetta donna», protestò Ambrogino corrucciandosi, «non lasci mai fare un discorso completo.»

«Dico la mia», si arrabbiò lei pulendosi la bocca con il tovagliolo. «È proibito parlare?»

«No, assolutamente», cercò di rappacificarli Maria che voleva soltanto saperne di più su quella proprietà di Caravaggio di cui neppure Giuseppina le aveva mai parlato.

«Lei sa, signora Maria, chi è il conte Benedetto Casati?» domandò il cameriere.

«Be', sì», affermò Maria, «la signorina me ne parlava.»

«Essendo che il conte Casati aveva questa villa che andava

in rovina », esordì malamente Ambrogino, « allora voleva venderla... »

« Ma non trovava nessuno che se la prendeva », non seppe trattenersi Cecchina coprendosi subito la bocca in segno di penitenza.

« Poi », proseguì Ambrogino rassegnato, « non si sa bene perché, salta fuori il signor Cesare e per una cifra che mi dicono spropositata compera questa villa che andava in rovina. » Bevve un goccio di vino per schiarirsi la gola. « Per non parlare di quello che ci ha speso dentro e fuori. Credo che la signorina Giuseppina si sia ammalata a forza di lavorare per rimettere a posto il frutteto, l'orto e il giardino. Vedesse, signora Maria, che meraviglia. »

« E non le ha detto tutto Ambrogino », disse maliziosa la cameriera.

« Che cosa avevo ancora da dire? » domandò l'uomo facendo la faccia scura.

« Dovevi dirle la storia che c'è dietro », rispose gongolante Cecchina.

« Ma va. » Ambrogino respinse l'osservazione con un gesto della mano. « Favole. Leggende. Invenzioni di donne che non hanno da fare altro che spettegolare. »

« Si chiama 'Silenziosa', la villa », la informò la vecchia serva. « Non vuole sapere, signora Maria, perché si chiama così? »

« Ma se muori dalla voglia di dirglielo! » la riprese Ambrogino.

« Mi ascolti, signora Maria », cominciò a raccontare, « deve sapere che quella villa prima si chiamava 'Carlotta'. Come la vecchia contessa Casati, la madre del conte Cesare. » Cecchina, agitando la mano nell'aria, andava alla ricerca del tempo perduto. « Io parlo di più di cinquant'anni fa, forse cento », precisò facendo mentalmente una sommaria stima. « Be', in quella villa c'è morto di crepacuore il conte Cesare Casati, che era un giovane buono come il pane, ma che aveva un occhio di bue. C'è morto di crepacuore perché non gli hanno lasciato sposare una ragazza che lui amava, per il fatto che era una popolana. Allora hanno cambiato nome alla villa. E l'hanno chiamata 'Silenziosa'. La storia è pressappoco questa. Pare », confessò Cecchina piegandosi in avanti e invitando Maria e Ambrogino a fare altrettanto, « pare che certe notti ci siano gli spiriti. » Si fece un rapido segno di croce e biascicò una preghiera.

« Figurati questa », la contrastò Ambrogino che tuttavia aveva sentito un brivido corrergli lungo la schiena. « Ci abitano Romano e Ausonia che curano la proprietà da anni e che non hanno mai visto niente. »

« Voce di popolo, voce di Dio », proclamò Cecchina segnandosi nuovamente.

« Cerchiamo di mettere in ordine come si deve », li invitò Maria alzandosi per nascondere l'inquietudine che quella storia le aveva comunicato. « Domani arrivano i barbari », soggiunse alludendo agli operai e ai muratori. « Domattina alle sei bisogna essere in piedi. »

Cesare era arrivato a Caravaggio guidando la sua vecchia *Topolino*. Era affezionato a quella piccola vettura malandata e la preferiva alla *Rolls Royce*, all'*Isotta Fraschini* e alla *Lancia* che teneva in garage. L'utilitaria era carica di bulbi.

« Sono per noi? » domandò il giardiniere.

Cesare fece cenno di sì. « Bulbi di narcisi », lo informò cominciando a scaricare.

« Bulbi di che? » si meravigliò l'uomo che non aveva mai registrato un'interferenza del padrone nella scelta dei fiori.

« Ho detto bulbi di narcisi », sottolineò. « Parlo turco? »

« No, no », osservò umilmente il giardiniere, « solo che non avevo capito. »

« Hanno un bel colore », cominciò a spiegare, « sono belli, profumati e durano a lungo. Interrali dietro casa », ordinò, « nel terreno oltre il cortile, fino al margine del frutteto. Ne voglio un prato, un prato di narcisi. Dici che questi bastano? »

« Se non bastano ne prenderò altri », disse il giardiniere che aveva ascoltato esterrefatto i programmi floreali del padrone continuando a scaricare i bulbi.

Quella sera il telefono di villa « Silenziosa », solitamente muto, squillò. Cesare rimase con il cucchiaio di minestrone a mezz'aria guardando con sospetto il nero apparecchio sulla credenza Ottocento della sala da pranzo. Si alzò deglutendo il boccone. « Pronto! » tuonò.

« Sono Maria », rispose la governante all'altro capo del filo. Quella voce calda, pastosa, percorsa da una sottile musicalità invece di rasserenarlo lo rese inquieto, aggressivo. «Be', che cos'è questa novità del telefono? »

« Volevo avvisarla che la sua casa è venuta pronta adesso », gli comunicò in tono deferente, ma con voce allegra. « Io domani non ci sarò, perché vado da mia madre e dal bambino. Domani è domenica. »

« Mi disturbi mentre sto mangiando », la rimproverò, « per dirmi che domani è domenica? »

Ci voleva altro per smontare Maria, galvanizzata dal risultato che riteneva esemplare. « L'ho disturbata per dirle », replicò, « che domani non ci sarò a vedere la sua sorpresa quando lei verrà e si renderà conto di com'è risultata bella la casa. Devo solo tirare a lucido il suo studio. »

« Sì, va be', ma... » Cesare bofonchiò parole disarticolate, ma non ebbe il tempo di organizzare una nuova protesta.

« Aspetti di avere visto tutto prima di brontolare », suggerì Maria con voce ridente. « Buona sera, signor Cesare. »

Il clic del ricevitore posato dall'altra parte del filo chiuse la comunicazione che lui in un primo tempo avrebbe voluto interrompere mentre in quel momento, visto che quella presuntuosa ragazza l'aveva bruscamente interrotta senza nemmeno aspettare la sua risposta, avrebbe desiderato proseguirla. Sbatté giù il telefono e andò in soggiorno inseguito dalle raccomandazioni di Ausonia che maternamente, pur essendo più giovane di lui, gli predicava la necessità di nutrirsi.

« Quella specie di maresciallo », imprecò lasciandosi andare su un divano. L'aveva spinto fuori di casa e aveva per giunta la faccia tosta di disturbarlo nella pace di Caravaggio per informarlo, con l'aria di prenderlo in giro, che poteva tornare a casa propria. Domani, pensò. Perché domani? Era un comportamento irrazionale il suo, se ne rendeva conto. Era naturale, forse nella sua condizione e alla sua età, mettersi a comperare tulipani, bulbi e ordinare al giardiniere di creare un prato di narcisi? « L'ho fatto per lei », disse liberandosi del giornale che aveva sfogliato senza leggere. Ma quando mai quella ragazza sarebbe venuta a Caravaggio? Quello era il suo rifugio, il suo quieto ritiro, c'erano un passato ancora da scoprire, dei legami complessi, delle situazioni sfumate. Forse non sarebbe neanche rimasta a lungo al suo servizio. È giovane, è attraente, rifletté. Un giorno o l'altro trova uno che le piace e gli corre dietro. O si rimette con suo marito. Era o non era il

334

grande Cesare Boldrani? Lo era, ma sentì ugualmente il bisogno irresistibile di vederla.

« Ausonia », ordinò, « Di' a Romano di aprire la rimessa. Vado a Milano. »

« A Milano? Di notte? In automobile? » si spaventò Ausonia. « Oh, Signore! Con tutti quei chilometri al buio. »

Cesare non l'ascoltò neppure e rispose sgarbatamente alla scappellata di Romano che si era affrettato a eseguire l'ordine.

Tre quarti d'ora dopo tirava giù dal letto il portiere che andò ad aprirgli con la divisa abbottonata in qualche maniera per la fretta. Maria, subito avvertita, lo attendeva sulla porta.

« Buona sera, signor Cesare », lo salutò. « Se me lo avesse detto... »

« Non c'era niente da dire », rispose, « perché, adesso devo avvertire quando venga a casa mia? » protestò entrando. Per un attimo pensò di avere sbagliato indirizzo. C'era un'aria particolare, un altro odore, colori diversi; tutto sembrava avere cambiato aspetto e dimensione. Si guardò intorno smarrito alla ricerca di un segno che gli ricordasse la casa in cui era vissuto per tanti anni con Giuseppina e vide infatti mobili e arredi familiari, ma apparivano in una diversa prospettiva, in una più intensa luminosità. C'erano fiori e piante al posto giusto, tappezzerie nuove dai colori delicati, cristalli iridescenti, quadri illuminati in modo corretto ed efficace.

« Le piace? » domandò ansiosa Maria mentre il padrone passava in rassegna la sua opera.

« Ma », borbottò perplesso, « non saprei. Sì, nel complesso non è sgradevole. »

« Non è sgradevole? » protestò Maria che non si aspettava certo inni di ringraziamento, ma almeno una testimonianza di stima.

« Che cosa devo dire? » ribatté Cesare entrando finalmente nel suo studio. Lo colpì la raffinata bellezza dell'insieme. Il lampadario centrale non c'era più e la luce pioveva con discrezione dalle lampade con il cappello color panna disposte negli angoli. I tendaggi erano stati cambiati, il tappeto lavato, la libreria che rivestiva le pareti lucidata. La radio Marelli era stata collocata su un tavolino settecentesco vicino alla scrivania perché fosse a portata di mano. C'erano dei narcisi nel vasetto di cristallo.

« Noi abbiamo finito, come vede », gli comunicò.

« Vedo », fu il commento. Aveva notato i cambiamenti, i narcisi, l'ordine, lo splendore, ma soprattutto vedeva lei, Maria che indossava un abitino di crêpe color champagne, con la sua splendida faccia incorniciata da quella gran massa di capelli corvini illuminata dallo sguardo intenso color nocciola. Maria sorrideva mostrandogli i piccoli denti brillanti e quel sorriso gli rimescolava il sangue, come la voce che gli accarezzava l'anima.

« Ma almeno », volle sapere Maria, « è contento? »

Cesare guardò il telefono bianco che aveva sostituito il suo grosso scarabeo nero e trovò finalmente il pretesto per scaricare la tensione che lo aveva portato a un punto critico. Ebbe una reazione irragionevole, sproporzionata al pretesto che la aveva innescata, ma doveva fare qualcosa che gli impedisse di prendere tra le braccia quella donna della quale ogni giorno di più si accorgeva di non potere fare a meno. Lui, critico impietoso di Pazienza che aveva sposato un'attricetta, stava perdendo la testa per una cameriera.

« Questo telefono da cinematografo nel mio studio non ce lo voglio », gridò. Prese l'apparecchio e lo scagliò per terra. Il telefono andò in pezzi e lui rimase ammutolito a guardare i resti sparsi sul pavimento, provando vergogna per il gesto inconsulto che tuttavia l'aveva liberato da una tentazione.

« Non doveva fare questo », mormorò Maria. La sua bella faccia era improntata a un severità che escludeva il pianto e il compromesso. La suprema indifferenza con cui la ragazza lo guardò lo colpì più di qualsiasi offesa. « Le dirò dove farmi pervenire quello che ancora mi spetta », soggiunse con voce impersonale.

« Ho soltanto detto che non voglio quel telefono da cinematografo », cercò di rimediare lui. « Tutto il resto va bene. »

« Mi fa piacere, anche se non lavoro più per lei », rispose Maria con sommo disprezzo.

« Riporta il mio vecchio telefono », le ordinò.

« Lo chieda ad Ambrogino », fu la risposta di Maria che gettò indietro la testa nel gesto fiero che le era abituale.

« Ti chiedo scusa, Cristo! » esplose prendendola per le spalle e fissandola intensamente. « Che cosa vuoi ancora da me? »

« Adesso niente », mormorò la donna che sembrò avere capito improvvisamente la ragione profonda di quel furore.

« Il padrone sono io », le ricordò con tono pacato. « Decido io quando uno non lavora più per me. Il tuo lavoro è importante in questa casa. E per questi cambiamenti devo congratularmi con te. »

« Ne sono lieta. » Stava rilassandosi e la rabbia era completamente svanita. Capì che se soltanto si fosse avvicinata un po' Cesare l'avrebbe abbracciata, l'avrebbe baciata, l'avrebbe amata. Proprio per quello non osò favorire un evento che poteva avere conseguenze imprevedibili. Si scostò quel tanto che obbligò Cesare a lasciare la presa. Erano due mondi lontani, forse irraggiungibili.

« Sono contenta che i cambiamenti siano di suo gradimento », mormorò sorridendogli senza rancore.

« Grazie per i narcisi », le disse « nessuno ha mai messo narcisi nel mio studio prima d'ora. » Si rendeva conto di pronunciare parole banali con il cuore colmo di tenerezza per quella ragazza che soltanto pochi mesi prima neppure conosceva.

10

« Sì, mia cara », disse Elisabetta Lémonnier rivolgendosi direttamente a Maria che ormai considerava come una persona di
casa, più di una conoscente, quasi un'amica, « domani torno a
Ginevra. »

« Il tempo è buono », osservò Maria, « sarà un viaggio splendido. »

« Torno a Ginevra per sempre », la gelò. Guardò Maria
che serviva una torta al cacao, poi Cesare che le sedeva di
fronte nella sala da pranzo che Maria aveva rinnovato.

Per poco la governante non si lasciò sfuggire il vassoio.
« Per sempre? » ripeté incredula.

Cesare seguiva il dialogo tra le due donne senza apparente
emozione. Il fatto che la sua amante avesse preso una decisione
definitiva sembrava non avere per lui grande importanza.

« Sono tempi brutti », spiegò Elisabetta con un sorriso. « Ormai nessuno crede alle promesse di pace di Mussolini. » Indossava un abito di seta color avorio, molto scivolato, con ampie
maniche raccolte in uno stretto polsino. Le perle che portava
al collo e alle orecchie suscitavano effetti lunari. « Il Banchiere
mi assicura che ci sarà una guerra », riprese riferendo un giudizio del marito che definiva appunto, il Banchiere.

« È vero, signore, che ci sarà la guerra? » domandò Maria
a Cesare.

« Si preparano tempi duri », profetizzò Cesare, intervenendo senza entusiasmo in una conversazione che non riusciva a

coinvolgerlo. « Italia e Germania hanno firmato il patto d'acciaio. »

« Che cosa vuol dire? » chiese ansiosamente Maria.

« Vuol dire », le spiegò Elisabetta, « che l'Italia e la Germania sono alleate. E siccome la Germania, dopo essersi presa l'Austria e la Cecoslovacchia, vorrà continuare nella sua guerra espansionistica, prima o poi anche l'Italia verrà coinvolta nel conflitto. »

« È un discorso terribilmente complicato », confessò Maria. Capiva soltanto una cosa: la gente avrebbe combattuto un'altra guerra voluta dagli altri. « Io credo, madame », disse sinceramente, « che lei ci mancherà molto. » Guardò Cesare domandandosi come potesse mantenere un atteggiamento di completo distacco. Era pur sempre il suo uomo.

« Anche tu mi mancherai », la ricambiò Elisabetta. « Tante cose mi mancheranno. Ma credo sia importante fare le scelte opportune al momento giusto, vero, caro? » osservò spostando il tiro sul padrone di casa.

« Be', sì... mi rendo conto... » Cesare non trovava i termini giusti e annaspava goffamente ora che Elisabetta, pronunciando parole sibilline, lo guardava fisso negli occhi. I suoi rapporti con le donne erano stati sempre caratterizzati da imbarazzo. « Certo », si riprese, « che l'esercito tedesco sta inviando sul confine polacco le sue divisioni corazzate e l'artiglieria pesante. »

« Ma no, caro », Elisabetta sorrise con ironico garbo, « io non volevo un elenco del potenziale bellico tedesco o una lezione di strategia militare. » Posò la forchettina d'argento nel piatto di porcellana dove la fetta di torta al cacao era ancora intatta. « Mi riferivo alle nostre scelte individuali o, se vuoi, alle mie. È importante capire quando il treno è arrivato alla nostra stazione. » Parlava un linguaggio ermetico che Maria non riusciva a decifrare.

« È una brutta notizia quella che lei ci dà », disse Maria con gli occhi lucidi. « Io le devo molto. »

« Se ti sono stata utile mi fa piacere », replicò Elisabetta, « ma sono convinta che tu ora non hai più bisogno di me. Credo che anche il signor Boldrani sopravviverà », insinuò con sottile arguzia. Era una donna colta e sensibile, ragionatrice, dotata di senso pratico e di *fair-play*. Aveva amato Cesare Boldrani e probabilmente l'amava ancora, ma le loro anime non

339

si erano mai intrecciate per fare da supporto a una sessualità che era andata attenuandosi per lasciare il posto a una fraterna amicizia. Per una grande passione si può distruggere un matrimonio, dare un calcio alla fortuna, affrontare la prospettiva di una guerra imminente, ma un legame che ha bisogno di fraternità per non sciogliersi non merita un sacrificio totale. Tanto più, pensò guardando Maria e Cesare, che un nuovo amore sta nascendo. Senza contare che suo marito, il Banchiere, l'adorava e che lei lo stimava profondamente.

« È meglio che ti accompagni a casa », esclamò Cesare alzandosi bruscamente e guardando l'orologio, « si è fatto tardi. »

« Ma sì », lo imitò Elisabetta, « sono una pessima dilettante in fatto di commiati. Meglio uscire alla svelta dal palcoscenico. »

« Vieni. » Cesare fece per guidarla verso l'anticamera.

« Vuoi precedermi? » lo pregò. « Un minuto e sono da te. »

« Ti aspetto in anticamera », disse Cesare intuendo che Elisabetta voleva restare sola con Maria.

« A Ginevra potrai trovarmi all'indirizzo che c'è qui dentro », le comunicò porgendole una busta azzurra.

« A Ginevra? » si stupì la governante. « Si figuri se io verrò mai a Ginevra. Speriamo piuttosto che la guerra non ci sia, così sarà lei che ritornerà a Milano. »

« Non escludiamo nessuna eventualità », ribatté Elisabetta con ottimismo. « Io ti auguro tutta la felicità che meriti. Ma se dovessi avere bisogno ancora una volta di una parola consolatrice, o di un buon consiglio, ammesso che il Signore mi conservi in buona salute, saprai a chi rivolgerti. »

« Madame, lei mi confonde. » Maria era sul punto di piangere.

« Niente confusione », cercò di rasserenarla. « Ci mancherebbe altro, mia cara. E niente più madame. Siamo diventate amiche in tutto questo tempo. Chiamami Elisabetta. Finché sarai con Cesare Boldrani ricordati una cosa sola: sii sempre leale con lui. Non mentirgli mai. È molto buono, sai? Ma di fronte alla menzogna può diventare terribile. Vieni. » E la salutò con un abbraccio.

Maria si affacciò al balcone della sala di pranzo dopo avere spento le luci. Foro Bonaparte era deserto e silenzioso. L'aria era tiepida e profumava di tigli. Guardò in basso e vide Cesare ed Elisabetta appena usciti dal portone. Lui si fermò, l'abbracciò teneramente e la baciò. A Maria parve che quel bacio durasse un'eternità. La colpì un'emozione mai provata: confusione, sdegno, desiderio, imbarazzo, repulsione, invidia; non sapeva dare un nome al sentimento crudele che le mordeva i visceri. Di colpo si sentì povera, di una povertà totale, sola e disperata. Si ritrasse in fretta chiudendo le imposte del balcone.

Quella notte dormì male e non ebbe bisogno della sveglia per alzarsi alla solita ora. Si mise in ordine, poi andò a preparare l'acqua del bagno per il signor Cesare. Bussò con discrezione, ma lui non rispose. Aprì la porta della camera, il letto era intatto: Cesare, come gli accadeva di tanto in tanto, aveva dormito a casa di Elisabetta. Lo stesso perverso turbamento della sera prima l'aggredì nuovamente.

« È pronta la colazione? » chiese una voce alle sue spalle. Maria ebbe un sussulto. Era Cesare che rientrava in quel momento perfettamente in ordine, rasato di fresco e profumato di colonia.

« Subito, signore », rispose dirigendosi alla svelta verso la cucina.

Nelle settimane che seguirono Maria ebbe modo di osservare un Cesare Boldrani assolutamente inedito, anche se conduceva la vita di sempre; casa e ufficio, ufficio e casa. Lo sentiva discutere animatamente con Pazienza o impartire secche disposizioni al telefono. Certe notti non rincasava e a Maria non era difficile immaginarlo nel letto di una bella donna. Le capitava anche di sentire al telefono voci femminili che denunciavano nell'impostazione, nel tono e nella scelta dei vocaboli una condizione privilegiata. Donne che chiedevano di lui. Raramente Cesare si faceva passare la comunicazione, il più delle volte ordinava: « Dì che non ci sono ». In ogni caso quell'emozione maligna si rifaceva viva. La novità, invece, consisteva nel fatto che, quasi sempre, la sera dopo cena, quando Ambrogino e Cecchina si erano ritirati nei loro alloggi nella mansarda, Maria sedeva in soggiorno a cucire o a sferruzzare sotto la lampada e Cesare si sprofondava nella sua poltrona preferita, di fronte a lei. Cominciava a leggere un libro, ma subito dopo lo richiudeva per chiacchierare. Le chiedeva notizie del figlio, di sua madre, del marito lontano.

Erano quelli, per Maria, i momenti più belli della giornata.

A volte era lui che raccontava episodi della sua infanzia con una loquacità insospettabile in un carattere solitamente chiuso. In quelle storie che annullavano le differenze sociali il grande uomo d'affari venuto dal nulla e la governante si riconoscevano nelle radici comuni, nello stesso linguaggio, nell'identico modo di pensare, nello stesso amore per la ricchezza.

Poco dopo le dieci, lui si alzava, le augurava la buona notte e se ne andava a dormire o nello studio a lavorare. Maria faceva il giro dell'appartamento per accertarsi che tutto fosse in ordine e si ritirava nella sua camera. Ma dormiva poco e male perché aveva vent'anni, aveva conosciuto l'amore e un desiderio struggente la consumava, un desiderio insopprimibile cui cercava inutilmente di appiccicare alibi inconsistenti. Quella sensazione che avrebbe voluto esorcizzare come una maledizione, anche se si rifiutava di ammetterlo, era soltanto la sua giovinezza che le urlava nell'anima e le pulsava nelle vene. Nei suoi sogni pieni di affanno e di turbamento Maria volava sulle ali del vento, precipitava entro abissi spaventosi, si sottraeva agli assalti di mostri e si svegliava con il cuore in tumulto.

Le accadeva di sentire nella notte la porta della camera di Cesare che si apriva, poi i passi dell'uomo lungo il corridoio. Quando i passi si fermavano all'altezza della sua porta Maria tratteneva il respiro per interminabili attimi fino a quando proseguivano verso la cucina. Ma era davvero lui che si fermava davanti alla sua porta o era lei che inventava la realizzazione di un desiderio? Erano comunque momenti di insopportabile tensione perché temeva e nello stesso tempo desiderava che la porta si aprisse e che l'uomo entrasse nella sua camera. Allora mortificava la sua natura perversa imprecando contro se stessa e implorando Dio di liberarla dal peccato. Perché era certa che se Cesare si fermava o rallentava il passo davanti alla sua porta lo faceva soltanto per non svegliarla. Elisabetta glielo aveva detto: « Una persona affidabile » e per nulla al mondo un uomo come Boldrani avrebbe fatto quello che lei temeva e forse desiderava.

11

Domenico Scaglia, smentendo la sua abituale pazienza, continuava ad agitarsi sulla poltrona di fronte alla scrivania nello studio di Cesare Boldrani. I due uomini passavano in rassegna la situazione economica facendo ogni possibile riferimento con quella politica per meglio superare gli eventuali scogli. Parlavano di immobili, di azioni, di import-export, di operazioni monetarie sui mercati nazionali ed esteri. Maria, che aveva servito loro caffè e cognac, capiva una cosa sola, che il braccio destro del padrone sembrava morso dalla tarantola.

« Fuori il rospo », gli disse finalmente Cesare, « che cos'è che ti tormenta? »

« Lo sai benissimo. » Pazienza accese una delle sue aromatiche sigarette americane.

Cesare sapeva esattamente la ragione del suo nervosismo, ma voleva che fosse lui a ripeterglielo perché sentisse amaro in bocca il rospo che avrebbe dovuto ingoiare una volta e per sempre, liberandosi così della maledizione che lo tormentava. « Ho bisogno di sentirtelo dire forte e chiaro nei particolari », lo aggredì impietosamente, « punto per punto. Tu devi guardare la realtà in faccia se vuoi sperare di uscirne. »

« Si tratta di Rosa. » L'uomo che trattava contemporaneamente con politici e affaristi in tre lingue diverse e decideva le sorti di molti era imbarazzato come un collegiale.

Maria drizzava le orecchie scegliendo le posizioni dalle quali poteva cogliere almeno il senso della conversazione che si spostava finalmente su un terreno conosciuto.

« Si dimentica di essere mia moglie », confessò mettendo una smorfia ridicola sulla sua faccia da arabo. « Ma ti sembrano cose da raccontare in un momento come questo? Con tutti i problemi che abbiamo in ballo », protestò poi.

Cesare rifletté un momento, poi disse: « Non c'è problema più grande di quello che ti trovi nel letto ogni notte ».

Pazienza si passò una mano sulla barba ispida che accentuava la sua espressione stanca. « Il fatto è », grugnì, « che non è un problema nemmeno a letto. È un'assenza pura e semplice. Non c'è. »

Gli occhi azzurri di Cesare lo guardarono con interesse. Doveva ascoltarlo fino in fondo senza perdere la calma. « Vuoi dire che non torna a casa? » si informò.

« Per tornare torna », ammise, « ma dopo essere andata a teatro o a casa di amici. Nell'intimità, camere separate. Per cinque giorni è andata sulla Costa Azzurra. »

« Sempre con i soliti amici. »

« Con quelli, con altri... Che importanza ha? » Pazienza era conciato da buttar via. « Spende un patrimonio in vestiti e gioielli. E mi fa le corna. Mi fa sentire un verme. »

« Sei un coglione, Mimmo! » Cesare lo riprese duramente alzando per la prima volta la voce. « Ricordati che le corna », precisò calmandosi e riprendendo il proprio tono abituale, « non sono un problema tuo. Sono un problema suo. Anche Giuseppina metteva corna su corna a Napoleone, ma questo non gli ha impedito di diventare imperatore dei francesi. Mi sono spiegato? E Napoleone non finì a Sant'Elena per colpa delle corna. Ci furono altre ragioni. Tu, che hai studiato, le sai meglio di me. »

Quelle parole avevano mitigato in Pazienza il senso di vergogna, provocando però una reazione contraria. « La mia pazienza ha un limite », sbottò, « vado a casa e la caccio. »

Cesare si alzò dalla poltrona, girò intorno alla scrivania, si avvicinò al giovane avvocato e gli prese la faccia con la mano come se fosse un figlio discolo. « Io ti staccherei questa testa », minacciò bonariamente, « se non fosse piena di cose che mi servono. Ma chi cacci? Ti ho mai rinfacciato di averti messo in guardia in tempo? »

« No, mai », rispose Mimmo Scaglia liberandosi da quella

344

stretta che per quanto affettuosa gli stava slogando la mandibola e lo metteva in imbarazzo.

Cesare versò un dito di cognac da una pesante bottiglia di cristallo sfaccettato in un bicchierino. Era un evento eccezionale. « Vedi, amico mio », riprese annusando il contenuto del bicchiere, « la tua pazienza deve essere illimitata. L'hai voluta l'attricetta? E adesso niente scandali. Hai sbagliato? E adesso paghi. »

« È una puttana! » esclamò perdendo ogni ritegno.

« Lo era anche prima », osservò tranquillamente Cesare guardando le trasparenze ambrate nel bicchiere di cristallo. « Vuoi bere? » domandò offrendogli il cognac. « No? Meglio così. Ma parlavamo di Rosa », riprese subito il discorso. « Puttana, ti dicevo, era anche prima. C'è chi nasce poeta e chi nasce *sguangia*. » Tradusse il termine in puro milanese. « Lei è nata *sguangia*. Ma non è colpa sua se tu l'hai sposata. » Era un discorso coerente, pratico, ineccepibile.

« E se la caccio? » insisté.

« Fai quello che lei si aspetta. » Cesare era molto chiaro. « Lei aspetta soltanto di essere cacciata per ricattarti. Sei tu la sua unica vacca, ed è giusto che ti munga, ma con una certa discrezione. Sarebbe inopportuna una lite che porta inevitabilmente strascichi di odio, di risentimento. Meglio un brutto accordo che una bella rissa. »

Pazienza si prese la testa tra le mani, poi si arrese. « Che cosa devo fare? »

« Aspettare, ragazzo mio », lo consigliò Cesare mettendogli amichevolmente le mani sulle spalle.

Quelle parole e quel contatto, quella sicurezza gli facevano bene. Era bravo e lo sapeva, ma si rendeva conto che senza Cesare Boldrani sarebbe stato uno dei tanti avvocati senza gloria a caccia di clienti nei corridoi del palazzo di Giustizia. « Aspettare che cosa? » domandò.

« Aspettare che lei se ne vada. » Cesare si era avvicinato alla porta e aveva visto un'ombra scivolare via. Sorrise intuendo la presenza furtiva di Maria.

« E se non se ne va? » obiettò Pazienza con fare dubbioso.

« Prima di quanto immagini scapperà con qualcuno », lo rassicurò.

Nonostante tutto, Pazienza sentì uno spasmo alla bocca dello stomaco. Rosa era la sola donna che gli aveva fatto cono-

scere i brividi della passione e l'appagamento. « Come lo sai? »
Era una domanda retorica. Se Cesare sosteneva di conoscere
una risposta la conosceva effettivamente.

« Comincia domani stesso le pratiche per l'annullamento
del matrimonio », gli disse. « Penserò io a fare in modo che ti
venga concesso al più presto. Regoleremo la cosa come si deve.
Così la signora non avrà più nulla da pretendere. »

« Vado a lavorare », comunicò l'avvocato con un sospiro.

« Chiodo schiaccia chiodo », sentenziò Cesare tanto per
chiudere il discorso.

Pazienza uscendo incontrò Maria. Bastò uno sguardo per
intendersi.

« Vedi, Maria, come finiscono i grandi amori? » si confidò
malinconicamente. « A colpi di carta bollata, finiscono. »

« Non serve a niente prendersela, avvocato », lo rincuorò.
« Anche le cose più brutte si dimenticano. Nessuno sbaglio è
irreparabile. » Pensò ai suoi errori, a Nemesio, al suo matrimonio naufragato, agli altri naufragi che forse l'esistenza le ri-
servava: l'importante era guadagnare ogni volta la riva, rial-
zarsi e ricominciare a vivere.

Maria accompagnò l'avvocato Domenico Scaglia alla porta,
poi lo guardò dal balcone mentre si allontanava infelice guidando la sua *Isotta Fraschini* di rappresentanza.

Una sera andarono a cena in foro Bonaparte anche il Riccio e Miranda. Maria aveva sentito tanto parlare di loro da
Giuseppina e li aveva intravisti al suo funerale, compunti e
vestiti di scuro. In quel momento invece erano proprio come
la povera Giuseppina tante volte glieli aveva descritti: chiassosi
e pittoreschi. Cesare era insolitamente allegro, completamente
staccato dai gravi problemi di sempre e si godeva un'intimità
quasi familiare alla quale troppo spesso doveva rinunciare per
mantenersi ben saldo sulle vette della nuova condizione. Qualche
volta usciva dalla solitudine che il potere gli imponeva per
immergersi nell'atmosfera rigenerante delle origini. Si era persino preoccupato di passare in cucina per raccomandare a Maria di servire agli ospiti il meglio.

La grande casa, solitamente immersa in un ovattato silenzio tutelato dai discreti domestici, sembrava trasformata in un
padiglione da fiera di paese. I tre commensali ridevano, si
scambiavano battute salaci e facevano osservazioni piccanti pic-

chiando manate sul tavolo mentre il grammofono andava a tutto volume.

Il Riccio ostentava al dito mignolo un brillante grosso come una nocciola e un altro più piccolo alla cravatta. Era vestito da ricco, notò Maria, non da signore. Quanto a Miranda era una versione popolaresca, ma simpatica, della Madonna di Pompei: grondava gioielli da ogni parte. Ma le facce semplici degli ospiti, il loro parlare schietto, le loro risate spontanee proiettavano su di lei un benessere ignorato. La contagiavano con la loro spontanea allegria. La sincerità e la naturalezza attenuavano la volgarità di certe espressioni che riflettevano alcuni dei significati più autentici della vita.

Miranda e il Riccio esprimevano pur nella più completa familiarità, una profonda stima nei confronti di Cesare Boldrani, una devozione senza servilismo, un rispetto incondizionato che trascendeva la sua posizione sociale e riguardava esclusivamente la sua personalità, la sua innata capacità di costituirsi primo tra gli uguali. Continuava a essere il loro punto di riferimento anche se era uscito dal quartiere per prosperare nella città degli affari, del commercio e della finanza. Venivano dallo stesso ceppo. E ne erano orgogliosi.

Maria ricordò i racconti di Giuseppina e rivide, come lei li aveva descritti, la cascina dove i Boldrani erano nati e cresciuti, il quartiere di Porta Ticinese, la via Vetraschi, i ladri, i malfattori, la povera gente, don Oreste, gli operai, le lavandaie. Capì che la forza di Cesare e del Riccio risiedeva proprio nella fedeltà alle proprie origini. Perciò provava per loro una grande ammirazione.

12

« Ho finalmente ritrovato il giardino dove fiorisce la bellezza e dove sboccia la poesia. » Nemesio ancora una volta l'aveva sorpresa con l'abilità di un prestigiatore materializzandosi dal nulla. Era luglio, faceva caldo e il sole splendeva in tutto il suo fulgore.

« Nemesio! » Maria si fermò, il suo cuore si fermò e in quella magica attesa di un attimo sbocciò un infinito silenzio. Furono una persona sola in un irresistibile abbraccio.

L'attimo scivolò nel passato dopo essersi inciso profondamente nella memoria dell'uomo e della donna: i tram ripresero a scampanellare, le macchine a correre, la gente a passare. La realtà decretò la fine di un'illusione.

« Amore », cominciò ad accarezzarla con la voce e con lo sguardo girandole intorno con devozione come se fosse l'unica donna esistente al mondo, « mio solo, unico e incredibile amore. » Qualcuno si voltò e sorrise a quella insolita pantomima.

« Fortuna che da casa non ci vedono », si consolò Maria che non avrebbe voluto che Cecchina, Ambrogino o addirittura il signor Cesare assistessero a quella specie di circo inventato da Nemesio.

« La casa della schiavitù », attaccò l'uomo con accento da tribuno, il braccio teso verso palazzo Boldrani nascosto dagli alberi e comunque inaccessibile allo sguardo per la distanza.

« Finalmente sei tornato », disse Maria. Lo guardò attentamente per evitare di essere sorpresa da una delle sue solite manovre diversive. « Naturalmente hai trovato una sistemazione », affermò ricordando i patti.

« Una sistemazione che farà di te un personaggio internazionale », disse in tono franco e deciso. Camminavano intanto verso il centro.

« Non chiedo tanto », rispose Maria che già pensava come comunicare la notizia al signor Cesare e a sua madre. Certamente Vera le avrebbe rinnovato la litania del saltimbanco. Ma quale sarebbe stata la reazione di Cesare Boldrani?

« Dio mio, come sei bella », la vezzeggiò Nemesio che ormai la guidava verso un traguardo che aveva in mente. Ogni tanto la stringeva tra le braccia e lei un po' rideva, un po' piangeva, stordita da quel demonio, dal sole, dal rimescolio che le faceva andare il sangue alla testa, dall'odore sottile e penetrante che sprigionava da tutto il suo corpo. Era un caldo selvaggio e lei aveva in testa una gran baraonda.

« Devo dare almeno un certo preavviso. » La parte concreta della sua personalità riuscì ancora a prevalere.

« Con gli sfruttatori non si tratta », decretò. « Domani vieni via con me. Loro non esiterebbero a metterti sulla strada da un giorno all'altro. » Era deciso, bello e forte. Indossava dei pantaloni grigi leggeri e una camicia bianca aperta sul petto con le maniche arrotolate. Su una spalla, tenendola con una mano, portava la giacca ripiegata. Era dimagrito e i lineamenti si erano ingentiliti, sembrava più giovane. Gli occhi verdi piedi di gioia riflettevano le fiamme gialle del sole.

« Be' », rimandò le proprie osservazioni, « ne parleremo dopo. Dimmi, quando sei arrivato? »

« Era ancora buio », proseguì instancabile, « ho visto nascere il sole pensando a te. Sono passato davanti a casa tua, ti ho cercato per le strade, ho vagato per parchi e giardini. »

« Era più semplice se mi cercavi dov'ero, no? » Maria lo richiamava alla realtà.

« Non volevo sentirmi rispondere da un padrone o da una padrona », si rabbuiò, « che i domestici non hanno il diritto di servirsi del telefono. »

« Dai, Nemesio », lo canzonò, « non siamo all'età della pietra. »

Ormai erano in piazza del Duomo e camminavano sotto i portici. « Come sono queste persone per cui lavori? » domandò. « Nelle tue lettere non dici niente. »

« Prima erano due persone », raccontò appoggiandosi al braccio dell'uomo, « fratello e sorella. Lei è morta », si rattristò. « È rimasto lui. »

« Com'è? » Era più che incuriosito.

« Molto ricco », spiegò Maria, « molto solo, molto importante. »

« Giovane? » domandò con sospetta indifferenza.

« Geloso? » replicò lei con civetteria.

« Ti stimo troppo per essere geloso », sentenziò.

« Anch'io ti stimo. » Maria non era mai riuscita a coniugare la stima con la gelosia e il fatto di stimare un uomo, da un certo punto di vista, non le impediva di dubitare di lui.

« Giovane? » insisté Nemesio.

« Vecchio », mentì scherzando. « Grasso e brutto », continuò nello scherzo che conteneva una certa ambiguità.

« L'età e la bellezza non contano », osservò Nemesio prendendo per buone le informazioni della moglie che tranquillizzavano il suo orgoglio di maschio.

I due giovani svoltarono in via Cappellari, salirono sul tram numero 24 e smontarono al rondò di via Ripamonti dove il mezzo pubblico faceva capolinea.

« Perché qui? » domandò sorpresa Maria.

« Perché non qui? » ribatté Nemesio. Presero a sinistra, passarono davanti a una piccola chiesa, percorsero una strada poco più grande di un viottolo e dopo una svolta sfociarono in piena campagna.

« Non è bello? » Sapeva di avere colto nel segno.

« Ma è stupendo », esclamò Maria guardando un vecchio cascinale e poco più lontano una roggia che scintillava al sole. Lunghi filari di pioppi fiancheggiavano canali in cui scorreva acqua limpida e fresca. « Vien voglia di fare il bagno », saltò su allegra.

All'orizzonte si stagliava contro il cielo l'abbazia di Chiaravalle. « Ci dev'essere, dopo quella cascina, una vecchia osteria. »

Era quasi mezzogiorno e Maria si rese conto in quel momento che la mattinata stava scivolando via. « Ma è tardi! » Si ricordò improvvisamente dell'ora. « A mezzogiorno mi aspetta mia madre. »

« Se per una volta ritardi non sarà la fine del mondo. Sei

con tuo marito, no? » Il richiamo all'ufficialità del vincolo coniugale la rassicurò.

« Certo », rispose orgogliosa, « sei mio marito. Sei andato da Giulio? » gli chiese.

« Volevo vederlo con te. » Parlò con sincerità e Maria gli credette.

« È cresciuto, sai? » lo avvertì stringendosi al suo braccio. « Sembra un bambino di un anno. La sua espressione è matura. E anche se non te lo meriti ti somiglia. »

« Guarda, ti piace? » Erano arrivati a una vecchia osteria con il pergolato e un grosso tronco di glicine si arrampicava gagliardamente sulla parte dell'antico cascinale trasformato in esercizio pubblico. Raggi di sole illuminavano i tavoli di legno filtrando attraverso il fogliame. Mangiarono allegramente pane e salame e bevvero vino rosso, chiaro, frizzante. Il vino brillò nei loro sguardi, bruciò sulle guance e rinfocolò una passione che, caso mai, aveva bisogno di essere frenata.

Dopo il pranzo camminarono per la campagna all'ombra dei pioppi costeggiando un canale. Si tenevano per mano e non parlavano più: tutti i pensieri che passavano per la loro mente infiammavano il desiderio che era tutt'uno con il ronzio degli insetti, con il rincorrersi delle libellule colorate, con lo scorrere dell'acqua chiara con l'odore della campagna. L'uomo la guardò con occhi supplichevoli e lei si lasciò guardare, si lasciò baciare, si lasciò toccare mentre la stessa ansia che la perseguitava nel sogno continuava a salire obbedendo a un richiamo irresistibile; però non c'erano precipizi nei quali piombava e nemmeno mostri, ma solo amore, un grande amore senza fine, un amplesso lunghissimo sull'erba calda, un amplesso dolce, estenuante che li lasciò esausti, vuoti, felici sotto l'ombra dei pioppi, vicino all'acqua chiara di un canale, a guardare contro il cielo il profilo della medievale abbazia.

Maria si sentiva appagata, serena, le brillava negli occhi una calda tenerezza. Era il suo uomo, in fondo, suo marito, il suo sposo. Ma certo: che senso aveva continuare a servire in una casa che non era la propria, a organizzare una vita che non era la sua, a sognare un futuro che apparteneva agli altri? Si avvicinò a Nemesio con le guance accese, le labbra dolci per i baci recenti, accarezzata dal lento e inarrestabile trascorrere dell'acqua chiara che era sempre uguale e sempre diversa, come la gioia di vivere e la voglia d'amare che già rinasceva da un

351

brivido segreto, dalla sua carne palpitante, sollecitata dal respiro dell'uomo, dalla sua bocca avida di sensazioni assopite che il sesso nuovamente turgido risvegliava con la dolce violenza del vento che sospinge le nuvole nel cielo.

« Sei venuto a dirmi che staremo insieme per sempre », gli mormorò all'orecchio con la sua voce dolcissima. « Era questa la sorpresa, vero? »

« Sì, Maria », la strinse tra le braccia respirando il profumo dei folti capelli corvini. La maternità aveva reso più bello il seno di Maria che in quel momento, con la camicetta slacciata, premeva nudo contro il petto dell'uomo. « Ti prometto che questa volta nessuno potrà separarci. »

« Hai trovato un lavoro? » gli domandò ansiosa. « A Modena? Qui a Milano? Dimmi che è a Milano. C'è mia madre, potrà aiutarci curando il bambino. Sai, a me il lavoro non fa paura. Non sarà difficile trovare un impiego a giornata. »

« Il lavoro lo troveremo, Maria », parlò con decisione prendendola per le spalle e scostandola da sé per vederla bene in faccia. « A trovarmi un lavoro penseranno i miei compagni quando saremo a Parigi. »

Una nuvola coprì per un attimo il sole e una tempesta affiorò sulla splendida faccia di Maria. « Hai detto Parigi? » domandò con voce innaturalmente calma. « Ma scusa, di che cosa stai parlando? »

« Io devo andare a Parigi, Maria. »

« Ma tu sei pazzo. » Fu come se il meccanismo delle emozioni avesse cominciato a girare in senso contrario; il cuore della donna ebbe un sussulto e i suoi visceri furono sconvolti da una giravolta spasmodica.

« Mi avevano richiamato alle armi », finalmente disse la verità, « e io non mi sono presentato. I compagni mi hanno aiutato. A Parigi ci aspettano. »

« Dunque sei un disertore. » Il caldo liquido nato dal desiderio si era raggelato e in quegli attimi sentiva con disgusto il seme viscido dell'uomo scivolarle fra le cosce. Provava un senso di vergogna, inchiodata e ferita da una verità più oltraggiosa della più infame bugia e che distruggeva tutte le sue speranze.

« Sono uno che non ha voglia di prendere le armi per i fascisti », si giustificò, pur sapendo che Maria non gli rimproverava il suo antifascismo e il suo spirito d'avventura, ma di coinvolgerla assieme al figlio in un'esistenza che sentiva estranea e ostile.

« È solo una chiamata di prova », tentò di ribattere. « La guerra non è ancora scoppiata. E forse », ma lì ebbe un momento di perplessità, « non la faranno. »

« Non è una chiamata di prova », ribatté Nemesio convinto. « Hitler sta già facendo la guerra. Mussolini la vuole. Per adesso cerca di spaventare i francesi con queste chiamate alle armi costringendoli a tenere impegnate le loro divisioni sui nostri confini. Certo che è una farsa. Il fascismo è una farsa. Intanto, però, la gente marcia allegramente verso il massacro. Ma lo sai che per questi disgraziati che obbediscono all'ordine di richiamo non c'è da mangiare e non ci sono caserme? Niente divise. Li fanno dormire nelle sale d'aspetto delle stazioni. Nei carri bestiame. Su dei fogli di giornale. Ma tu, dimmi, in che mondo vivi? »

« Possibile », si impennò la donna, « che sempre a voi emiliani venga in mente di fare la rivoluzione? »

« Se tu non vivessi in una casa di pescecani », la riprese, « se soltanto ti dessi la pena di guardarti intorno sapresti che anche da voi c'è gente che la pensa come me. 'Prendi il fucile e buttalo in terra' », intonò, « 'Vogliam la pace, abbasso la guerra'. Sai dove cantano questa bella canzonetta? Non lo sai? Be', te lo dico io. La cantano nella tua Milano. »

« Io queste cose non le so, Nemesio », replicò conciliante, « ma so che le condanne del tribunale militare sono tremende. C'è anche la pena di morte per i disertori. »

« Lo so anch'io », disse cercando di sfruttare il momento propizio per convincerla, « proprio per questo devo scappare. Anch'io ho una guerra da combattere, ma contro i fascisti. Ascoltami, Maria, adesso andiamo in Svizzera. E so come arrivarci. Da lì passiamo in Francia e infine a Parigi dove i miei compagni mi aspettano. »

« E Giulio? » gli chiese Maria a bruciapelo. Il caldo si era fatto insopportabile, i rumori della campagna erano diventati fastidiosi come le mosche che ostinatamente continuavano a posarsi sulla sua fronte. Non c'era un filo di vento, l'afa aumentava e il sudore impregnava gli abiti che si appiccicavano alla pelle. Maria si sentiva sporca, smarrita, colpevole.

« Giulio resta qui con tua madre », decise Nemesio come se fosse la soluzione più naturale.

« Così dovrei abbandonare nostro figlio », si indignò Maria tirandosi in piedi e cercando di mettere in ordine gli indumenti. I folti capelli corvini si mossero al ritmo dei suoi gesti rabbiosi.

« Perché », cambiò registro, « adesso che cosa fai? Giulio vive con tua madre e la cosa non ti sembra così sconcertante e drammatica. Venire con me significa abbandonare il figlio. Lavorare per il signor Cesare Boldrani che cosa significa? »

« Lo vedo tutte le domeniche », si difese energicamente Maria. « Quando c'è un problema mia madre telefona. In caso di necessità posso vederlo. No, Nemesio, non intendo nemmeno discutere questo problema. E non voglio ricominciare a litigare. I patti erano chiari. Io ti amo, ma non posso accettare una vita randagia. Se a tua moglie preferisci le tue idee, niente da dire. Ma allora lasciami stare. Non venire a riempirmi di speranza per poi mettermi di fronte alle tue decisioni insensate. Ascolta, Nemesio », gli offrì un ultimo appiglio, « il signor Boldrani è un uomo molto importante. Conosce gente che neanche te la sogni. Se io gli chiedo di aiutarti lui lo farà. Forse riesce persino a trovarti un buon posto. Se lui dice ai militari di perdonarti i militari ti perdonano. »

« Ma allora ti rifiuti proprio di capirmi », disse l'uomo incamminandosi per il sentiero.

« Sei tu che non capisci me », lo inseguì Maria parandoglisi davanti.

« Tu non capisci niente perché cammini con il paraocchi, ma io ti amo, Maria. » Era immobile e implorante di fronte a lei.

« Allora resta con me », gli disse con decisione.

« Io ti amo, Maria, ma in questo mondo di merda non ci voglio vivere. » Era la sua ultima parola.

« Tu ami una libertà che non esiste », lo aggredì Maria. « I tuoi sono gli ideali dei saltimbanchi, degli zingari, dei vagabondi. Non sarai mai né un buon padre, né un buon marito. Siete quattro gatti, che cosa volete fare? »

« Però ti amo », le sorrise scoprendo i bei denti smaglianti mentre i suoi occhi verdi scintillavano, « e anche tu mi ami. »

« Ma va' all'inferno, vagabondo. » Erano ormai sulla strada e Maria cominciò a correre verso la fermata del tram che l'avrebbe riportata in centro. Correva, mentre le lacrime le velavano gli occhi, per mettere una distanza incolmabile tra sé e quel vagabondo che aveva avuto la dabbenaggine di sposare.

Nemesio la raggiunse, la strinse in un caldo abbraccio e allora Maria pianse senza più ritegno sulla spalla dell'uomo. Si salutarono così, con un lungo bacio che aveva l'aspro sapore delle lacrime, sulla strada assolata, incuranti della gente che li guardava senza capire.

« Sono ore che ti aspetto », gridò Vera vedendola finalmente rientrare. Giulio le tese le manine dal seggiolone con dei gridolini espressioni di gioia. « Sono anche scesa dal fornaio per telefonare dove lavori. Mi hanno detto che sei uscita stamattina per venire qui. Dove sei stata? » le domandò.

Maria aveva la faccia stravolta e cercò inutilmente di dissimulare le emozioni che avevano alterato il suo stato d'animo. « Ti prego, mamma », si difese andando verso il bambino che si agitava e la voleva, « non fare il carabiniere. »

« Guarda questa sottana in disordine », la rimproverò, « la camicetta stazzonata, l'erba tra i capelli. Si può sapere dove sei andata? Me lo vuoi dire dove ti vai a nascondere invece di venirtene a casa da tuo figlio e da tua madre? »

« Sono una donna », replicò duramente. « Lavoro. E non devo rendere conto a nessuno del mio tempo. »

« Sei una puttana », sibilò Vera. « Sei una grandissima puttana. Vai a fare le tue porcherie in campagna come le bestie. » Levò le braccia al cielo: « Quali peccati avrò mai fatto perché Dio mi castigasse con una figlia come te? »

Maria reagì violentemente, incurante della voce che volava dalla finestra aperta sui corridoi della casa con la ringhiera. « Ti ho detto di smetterla », gridò. « Sono una donna sposata. »

« Malmaritata », ribatté Vera per una volta incurante di quello che avrebbero detto i vicini.

« Sono stata con mio marito », confessò per tagliarla corta.

« Signore e signori », declamò Vera che di fronte a certi argomenti perdeva la naturale prudenza, « è tornato il re dei saltimbanchi. »

« È mio marito », affermò Maria.

« Certo », ammise la madre, « il marito che ti meriti. E non mi meraviglierebbe se ti avesse lasciato un altro regalo oltre al figlio che hai. Così hai visto tuo marito », riprese, « che non ha sentito neanche il bisogno di vedere questa povera creatura. » La povera creatura strillava con tutto il fiato che aveva, spaventata da quelle voci aggressive e concitate.

« Voleva risparmiare a Giulio questa scena penosa », si spiegò prendendo in braccio il bambino, cercando di calmarlo. « Voleva evitare l'incontro con te che si sarebbe trasformato in una rissa. » Giulio strillava, Maria piangeva silenziosamente, Vera imprecava contro il suo destino di madre tradita. Maria cullò il figlio riuscendo dopo un po' a calmarlo e infine ad addormentarlo. Lo adagiò nel suo lettino e lo guardò mentre, nel sonno, si muoveva graziosamente. Somigliava a Nemesio in modo impressionante. Sicuramente da grande avrebbe avuto la sua faccia, ma non il suo carattere, non le sue illusioni.

Il lunedì mattina non aveva ancora recuperato il proprio equilibrio: era ammaccata dentro e decise che per quel giorno in casa Boldrani potevano fare a meno di lei, mentre lei non poteva fare a meno di suo figlio che le ricordava il suo amore perduto, ritrovato e nuovamente perduto. Era una parte dell'uomo che forse non avrebbe rivisto mai più. Giulio sorrideva e Maria vedeva il sorriso di Nemesio.

« Com'è che stamattina non vai a lavorare? » le chiese la madre. « Tuo marito ti ha lasciato una rendita? »

Maria si era calmata. « Lo sai bene che mio marito non mi lascerà mai nessuna rendita. » Intanto imboccava il bambino che mangiava di gusto il latte con i biscotti. « Ho bisogno di stare con lui », soggiunse accennando a Giulio.

Vera provò pena per lei. « Scusami per quello che ti ho detto ieri sera. » Sembrava sincera, ma non pentita. « Ho detto cose che pensavo, ma anche cose che non credo. »

« Abbiamo tutt'e due i nervi tesi. » Maria non volle approfondire, così non seppe mai le cose in cui sua madre credeva. « Nemesio voleva che andassi con lui a Parigi. »

Vera non rispose e non fece commenti. A Maria parve comunque di capire che se l'avesse lasciata sola con il bambino non le sarebbe dispiaciuto.

« Meno male che è arrivata », l'accolse Ambrogino con un evidente senso di sollievo. « Sapesse com'era infuriato il signor Cesare. Ha fatto un quarantotto. Non trovava le cose. È arrivato in ritardo a un appuntamento. Quando gli ho detto che potevo venire a casa da sua madre a cercarla me lo ha proibito. Dava in escandescenze. E ha fatto tribolare tutto il giorno me e Cecchina. »

« Mi dispiace », Maria si scusò con Ambrogino, « ma effettivamente non mi sono sentita bene, ieri. »

« Io ho cercato di spiegarlo al signor Cesare. » Il cameriere era solidale con lei. Il campanello gracchiò e si illuminò il numero corrispondente alla camera del signor Cesare.

« Vai tu, Ambrogino », lo mandò in avanscoperta, « digli che arrivo tra un minuto. »

Quando Maria entrò con il vassoio della colazione Cesare Boldrani era in piedi con indosso una vestaglia di seta.

« Chiedo scusa per ieri », gli disse con un sorriso posando sul tavolino il vassoio. C'era anche il vasetto di cristallo svedese con dentro una rosa in boccio. « Ho avuto dei problemi. » Il giorno prima quasi non aveva mangiato. Il digiuno, le emozioni e il pianto avevano accentuato il pallore del suo viso che aveva una soave luminosità.

« Siamo nel trentanove », si limitò a osservare Cesare conservando la calma, « esistono i telefoni. » Era felice, dopo che per tutto un giorno e parte della notte aveva disperato di rivedere quella ragazzotta della quale sembrava non poter più fare a meno.

« Avevo la febbre », mentì lei. « Non me la sono sentita di scendere a telefonare. »

« Incaricherò il mio ufficio di provvedere a fare installare un apparecchio telefonico a casa di tua madre », decise.

« Grazie, signore. »

« Perché non hai preparato in sala da pranzo, come sempre? » le domandò alludendo alla colazione servita in camera.

« Mi sembrava che il signore avesse espresso questo desiderio. » Stava per uscire.

Cesare si era seduto e versava il caffè nella tazzina di porcellana. « Ieri abbiamo sentito tutti la tua mancanza », osservò con tono burbero. « Sembra che tu sia diventata indispensabile in questa casa. »

« Non penso, signore. » Limitava le parole perché temeva di scoprirsi: le emozioni vissute non erano ancora dimenticate.

« Adesso vedi di recuperare il tempo perduto », la spronò temendo di averla troppo blandita.

« Sì, signore. »

« Sissignore, nossignore! » esclamò incapace di spiegarsi l'improvvisa reticenza della governante. « Possibile che tu non sappia dire altro? » Era tornata e solo quello contava, così non volle infierire. « Questa settimana mi trasferisco a Caravaggio, co-

357

me ogni anno in agosto. Tu verrai con me », ordinò con l'aria di chiedere, guardandola di sotto in su.

« Dovrò restare a Caravaggio per tutto il mese? » domandò lei.

« Ti farò accompagnare a Milano ogni domenica », la rassicurò, « a meno che... Ma no, niente. » Stava per autorizzarla a portare anche il figlio, ma giudicò una decisione del genere assolutamente inopportuna. I suoi occhi scrutarono nell'animo di Maria. « Va bene così? »

« Sissignore », rispose uscendo dalla camera.

Il sabato Maria ebbe la giornata libera per andare a salutare il figlio. Sulla credenza trovò una lettera. Era di Nemesio e veniva da Parigi. Maria la mise in tasca senza leggerla, anche perché sua madre, continuando a inamidare e a stirare indumenti sull'asse imbottita, non la perdeva d'occhio.

« Con quello che guadagno adesso », le disse, « non devi continuare a romperti la schiena con il lavoro. » Aveva preso in braccio il bambino che giocava con i suoi capelli e le parlava in un linguaggio incomprensibile.

« Sai come la penso. » Vera respinse l'offerta in tono pacato. « Io non voglio soldi da nessuno. Nemmeno da te. »

Rimase tutto il giorno con il bambino e alla sera tornò nel palazzo di foro Bonaparte. Ambrogino e Cecchina si erano già ritirati nei loro alloggi in mansarda. Cesare Boldrani non c'era. I divani e le poltrone erano ricoperti con delle *housse* di tela di Pechino. L'argenteria era riposta nei bauli e i tappeti erano stati mandati in frigorifero. La notte d'agosto senza vento entrava dalle finestre spalancate, senza mitigare il caldo afoso. Gocce di sudore le scivolavano lungo la schiena e il vestito si appiccicava alla pelle. Si spogliò completamente ed entrò nella stanza da bagno che era stata di Giuseppina per fare una doccia. Protesse i capelli con una cuffia di gomma, si insaponò con cura minuziosa, poi si mise sotto il getto tiepido e compatto lasciando che l'acqua scorresse a lungo anche quando ormai non c'era più traccia della candida schiuma. L'acqua tiepida l'accarezzava comunicandole uno straordinario benessere. Si asciugò con cura e si infilò una leggera vestaglia di seta bianca, regalo di Elisabetta. Tornò in camera sua, si mise a letto e si ricordò della lettera di Nemesio. La pescò nella borsetta, l'aprì e lesse:

« Amore mio, sono a Parigi da questo momento e subito ti

scrivo. È stato un viaggio faticoso e triste perché non c'eri tu. Mi manchi, Maria. Sento ancora il tuo profumo sulla pelle. Continuo ad amarti, ma vorrei averti, vorrei che tu fossi ancora mia. Non ti ringrazierò mai abbastanza per il dono di te stessa che hai voluto farmi, per il calore che mi hai dato nelle ore che abbiamo vissuto insieme a Milano in un giorno d'estate che ti somiglia. Il ricordo della tua tenerezza e dei tuoi baci mi tiene compagnia e mi dà conforto ».

Piangendo come una bambina ripiegò la lettera, la ficcò nel cassetto del comodino e lasciò che le lacrime scendessero copiose a sottolineare quel pianto senza singhiozzi. Perché era stata tanto stupida da lasciarlo partire da solo? Perché anche in lei non soffiava lo spirito girovago che impediva a Nemesio di mettere radici? Non era preferibile vivere giorno per giorno tra le braccia di un uomo capace di amarla come l'aveva amata?

« Che cosa c'è, Maria? Che cosa ti succede? » Una mano forte e protettiva le sfiorò una spalla e una vibrante voce d'uomo la consolò. « Che cosa ti succede, Maria? » ripeté chiamandola teneramente per nome.

Sollevò dal cuscino la bella faccia rigata di lacrime e se lo trovò dinanzi. Cesare la guardò con affettuosa comprensione. Il dolore che la sconvolgeva le impedì per una volta di essere presente a se stessa, cancellò ancestrali tabù e antichi divieti. « Sono così disperata », confessò senza preoccuparsi del. pianto, senza curarsi della vestaglia di seta che era scivolata da una spalla lasciandole scoperto il seno come se di fronte a lei, invece del grande Cesare Boldrani, fosse apparso un volto familiare su cui potesse fare affidamento.

« Non fare così, sono qui per aiutarti », le sussurrò prendendole una mano e accarezzandogliela.

« Nessuno può aiutarmi », disse lei mettendosi in piedi, forse nel tentativo di rendersi presentabile, ma si trovò tra le braccia dell'uomo che cominciò a baciarla con dolcezza mentre la vestaglia di candida seta era scivolata ai suoi piedi. Ma era poi vero che lui l'accarezzava e la baciava e le diceva parole brucianti all'orecchio?

« Non parlare, Maria », sussurrò sollevandola come una bambina per adagiarla sul letto, « non dire niente. » La vestaglia di seta blu di Cesare era caduta su quella candida di Maria e il corpo dell'uomo copriva l'abbagliante nudità femminile.

Maria non parlava per non svegliarsi dal sogno perché non era umano quel sesso immane, quella carne turgida che la penetrava con vellutato strazio e quella bocca bruciante che cercava la sua per stamparvi il segno di una felicità sconosciuta. Andavano insieme, l'uomo che entrava in lei con la sua sessualità grandiosa e lei che si apriva come lo sbocciare d'un fiore, verso un piacere mai provato. Maria piangeva e rideva, respingeva l'uomo con tutta se stessa e lo attirava disperatamente, urlava senza ritegno, chiedendo pietà e imponendo la propria forza. Alla fine fu come se la notte si fosse accesa di un lungo incandescente bagliore che coincise con i sussulti dei loro corpi. Rimasero così uniti anche quando il bagliore sfumò in un sontuoso tramonto. Cesare la baciò piano sugli occhi, sulla faccia, agli angoli della bocca, sul collo, le accarezzò i fianchi superbi, il seno alto sormontato da capezzoli eretti, le lunghe cosce affusolate.

Quando Cesare cercò di parlare Maria gli mise un dito sulla bocca. Voleva che la menzogna si prolungasse, voleva continuare a credere nel sogno, per avere una giustificazione alla propria debolezza.

« E io che non avevo capito », mormorò Cesare, « che anche tu mi volevi bene. E che soffrivi per colpa mia. »

L'ondata di piacere non si era ancora completamente ritirata e Maria cercava di trattenerla dentro di sé. Ricordò le parole di Elisabetta: « Non mentirgli mai ». Ma che cosa doveva dirgli? Che stava piangendo per lei e per Nemesio e sul loro amore perduto? Perché allora si era abbandonata a lui e aveva gioito come mai di quell'abbandono? C'era una sola spiegazione, quella di Vera, sua madre: lei era una puttana e si sentiva puttana perché quella sera, forse, non desiderava né il marito né Cesare, ma soltanto un maschio che con la sua potente virilità placasse il tormento che le bruciava dentro.

13

MARIA, a mano a mano che si avvicinavano alla villa, osservava il paesaggio con fotografica minuziosità. La « Silenziosa » era al centro della piana tra l'Adda e il Serio e aveva qualcosa di fiabesco, di misterioso e di magico. Cesare aveva rinunciato alla Topolino e viaggiavano su una *Lancia* Ardea, nera e scintillante di cromature, guidata da un autista in livrea. Era la prima volta che si spostava in compagnia di Cesare, era la prima volta che andava nella proprietà di Caravaggio, era la prima volta che sentiva sulla coscienza il marchio dell'adulterio.

« Non sei felice? » le domandò Cesare stringendole la mano. Sedevano sui sedili posteriori: li separava dal guidatore un pesante cristallo. Maria arrossì per quella familiarità. « Ti prego », si ritrasse pudicamente. Poi sorrise della propria ipocrisia. « Vengo a letto con te, e arrossisco se mi tocchi la mano. »

« Ti ho chiesto se sei felice », ripeté l'uomo.

« Sono stordita », ammise lei con sincerità, « ho una gran babilonia dentro. A volte mi sembra di toccare il cielo con un dito, altre volte ho l'impressione di sprofondare all'inferno. Se penso da dove vengo e con chi sono mi butterei nel fiume. Non lo so. Mi vergogno persino a chiamarti per nome. Devo darti del lei? E in pubblico come devo comportarmi? Sono la governante di casa Boldrani, sono l'amante di Cesare Boldrani o sono un capriccio del padrone? Devo ricordarmi quello che è successo o dimenticare ogni cosa? » Sollevò su di lui i grandi occhi nocciola con dentro una disperata incertezza. « Come mi guarderà la gente d'ora in poi? Come una donna o come una puttana? »

Cesare la rimproverò fermamente prendendole tutt'e due le mani. « Una cosa simile non la devi ripetere mai più. Calmati », soggiunse, « deve passare un po' di tempo. Devi abituarti alla tua nuova condizione. Io ti aiuterò. Intanto guarda! » Avevano lasciato alle spalle Caravaggio e procedevano verso la residenza dei Boldrani.

L'edificio era stato realizzato tra il 1858 e il 1868 dall'architetto Michele Canzio che l'aveva concepito in base a criteri di solidità, ma anche di buon gusto. L'insieme gradevolmente armonico, che in qualche modo rifletteva l'intelligenza e il talento imprenditoriale di chi l'aveva voluta così, senza inutili abbellimenti, era sorto sulle rovine di una costruzione più modesta che i contadini per chilometri intorno, fin dal Settecento, chiamavano *la ca' di cunt*, la casa dei conti Casati, che nella zona possedevano coltivazioni di meloni e ricchi filari di gelsi per l'allevamento dei bachi da seta. Quando le seterie si erano rivelate un affare importante e la famiglia Casati, nobile ma industriosa, aveva cominciato a trarne notevoli profitti la contessa Carlotta aveva voluto quella costruzione che era stata chiamata come lei.

« È vero che uno dei conti Casati morì di crepacuore? » domandò Maria.

« Dicono », rispose laconico Cesare. Era di buon umore, sorrideva.

« Una storia commovente, se è come me l'hanno raccontata. » Maria non poteva impedirsi di pensare alla nuova vita e parlava per dimenticare il turbamento.

« Anche le cascine sono piene di storie commoventi », commentò Cesare, « ma nessuno ne parla perché mancano di grandezza. Il grande amore e la miseria non si associano nella fantasia della gente. A mia madre sarebbe mancato il tempo per morire d'amore. Anche la bella Isolina non morì d'amore. Morì il conte. I nobili sono più sensibili al mal d'amore. » Nella sua voce si era insinuata una punta di sarcasmo. Percorrevano un lungo viale di tigli che segnavano l'inizio di un prato oltre il quale c'erano un bosco di castagni e un frutteto con alberi di noce, di mele e di albicocche.

L'elegante vettura si fermò nel piazzale assolato davanti alla villa dopo aver eseguito un lento e ampio semicerchio. Romano accorse ad aprire lo sportello dalla parte del padrone.

« Benvenuto, signor Cesare », disse sorridendogli. Era un uomo di media corporatura con la faccia e le braccia nere di sole, gli occhi piccoli e marrone, che esprimeva una forza e una calma straordinarie.

Cesare ricambiò il saluto e girò intorno all'auto per aiutare Maria, ma lei era già in piedi davanti ad Ausonia, una donna piccola, tarchiata, con il naso diritto, lo sguardo diffidente, la faccia larga e inespressiva.

« Questa è la signora... » Cesare si inceppò. La sua quotidiana abitudine al comando non seppe sciogliere i nodi dei millenni.

« Io sono Maria », lo trasse d'impaccio lei porgendo la mano ad Ausonia.

Non c'era bisogno d'altro: Ausonia sapeva di lei e la grande mano nodosa della domestica che teneva quella di Maria senza stringerla esprimeva l'avversione per l'estranea che entrava nella sua casa a fianco del padrone, come certe donne che il signor Cesare ospitava per brevi periodi.

« E io Ausonia », disse abbassando gli occhi davanti a quella signora che non era una signora e alla quale, da quel momento, avrebbe dovuto obbedire.

« Finalmente ci conosciamo », esclamò Maria, mettendo un entusiasmo sospetto nelle sue parole. « Vorrei che diventassimo amiche. »

« Che cosa vuol mai, signora Maria », si schermì la contadina, « io sono una povera donna ignorante. » Afferrò due valigie dal baule e si avviò verso l'ingresso.

Maria la guardò dirigersi verso la villa costituita da un piano rialzato, cui si accedeva attraverso una breve scalinata che partiva da uno spiazzo rettangolare rivestito di sassi di fiume, e da un primo piano. Al piano rialzato si trovava la parte giorno: sale da pranzo, salotti, sala da biliardo, biblioteca e studio; il primo piano ospitava invece la parte notte. Le cucine erano nel seminterrato con la lavanderia e il guardaroba.

« Vai con Ausonia », la invitò Cesare. « Ti mostrerà la casa. »

« Certo », disse Maria seguendo la donna non senza imbarazzo. La lasciava già sola nell'ambiguità di una situazione cui non sapeva adattarsi e in un ambiente che aveva sentito ostile fin dal primo momento. Dalle finestre del primo piano vide alberi secolari nella parte posteriore: platani, olmi, tigli, faggi, pini, cedri. C'era un prato fiorito delimitato da una scalinata di granito fiancheggiata da una balaustra a colonnine; poi un nuovo slargo con al centro una fontana con sirenette di pietra dalla cui bocca zampillava acqua.

« Quella è la Madonna di Caravaggio », la informò Ausonia mostrandole la statua al centro di una nicchia sullo sfondo. « Cioè », precisò, « è una statua uguale a quella della Madonna di Caravaggio. »

« È molto bella », osservò Maria tanto per parlare. Era uguale a tutte le Madonne che aveva visto: dolce, sofferta, estatica, con toni azzurri nel manto, un'aureola luminosa di piccole lampadine, il capo leggermente reclinato, le mani giunte in preghiera.

« Qui », proseguì Ausonia, « la vecchia contessa Casati riuniva la famiglia e la servitù a recitare il rosario nelle sere d'estate. »

« E adesso? » domandò Maria ansiosa di trovare un pretesto per comunicare con la donna.

« Qualche volta vado io a pregare », rispose malinconica. « Tutti anticristi in casa. A cominciare da Romano per finire con i dieci giardinieri che curano il parco. »

Cesare, acquistando la « Silenziosa », che sentiva appartenergli per diritto di sangue, aveva lasciato intatta la struttura conservando i pezzi più notevoli dell'arredamento. Ma il resto era stato sapientemente ristrutturato. Aveva rimpicciolito le camere del primo piano per ricavarne bagni sontuosi in marmi di ogni colore: dal bianco neve, al rosa intenso, all'azzurro, al blu, al verde. Anche le suppellettili erano cambiate e lui aveva riempito quella dimora di stupendi pezzi d'antiquariato e di straordinari quadri d'autore. Lo sfarzo, assente nel palazzo milanese di foro Bonaparte, caratterizzava quel quieto ritiro dove lui risiedeva raramente, ma che considerava la casa delle sue origini perché in linea diretta gli veniva dalla madre, dal nonno Colombo, padre di Elvira, figlio della povera Isolina che era stata la donna del conte Cesare Casati, il suo bisnonno naturale.

Maria vide tutto quello mentre il sole di agosto declinava all'orizzonte, quando per la prima volta su una lussuosa vettura Cesare l'aveva condotta a Caravaggio. Riconobbe così in modo tangibile i segni della potenza e della ricchezza dell'uomo che diceva d'amárla e al quale aveva ceduto in una notte d'estate per debolezza, per desiderio forse, ma anche per disperazione. Il suo cuore e la sua tenerezza erano per suo marito, per quel saltimbanco pazzo e girovago che in quel momento amava più che mai, proprio perché non avrebbe più avuto il coraggio di rivederlo. Quella ricchezza sconfinata le fece paura, superava ogni immaginazione, era mostruosa e inutile.

« Questa è la sua stanza, signora », l'avvertì Ausonia in tono freddo. « È stato il signor Cesare a dirmi di prepararla per lei. È la camera più bella della villa. Nessuno ci ha mai dormito prima. » Ausonia cercava di essere impersonale, ma nel tono era implicito un pesante giudizio.

« È troppo », si sorprese a esclamare Maria di fronte a quell'arredamento sontuoso.

È quello che credo anch'io, pensò Ausonia, ma disse: « Io eseguo degli ordini, signora. Con il suo permesso », si congedò, « continuo il mio lavoro. Se ha bisogno lì c'è un campanello » e indicò il comodino.

Cesare le aveva assegnato la camera da letto più bella della villa, sui toni blu intenso e oro, con un gran letto dalla testiera dorata a intarsi chiuso da un leggero drappeggio che ne faceva un'alcova intima e civettuola. Un consistente tappeto *frisson* di un blu che sfumava nel giallo dorato ricopriva quasi tutto il pavimento. Il bagno di marmo azzurro era impreziosito da rubinetterie di lapislazzuli e da grandi specchiere tutt'intorno alle pareti con bordi di oro zecchino.

Maria sedette in una poltroncina e restò immobile, incapace di reagire: ma come si può reagire a un incantesimo? Nella porta-finestra che dava sul terrazzo si spensero le ultime luci e si accesero le prime stelle. Il canto dei grilli accarezzò il nero velluto della notte e una brezza leggera mosse le tende.

« Ma come, non scendi per la cena? » la sorprese Cesare. « È tutto pronto. Che cosa c'è? » si preoccupò. « Che cosa ti succede? »

« Succede che mi vergogno », reagì. « Succede che mi sento come una merce in vetrina con sopra il cartellino del prezzo. Quella donna mi guarda come se fossi chissà chi. »

« Quella donna, se vuoi, ti servirà come una padrona », replicò Cesare irritato, esclusivamente preoccupato di eliminare gli inconvenienti che avrebbero potuto ostacolare il suo desiderio.

« Non è questione di servire o di obbedire », si impuntò lei, « è questione di capire chi sono. Non so più chi sono. » Strinse i pugni. « È una cosa tremenda. »

Cesare chiuse la porta-finestra, tirò le tende e accese una lampada dal cappello giallo oro che diffuse intorno una luce tenue. Guardò Maria, le andò vicino, la fece alzare e l'abbracciò. « Io non so le parole da dire a una donna », cominciò tenendola stretta. « Non so neppure se domani proverò per te quello che adesso mi farebbe fare qualsiasi pazzia. Mi auguro di sì », continuò, « per la gioia che mi dai. Mi auguro di no, per il male che mi faresti lasciandomi. Vuoi che ti sposi? » chiese con la serietà con cui decideva l'esito di un affare.

« Ho un marito, lo sai. » Il ricordo di Nemesio aumentava il suo disagio e la sua vergogna.

« Posso fare sciogliere il tuo matrimonio quando vuoi », affermò. « Devi soltanto autorizzarmi. »

« Puoi fare tutto, tu », affermò lei sentendosi affondare in un'atmosfera che paralizzava i suoi gesti.

« No, non tutto », precisò Cesare guardandola con desiderio, « ma posso fare molte cose. Posso sciogliere il tuo matrimonio se è questo che ti impedisce di essere interamente mia. »

« Non si può sciogliere quello che Dio ha unito », replicò la giovane sapendo che il riferimento all'indissolubilità del vincolo avrebbe segnato un punto a suo favore. Perché Maria non poteva cancellare il matrimonio con il padre di Giulio. Era una realtà scritta sulla sua carne e sulla sua anima, era un evento che si era verificato sulla sua persona e nessuno avrebbe potuto dichiarare che non era avvenuto.

« Ci sono fatti gravi che decretano la nullità del matrimonio. » Cesare le offrì un altro pretesto, ma in realtà voleva sapere quali fossero le ragioni che ancora sostenevano le resistenze della donna. « Giuseppina », ricordò, « mi ha detto che tuo marito ha sorpreso la tua buona fede, che ti ha mentito. »

« Oh, no, ti prego », ribatté, « lascia stare questo argomento. Non parliamone più. Sono qui con te. È questo che vuoi, no? » Era in un mondo di fiaba con un uomo superbo che poteva deporre il mondo ai suoi piedi e continuava ad amare un piccolo saltimbanco con strane idee in testa, che le prometteva castelli in Normandia e viaggi a Parigi e che non aveva due centesimi per far ballare una scimmia. Tra le braccia di un maschio irresistibile che travolgeva le sue difese accendendole i sensi sbiadiva il piccolo vagabondo sognatore che un giorno sarebbe tornato per cullarla con la sua stravagante poesia.

« Vieni », mormorò lui prendendola in braccio. Era la voce calma e sicura del vincitore. La portò davanti a uno specchio veneziano e cominciò a spogliarla, un indumento dopo l'altro, fino a quando fu completamente nuda nella cornice armoniosa del cristallo qua e là venato dal tempo e corroso da puntini neri. Il riverbero astrale della nudità di Maria, restituito dallo specchio, conferiva all'immagine la suprema dignità di un'opera immortale.

Maria si stupì della propria tranquillità: superati certi limiti di prudenza allentava la presa e si abbandonava alla vertigine del precipizio che le dava un brivido in cui si confondevano gioia e terrore.

Cesare, dietro di lei, prese dalla tasca un oggetto che alla luce tenue della lampada rosa mandava suggestivi bagliori: era un collier di zaffiri purissimi legati in oro giallo.

« Che cos'è? » domandò Maria spalancando gli occhi su quella meraviglia.

« Adesso sei perfetta », disse Cesare dopo aver fermato il gioiello intorno al collo di Maria.

« E quando scoccherà mezzanotte », lo ringraziò con un incantevole sorriso, « ogni zaffiro diventerà un chicco di granoturco. » Maria era lusingata, sconvolta dalla stupefacente ricchezza di un dono che era in grado di stimare, sia pure con una certa approssimazione. Aveva visto gioielli meno importanti, durante le sue peregrinazioni nelle case dei ricchi, che valevano il prezzo di una casa. Se quello che aveva udito era vero quel collier valeva almeno un palazzo di tre piani. Sentì il peso delle pietre aumentare drammaticamente. Che cosa poteva fare di più un uomo? Decise di lasciarsi portare dall'onda e l'onda erano le braccia del maschio che l'adagiavano sul letto, erano le sue mani forti che la frugavano accarezzandola, era il suo corpo asciutto e slanciato con i muscoli guizzanti, il membro turgido che sentiva pesare e pulsare sul seno mentre le labbra dell'uomo si serravano sul sesso umido e la lingua si insinuava tra le valve della tenera conchiglia che si schiudevano come petali di carne a quel bacio struggente. Maria trattenne a stento la voglia di urlare. Da quel momento la sua coscienza inquieta tacque e non ci furono ansie, preoccupazioni, reticenze, pudori. Solo sospiri di piacere, rantoli di gioia.

« Vieni dentro », gridò, « se non vuoi vedermi morire. »

Cesare, teso come un arco, entrò in lei con la sua eccezionale virilità, spegnendo il grido che stava prorompendo dalla bocca di Maria con un bacio che accentuò il piacere di un amplesso proibito. Nel suo cervello si accese una luce incandescente e nelle sue orecchie suonarono campane d'argento. Soltanto allora l'uomo la inondò con la piena del suo piacere.

14

AUSONIA, a mano a mano che il tempo passava e l'estranea diventava una persona conosciuta, assumeva l'espressione e l'atteggiamento dell'ancella fedele. L'estate stava morendo e già si parlava di valigie, di trasporti, di viaggi, di ritorno in città.

In fondo era tutt'altro che il diavolo, quella ragazzona non ancora ventenne, con tanta voglia di fare, la testa piena di idee e un mucchio di storie da raccontare. Inoltre l'ordine imposto da Maria non differiva molto dal suo.

Le due donne avevano familiarizzato in un primo tempo, poi avevano fraternizzato quando Ausonia si era resa conto che non aveva niente da temere da Maria, poco più giovane di lei, nonostante le apparenze. Ausonia infatti, rimasta vedova giovanissima, non aveva ancora trent'anni, anche se ne dimostrava molti di più perché era bruttina, costruita per il lavoro e la devozione e con un bisogno vitale di appartenere a qualcuno: a una casa, a un padrone, a un protettore.

L'unica cosa che sconcertava Ausonia era quel sentimento, per lei inammissibile, che spingeva una donna nel letto di un uomo che non era suo marito, un uomo lontano da lei come il cielo dalla terra, vivendo un rapporto, già penoso e umiliante anche con tutti i crismi della legalità civile e religiosa, nella dimensione dell'adulterio. Naturalmente in quel rapporto peccaminoso a due la colpa stava soltanto dalla parte della donna.

« Io te lo devo dire anche se non sono affari miei. » Ausonia si era abituata a darle del tu e riteneva di doverle aprire gli occhi, come diceva lei, dal basso della sua saggezza conta-dina. « Tu naturalmente puoi mandarmi a quel paese, ma il mio dovere è dirti chiaro quello che penso. Sei sicura di far bene? »

Maria, che di fronte a quella donna poco più anziana di lei si sentiva in colpa, arrossì. « Non lo so », rispose.

Ausonia osservò con rispettosa curiosità quella stravagante creatura che passava come un'attrice consumata da un ruolo all'altro, dalla camera blu alla cucina. « Il signor Cesare è buo-no », osservò armeggiando tra i fornelli, « ma è pur sempre un padrone. E i padroni devono stare con i padroni », soggiunse. Mentre le serve devono stare con le serve, pensò. Perché il mon-do va a rotoli quando le parti si confondono.

« E io », l'aiutò Maria, « che cosa sono? »

« Nove volte su dieci », scantonò Ausonia, « queste storie vanno a finire male. »

« Ma una volta su dieci vanno a finire bene. » Maria gettò in-dietro la testa nel gesto fiero che le era abituale e la sua bella faccia si illuminò di un radioso sorriso. Pensava a Nemesio, alla vita stentata nella mansarda di Modena, alla casa con la ringhie-ra di corso Vercelli e per la prima volta si domandò come avreb-be fatto a tornare indietro. Avrebbe avuto davvero la forza di uscire per sempre dalla camera blu, dal parco di Caravaggio? Nel cerchio magico c'erano la vergogna e la sottomissione a un uomo solo, fuori del cerchio c'erano la miseria e la sottomissio-ne alle leggi crudeli del mondo. Alla miseria nell'incertezza Ma-ria non si era mai abituata; alla vergogna nel benessere stava assuefacendosi gradualmente.

« Il signor Cesare è buono », ripeté Ausonia giustificandolo. « Poi è un uomo, si sa che... »

« L'uomo è cacciatore », scherzò Maria.

« Se oltre a essere cacciatore », ragionò Ausonia, « è anche padrone, la cosa si complica. Io lo dico per te, Maria. È vero, una volta su dieci queste storie vanno a finire bene. E la gente se le passa di padre in figlio come le favole. C'è anche chi vin-ce la lotteria di Tripoli. Ma sai quanti perdono? »

« Sono di buon umore, Ausonia », esclamò Maria prenden-do le distanze dal suo grillo parlante, « lasciamo tempo al tem-po. »

« Non aspettare che il tempo risolva i problemi per te: po-trebbe risolverli male. »

« Non è così facile, Ausonia. » La fissò intensamente esprimendo la propria incertezza.

« Niente è facile, nella vita. » Ausonia sapeva per esperienza che ad ogni azione corrisponde un rischio e il rischio aumenta in proporzione all'azzardo. In quel senso aveva parlato.

« Tu ti sei spiegata e io credo di avere capito », la rassicurò Maria, « ma tuttavia non so prendere una decisione. Non lo so se sia per vigliaccheria o altro. Non so nemmeno se sia per amore », confessò in un impeto di sincerità che scandalizzò Ausonia, « o per interesse. Non so che cosa ho più paura di perdere: l'amore di Cesare o ciò che mi offre o ciò che lui rappresenta. »

« Calmati, per favore », l'ammonì Ausonia vedendola così tesa. Provò pena per lei.

« Ti sto dicendo la verità », si calmò, « una verità che, come puoi ben capire, non potrei confidare né a mia madre, né a mio marito, né a Cesare. Io parlo con lui e con te, ormai. Sei la mia sola amica, la mia unica confidente. » Dovette padroneggiarsi, tanto era emozionata, per non abbracciarla. « Lo so che tu mi dai dei buoni consigli e che sei sincera. Ma per il momento non ho proprio la forza di decidere. »

Un giorno in cui Cesare era andato a pescare sull'Adda, Maria fu letteralmente aggredita da una certezza: era incinta. L'evento si era verificato la prima volta a Modena e Maria l'aveva puntualmente registrato. Anche quella volta era in ritardo di otto giorni, un ritardo che alla sua prima esperienza era stato giudicato irrilevante dal ginecologo, ma che a lei era bastato per smentire lo specialista. « Io sono sicura di essere incinta », aveva affermato. Era intimamente persuasa che, al di là delle conoscenze acquisite leggendo i libri che Nemesio le portava, una donna dovesse sapere meglio e prima del medico il verificarsi di un simile evento. « Una donna », diceva, « sa quando diventa madre. » Il suo ciclo mestruale era sempre stato di una puntualità cronometrica e quando era rimasta incinta di Giulio se ne era resa conto perché non aveva avuto le mestruazioni il giorno stabilito. Da quando aveva avuto il primo rapporto con Nemesio era stata sempre attentissima al calendario e dall'inizio della gravidanza si era impadronita, leggendo, di molte nozioni.

Lasciando il marito Maria aveva smesso di annotare le date sul calendario, ma quando alla fine di luglio Nemesio l'aveva amata nei prati della Certosa di Chiaravalle aveva ripreso, tremando, la vecchia abitudine. Se non ci avesse pensato glielo avrebbe ricordato la frase tremenda di Vera, sua madre: « E magari tuo marito ti ha lasciato un altro regalo oltre al figlio che hai ». Era mentalmente risalita alla data dell'ultimo ciclo, terminato da dieci giorni. Ricordava di avere letto che in una donna con cicli normali, e i suoi erano sempre stati normalissimi, l'ovulazione avviene fra il tredicesimo e il quindicesimo giorno dall'inizio della mestruazione. Il rapporto con Nemesio era avvenuto il decimo giorno dall'inizio del ciclo, quindi, teoricamente, la sua maternità era da escludere. D'altra parte aveva fatto l'amore con Cesare a partire dal diciassettesimo giorno dall'inizio del ciclo. Un meccanismo perfettamente equilibrato, lo stesso che le dava la matematica certezza di essere incinta, escludeva il concepimento anche in quel secondo caso. Evidentemente, se il tempo avesse confermato la sua certezza, doveva essersi verificata un'ovulazione fuori dei termini descritti sui libri, evento tutt'altro che raro prendendo in considerazione la generalità dei casi. Se le cose stavano così, il concepimento poteva essere avvenuto sia nel decimo giorno dall'inizio del ciclo, sia a partire dal diciassettesimo. Di chi era quel germoglio che sarebbe sbocciato dentro di lei? Era il seme di Nemesio o quello di Cesare che l'aveva fecondata? Nessuno le avrebbe mai chiarito quel dubbio, doveva scegliere da sola, al buio, senza nemmeno la possibilità di appoggiarsi ad Ausonia, la sua unica confidente.

Era al balcone della camera blu quando sentì un vago senso di nausea, un sudore freddo alla fronte, il sangue non scorreva più nelle vene, le gambe le tremarono e si accasciò priva di sensi.

Ausonia, che la vide dal giardino, accorse e non ebbe difficoltà a farla rinvenire ricorrendo all'antica bottiglietta dell'aceto e a rapidi schiaffetti sulle guance.

« Sono cascata come una pera cotta », disse vergognandosi un po' della sua debolezza.

« Avrai preso un po' troppo sole », cercò di diagnosticare alla cieca Ausonia.

« No, non è il sole », mormorò Maria con le lacrime agli occhi.

« Ma allora », esclamò tra la disperazione e la gioia, « aspetti un figlio! » Aveva sempre desiderato un bambino, ma il suo ventre era una terra arida e nessun seme vi avrebbe mai attecchito. « Poteva capitare a me quando era il momento. Sei sicura? »

« Sì, Ausonia, sono proprio incinta. » Istintivamente si toccò il seno, lo sentì turgido e dolente. I suoi occhi nocciola erano diventati più grandi, luminosi e languidi.

« C'era da immaginarselo. » Era una risposta senza tenerezza e senza fantasia, ma era la sola che in quel momento le fosse venuta in mente. L'aiutò a sedersi su una poltroncina di raso. « Lui... voglio dire, il signore lo sa? »

« No », rispose, « fino a ieri non lo sapevo neanch'io. » Si passò una mano tra i capelli.

« Credo che la prenderà bene », la incoraggiò Ausonia. Poi fece una confessione inattesa: « Non ho mai visto un uomo più innamorato di lui. Credo che in questo momento l'idea di avere un figlio da te lo riempirà di gioia ».

« Mi hai fatto molto bene con le tue parole. » Era dunque tutto così naturale? Ausonia non aveva avuto esitazioni e lo stesso Cesare non avrebbe avuto motivo di dubitare. In fondo anche lei non aveva la certezza matematica che fosse di Nemesio perché in tal caso non avrebbe esitato: sarebbe immediatamente partita da quella casa. Ricordò ancora una volta le parole di Elisabetta Lémonnier: « Non mentirgli mai. Sa essere terribile di fronte alla menzogna ». Era a un bivio: da una parte la strada dell'incertezza nella miseria, dall'altra quella del dubbio nella ricchezza. Decise in un attimo, com'era nel suo carattere: il figlio che avrebbe nutrito con il suo sangue sarebbe stato un Boldrani, avrebbe ereditato la ricchezza e la potenza del padre. Maria non avrebbe mai rinnegato il proprio passato, non avrebbe mai accettato che la Chiesa o qualsiasi altra autorità annullassero il suo legame con Nemesio Milkovich, ma se doveva mettere al mondo un altro figlio sarebbe stato un Boldrani, non un piccolo saltimbanco vagabondo.

« Quando glielo dirai? » chiese Ausonia che era profondamente mutata e stava dalla parte dell'amica più bella, più fortunata, con un sentimento di ammirata solidarietà.

« Per il momento non gli dirò niente », la sorprese Maria.

« Ma come, sei sicura di un fatto tanto importante e taci? » Aveva uno sguardo addolorato che rendeva meno inespressiva la sua faccia.

« La mia è una certezza istintiva », spiegò. « E se fosse

soltanto un ritardo? Un falso allarme? Se il capogiro fosse stato veramente colpa del sole? Meglio tacere fino a quando non sarò proprio sicura. Vuoi essermi amica, Ausonia? Vuoi aiutarmi a conservare questo segreto? » Le sorrise con aria significativa.

Ausonia le andò incontro per siglare la promessa e Maria si alzò per ricambiare l'abbraccio. « Non ne parlerò nemmeno con me stessa », giurò. « Ma tu mi farai sapere », soggiunse premurosa. « E mi chiamerai quando avrai bisogno. »

« Sei la mia sola amica. La mia unica confidente. » Da fuori venne il rumore di un'auto. Cesare stava rientrando dalla pesca.

In settembre la radio non fece che diffondere notizie sulla invasione tedesca della Polonia. Anche quando Francia e Inghilterra entrarono in guerra contro il Terzo Reich il mondo in preda al panico conobbe una parola nuova e terribile: *blitzkrieg*, un termine esaltante e menzognero suggerito dai primi fulminei successi tedeschi, che definiva, con arrogante superficialità, « guerra lampo » un conflitto di cui nessuno poteva prevedere la durata e le conseguenze. Maria, che era il punto di riferimento di Cecchina e Ambrogino, faceva una gran confusione e non riusciva a spiegare ai due servitori, ma neanche a se stessa, come i bolscevichi russi potessero scendere a patti con i nazisti tedeschi. Molotov e Von Ribbentrop si stringevano la mano per conto di Stalin e di Hitler, con l'intesa di spartirsi la Polonia a fatto compiuto, mentre Benito Mussolini, il duce del fascismo, lasciava chiaramente intendere la sua intenzione di non intervenire.

« Non preoccupatevi troppo », concludeva Ambrogino, « qualunque cosa succeda il signor Cesare ci porta tutti a Caravaggio. Contro di lui », diceva con grande serietà, « non c'è esercito e non c'è aviazione che tenga. »

Maria non temeva la guerra, anche perché le notizie trasmesse dalla radio inglese, che l'avvocato Domenico Scaglia traduceva per Cesare Boldrani, venivano contraddette dalle cronache dei giornali sulla continuazione dei lavori per l'esposizione mondiale di Roma che doveva avere luogo nel 1942. Il problema di Maria, quindi, non era l'eventualità di un conflitto, bensì la certezza decisiva di essere incinta, una realtà che la coinvolgeva completamente e che condivideva soltanto con Ausonia. Ma il fatto più sconcertante era la naturalezza con cui viveva la nuova condizione che mobilitava intorno alla vita in gestazione tutta la sua forza e tutta la sua tenerezza, eliminando il terrore dei primissimi momenti.

« Ti sei stancata di me? » le domandò una volta Cesare. Erano tornati a Caravaggio e lei reagiva alle sue attenzioni con una compostezza molto vicina all'indifferenza.

« No », rispose, « ti voglio bene. » Lo osservò con curiosità, come se aspettasse il momento propizio per comunicargli la notizia.

« E allora? » Erano nella camera blu coricati nella morbida alcova con la lampada giallo oro che diffondeva una luce tenue.

« E allora dovrai fare molta attenzione d'ora in poi », replicò con studiata civetteria. I suoi denti brillavano, le sue forme si erano significativamente arrotondate per effetto della gravidanza, la sua pelle, anche grazie alla luce riflessa dagli specchi, aveva una luminosità fantastica.

« Attenzione a che cosa? » domandò con voce roca mentre quello sguardo di velluto e quel corpo invitante lo accendevano di desiderio e il suo grosso affare si riempiva di sangue con un risultato terrificante. Maria non aveva che due esperienze, ma l'attributo virile di Cesare in erezione assumeva proporzioni allarmanti, comunicandole una doppia e contrastante reazione: di adorazione e di fuga.

« A non farmi male. » Quel tentativo di difesa aumentò l'aggressività del maschio, come ogni volta che una donna dice di no mascherando il proprio desiderio con l'alibi di ambigue negazioni.

« Non ti ho mai fatto male. » Già era sopra di lei e Maria afferrò il membro pulsante per guidarlo verso il suo sesso rugiadoso.

« Fai piano, ti scongiuro », mormorò assecondandolo con lunghi, estenuanti colpi di reni, che rallentavano il ritmo, ma aumentavano l'eccitazione. Maria sentì il sesso dell'uomo pulsare e contrarsi come una cosa viva, mentre il caldo seme passava nel suo corpo.

« Ma tu? » si preoccupò l'uomo con disappunto.

« Io che cosa? » replicò Maria con l'aria di prenderlo in giro.

« Tu non sei... » Era dunque così difficile dire una cosa che raggiungevano con tanta naturalezza? « Tu non sei venuta. »

« Io no », ammise come se fosse la cosa più naturale del mondo.

« Io devo fare molta attenzione », confessò finalmente, « perché aspetto un bambino. »

Cesare si ritrasse con precauzione e paura e cominciò a toccarla con esitazione come se fosse un oggetto prezioso di vetro soffiato. « Un bambino? » balbettò. « Oh, Maria, vestiti, copriti, non prendere freddo, mangia qualcosa... » Diceva tutti i luoghi comuni che gli venivano in mente.

« Ma se fa un caldo del diavolo », gli ricordò Maria, « e abbiamo mangiato un'ora fa. »

« Non importa. » Cesare perse la testa. « Bisogna chiamare un dottore. »

« Sì », lo canzonò Maria, « e fare bollire tante pentole di acqua calda come nei film americani. Non sto per fare un figlio. Avrò un bambino quando saranno trascorsi i mesi necessari. »

« Scioglieremo il tuo matrimonio », decise lui. « Ci sposeremo. »

« Questo è un altro discorso, Cesare », si oppose Maria con decisione, « io non ho detto che voglio sposarti. Voglio soltanto che nostro figlio porti il tuo nome. » Maria aveva mentito con la stessa naturalezza con cui lo aveva amato.

15

In marzo cadde la linea Maginot e le truppe corazzate tedesche, dilagando nelle Ardenne e nell'ovest della Francia, travolsero con il baluardo fortificato, la concezione strategica degli Stati Maggiori occidentali.

« Hitler ha messo tra le gambe della guerra dei potenti motori », osservò Cesare. « I suoi carri armati corrono veloci intorno alle fortificazioni imprendibili. È il segreto della loro... come la chiamano i tedeschi? »

« *Blitz-krieg* », suggerì Pazienza, « guerra lampo. » Si trovavano nel soggiorno di foro Bonaparte, era sera e il fuoco nel camino mandava caldi riflessi.

Maria lavorava a maglia nascondendo l'avanzata maternità sotto un abito molto ampio. Aveva i capelli sostenuti da un nastro annodato alla sommità del capo. « Arriveranno a Parigi? » domandò senza alzare gli occhi dal lavoro. Pensava al piccolo saltimbanco girovago che era riuscito ancora una volta a ficcarsi in un mare di guai e dal quale, dopo la prima lettera, non aveva avuto più notizie.

Cesare capì, ma non volle avventurarsi in un discorso che Maria rifiutava: non intendeva turbarla nella sua condizione. « Forse arriveranno molto presto a Parigi », rispose.

« E da noi? » Il morbido ticchettio dei ferri attutito dalla lana si confondeva con il rumore del camino che in quelle sere di primavera Ambrogino continuava ad accendere « perché la signora Maria può prendere freddo e poi le piace tanto ».

L'avvocato Domenico Scaglia, invece, sembrava scaldarsi al fuoco di quella storia d'amore, tanto diversa dalla sua che era finita così malamente. La sua Rosa, secondo le previsioni di Cesare, era scappata a Roma con una specie di gigolò del quale si era follemente invaghita. « Le prospettive non sono buone, Maria », le spiegò Pazienza. « Hitler e Mussolini si sono incontrati al Brennero. E il duce, che sembrava convinto del contrario, adesso che vede la possibilità di spartire una grossa torta ritiene l'entrata in guerra dell'Italia inevitabile. »

Maria continuò il proprio lavoro ritenendosi apparentemente soddisfatta. Partecipava agli eventi della casa e del mondo senza lasciarsi coinvolgere, senza togliere nulla alla vita che stava generando dentro di sé, preoccupandosi istintivamente di non infrangere la barriera di silenzio che aveva costruito intorno al nascituro.

« Sì », riprese Cesare, « questa idea di mettere le ruote alla guerra è una novità che li porterà lontano. Ma commettono l'errore di giudicare gli americani degli scimmioni ubriachi. Inoltre il patto di non aggressione non ha messo a tacere la Russia. La credono un gigante dai piedi d'argilla pronto al compromesso per paura, invece è un gigante vero, che stipula accordi per il proprio interesse. » A fare da colonna sonora a quei discorsi gravi la radio diffondeva le parole di una ingenua canzone piena di dorato ottimismo che parlava della felicità degli sposi.

« Mussolini dice che è umiliante stare con le mani in mano mentre gli altri scrivono la storia. » Pazienza fumava una delle sue sigarette americane. « E adesso i nostri giornali preparano il popolo alla guerra. Fianco a fianco con gli odiati tedeschi, diventati i gloriosi alleati nazionalsocialisti. »

« È una promessa fatta dal duce all'ambasciatore von Mackensen », spiegò Cesare, « quando gli ha annunciato l'invasione nazista della Norvegia: 'Ordinerò alla stampa e al popolo italiano di plaudire senza riserve all'azione della Germania'. E la stampa obbedisce puntualmente. Mangiano merda e fanno la fronda. Io non ho niente da dire, per carità, ma non si può mangiare nel piatto sporco del regime e salvarsi l'anima con le barzellette che ridicolizzano Mussolini, di fronte al quale tutti perdono le bave. Io rispetto quelli che in buona fede sono fascisti. Rispetto anche quelli che il fascismo lo combattono. »

Guardò Maria che continuava a sferruzzare indifferente come se non seguisse il dialogo.

« Ti annoi? » le domandò, preoccupato di quel silenzio.

« No, ascolto la radio. » Maria sollevò la bella faccia sorridente dal lavoro e lo guardò. Era serena.

Poi Maria si alzò e i due uomini la imitarono in segno di rispetto. Era bella: sembrava la rappresentazione plastica della maternità. « Continuate pure », li invitò. Aveva la disinvolta semplicità di una perfetta padrona di casa. Della ragazzotta smarrita e confusa che si era presentata un anno prima nel palazzo di foro Bonaparte era rimasta soltanto la bellezza statuaria. « Se passa il mio orario », si scusò, « perdo il sonno. » Cesare l'abbracciò, Pazienza le baciò la mano.

I quattro uomini in doppio petto gessato, cravatta nera e cappello floscio, con l'arroganza dei poliziotti, arrivarono nel palazzo di foro Bonaparte in un ventoso giorno d'aprile. Un corteo di scalmanati in camicia nera era passato gridando accuse contro l'Inghilterra egoista e affamatrice.

« Che cosa desiderano? » chiese loro Ambrogino che era andato ad aprire.

Parlò il più grintoso e sfacciato, con un piccolo naso, le orecchie a sventola e i denti guasti. « Lavora qui una tale Maria Martelli sposata Milkovich? » domandò.

« Da noi c'è la signora Maria », lo informò il domestico, « ma non so se abbia tutti quei nomi che dice lei. » Intanto non si decideva ad aprire la porta che continuava a tenere socchiusa e parlava agli sconosciuti da una stretta feritoia, come il frate guardiano di un convento.

« È a servizio qui? » incalzò l'uomo con la sua voce volgare e la sua aria sprezzante.

« La signora Maria? » prese tempo Ambrogino, perché con certa gente non si poteva mai sapere.

« Senti, ometto », saltò su il tipo al quale gli altri obbedivano, « ci hai rotto i santissimi, tu e la tua signora Maria. » Spinse con violenza la porta, mandando Ambrogino a sbattere contro un gran vaso di fiori.

« Ma che modi sono questi », si lamentò il poveretto. Se fosse stato in casa sua non avrebbe aperto bocca. « Lo sapete », ebbe invece il coraggio di affrontarli, « lo sapete almeno in casa di chi siete? »

« OVRA », minacciò il cattivo scagliandogli in faccia la sigla della polizia segreta fascista come un manrovescio, mentre gli altri gli stavano intorno a proteggerlo. Sembrava un film di gangster.

« Ma che cos'è? » cercò di capire il poveretto che di politica non sapeva più di quello che vedeva.

« Questura » tradusse il duro rivelando un inconfondibile accento meridionale.

« Be', ma che cosa c'entra la signora Maria con la questura? » tentò ancora Ambrogino che voleva risparmiare alla signora quelle facce più da galera che da questura.

« Poche storie, mezza cartuccia », gli intimò, « facci vedere questa Maria. »

« Sono qui », disse Maria che si era affacciata sulla porta del soggiorno. Aveva l'aspetto indomito e fiero di un'antica castellana. Indossava un abito chiaro molto ampio, era pallida per la tensione, ma pronta a difendersi e anche ad aggredire.

Il cattivo rivelò la propria inadeguatezza di fronte all'atteggiamento autoritario di Maria. « Perdonateci, signora », si scusò con un sorriso untuoso da circolo sottufficiali, « noi cerchiamo una vostra cameriera. Certa Maria Martelli, maritata Milkovich. »

« Sono io Maria Milkovich », abbreviò il nome conferendogli maggior dignità.

« Ah! » Il cattivo guardò i tre uomini e i tre uomini guardarono il cattivo. Almeno due dei tre gioirono per la figura di palta fatta dal loro capo.

« Dunque? » Maria lo fissò imperiosamente. Negli occhi nocciola c'era indignazione.

« Devo pregarvi di seguirci », decise senza tuttavia riprendere completamente la propria arroganza.

« Dove? » Era immobile e li teneva a bada con la fermezza delle sue parole. Ambrogino guardava la scena pronto a intervenire.

« Al comando », la informò. « Ho l'ordine di condurvi al comando. »

« Vi rendete conto del mio stato? » In un'altra casa, di fronte a un'altra persona, quegli uomini rotti a tutte le crudeltà avrebbero tenuto un ben diverso atteggiamento.

« Noi dobbiamo eseguire degli ordini, signora. » Si espresse con la severità di chi avverte che si stanno superando i limiti.

« Va bene », capitolò Maria, « e sono certa che vi assumerete tutta la responsabilità del soporuso che state commettendo. » Poteva contare su un'altissima protezione e volle che quello sbirro lo sapesse.

« Naturalmente. » Si inchinò scimmiottando un gentiluomo, ma la sua incrollabile fede vacillò. Era andato lì per tradurre al comando una donna di servizio, sospetta di attività sovversive perché moglie di un sovversivo e si trovava a dovere scortare una signora di aristocratica bellezza e in stato interessante. Manifestò il suo dubbio formulando nuovamente la domanda. « Siete Maria Martelli, maritata Milkovich? » Intendeva aggiungere: « O la signora Boldrani? » ma non volle ricevere un nuovo smacco dopo quello subito.

« Sono la signora Maria Milkovich », dichiarò mettendosi a disposizione degli agenti in borghese.

Uscì dalla porta, altera come una regina, seguita da quattro uomini in borghese che sarebbero rimasti poliziotti anche indossando il migliore abito da sera. Un attimo dopo, istruito da una rapida occhiata di Maria, Ambrogino telefonava in ufficio a Cesare Boldrani.

Maria entrò nella stanza squallida di un funzionario indolente che la fece subito accomodare su una sedia di colore sbiadito. Alla parete c'erano le fotografie del re e di Mussolini e un crocefisso.

« Se voi ci aiutate facciamo presto », disse il funzionario. Era un uomo di mezza età, secco come un palo, la faccia scavata e grigiastra del sofferente di stomaco, un naso storto e vistoso. Sembrava provare una profonda ripugnanza per tutto quello che lo distraeva dai propri malanni e dai propri pensieri.

« Io sono stata prelevata da casa senza nessun avvertimento », protestò Maria, « e nessuno mi ha spiegato la ragione di questo soporuso. »

« Va be' », tagliò corto l'uomo agitando la mano per dire che i soprusi erano ben altra cosa. « Siete la moglie di Nemesio Milkovich? »

« Sì, lo sono », affermò con orgoglio.

« Sapete che vostro marito è in Francia? »

« Lo so. »

« Dove? » volle che gli fosse precisato.

« A Parigi. »

« A Parigi: da chi? »

« Non conosco il recapito di mio marito. »

« Quindi non gli avete mai scritto? »

« Una volta. »

« Dove gli avete scritto? »

« Fermo `Posta. Dodicesimo arrondissement. »

« Ah. Prima di partire non vi ha detto niente? »

« Non mi ha detto niente. »

« Avete abitato a Modena? »

« Sì. »

« E sicuramente avete avvicinato persone, amici di vostro marito. Compagni di vostro marito », precisò.

« Pochissime persone. »

« Avete ricevuto lettere da Parigi? »

« Una. »

« Una sola lettera? »

« Nient'altro », affermò Maria, sentendo venire meno la calma che fino a quel momento l'aveva sorretta. « Gli è successo qualcosa? » si preoccupò.

Il funzionario non aspettava altro per sfoderare una frase classica del suo repertorio: « Qui le domande le faccio io », disse con viva soddisfazione. « Voi », cambiò tono alludendo all'evidente maternità, « in che rapporti siete con vostro marito? »

« Non capisco », Maria arrossì di sdegno.

Squillò il telefono, il funzionario lo lasciò suonare un paio di volte, sollevò il ricevitore e se lo portò all'orecchio. « Pronto », vociò pentendosi subito di quell'approccio arrogante. « Sì, eccellenza », disse dopo pochi istanti. « No, eccellenza. » Durante le pause i suoi occhi piccoli e cisposi cercavano di assecondare un pensiero che suggeriva all'uomo un'inversione di tendenza e cominciarono a guardare Maria con rispetto. « È qui davanti a me, eccellenza. » Ma che cazzo gli avevano detto quei coglioni dell'Ovra? Altro che donna di servizio. « Agli ordini, eccellenza. »

Il funzionario posò il telefono sulla forcella, dimenticò i malanni, i propri pensieri, cercò di mettere ordine nella trasandatezza del doppio petto grigio e con la mano si ravviò i pochi capelli rimasti sul cranio quasi pelato. « Effettivamente », cominciò a parlare alzandosi, « i miei uomini, come si dice, hanno peccato per eccesso di zelo. » Si sentì in obbligo di sorridere, ma peggiorò la situazione: un brutto ponte d'acciaio sosteneva ciò che rimaneva della sua dentatura.

« Forse per eccesso di maleducazione », lo corresse Maria intuendo la lunga mano di Cesare Boldrani nell'intervento dello sconosciuto personaggio che il funzionario chiamava deferentemente eccellenza. Nemesio le avrebbe insegnato che la sua protezione rappresentava l'altra e forse più ambigua faccia dell'autoritarismo, ma in quel momento lei pensò che il tributo di considerazione le fosse dovuto. Era convinta di essere nel giusto e nessuno sarebbe riuscito a farle cambiare idea.

« Naturalmente prenderò dei provvedimenti », si affrettò a promettere il funzionario, che qualcosa doveva pur dire per salvare la faccia, ma che, se soltanto avesse potuto, l'avrebbe schiaffata dentro con immenso piacere. Quei sovversivi di prima classe, secondo lui, erano peggiori degli altri.

« Posso andare? » domandò Maria.

« Vostro... » partì con il piede sbagliato, ma subito si corresse. « Verrà qualcuno a prendervi. Ci sono alcune formalità da espletare. » Le girava intorno scodinzolando come un cane da salotto.

Cesare Boldrani arrivò dopo cinque minuti di quell'ignobile minuetto e il funzionario non la finiva più di scusarsi. Ma il finanziere non lo guardò nemmeno, forse non lo vide. Andò verso Maria e le prese le mani. « Non è successo niente », disse. « Vai a casa. Anzi, non andrai nemmeno a casa. Fuori c'è Pazienza che ti aspetta. Ti porterà direttamente a Caravaggio. Hai bisogno di tranquillità e di riposo. Io devo sbrigare alcune formalità. »

« Sono tranquilla », lo rassicurò sorridendogli. Quell'uomo autorevole e sicuro di fronte al quale le porte si aprivano e tutti si piegavano prefigurava l'avvenire della creatura che sarebbe nata dal suo ventre. Sì, sarebbe stato un Boldrani; e il mondo gli avrebbe sorriso.

« Ti hanno trattata male? » le domandò Pazienza, mentre a bordo della sua *Isotta Fraschini* andavano verso Caravaggio.

« No », rispose, « a te lo avrei detto. Sono stati scortesi, questo sì, arrroganti. Ma perché sono venuti a prendermi? »

« Pensavano tu sapessi dei traffici politici di tuo marito. »

« E mi credevano una serva », si accigliò.

« Ma no », la contraddisse. « Fanno così con tutti », mentì.

La lussuosa vettura uscì dal lungo viale e accostò all'ingresso della villa.

« Come mai? » le domandò Ausonia con allegria aprendole lo sportello. Poi, senza lasciarle il tempo di aprire bocca, continuò: « Lasciati guardare. Sei imponente. Quando nasce questo bambino? »

« Fra un mese », fece il conto, « forse venti giorni. »

« Hai fatto benissimo a venire qui », si rallegrò, « ti fermi molto? » soggiunse sperando in un lungo periodo.

« Alcuni giorni, credo. Però non abbiamo ancora deciso. » C'era il sole e l'aria era piena dei profumi e dei colori della primavera.

« Vuoi riposarti? » Sarebbe stata disposta anche a prenderla in braccio.

« No, voglio camminare un po'. » Prese per il sentiero inghiaiato dimenticandosi di Pazienza.

« Io tornerei in città, Maria », l'avvertì l'avvocato.

« Oh, scusa, Mimmo », disse. « Il mio egoismo è imperdonabile. Penso solo a me stessa. »

« Sembra sia una caratteristica delle donne in attesa. Come vedi mi sono informato. » Gli sarebbe piaciuta una moglie come quella, orgogliosa della propria maternità.

« Non ti fermi con noi? » chiese Maria.

« Ho da fare a Milano. Mi dispiace. Questa sera, poi, devo partire per Roma. »

« Vai all'estero », scherzò.

« Purtroppo. » Amava Roma, ma detestava i ministeri dov'era costretto a trafficare.

Quando la macchina di Pazienza scomparve in fondo al viale Maria si cambiò, sistemò alcune cose nella camera blu, fece con Ausonia il giro della casa, poi andò direttamente nel prato di narcisi che Romano aveva inventato su commissione del padrone con un risultato stupefacente. Il bel vestito di lana indossato da Maria disegnava una macchia celeste in quel mare giallo verde e profumato che il tiepido vento di aprile accarezzava.

Fu così che Cesare la vide tornando dalla città. Maria gli corse incontro per quanto glielo consentiva il suo stato. Era felice come forse non lo era mai stata, era radiosa in quella mattina di sole nel prato dei narcisi, con il vento fra i capelli. Era lieta di offrire un figlio a quell'uomo, perché ormai non aveva più dubbi: il bambino che stava per nascere era proprio di Cesare.

Maria si arrestò ansante sul petto dell'uomo. «Sono contenta che tu sia qui.» Respirava con affanno, ma c'era qualcosa di straordinariamente vitale nella sua persona, un flusso positivo che si interruppe a quel contatto fisico. Cercò ancora la sua calda protezione, ma trovò uno schermo di ghiaccio che la respinse.

«Che cosa c'è?» gli chiese allarmata.

«Perché non mi hai detto che tuo marito è stato a Milano in luglio?» le rispose con una domanda che sconvolse persino la tranquillità del bambino. Il piccolo si mosse con violenza e Maria provò una sensazione viscerale di dolore e di paura.

«Perché tu non me lo hai chiesto», si difese. Era caduto il vento, i narcisi erano impalliditi e non avevano più profumo. Il cielo a ponente era orlato di nuvole.

«Detesto la menzogna, Maria.» Il volto dell'uomo era impassibile, soltanto la cicatrice era diventata più bianca. Era la faccia di Cesare Boldrani nel momento della resa dei conti.

«Ho detto sempre la verità», mentì credendo per prima alla propria menzogna. Non poteva più tornare indietro. Un calabrone le ronzò vicino alla faccia, ma lei non si mosse.

«Forse avrei capito se tu mi avessi confessato di essere ancora innamorata di quell'uomo.» Ormai parlava da solo, per se stesso, per riferire una decisione che in cuor suo aveva già preso.

«Non avevo niente d'importante da confessarti.» L'istinto le suggeriva le parole.

«Forse», riprese facendo un'interminabile pausa, «forse ti avrei accettato anche con il figlio di un altro.»

«Non è vero!» reagì con la forza della disperazione.

«Che cosa non è vero?» gridò lui. «Non è vero che ti avrei presa anche con il figlio di un altro, o non è vero che l'altro è il padre di tuo figlio?»

«È tutta una congiura», urlò con la rabbia del colpevole scoperto nel momento in cui ha la certezza di averla fatta franca. Ma probabilmente non era nemmeno così: Maria era ormai intimamente persuasa che il bambino fosse il frutto della sua relazione con Cesare.

« Anche questa lettera? » Cesare agitò un foglio con l'elegante scrittura leggermente inclinata di Nemesio. « Comincia con 'Amore mio dolcissimo' », disse con voce chiara senza che il tono ne fosse alterato. « Racconta », continuò con esasperante lentezza, « precisando data, luoghi, particolari, le vostre intimità di luglio. » Il sentimento della gelosia lo faceva soffrire come una bestia ed era un sentimento che non lo aveva mai toccato. In quel momento, invece, una serva e un saltimbanco lo mettevano alle corde, lui che non aveva rivali, che non aveva antagonisti.

« Ascoltami, Cesare », Maria cercò una via d'uscita, « io non voglio sapere che cosa c'è scritto in quella lettera. Né voglio sapere chi te l'ha data. Tu però non avevi il diritto di leggerla », soggiunse facendo appello alla sua lealtà.

« Io non ho cercato, né sollecitato queste informazioni. » Gli occhi azzurri di Boldrani avevano riflessi d'acciaio.

« E allora ascoltami, ti racconterò tutto », gli promise avvinghiandosi a lui con tutte le sue forze.

« Non voglio più sentirti », le disse prendendola per le spalle e allontanandola da sé, « non voglio più vederti. »

« Ti scongiuro, Cesare, prima di mandarmi via ascoltami. » Il bambino fece un'altra giravolta, poi si immobilizzò come una pietra; Maria lo sentì pesare e provò una fitta dolorosa.

« Ti sei comportata come una donna di strada », cominciò a offenderla lui, senza abbandonare la presa, anzi scuotendola furiosamente. « Ti sei comportata peggio di una puttana. » Maria non lo riconosceva, ma non ebbe paura, anche se la gelosia e la collera gli stravolgevano i lineamenti. « La buona governante », volle ferirla, « la dolce Maria, la grande Maria. Una grande puttana. Una sporca calcolatrice. Avevi inventato uno straccio d'amore per appiopparmi meglio un bastardo! »

« Cesare Boldrani », gridò come una belva ferita, « questo figlio è tuo! » Una seconda fitta, molto più forte della prima, l'avvertì che l'evento, anticipato dall'emozione e dai traumi, stava compiendosi.

L'uomo con una spinta più forte la gettò all'indietro e Maria cadde tra i narcisi. Ebbe la forza di sollevarsi e di appoggiarsi ai gomiti. « Questo figlio è tuo », quasi rantolò all'uomo che la sovrastava con l'imponenza di un dio vendicatore. « È tuo, Cesare Boldrani. La mia verità contro la tua incertezza. Nessuno potrà mai sciogliere il tuo dubbio. Perché questo figlio è tuo. Tu non vuoi ammetterlo, ma non hai nessuna prova per negarlo. » Altre fitte le lacerarono il ventre e Maria capì che stava per partorire con un mese d'anticipo. « Chiama qualcuno », disse con la voce che le restava. « Tuo figlio sta per nascere. » In quel momento sentì che le acque si erano aperte. « Nascerà qui, tuo figlio, in un campo di narcisi, ma tu non lo vedrai crescere a tua immagine e somiglianza. Io lo porterò lontano e gli insegnerò a odiarti. Per il male che ci hai fatto. »

Cesare era sconvolto dall'evento che stava svolgendosi sotto i suoi occhi, dalla verità appena scoperta sulla quale la certezza di Maria aveva messo l'ombra di un dubbio atroce. Corse verso la villa e chiamò Ausonia. « Maria sta per partorire », le disse, « fai quello che devi fare. Telefona a chi vuoi. Provvedi tu, insomma. » Salì in macchina e si preoccupò soltanto di mettere la maggior distanza possibile tra lui e quella donna. Non voleva vederla mai più. Doveva cancellarla dal suo cuore e dalla sua mente.

Cesare si era rintanato nel quartiere della Vetra in casa del Riccio e di Miranda, perdendo qualsiasi contatto con il suo mondo. Per due giorni nemmeno Pazienza seppe di lui. Poi, dopo due giorni, l'istinto, la superstizione, il suo fatalistico senso della vita avevano prevalso. Tanto valeva sentire la Sibiglia vecchia come il tempo, la veggente dalle cento vite, l'immortale cartomante dal passato avventuroso.

Protetto dall'omertà della gente del quartiere che continuava ad ammirarlo e a considerarlo uno di loro, Cesare Boldrani ritornò nella grande stanza piena di gatti, di sporcizia, in cui ristagnavano il puzzo degli escrementi animali, l'aroma del narghilè che la vecchia fumava in continuazione, l'odore dell'incenso che bruciava in un fornello di bronzo. La suggestione dell'antro era irresistibile e l'immortale Sibiglia, seduta con le gambe incrociate su cuscini di seta, somigliava sempre di più a una mummia.

« Sei tornato, ragazzo », gli disse accarezzando i colorati tarocchi che i suoi occhi non leggevano, ma che lei interpretava palpandoli. Lo chiamava ragazzo come quando era andato da lei prima di partire per la guerra.

« Non ti ho mai chiesto niente, Sibiglia », esordì. Era vero. La vecchia aveva sempre intuito le sue domande offrendogli delle risposte sconcertanti nella loro verità.

« È vero », ammise la vecchia che ormai, per quanto cercasse di vederlo, non distingueva più, con i propri occhi completamente ciechi, nemmeno l'ombra dell'uomo.

« Sono venuto per salutarti. »

« Sei venuto perché crepi di gelosia », gridò con la voce diventata più roca.

« Quale gelosia? »

« Gelosia insensata e crudele che ti dilania. Due giorni fa ti è nata una figlia. »

« Io non ho nessuna figlia », precisò Cesare.

« E tu l'hai respinta dopo averla chiamata al mondo prima del tempo con la tua rabbia. Vedo una figlia tra i fiori. Fiori e lacrime. Amore e gelosia. Il tuo sangue sulla nuda terra. »

« Chi ti suggerisce queste farneticazioni? Di quale figlia parli? »

La vecchia sorrise con straordinaria dolcezza ricomponendo il mazzo dei tarocchi. « Nessuno racconta niente alla Sibiglia », disse scuotendo il capo. « Ma tu sai che io parlo della figlia che hai spinto fuori dal grembo materno prima del tempo. »

Provò un grande dolore. « Se una bambina è nata », concesse Cesare, « è la figlia di una donna che mi ha ingannato. È una figlia sua, non mia. »

« Non poteva ingannarti prima che tu l'amassi. E quella figlia è tua. I tarocchi non mentono e i miei occhi senza luce vedono lontano. Dio ti punirà per quello che hai fatto. Passeranno anni prima che tu possa vedere tua figlia. E soffrirai per questo. Sarà il tuo castigo. »

« Se è mia figlia io la vedrò », decise l'uomo.

« No, prima che siano passati gli anni. È questo il prezzo che dovrai pagare per la gelosia che ti ha portato all'oltraggio. Adesso vattene, ragazzo. Noi non c'incontreremo mai più. »

Ausonia gli andò incontro sul piazzale della villa. « Come sta? » disse Cesare. Alludeva a Maria.

« Bene, credo », rispose la donna. La sua larga faccia da contadina era invasa da una cupa tristezza.

Il padrone la fissò con benevolenza. « Come, credo? » domandò. « Se sta bene, sta bene », concluse con un sorriso.

« Quando è partita stava bene. » Gli occhi le si riempirono di lacrime.

« Partita? » Era certo che Ausonia non mentiva e il cuore gli balzò in gola.

« È andata via con la bambina. »

« Una bambina, dici? » Ripeteva le parole della vecchia Sibiglia dalle cento vite.

« Una bella bambina », precisò Ausonia.

« È venuto il dottore? » si informò Cesare.

« Sì, è venuto insieme con l'ostetrica. Ma non hanno potuto trasportarla in casa. Così la bambina è nata nel prato dei narcisi. »

Cesare si preoccupò improvvisamente. « Con che mezzo è partita? »

« Una macchina di piazza. »

« Ma non è pericoloso mettersi per strada in quelle condizioni? Perché il medico l'ha lasciata andare via? »

« Il medico non c'era quando è partita. » Ausonia gli parlava come a un colpevole.

« E tu », la rimproverò duramente, « tu non potevi fermarla? Non potevi impedirle di partire? »

« Io sono una serva. Una serva non può impedire niente a nessuno », si impermalì. « Ma poi se una donna decide di andare via in quello stato deve pure avere delle ragioni. »

« Sarà andata da sua madre », cercò di minimizzare l'uomo. « Dove vuoi che sia andata? »

La donna fece una smorfia che non prometteva niente di buono. « No, signor Cesare », gli disse con franchezza, « io credo proprio che non sia andata da sua madre. Anzi, sono sicura che non è andata in nessun posto dove lei può trovarla. »

« Come fai a essere tanto sicura? »

« Perché ho un messaggio per lei », gli rivelò. « Maria mi ha detto di riferirle di non cercarla. Ha detto che sarebbe tempo sprecato. »

« Ho capito. » Si rendeva conto che per il momento non c'era nient'altro da fare se non rimanere tranquillo.

Salì nella camera blu, quella di Maria, quella del loro amore. Era ancora piena di sogni. Maria aveva lasciato tutto: abiti, pellicce, gioielli, danaro. Cesare lasciò scivolare in un piccolo forziere il collier di zaffiri che le aveva regalato la prima notte a Caravaggio. Nemmeno quel pegno aveva voluto portare con sé. Scese in soggiorno e telefonò a Pazienza.

« Tornando da Roma ti ho cercato dappertutto », lo informò l'avvocato con tono preoccupato, ma anche di rimprovero. « Dove ti eri cacciato? »

Cesare non rispose alla domanda. « Quando sei tornato? » gli chiese invece.

« Poche ore fa. E ho già pronta una relazione. » Parlava di lavoro, ma sentiva che Cesare non lo ascoltava.

« Devo parlarti di Maria. » Non era il solito tono freddo e distaccato di sempre.

« Che cos'è successo? » Ma perché lo teneva sulle spine?

« A Maria è nata una bambina. » Era un annuncio senza gioia.

« Sei diventato padre, perché lo dici come se fosse una disgrazia? »

« Poi ti spiegherò meglio come sono andate le cose », riprese Cesare con voce risoluta, « adesso posso solo dirti che Maria se n'è andata. »

« Avete litigato? » Anche Pazienza era ansioso di sapere.

« Lascia perdere, Mimmo. Poi ti spiegherò. Devi soltanto trovarla », ordinò. « Stipendia degli investigatori, serviti dei carabinieri, dell'esercito. Trovala, Mimmo, altrimenti divento matto. »

Sbatté l'apparecchio sulla forcella e si rovesciò sullo schienale della poltrona. Gli era capitato un evento che di solito succede agli altri, un fatto di cui la gente parla e sorride con sottile perfidia. Poteva perdere una figlia che aveva le stesse probabilità di essere sua che dell'altro? Forse. Certo non poteva perdere la sola donna che aveva amato e della quale aveva bisogno come dell'aria. Tirò fuori dalla tasca della giacca copia della lettera consegnatagli dal funzionario del servizio segreto. Il saltimbanco scriveva proprio di un caldo giorno di luglio. Erano passati nove mesi esatti. Che cosa poteva sapere quella strega della Sibiglia se la bambina era nata in anticipo per colpa sua? E se la veggente avesse avuto ragione? Non gliene importava più niente: desiderava soltanto Maria.

Anna 1980

ANNA cominciò a sorbire il caffè che Ausonia le aveva servito. La vecchia era instancabile, con la sua faccia dolce e servizievole da ancella fedele. Un vapore aromatico si alzava dalla tazzina di porcellana inglese e aveva un colore diverso dal fumo della sigaretta che si avvitava azzurrino nell'aria immobile del soggiorno della « Silenziosa ».

« Ti ha fatto inquietare quel tipo che appare sempre nei telegiornali, vero? » Si riferiva all'ex presidente del consiglio che era uscito da poco.

« È stata una giornata molto pesante », rispose Anna, elusiva.

« Però, se non vedevi quello », replicò Ausonia, « stavi meglio. »

« Chissà. » Era stanca, provata, aveva l'anima indolenzita dal dolore per la morte del vecchio, l'orgoglio frustrato dalla minaccia del ministro. « Lei », le aveva detto andandosene, « è figlia di una domestica e di una specie di saltimbanco da fiera di paese. » In fondo doveva aspettarsi quella reazione: era stata lei che per prima aveva minacciato di fare esplodere lo scandalo Pennisi. Faceva una guerra per conto del vecchio che ormai non c'era più.

« Sai che cosa diceva tuo padre? » disse Ausonia come se avesse indovinato i suoi pensieri.

« Diceva tante cose », osservò Anna. Ma poi, chi era suo padre?

« Diceva: quando hai un problema non agitarti. Sul ghiaccio più ti agiti e più rischi di cadere. Se mantieni la calma hai la possibilità di restare in equilibrio. »

« Lui aveva una risposta per ogni domanda. » Anna bevve anche l'ultimo goccio di caffè e spense la sigaretta nel portacenere di cristallo.

« Credo sia meglio riposare », le consigliò Ausonia amorevolmente.

« Ma sì. » Anna accettò il buon consiglio. Dopotutto, se il ministro aveva pronto un pugnale, lei gli aveva infilato un cappio intorno al collo e doveva soltanto tirare. E poi tutta quella storia, in fin dei conti, dipendeva da lei.

Andava a letto volentieri. Si sentiva molto stanca. La villa di Caravaggio era immersa in un silenzio ovattato. Anna salì lo scalone rivestito da una soffice passatoia azzurra, percorse un lungo corridoio ed entrò nella camera blu che un tempo era stata di Maria e che poi era diventata sua. Accese il televisore in tempo per vedere un giornalista annoiato che riassumeva nel telegiornale della notte le notizie principali: un dirigente industriale ucciso dalle brigate rosse, l'arresto di un leader degli autonomi, scioperi tra gli addetti al traffico aereo, caos negli aeroporti, servizi urbani bloccati, ancora morti per droga, un regolamento di conti nei pressi di Catania, assassinato il cassiere dell'anonima sequestri. Non c'era davvero bisogno di cercarsi i guai nel suo paese. Spense il televisore.

Nello spogliatoio si tolse la gonna di cachemire beige, la camicetta di seta pesante dello stesso colore, si infilò una vestaglia ed entrò in bagno. Aprì i rubinetti di lapislazzuli della grande vasca quadrata al centro della stanza e sedette davanti allo specchio illuminato a giorno. Raccolse i capelli puntandoli sulla nuca con alcune forcine e cominciò a togliersi il trucco. Soprattutto alla sera sulla sua faccia si leggevano i segni della stanchezza. Si avvicinò allo specchio per individuare meglio le rughe sottili agli angoli degli occhi e della bocca, per massaggiarle con i polpastrelli sorretta dall'irrazionale ottimismo che ogni donna coltiva anche quando un nuovo compleanno diventa una fonte di malumore. Tutte le creme del mondo non avrebbero fermato l'avanzata inesorabile del tempo. Ma era poi così importante arginare la piena degli anni? Il vecchio, a quarant'anni suonati, si era innamorato come un ragazzino di Maria che ne aveva ventitré meno di lui. La grande Maria: testarda, bugiarda, impostora e fiera.

Anna la rivide com'era negli ultimi giorni della sua vita. Era ancora giovane, aveva compiuto da poco cinquant'anni, quando un male inesorabile l'aveva colpita a tradimento portandosela via in poche settimane. Diceva: « Quelli dell'*Apollo* vanno in automobile sulla luna. Barnard trapianta i cuori e io muoio perché una piccola cellula ha deciso di fare la rivoluzione. Non è vero che con i soldi si ottiene tutto. Ho visto il tuo vecchio al culmine della sua potenza soffrire come una bestia. E adesso guarda tua madre ».

All'inizio aveva lottato con tutte le sue forze, ma quando si era resa conto che il persecutore occulto avrebbe avuto comunque partita vinta aveva abbandonato la presa come un naufrago, quando il bisogno di pace e di silenzio prevale sull'istinto di conservazione che è soltanto conservazione di un relitto dilaniato dal dolore. La grande Maria non aveva voluto nessuno accanto a sé all'infuori di Anna, la sua piccola Anna dagli occhi verdi, nata in un giorno d'aprile su un prato di narcisi. Non aveva voluto Nemesio che era volato fino a Milano dal Brasile dove viveva da anni, né Giulio che stava con lui a Rio, né suo genero, il conte Arrigo Valli di Tavernengo, che avrebbe rivoltato il mondo per cercare una via di salvezza. Non aveva voluto Cesare che doveva ricordarla nel fulgore della sua bellezza. Soltanto Anna aveva voluto accanto a sé, perché l'accarezzasse, perché le tenesse la mano, perché ascoltasse finalmente la verità sulla sua nascita, sulla sua difficile infanzia, sulla riconciliazione con Cesare.

« Tuo padre », le aveva raccontato, « era molto potente. Lo è molto di più oggi, ma anche allora non c'era nascondiglio dove la sua lunga mano non potesse arrivare. » Anna sentiva ancora la voce stanca, ma non rassegnata di Maria che le narrava la lunga storia della sua vita. « Quando sono scappata con te da Caravaggio sapevo dove sarei andata. Avevo una promessa d'aiuto e un indirizzo. Così ho preso il treno per Ginevra. Allora gli italiani che avevano il passaporto erano pochi, ma Cesare aveva voluto che io lo facessi. Anche lui lo aveva, non era mai andato all'estero, però non si poteva mai sapere. Ancora una volta aveva avuto ragione. Ho raccontato tutto alla signora Elisabetta Lémonnier che mi ha accolto come una sorella. È stato Pazienza a trovarmi a casa sua. Mi ha detto: 'Cesare ti chiede scusa. E ti supplica di tornare da lui'. Gli ho risposto di no. Allora lui l'ha buttata sul patetico: 'Sei la sola ad averlo messo in ginocchio. Non ti basta?' Sì, averlo messo in ginocchio mi bastava, ma forse non mi interessava nemmeno. Ormai conoscevo gli uomini: oggi sconvolti dal desiderio sono pronti a tutto, domani, quando ritorna la gelosia del passato, ti trattano come se tutto il male del mondo lo avessi inventato tu. E allora non sei più una creatura soggetta all'errore, ma una puttana. Nemmeno il grande Boldrani sfuggiva a questa regola. Dicono: la verità. Quale? La mia, la tua, la sua, la verità in cui ogni persona crede? Io amavo un vagabondo, ma non potevo fare a meno di Cesare perché c'eri tu. Non volevo portarti da mia madre, sia pace all'anima sua, per essere di nuovo umiliata, offesa. Volevo che tu un giorno fossi la sola, incontrastata erede del suo nome e della sua fortuna.

« Per ottenere questo dovevo stringere i denti, soffrire, ma tenerlo sulla corda. Sai che cosa ha fatto tuo padre? Lui, che si vantava di non essere mai andato all'estero, nemmeno nella repubblica di San Marino, perché era il mondo ad andare da lui? È venuto a Ginevra a chiedermi perdono. Ma per quanto mi supplicasse attraverso madame Lémonnier mi sono rifiutata di vederlo e non ho nemmeno voluto che vedesse te. Era persino riuscito, non so proprio come con l'Europa in guerra, ad avere una lettera di Nemesio in cui era scritto che, se davvero lo desideravo, non si sarebbe opposto allo scioglimento del nostro matrimonio.

« Ma io sono Maria Milkovich, sono stata follemente innamorata di quel pazzo girovago perché è stato lui la mia avventura. Gli zaffiri, i brillanti, le proprietà, il potere, la 'Silenziosa' appartengono alle cose prevedibili. Nemesio, invece, mi ha dato l'estasi delle parole fatte di niente, lo stupore del sogno, la meraviglia della favola inventata con un bacio e con un sorriso. »

I grandi occhi nocciola di Maria avevano trovato per un momento il loro antico splendore. « Quando mi raggiungerà da qualche parte », aveva poi proseguito, « non avremo più motivi per litigare, o almeno lo spero. Così potrò finalmente dirgli tutto il bene che gli ho voluto nonostante il mio pessimo carattere e la sua testa bislacca.

« Mi sono spaccata la schiena a crescerti per cinque anni prima di concedergli il mio perdono. E quando finalmente ho preso la grande decisione lui mi ha detto: 'Non ho dubbi, Maria, Anna è mia figlia'. Anch'io, che prima dubitavo, ero arrivata a una certezza, ma di segno contrario, perché tu sei figlia di mio marito. Hai gli occhi verdi dei Milkovich, non quelli azzurri dei Boldrani. Cesare non ha mai voluto credere alla sola realtà dimostrabile, ti ha dato il suo nome e di nuovo mi ha chiesto in moglie. Non ho accettato. Quel giorno sul prato dei narcisi ero improvvisamente diventata una cagna che si era accoppiata con un randagio per generare un bastardo. Un attimo prima ero una Madonna e per me avrebbe raccolto tutte le stelle del cielo.

« Era accaduto qualcosa di irreparabile in quel momento, qualcosa che aveva cambiato il mio modo di sentire nei suoi confronti. Senza quell'episodio certamente lo avrei sposato. È un uomo eccezionale, Cesare. Poi, figurati, in quel momento ero furente per colpa di mio marito. Ancora una volta era ritornato a cercarmi per portarmi, pensa un po', in Brasile dove aveva fatto fortuna. Lo diresti », aveva concluso con un sorriso malizioso, « che questa vecchietta malata ha tenuto sulla corda due tra gli uomini più desiderabili e imprevedibili di quel tempo? »

Anna guardò i suoi occhi verdi riflessi nello specchio illuminato a giorno: decisamente non erano quelli dei Boldrani. Si alzò, chiuse i rubinetti del bagno, si tolse l'accappatoio ed entrò nella grande vasca abbandonandosi all'inesprimibile carezza dell'acqua calda e profumata.

« Occhi verdi e occhi azzurri », mormorò con rabbia, « Milkovich e Boldrani. Il saltimbanco e il re. » Non considerava un disonore essere figlia di un simpatico vagabondo che aveva combattuto senza chiedere nulla come un cavaliere antico, ma si era ormai abituata a essere l'erede del grande Cesare Boldrani. E adesso, pensò, spunta un cialtrone di ministro che ha speculato sulle case, sui danni di guerra, sul petrolio e minaccia di sputtanarmi per tutta la vita con una storia di cui non ho nessuna colpa. « Mi hai lasciato in un bel guaio, mamma », disse ad alta voce.

Pensò a Silvia, ricordò il suo incedere esitante da bambina quando era spuntata da dietro un pilastro avanzando nella chiesa di San Babila verso di lei che attendeva i portatori al termine del rito funebre. La rivide umiliata con il suo bisogno di assoluzione e di perdono. E lei, magnanimamente, dimenticando le passate umiliazioni, l'aveva perdonata dopo vent'anni di esilio.

Se questa storia dei due padri venisse resa pubblica, si preoccupò, anche Silvia potrebbe prendersi la sua rivincita. E francamente non avrebbe tutti i torti. Ma non sarebbe la sola a togliersi delle soddisfazioni.

In quel momento l'apparecchio telefonico accanto alla vasca emise un segnale melodioso. Anna allungò una mano, afferrò il ricevitore e rispose. Era Arrigo che telefonava dalla loro villa all'Eur.

« Ti disturbo? » domandò l'uomo.

« No, figurati, caro », rispose Anna, « sono in bagno. » Poi soggiunse: « Mi dispiace per oggi. Ma non avevo voglia di vedere nessuno ».

« Ti capisco », la giustificò. « Sarei dovuto rimanere? »

« No », disse, « hai fatto benissimo a tornare a Roma. Che ore sono? »

« Quasi mezzanotte. Speravo di vederti oggi. »

« Mi pareva di averti già detto che mi dispiace. »

« Anche i ragazzi avevano sperato di vederti », insisté lui. « Che programmi hai? »

« Non lo so, caro. Forse domani torno a Milano. O forse no. Ho anche voglia di stare un po' con i ragazzi, ammesso che loro abbiano voglia di stare con me. Devo risolvere un paio di cose e ho bisogno di riflettere. »

« Lascia questi problemi agli avvocati e ai consigli d'amministrazione. » Era un suggerimento, ma anche un segno di sfiducia nelle sue capacità di manager.

« Quando avrò bisogno del tuo aiuto, te lo chiederò. Adesso sono terribilmente stanca, ho sonno e non vorrei addormentarmi nella vasca da bagno. »

« Credo che Maria abbia dei problemi. » Quando non riusciva a tenere in piedi la conversazione ripiegava sulla figlia, che era la più inquieta dei due: aveva il carattere volitivo della nonna da cui non aveva preso soltanto il nome, la curiosità della madre, lo smarrimento dei giovani che stentano a ritrovare se stessi anche quando possono avere tutto quello che credono di desiderare. « Non sarebbe male se le parlassi. »

« Sì, caro... certo, caro. » Riattaccò dopo avergli augurato la buonanotte.

Con un sospiro di rassegnazione Anna uscì dalla vasca, si

asciugò con cura, indossò una tunica di candida ciniglia, si pettinò con energici colpi di spazzola ed entrò nella camera blu. Il letto era già stato preparato per la notte. Si infilò tra le lenzuola di finissimo cotone che lei stessa ordinava nel laboratorio fiorentino di Emilia Bellini, si appoggiò comodamente ai cuscini e si addormentò.

Anna 1944

1

« Io non sono una pasticciona », si difese Anna, pronta a fare il broncio e a reagire. Era piccola, con una faccia vispa e petulante, il nasino grazioso, gli occhi verdi e luminosi, i capelli nerissimi tagliati corti.

« Tu sei una pasticciona. » Giulio ribadì la propria accusa. Aveva circa sei anni, due più della sorella; gli occhi nocciola erano della madre e i capelli castani di Nemesio. Era smilzo e aggraziato, ma forte. Dall'alto della sua esperienza si riteneva in diritto di dirigere le operazioni. « Le palle che fai tu », sentenziò, « non asciugheranno mai. »

Anna si alzò, compì un piccolo semicerchio e si piazzò proprio di fronte al fratello, con i pugni sui fianchi come aveva visto fare a nonna Vera. « Io sono più piccola di te », cominciò la sua requisitoria. « Le mie mani sono più piccole. La mia forza è più piccola. Le palle che faccio io sono più piccole. »

« Tu sei brava solo a parlare », la compatì Giulio.

Anna sedette nuovamente a fianco del fratello in un angolo della cucina di corso Vercelli, sotto la finestra che dava sulla ringhiera, e riprese a pescare da un vecchio secchio di zinco manciate di una poltiglia fatta di giornali messi a macerare nell'acqua. Con quella facevano palle che dovevano essere fortemente compresse per diventare, una volta asciugate, un discreto combustibile per la stufa. Era difficile trovare legna e carbone e le modeste quantità ancora disponibili avevano prezzi proibitivi. Così Giulio, Anna e gli altri bimbi del quartiere si erano trasformati in cacciatori di giornali tra i rifiuti per alimentare le malandate cucine economiche.

Nonna Vera era andata a messa nonostante il freddo. Era Capodanno, il Capodanno del 1945, e sulla neve caduta fra Sant'Ambrogio e Natale brillava il sole, il cielo era limpido e l'aria sembrava di cristallo.

« Cercate di non sporcarvi », li esortò Maria. Quando il tempo era buono tremava al pensiero dell'allarme aereo; non c'era verso di abituarsi al lugubre ululare delle sirene. I bombardamenti più pesanti avevano profondamente segnato la città dal 1942 al 1943: la Scala, la Galleria, via Gesù, corso Vittorio Emanuele, piazza San Babila. Anche le guglie del Duomo erano state in pericolo, ma lo strazio più grande era seguito alla distruzione della scuola di Gorla in cui avevano trovato la morte quasi trecento bambini. Anna e Giulio avevano visto la gente piangere mentre ne parlava.

Maria stava preparando una torta con gli avanzi del pane e l'aggiunta di marmellata e di frutta secca. I bambini avevano diritto di festeggiare il Capodanno, come avevano festeggiato il Natale: erano andati alla vigilia con la nonna a vedere il mercato dei giocattoli usati alla Fiera di Senigallia in via Calatafimi.

Maria si era fatta in quattro per rispettare la tradizione, riuscendo persino a confezionare per i bambini due vestitini nuovi con della stoffa vecchia. Era difficile stabilire se l'anno nuovo, anche con quel tradizionale accorgimento, sarebbe stato migliore del precedente, ma almeno lei ce l'aveva messa tutta.

Avevano fatto colazione con pane bianco inzuppato in una grande scodella di latte e cacao. Il pane, il cacao, la marmellata, Maria, in occasione delle feste, li aveva ricevuti in dono dall'ingegner Vergani presso il quale lavorava come domestica. Era stata Elisabetta Lémonnier a raccomandarla a quell'agiata famiglia di amici milanesi quando Maria, pochi giorni prima che l'Italia entrasse in guerra a fianco della Germania, aveva voluto a tutti i costi ritornare a Milano perché i suoi figli non fossero divisi.

Cesare Boldrani aveva tentato in molti modi di aiutarla, soprattutto durante i terribili bombardamenti del 1943, quando i suoi figli avevano bisogno di tutto: cibo, soldi e protezione. « Mandiamoli tutt'e due in Svizzera », le aveva proposto, « saranno al sicuro. Ti garantisco che posso farlo. » Maria era stata più di una volta sul punto di accettare, ma non voleva ritornare nella camera blu di Caravaggio o nell'appartamento di foro Bonaparte a fare l'amante di Cesare Boldrani.

«Prima riconosci la bambina», gli aveva imposto, «poi vedremo se la cosa è possibile.» Cesare Boldrani, ch'era disposto a tutto per riavere Maria, non poteva cancellare l'oltraggio subito, non poteva fingere di volere bene, ma soprattutto non voleva dare il proprio nome a una creatura che aveva sentito sua, soltanto sua, per tanti mesi e che improvvisamente si era visto sottrarre da una lettera datata e inconfutabile, con tanto di particolari. C'era una percentuale riservata al dubbio, ma non poteva essere presa in considerazione. Come poteva un Boldrani dire: questa figlia è probabilmente mia al dieci per cento? No, assolutamente da escludere. Era disposto a tollerarla, non ad amarla; era pronto a non farle mancare nulla per tutta la vita, non a darle il suo nome. Desiderava sempre sposare Maria, ma la fiera Maria per nessuna ragione al mondo intendeva diventare la signora Boldrani. Maria non voleva elemosine, voleva tutto, ma non per sé; voleva tutto per la piccola Anna. Al momento opportuno si sarebbe fatta avanti. La sosteneva una fede incrollabile.

Alla piccola radio-Balilla, il più economico apparecchio in commercio, Natalino Otto cantò *La tristezza di san Luigi* accompagnato dall'orchestra Kramer, poi un annunciatore parlò di guerra, di spirito di sacrificio, di armi segrete che stavano distruggendo Londra, di vittoria finale. Riecheggiarono le parole del duce che un paio di settimane prima aveva parlato ai milanesi: «Noi vogliamo difendere con le unghie e coi denti la valle del Po. È Milano che deve dare e che darà agli uomini la volontà e il segnale della riscossa».

«Quando è finita la guerra», domandò Giulio, «mio papà, torna?»

Maria stava rifinendo la torta e gli sorrise. «Tornerà certamente.» Era preoccupata. Lo era sempre quando i bambini pronunciavano la parola papà. Di solito finiva con un'imbarazzante serie di domande.

«Mamma, perché non l'ho conosciuto?» Ecco che ritornava all'attacco. Continuava a fare le palle di carta, ma prestava orecchio alla risposta.

«Perché quando lui è partito tu eri ancora molto piccolo.» Prese dalla credenza un pezzetto di cioccolata al latte che aveva tenuto in serbo per il pomeriggio, lo spezzò in due e pagò il prezzo del silenzio.

« Se sarete bravi », promise loro, « questa sera la mamma vi farà giocare a tombola. »

I bambini sorrisero e la prospettiva della tombola, che li divertiva molto, se non attenuò il fitto chiacchierio certo smorzò il tono. Dicevano le parole dei grandi con l'innocenza della loro età, ma avevano imparato a fingere di ignorare anche certe cose conosciute se potevano suscitare l'ira dei grandi.

« I papà dei miei amici sai che cosa fanno? » mormorò Giulio. « Mandano le lettere dal fronte. Il mio papà è un sovversivo, sta a Parigi e non può mandare lettere. Ma quando la guerra sarà finita tornerà a casa e mi porterà tanti di quei doni che neanche te li sogni. »

« Mio papà è tanto ricco », ribatté Anna, « che può regalarmi un palazzo pieno di giochi, di torte e di automobili. »

« Già », commentò Giulio con sufficienza, « tuo papà è il sor Pampurio. È ricco come il sor Pampurio. » Il bambino pensò ridendo al personaggio del *Corriere dei Piccoli*.

« Mio papà è più ricco del sor Pampurio », sostenne con tenacia Anna.

« Palle! Palle! Palle rosse e gialle », la canzonò Giulio.

Negli occhi verdi della piccola Anna brillarono le lacrime. « Ti farò mettere in prigione! » gridò. « Telefono a mio papà e ti faccio mettere in prigione. Perché lui è ricco e potente. Mamma, è vero che papà è ricco e potente? » Ormai piangeva tra le braccia di Maria proprio nel momento in cui entrò Vera.

« Siamo alle solite, eh, Maria! » Guardò la figlia con rabbia e dopo essersi tolta in fretta il cappotto andò verso Giulio, che era il nipote prediletto. « Che cosa ti hanno fatto? » si preoccupò.

« Niente, nonna », rispose sorridendo il bambino. « Io stavo scherzando con Anna », si giustificò, « e lei si è messa a piangere. Ma non volevo farla piangere. »

« Il mio papà, il tuo papà. » La vecchia strinse a sé il bambino e scosse il capo in segno di biasimo. « Sei la disgrazia della mia vita », accusò la figlia. « Ma non sarebbe ancora niente. Che cosa penseranno domani queste creature se adesso insegni loro che sono figli di due padri diversi? Che cosa penseranno di te quando saranno in condizione di giudicare? La gente ti segna a dito. La malmaritata di quello. L'amante di questo. Ma ti sembra sensato inventare per questa figlia che, Dio me ne scampi, crescerai come te la favola del padre milionario? La sua vita è questa. E sarà fortunata se questa rimarrà la sua casa e se avrà il pane tutti i giorni. Una donna onorata e un marito lavoratore. Ecco che cosa ci vuole. E tu le riempi la testa di favole e di fantasie. Vieni qui, Giulio », si rivolse al nipote, « che tu hai il cuore buono e vuoi bene alla tua nonna. »

« La nonna dice le bugie », si impuntò Anna. « La nonna è vecchia e dice le bugie. »

« È la tua mamma che ti riempie la testa di frottole », ribatté Vera. « E tu sei uguale a lei. »

Maria non rispose alla madre. « La torta è pronta », le disse, « mettila tu in forno. Io esco. »

« Dove vai adesso? » domandò Vera allarmata come ogni volta che Maria decideva di uscire con quell'aria imperiosa.

Le girò le spalle e si chinò davanti ad Anna. « Adesso io e la mia bambina », disse sfoderando il suo miglior sorriso, « ci copriamo bene e usciamo. »

« Oh, sì, mamma! » La piccola batté le mani e cominciò a ballare.

« E io? » si lamentò Giulio.

« Tu resti con la nonna », subito lo calmò Vera, « che ha una bella sorpresa per te. »

« Dove andiamo, mamma? » Anna si lasciò infagottare in un cappottone ricavato da una coperta militare tinta di marrone.

« A vedere una cosa meravigliosa che un giorno sarà tua. » La grande Maria dal corpo statuario, con la bella faccia dai grandi occhi color nocciola, indossava panni rimediati, risultato di pazienti modifiche e di successive aggiunte.

Un vento ghiacciato aveva riempito il cielo di nuvole portando l'odore inconfondibile della neve. Scesero in corso Vercelli, presero il tram e in piazza Castello salirono sulla corriera per Caravaggio. Il torpedone era mezzo vuoto e Anna si divertì moltissimo a cambiare di posto: quel gioco nuovo la elettrizzava. Quando l'automezzo si fermò sulla piazza di Caravaggio la bambina si era ormai abituata a quella distrazione, ma la madre se la tirò dietro per un sentiero innevato che uscendo dal paese si snodava tra i campi verso una grande villa. Anna aveva la testa e il collo avvolti in una pesante sciarpa di lana a righe, fatta con avanzi di vecchi maglioni.

La bambina era intirizzita dal freddo e supplicava: « Mamma, per favore, torniamo a casa ».

La grande Maria le strinse la manina nella sua mano abituata alla fatica, quasi volesse comunicarle la sua stessa forza e la sua stessa convinzione. « Ancora pochi minuti », disse mettendo in quelle parole una calda promessa.

Anna conosceva il carattere della madre e seguì quella mano forte verso un traguardo tanto desiderato prima, ma del quale ormai non le importava niente, perché aveva freddo ed era allo stremo delle forze. La grande Maria si fermò soltanto davanti all'ampio piazzale della villa: « Guarda! » esclamò. Nei grandi occhi nocciola scoccò la scintilla di una vittoria ormai prossima.

Anna, che non poteva sottrarsi all'incrollabile volontà della madre, guardò l'elegante facciata di un giallo pallido. Era una costruzione stupenda nella sua sobrietà, ma quello la bambina non poteva capirlo. « Guardo », disse per compiacere Maria. Per lei una cosa meravigliosa era un parco dei divertimenti con tante giostre, non una casa solitaria nel silenzio della neve in mezzo ad alberi spogli.

La grande Maria prese in braccio la figlia e indicò l'edificio davanti a sé. « La vedi bene? »

« La vedo bene, mamma. » La bambina era sul punto di piangere.

« È stupenda, sai? » Sorrideva al ricordo.

« Sì, mamma. » Anna desiderava soltanto una camera calda e un fuoco acceso.

« Vale milioni. Molti milioni. E sarà tua un giorno. » Parlava a se stessa più che alla bambina.

Anna guardò la madre con gli occhi gonfi di pianto. « Io non la voglio questa villa », disse.

« Non la vuoi? » si scandalizzò Maria mentre i suoi lineamenti si indurivano.

« Voglio tornare a casa », si lamentò la piccola. « Mamma », implorò, « fammi tornare a casa. »

Lo sguardo della donna si fece duro e tagliente. « Invece devi volerla questa casa », insisté spietata. « Perché è tua. Tu non vivrai nella miseria », soggiunse. « Questa bestia da soma che è tua madre farà di te una regina. »

« Sì, mamma. » Era rassegnata, stanca e soffriva per il gelo. « Ma intanto torniamo a casa. Mamma, ti prego, portami a casa. »

L'*Angele Dei, qui custos es mei*, diventava, malamente appreso dalla nonna, *Angele Dei chi costolesmei* e Anna non capiva come mai nella preghiera della sera c'entrasse la sua costola. Comunque recitava l'*Angelo di Dio* in latino storpiandolo con devozione, prima di infilarsi nel grande letto, dove dormiva Vera, e di tirarsi le coperte fino al mento, mentre la nonna la seguiva sotto le lenzuola continuando a biascicare preghiere. Le piaceva il caldo lasciato dal « prete » e le storie che la nonna le raccontava dopo le preghiere e la voce della mamma che prima di addormentarsi le augurava la buona notte dalla cucina, dove dormiva su una brandina improvvisata accanto al lettino di Giulio. Maria dormiva a casa raramente perché la famiglia dell'ingegner Vergani era sfollata sul lago di Como e Maria doveva custodire l'appartamento di Milano. Ma per le feste aveva voluto essere vicina ai bambini. Le porte erano solide: possibile che i ladri avessero tentato di rubare proprio quella notte? E se fossero andati, be', tanto peggio.

Anna sentì la mamma e Giulio che ridevano e immaginò che ridessero per qualche buffa storia. « Nonna, posso andare in cucina anch'io? » domandò la bambina.

« Tu adesso stai zitta e dormi », l'ammonì Vera. « E non agitarti. » Anna si girava nel letto e ogni volta faceva entrare aria fredda. La stufa in cucina si era ormai spenta.

« Loro di là ridono », si lamentò. « Tu non mi fai ridere mai. »

« È proprio il caso di ridere con tutti i guai che abbiamo. »

« Non preoccuparti, nonna. Un giorno sarò ricca. »

« Sì. E io diventerò milionaria. »

« Io sarò ricca sul serio. E ti regalerò tutte le cose che ti piacciono, così riderai sempre. » Credeva alla sua bella favola e la proponeva alla nonna in modo da essere ascoltata.

« Anche tu hai il cuore buono », la gratificò, « come tuo fratello. È tua madre che ti mette in testa queste idee. Ma sono idee balorde. Non le devi credere. La nostra vita è qui. »

« A me piace qui, nonna. Però alla mia mamma ci credo. Le mamme non dicono bugie. »

« Anche questo è vero », ammise Vera che non poteva smentirla.

« La mamma mi ha detto che il mio papà è l'uomo più ricco del mondo. Un giorno mi regalerà una giostra con i cavalli bianchi come quelle che si vedono ai baracconi. »

« Taci e dormi ». La vecchia sentiva l'affettuosa compagnia di quella vocina.

« Sì, nonna. Però la mamma non dice bugie. »

Si sentì nel cielo il ronzio di un motore. Era Pippo, un aereo solitario che ogni notte passava sulla città, gettava una bomba e se ne andava.

« Nonna, senti Pippo? » La voce della bambina era lieta nell'annunciare il visitatore notturno che per lei non aveva nulla di tragico: i bambini si erano abituati alla guerra.

« Lo sento, lo sento », sospirò la nonna, « dormi, adesso. » Le accarezzò i capelli.

« Anche questa sera », sbadigliò Anna, « ci è venuto a trovare. Buona notte, Pippo », la salutò prima di addormentarsi.

Vera spense la luce e continuò a pregare. Pregò per Maria anche se continuava a essere la disgrazia della sua vita e per i suoi figli innocenti. Non bastava la fuga con il saltimbanco, ci voleva anche la storia con il padrone. Quando aveva saputo che era incinta per la seconda volta non aveva creduto nemmeno per un istante alla paternità di Boldrani e aveva continuato a pensare che il padre di Anna fosse Nemesio. Si rifiutava di credere che la figlia avesse toccato il fondo dell'abiezione morale e materiale.

Quando poi aveva visto la piccola Anna che la fissava con i suoi meravigliosi occhi verdi la sua certezza aveva trovato conferma. Nemesio aveva certo tutti i difetti del mondo, ma era pur sempre il marito legittimo di Maria. Se ci sono in ballo l'onore e l'avvenire dei figli le simpatie e le antipatie personali non contano niente. Così la pensava Vera.

Provò quindi orrore per il piano diabolico che Maria voleva ordire ai danni di Cesare Boldrani: attribuire a un uomo ricco e innamorato la paternità di una creatura non sua era un peccato mortale. Ma il progetto, fortunatamente, non aveva funzionato e madre e figlia penavano a coniugare il pranzo con la cena e si arrangiavano con i tagliandi delle tessere per il pane, per la pasta e per quei ventun grammi di carne assegnati ogni settimana. Le due donne guadagnavano abbastanza, ma i prezzi erano sempre più alti. I giornali suggerivano alla popolazione di non desiderare il rialzo continuo dei salari, ma la diminuzione dei prezzi. Tutti dicevano belle parole, tutti incitavano alla lotta per salvare il pane e il lavoro dall'inflazione. Per Vera e Maria, che spendevano fino all'ultimo centesimo per sopravvivere, inflazione era soltanto una parola difficile contro la quale non potevano fare niente.

Era vero che il signor Cesare Boldrani mandava pacchi e somme di danaro, ma era anche vero che lei, ogni volta, era stata costretta a restituire tutto per ordine tassativo di Maria. Ma dove voleva arrivare quella pazza? Credeva davvero che un giorno o l'altro quell'uomo potente avrebbe dato il suo nome a una bambina che non gli apparteneva? Lei con Maria non era mai riuscita a parlare perché la figlia si rifiutava di affrontare l'argomento. Si era ormai rassegnata a prenderla com'era nel bene e nel male. Poteva soltanto pregare perché Dio mettesse un occhio misericordioso su quella figlia disgraziata e sui nipotini innocenti e li salvasse tutti dai pericoli « dell'anima e del corpo »; con quell'idea in mente supplicò il Signore fino a che il sonno non la sorprese.

411

2

MARIA inforcò la bicicletta e cominciò a pedalare attraverso la città: voleva arrivare in corso Indipendenza prima delle otto. Il freddo tagliava la faccia e tormentava le· mani Si era messa un giornale sul petto sotto la maglia e con della carta da pacco aveva confezionato due imbuti che aveva legato al manubrio per difendersi dall'aria gelida. Nella città dilaniata dai bombardamenti, insanguinata dalle rappresaglie, tormentata dalle razzie, la morte era un'abitudine. I negozi più belli erano ormai chiusi da mesi e il mercato nero alimentava canali frequentati da chi poteva pagare.

I tram erano rari, passavano sferragliando in modo quasi lugubre con grappoli di straccioni appesi. C'era un manifesto raffigurante un treno pieno di uomini e donne dell'Italia settentrionale partiti da Verona per la Germania. Il testo diceva che avevano capito che « lavorare in Germania significava: stare bene e poter mantenere decorosamente i loro cari in Patria! » Altri avvisi, cui nessuno credeva, inneggiavano alla vittoria finale, ordinavano la denuncia delle galline ovaiole, pubblicavano l'elenco delle mense collettive e dei ristoratori di guerra dove il costo di una « refezione » oscillava dalle quattro alle diciassette lire. Al Puccini si esibivano Wanda Osiris e Ugo Tognazzi.

Maria vedeva i muri delle città nei quali ogni tanto si apriva lo squarcio provocato da una bomba, come attraverso un vetro rigato di pioggia; le lacrime provocate dal freddo le facevano male.

Davanti al portone di casa Vergani in corso Indipendenza c'era una vettura di lusso, un'*Alfa Romeo 2500*. L'uomo al volante, quando la vide arrivare, abbassò il finestrino e la chiamò: «Maria!» C'era una nota di amicizia in quella voce chiara.

Maria scese dalla bicicletta e si piantò di fianco all'automobile mentre l'uomo al volante, aperto lo sportello, si affrettava a uscire.

«Maria!» ripeté l'uomo. «È così che saluti i vecchi amici?»

«Mimmo!» esclamò la donna riconoscendo la faccia sorridente, da arabo, di Pazienza. Guardò l'uomo elegante vicino all'automobile di lusso e fece il confronto con il suo abbigliamento di guerra. «Uno strazio, eh?» Alludeva al proprio aspetto e cercò di mascherare il senso di vergogna con un sorriso.

«Non è male come credi», cercò di confortarla Pazienza. «A parte pochi privilegiati la maggior parte della gente naviga in un mare di guai. È la guerra, Maria.»

La donna con una mano teneva il manubrio, con l'altra pescò un fazzoletto nella tasca del cappotto, si asciugò gli occhi che le lacrimavano e si soffiò rumorosamente il naso. «Immagino che tu non sia venuto per parlare della guerra e dei guai della gente», osservò.

«Non mi stringi nemmeno la mano?» si lamentò porgendogliela.

Maria sentì quella mano calda e morbida nella sua, la strinse con amicizia, si avvicinò all'uomo e lo abbracciò. «Sono stanca, Mimmo. Non ne posso più.» Respirava il buon odore di lavanda, di abiti nuovi, di sapone costoso, respirava l'aroma di legno, di cuoio e di tabacco che veniva dall'automobile aperta, respirava il profumo del passato che non era mai riuscita a dimenticare. Sentiva irresistibile l'attrazione del cerchio magico.

«È finita, Maria.» Sbatté le ciglia e negli occhi neri brillò la commozione.

«Che cosa è finita?» Maria aveva i piedi e le mani indolenzite, ma non sentiva più il freddo.

«Tutto è finito, Maria», si rallegrò Pazienza, «la miseria, le privazioni, la fatica.»

« Fammi capire, Mimmo », rifletté Maria passandogli una mano sulla fronte. « Vuoi dire che... »

« Cesare è pronto a dare il suo nome alla bambina. » Ascoltò il suono delle sue parole e aspettò una risposta.

« Ma come, così? Improvvisamente? Perché oggi e non cinque anni fa? » Batté i piedi per accertarsi se li aveva ancora e si guardò intorno per rendersi conto se quello che vedeva apparteneva alla realtà.

« Ha acquisito la certezza che Anna è proprio sua figlia », le confidò.

« Glielo ha detto la chiromante? » ribatté Maria incerta fra lo scherzo, l'incredulità e la disperazione.

« Una chiromante glielo aveva detto cinque anni fa, ma lui non le aveva creduto. » L'avvocato Domenico Scaglia parlava seriamente. « Voleva precise conferme. Ora le ha avute. »

Altre lacrime scesero dagli occhi di Maria e quella volta non era colpa del freddo. « Ma io che cosa devo fare? » implorò.

« I documenti sono pronti », la informò, « devi soltanto firmarli. »

« Quando? » Era ancora confusa e sospettosa.

« Quando vuoi. Anche oggi. Anche questa mattina. »

« Devo fare sapere ai signori che non potrò più lavorare per loro. Ma non posso piantarli da un giorno all'altro. Devo dar loro almeno il tempo di trovare un'altra serva. » Disse « serva » volutamente per sottolineare l'abisso che ancora li divideva e per ferire Cesare anche se non poteva sentirla.

« Ha sofferto anche lui », lo difese Pazienza, « più di quanto immagini. Però si rende conto che non basterà chiederti scusa per cancellare la pena di questi anni. »

« Lui non ha mai accettato la mia verità perché adesso dovrei accettare la sua? » reagì.

Pazienza decise che un tono molto professionale sarebbe stato utile per risolvere definitivamente la questione. « Nessuno vuole influenzare una tua libera decisione. Puoi accettare o rifiutare. Però devi farlo subito. »

Il cuore di Maria era gonfio di emozione. Pensò alla piccola Anna, alla promessa del giorno prima, all'offensiva incredulità di sua madre, pensò ai sacrifici che aveva fatto sorretta sempre da una fede incrollabile. « Accetto perché è giusto che Anna prenda il nome di suo padre. » Credeva sinceramente a quelle parole nel momento stesso in cui le pronunciava.

« Lui non ha dimenticato quello che ti ha fatto. E sarà buono con te. Ma tu dovrai essere a tua volta comprensiva. »

Maria gli sorrise e gli passò una mano rossa e screpolata dalla fatica e dal freddo sulla guancia morbida, rasata e profumata. « Lo sarò », disse. Avrebbe voluto ridere, piangere, saltare di gioia, anche se c'era la guerra e l'aria sapeva di morte.

Un pallido sole invernale intiepidiva l'aria del mattino rendendola meno pungente. La nonna aveva spalancato la finestra della camera da letto e Anna poltriva al calduccio sotto le coperte lasciandosi solleticare il viso dall'aria fresca. Giulio era uscito da poco per andare a scuola con lo scaldino per non gelare nell'aula priva di riscaldamento.

Anna vide Musetto, il grosso soriano dai grandi occhi grigi e il muso sorridente, comparire nel vano della finestra che dava sulla ringhiera. Dalla cucina veniva il buon odore del latte e della polenta abbrustolita sulla stufa che nonna Vera stava preparando per lei.

La bambina, chiamò il micio. « Musetto, vieni qui », disse battendo la manina sulle coperte.

Il gattone spiccò un balzo e le fu subito addosso: era caldo e faceva le fusa. Cominciò a zampettare in un affettuoso andirivieni tra il lenzuolo e il petto della bambina, lasciando impronte scure, rossastre sul lenzuolo e sulla camicia da notte di flanella bianca a roselline. E c'erano anche tracce di segatura tra quelle impronte.

« Nonna, nonna », strillò Anna, « vieni a vedere. » E quando Vera apparve la bimba indicò le macchie che spiccavano sulla camicia e sul lenzuolo. « Guarda, nonna. Che cos'è? »

Vera guardò le impronte lasciate dal gatto, fissò Musetto e lanciò un urlo. L'animale spaventato fuggì come un razzo dalla finestra e la donna tolse subito la camicia alla bambina. « Anna », si raccomandò, « non mettere le mani in bocca per nessuna ragione. » La portò in cucina, tolse la caldaietta piena d'acqua calda dalla stufa e lavò minuziosamente la nipote con un'attenzione che alla bambina sembrava superflua, mentre continuava a dire: « Oh, Signore. Guarda se ci doveva capitare anche questa. E adesso che cosa faccio io, povera donna sola? Oh, Signore, aiutaci tu. Almeno ci fosse stata in casa la tua mamma ».

Anna non capiva il motivo di tanta agitazione, ma intuiva che si era verificato un evento pericoloso, forse più pericoloso delle bombe. « Nonna, perché sei così spaventata? » le domandò.

Intanto Vera l'aveva lavata, asciugata e completamente rivestita. « Erano macchie di sangue quelle che avevi sulla camicina », le spiegò anche se la bambina non poteva capire. Parlare le serviva per sentirsi meno sola e disperata.

« Oh, poverino, Musetto era ferito? » si preoccupò.

« No, è il signor Leone, il nostro vicino. » Vera la scrutava con estrema attenzione e cercava di ricordare bene come si fossero svolti gli ultimi minuti. Sì, il lenzuolo era sporco e anche la camicia da notte, ma la bambina non si era toccata, non aveva messo le mani in bocca.

« Si è fatto male il signor Leone? » insisté Anna.

« Questa notte ha avuto un'emottisi. Ha perduto sangue. Un'ora fa sono venuti dall'ospedale a prenderlo. Lo hanno portato via in lettiga. Il gatto è andato in casa sua, poi con le zampe sporche è saltato sul tuo letto. Oh, Signore », continuò a lamentarsi. « Adesso mangia in fretta il tuo latte », la sollecitò mettendole davanti la scodella fumante e una fetta di polenta abbrustolita. « Poi bisogna fare bollire lenzuola, camicia, tutto. »

« Devo bollire anch'io? » sbottò con involontario umorismo.

« Anna, per favore, non farmi impazzire », esclamò la nonna mettendosi le mani in testa. « Mangia che dopo andiamo dal fornaio. Bisogna telefonare a tua madre. »

Vera, stringendo a sé la nipotina quasi volesse affrontare con lei il pericolo del contagio, la prese in braccio e andò a telefonare all'ingegner Vergani, dove Maria stava terminando di riassettare la casa prima di andarsene per sempre.

« Portala qui », le disse senza perdere la calma, « al resto penso io. »

Il garzone del fornaio si offrì di portare la bambina e la nonna in corso Indipendenza sul triciclo che gli serviva per il trasporto dei sacchi di farina. « Il Signore te ne renderà merito. » Vera ringraziò il bravo ragazzo che era lieto di rendersi utile.

Maria le aspettava in corso Indipendenza sul portone di casa e mentre Vera spiegava nei particolari l'accaduto arrivò una grossa automobile. L'autista si mise a disposizione di Maria.

« Va bene, mamma », disse Maria. « Ti ringrazio. » Spinse Anna verso l'automobile e la bambina vi salì come Cenerentola sulla carrozza fatata senza domandarsi perché.

« Di chi è questa automobile? », chiese Vera.

« È di Cesare Boldrani. Da oggi la nostra vita cambierà, mamma. Niente più miseria né sacrifici. I bambini hanno sofferto abbastanza e anche noi due abbiamo sofferto. Oggi Anna conoscerà suo padre. È stato lui a cercarla. »

« Pensa a tua figlia adesso », rispose duramente. « Curala. Se è malata falla guarire. Poi decidi quello che la tua maledetta testa ti suggerisce. »

Di quel concitato discorso Anna aveva capito una sola frase: « Oggi la bambina conoscerà suo padre ». Così mise in relazione la malattia del signor Leone, le impronte di sangue di Musetto e la prospettiva di un padre ricco più del sor Pampurio che spuntava come per magia nel pallido sole invernale.

La donna e la bambina salirono con passo lento lo scalone di marmo del palazzo di foro Bonaparte. Anna era ammutolita da quella silenziosa grandezza e la sua macchina costruttrice di parole, per la prima volta, si era inceppata. Troppe cose erano accadute quella mattina: prima il gatto, poi lo spavento della nonna, poi la corsa in triciclo, poi l'automobile, che era più bella e divertente della giostra con i cavalli bianchi sulla quale era salita una volta.

Maria le aveva parlato con dolce fermezza. « Stamattina conoscerai tuo padre », le aveva annunciato. Voleva raccomandarle di comportarsi bene, ma poi aveva desistito. « Andremo in una casa immensa, con un bagno grande e tanta acqua calda. »

« Potrò anche giocare? » si era preoccupata. « Potrò portare Giulio? »

« Potrai giocare e portare Giulio. E se vorrà venire, anche la nonna. » Era contenta perché andava in una casa grande e bella da un papà ricco come il sor Pampurio, dove avrebbe potuto giocare con Giulio e con la nonna, ma soprattutto era orgogliosa di avere una mamma che non diceva mai bugie.

Maria non ebbe bisogno di suonare il campanello. Ambrogino era sulla porta con le braccia spalancate. « Signora Maria », esclamò con una strana smorfia e gli occhi pieni di commozione. « Cecchina », chiamò, « vieni a vedere! È tornata la signora Maria. È tornata con la sua bambina! »

« È sempre bella, la signora Maria », intervenne Cecchina in lacrime con i suoi occhi strabici e la sua espressione arguta.

« Voi siete buoni », ricambiò Maria, « e siete rimasti veramente gli stessi. Io sono un po' peggiorata. » Era effettivamente diversa dall'elegante e florida ragazza che aveva lasciato quella casa cinque anni prima. Era dimagrita, scavata, ma ingentilita da un insolito pallore, i capelli neri nascosti sotto uno sciarpone di lana grezza. Il cappotto era logoro in più punti e le sue belle gambe erano fasciate da ruvidi calzettoni scuri.

« E questa è la bambina? » domandò Ambrogino prendendo in braccio Anna.

« Quanti anni, signora Maria », soggiunse guardando la piccola con ammirazione. « E che bella signorina ci ha portato. »

« Proprio una bella signorina », fece eco Cecchina che tese una mano per accarezzarla.

« Si accomodi, signora Maria », la invitò Ambrogino spalancandole la porta. Era sempre uguale, soltanto un po' meno ciarliero, forse un po' più triste. « Venite dentro, accomodatevi. »

« Chissà il signor Cesare, quando saprà che siete arrivate », disse Cecchina. « Ambrogio, vai a chiamarlo! »

« No », lo fermò Maria, « aspetta un momento. Il tempo di togliermi il cappotto e rendere presentabile la bambina. »

« Siete bellissime così », disse Cesare. Era apparso sulla porta dell'anticamera. « Anna e Maria », chiamò piano. Era alto, forse più solido e imponente di quando lo aveva visto l'ultima volta, elegante come sempre. Sulla sua espressione, per gli altri impenetrabile, Maria lesse un tocco di severità in più per coprire il turbamento che rendeva lucido l'azzurro degli occhi. Anche la cicatrice sulla guancia parve a Maria più evidente del normale, segno di un eccezionale stato d'animo. L'argento che gli spruzzava i capelli si era accentuato. La giacca dell'abito a due bottoni principe di Galles era slacciata e si vedeva una catena d'oro che attraversava il gilè.

La donna e la bambina rimasero immobili e silenziose. Ambrogino e Cecchina si tirarono da parte a osservare la scena commossi e la donna si asciugava gli occhi con un fazzoletto.

Con un gesto lento che gli era abituale Cesare Boldrani estrasse dal taschino del panciotto un orologio d'argento con il quadrante di smalto e le ore segnate in numeri romani. Si chinò cercando di mettersi all'altezza della bambina. « Ti piace? » le domandò.

Anna osservò attentamente sulla cassa dell'orologio d'argento una figura di donna drappeggiata in una tunica, i capelli fluenti e gli occhi bendati. « Sì, mi piace. È la mamma? » chiese a sua volta.

« No », rispose, « non è la mamma. Però le somiglia. È la dea Fortuna. » L'uomo schiacciò un pulsante, la cassa si aprì e da un piccolo carillon si diffusero le note della *Marcia turca* di Mozart.

Anna alzò il suo faccino estasiato verso la madre. « Mamma, hai sentito? » disse. Poi rivolta a Cesare: « Papà, me lo regali? »

L'uomo si alzò in piedi: « Un giorno », rispose sforzandosi di mantenere la voce su un tono naturale, « un giorno anche questo orologio sarà tuo. » Guardò gli occhi verdi di Anna, quelli nocciola di Maria, pensò ai suoi che erano azzurri e decise che sua figlia era riuscita a mescolare i due colori per ottenere quello stupendo verde smeraldo. Cesare baciò Anna e Maria. « Benvenute nella vostra casa », disse.

Maria era a disagio. « Anna si è messa in un guaio. » Maria ruppe il ghiaccio e gli raccontò l'incidente.

« Musetto ha messo Anna in un guaio », precisò la bambina.

Cesare la tranquillizzò. « Sono pochi i guai a cui non si può rimediare. » Forse, anche prima, se avesse sentito il suo lieve respiro, il suo tenero odore di bambina, se avesse visto il suo sguardo innocente, si sarebbe convinto che Anna era sua figlia e non avrebbe avuto bisogno di prove decisive. Non resistette alla tentazione di prenderla in braccio e di stringerla a sé. Anna, quando si sentì stretta da quell'uomo che aveva lungamente sognato e che immaginava diverso, forse meno austero, meno vecchio e imponente, scoppiò in lacrime. Si divincolò dall'abbraccio e si attaccò alle gonne di sua madre nascondendovisi istintivamente. « Mi dispiace », disse Cesare preso dallo sconforto.

Maria gli sorrise. « Devi darle tempo. E devi darle anche molto amore. Anna non ha bisogno d'altro. »

« Avremo tempo per tutto », la rassicurò Cesare. « Adesso andiamo dal professor Gandini. Vi aspetta. »

Cesare spinse la porta dello studio del professore e fece passare Maria e Anna in un ampio locale in penombra con pesanti mobili scuri e tanti animali imbalsamati. C'era un cane che ad Anna parve enorme: aveva il pelo lungo e folto, gli occhi spalancati, la bocca socchiusa che lasciava intravedere denti aguzzi. Un gufo stava appollaiato su una mensola e la guardava fisso. Un falco con le ali spiegate e gli artigli adunchi sembrava pronto ad aggredirla dall'altro angolo della stanza.

Maria sentì il cuore della bambina battere all'impazzata. « Non aver paura », le disse, « sono animali imbalsamati. Sono finti. »

« Come le bambole? »

« Come le bambole: vedi che hai capito subito? »

Maria conosceva bene il professor Enrico Gandini, uomo di profonda scienza e di straordinaria umanità, che l'aveva seguita in gravidanza ed era il medico di fiducia di Cesare. La sua fede antifascista gli era costata la cattedra e non aveva mai voluto che Cesare Boldrani intervenisse in suo favore.

Il medico li fece subito entrare nel suo studio, ascoltò attentamente il racconto di Maria e di Cesare, poi fece spogliare Anna e la visitò.

Anche il professor Gandini per Anna era vecchio e oltre tutto non sorrideva mai, però con quell'uomo vecchio e austero Anna si sentiva tranquilla. Quelle mani grandi, calde e protettive su di lei le davano un senso di sicurezza.

« Allora? » domandò Maria che avrebbe voluto subito una certezza.

« Allora », rispose il medico, « dobbiamo aspettare. Non possiamo sapere adesso se la bambina sia stata contagiata. Se si è verificata questa eventualità forse lo sapremo tra un anno, due, dieci. Se le cose sono andate come mi avete detto certamente il contagio non c'è stato. Per quello che mi riguarda Anna è una bambina sana. Cuore, bronchi, pancino, mi sembra tutto a posto. Direi che ha bisogno di un'alimentazione più ricca di proteine. È palliduccia. Inoltre questi inverni milanesi, guerra a parte, non sono l'ideale per nessun bambino. »

« La riviera andrebbe bene? » suggerì Cesare.

« Direi che sarebbe l'ideale », osservò il medico.

Una settimana dopo Anna era a Sanremo con la mamma e Giulio nella villa che Cesare Boldrani aveva acquistato per la sorella Giuseppina quando si era ammalata di cuore.

A « Villa Azzurra », in faccia all'incanto del mare, tra il profumo dei pini e degli oleandri, cominciava la nuova vita di Anna Boldrani. La casa con la ringhiera, la miseria, la guerra appartenevano ormai a un passato da dimenticare.

3

« *Miss Anna, please*! *You cannot stay there!* » La voce acuta, tutta di testa, di Miss Angela Dickson la distolse bruscamente dai suoi sogni. Anna, ancora una volta, era riuscita a eludere la sorveglianza dell'istitutrice e, superato il cancello del giardino a terrazze che dalla villa si affacciava sul mare, se ne stava accovacciata su uno spuntone di roccia a strapiombo sulle onde.

« *Oh, my God! It's terrible*! » Miss Dickson l'aveva raggiunta camminando a quattro zampe sulla roccia e la teneva saldamente per un braccio, affidandosi alla bontà divina. « *Oh, my God. My gracious God!* »

« Hai visto che ti sei messa nei guai? » la rimproverò Anna, ma vedendola così paurosamente in bilico ebbe pena per la donna, le diede la mano, l'aiutò a scendere dallo scoglio e ad arrivare fino ai gradini di pietra che attraverso il giardino portavano a un ampio spiazzo dove Cesare Boldrani aveva fatto costruire una piscina.

Quando furono in salvo Miss Angela reagì con un tremito nervoso e un gran sospirone. « Lei mi farà morire, Miss Anna », la rimproverò con fredda cortesia.

« Io vorrei sapere perché mi dai del lei come a una grande », reagì Anna. « Vorrei sapere perché usi quelle parole che non capisco. Tu parla come me e allora ti darò retta. » La bambina tirò su le spalle e si incamminò verso casa. Anna non aveva particolari avversioni per nessuno e, tutto sommato, sarebbe andata d'accordo anche con quella specie di cane da guardia in tailleur grigio, rotondetta come una bambola e morbida come un pan di burro. Miss Dickson era alta, aveva i capelli rossi, la faccia piena di lentiggini, gli occhi chiari e non sarebbe stata nemmeno antipatica se agli occhi della piccola non avesse rappresentato la tirannia.

« Le illustrerò giorno per giorno, Miss Anna », cominciò a spiegarle con professionale meticolosità, « il comportamento che le leggi della convivenza impongono a ogni classe sociale. Tutto questo », proseguì mentre Anna l'osservava aspettandosi la solita fregatura, « che ora a lei sembra fastidioso e difficile nella sua stessa lingua diventerà piacevole come una favola, anche con le parole che ora detesta e si rifiuta di capire. »

Miss Dickson era un'irlandese sui trentacinque anni; profondamente cattolica, rimasta intrappolata in Italia allo scoppio della guerra, era sfuggita all'internamento perché era sotto la protezione di un potente armatore genovese che l'aveva assunta come dama di compagnia per la moglie inglese. La moglie era poi morta di mal di cuore e l'armatore non aveva avuto nessuna difficoltà a lasciare andare la signorina da Cesare Boldrani che ne aveva fatto l'istitutrice di Anna.

« Cominciamo domani, vuoi? » finse di collaborare Anna per differire l'inizio di una disciplina che non la convinceva. « E poi c'è la mia mamma! » gridò allegra, correndo incontro a Maria che veniva avanti nel sole sul sentiero di pietra. Indossava l'abito azzurro che aveva nel campo di narcisi quando le era nata Anna, opportunamente adattato alla figura ritornata snella. I capelli neri e folti erano mossi dal vento e nei grandi occhi nocciola brillava una serenità sospettosa. Spesso nei suoi sogni la miseria ritornava con il tormento delle privazioni e l'incertezza del futuro. Allora andava a vedere le copie dei documenti con firme e timbri e si rassicurava rendendosi conto che Anna, a tutti gli effetti, era ormai l'erede di Cesare Boldrani.

« È finita la guerra », annunciò Maria con un sorriso smagliante e il cuore in tumulto.

Miss Dickson spalancò gli occhi e la bocca e cadde letteralmente in ginocchio, avendo cura di spostarsi verso l'erba per non ferirsi sulla pietra del sentiero. « Oh, my God. My gracious God! » ringraziò il Signore giungendo le mani e mettendosi a pregare.

« È finita la guerra? » domandò triste Anna. Sembrava che le avessero portato una brutta notizia.

« È tutto finito », l'abbracciò Maria, « oggi, ricordatelo, è il 25 aprile. È finita la guerra. »

« Non passeranno più gli aerei? » si informò Anna. « Non scoppieranno più le bombe? Niente corse di notte al rifugio? E Pippo? Anche Pippo non verrà più a trovarci? »

« No, cara, è tutto finito. Sei contenta? »

« No. » La bambina era diventata improvvisamente triste.

« Come no? » si stupì la madre. Lontano gente cantava e una banda suonava una marcia.

« Cioè, non lo so », si corresse. « Io non so com'è il mondo senza la guerra. Non l'ho mai visto. »

« È facile abituarsi alle cose belle », disse prendendola per mano e avviandosi verso casa, mentre Miss Dickson continuava la preghiera di ringraziamento.

Maria si rese conto che Anna, con le sue apparenti stravaganze, lanciava dei segnali che lei doveva sforzarsi di decifrare. C'erano stati troppi sconvolgimenti nella sua piccola vita. Vera si era rifiutata di seguirli a Sanremo chiudendosi in un doloroso isolamento; Giulio si era incupito perché, anche se era colpito da tante novità, aveva nostalgia della nonna, che gli aveva praticamente fatto da madre. Maria aveva subito una netta metamorfosi agli occhi dei figli: era diventata una mamma elegante, ben pettinata, ingioiellata, profumava di rosa e di mughetto, ma non aveva più l'odore rassicurante della mamma di un tempo.

Anna si era trovata da un giorno all'altro in una specie di paese dei balocchi, dove poteva cambiare d'abito anche due volte al giorno, viveva in una villa principesca e aveva un padre importante che arrivava ogni sabato carico di doni e di tenerezza. Erano tutte cose meravigliose, ma sconvolgenti.

C'erano anche, per Anna, degli aspetti terribili nella nuova esistenza. C'era Miss Dickson (rossa malpelo come le aveva insegnato la nonna), la quale pretendeva che lei si lavasse ogni giorno e non solo le mani e la faccia: fare proprio il bagno completo. Pretendeva che Anna dormisse sola in una camera tutta sua, dove il buio non aveva la morbidezza vellutata del buio di corso Vercelli, con la voce della nonna vicina a raccontare storie o a biascicare preghiere. Il buio profondo della nuova stanza nella grande villa di Sanremo evocava le storie di morti e di fantasmi raccontate dalla nonna, senza la sua voce e il suo calore per esorcizzarle. La prima impressione che le aveva dato la ricchezza era stata di solitudine. Le altre cose nuove che non avrebbe dimenticato mai più erano la voce e l'odore del mare.

Anna si era messa in mente che il mare fosse il cuore azzurro del mondo e l'odore del mare il suo respiro. Così, quando le onde battevano sugli scogli, la bambina era felice, soprattutto se riusciva a eludere la sorveglianza dell'istitutrice e ad appollaiarsi sullo spuntone di roccia a strapiombo sulla riva.

Miss Dickson non era cattiva, né particolarmente sadica, ma quel tanto di perverso che metteva nell'educazione di Anna le derivava dall'intima consapevolezza di svolgere una missione. Da quando era in Riviera, Anna non aveva mangiato una volta tranquilla, sempre sottoposta alla tortura ossessionante delle buone maniere; lei, che in cinque anni di vita aveva assimilato altre maniere e le considerava altrettanto buone.

C'era anche un altro fatto che aumentava la sua confusione ed erano i discorsi che i suoi genitori facevano a proposito di Nemesio, il padre di Giulio. Un giorno questo Nemesio era arrivato su una jeep, indossava una divisa americana e sembrava proprio uno di quei soldati alti, biondi e ben vestiti che giravano dappertutto offrendo caramelle, cioccolata e gomma da masticare. Anche lui aveva regalato ai bambini cioccolato, caramelle e gomma da masticare e aveva promesso che sarebbe tornato a prendere Maria se lei si fosse decisa a seguirlo in America. Maria dunque era la moglie di Nemesio che però era soltanto il papà di Giulio perché lei era figlia di Cesare Boldrani.

« Mamma, perché io e Giulio abbiamo due papà diversi? » aveva domandato una volta. « Tutti i fratelli hanno un papà uguale. »

« Un giorno ti spiegherò », aveva promesso Maria.

Venne l'estate senza che Anna si fosse completamente abituata alla nuova condizione « Villa Azzurra », che Cesare Boldrani aveva comperato molti anni prima per la sorella Giuseppina, era stata opportunamente adattata alle esigenze della nuova famiglia. C'erano una sala giochi, una palestra e la piscina dove Anna e Giulio imparavano a nuotare sotto gli occhi di un istruttore.

Dal vicino collegio delle suore Orsoline veniva ogni giorno Mademoiselle Josephine per la lezione di francese. Giulio aveva un carattere docile e si adattava presto alle situazioni nuove, ma Anna era insofferente a qualsiasi disciplina: bastava imporle un metodo perché reagisse rabbiosamente. Secondo Mademoiselle Josephine Anna era una *petite sauvage* dalla quale non si sarebbe mai ricavato *absolument rien*. Anna continuava a rifiutare giochi e insegnamenti, preferendo passare il tempo con i giardinieri a pasticciare con la terra, a fare capriole sull'erba, a cogliere fiori, a respirare il mare, a sentire battere l'azzurro cuore del mondo. Quando di notte si svegliava tormentata dai fantasmi e dalla solitudine sgusciava fuori del letto per rifugiarsi in quello della madre che dopo un formale rimprovero l'accoglieva con tenerezza.

Maria era preoccupata e fu lieta quando in autunno Cesare decise che sua figlia avrebbe frequentato da esterna il collegio delle Orsoline.

« Deve assolutamente socializzare », disse Cesare. « Deve prepararsi a una vita di relazione. Il solo modo per imparare è l'esempio. Vedrà le altre bambine e piano piano assimilerà le regole di vita della sua classe sociale. »

Fu un'esperienza disastrosa. A sentire Anna le suore erano cattive, le compagne altezzose, le signorine perfide. Si burlavano di lei perché si puliva il naso con la manica del grembiulino bianco e azzannava la merendina come se fosse l'ultimo pasto della sua vita invece di mangiarla a piccoli morsi come facevano le altre allieve. Tutti la rimproveravano perché non riusciva a conservare puliti per più di un'ora i bei vestitini di velluto ricamati a nido d'ape. Inoltre non sapeva tenere le posate e parlava un italiano pittoresco dal quale emergevano espressioni dialettali tremende. Tutto quello che prima apparteneva al suo modo naturale di comportarsi era diventato un elemento di disturbo. Certamente non era migliore né peggiore delle sue compagne, era soltanto diversa; perciò la tendenza era quella di respingerla. Ma la bestia nera di Anna era Silvia De Carolis che aveva undici anni e frequentava la quinta elementare. Durante l'ora dei giochi, nel parco del collegio, le allieve più grandi avevano il compito di sorvegliare le più piccole e Silvia De Carolis, figlia unica di un editore milanese, aveva avuto l'incombenza di vigilare su alcune bambine tra le quali c'era Anna.

Silvia era una ragazzetta molto graziosa e disinvolta, parlava indifferentemente l'italiano, l'inglese e il francese, eccelleva in tutti gli sport, ma la sua specializzazione era la perfidia, un sentimento che aveva vissuto e respirato nel salotto frequentato dalle amiche della madre e che era diventata l'elemento di spicco del suo carattere. La mamma di Silvia, genovese, vantava discendenze che coinvolgevano i Fieschi e i Doria e quando aveva saputo che nello stesso collegio frequentato dalla figlia c'era la bambinetta affiliata che Boldrani aveva avuto da una serva l'avvenimento fu subito al centro di fitte conversazioni. Su quelle origini plebee, radiografate dalle ultime professioniste del pettegolezzo in attesa di rientrare in città, Silvia costruì la sua persecuzione.

« Non corrermi *a dietro* », la rimproverava Anna storpiando la frase.

« Ma come parli bene », ribatteva Silvia, « chi ti ha insegnato l'italiano? La tua mamma? »

« No! » reagiva la piccola. « Mi ha insegnato mia nonna Vera. *E te è più meglio che te la mucchi* di darmi fastidio. »

Silvia esplodeva in risatine di testa e chiamava a raccolta le amiche.

« Ragazze », le invitava allo spettacolo, « venite a sentire Anna Boldrani come parla. Coraggio, Anna », la incitava quella vipera, « fai sentire a tutte di che cosa sei capace. »

Anna cadeva nella trappola e rispondeva incollerita: « Quando sono grande *è più meglio se ti scondi*. Brutta scema. Perché ti prendo a pedate nel culo ».

Le ragazzine ridevano e la punzecchiavano: « Silvia ci ha detto che tua madre è una serva. È vero che sei figlia di una serva? »

Anna aveva sopportato offese e derisioni per molti mesi, reagendo alla sua maniera, pestando pugni a destra e a sinistra, piangendo di rabbia.

« Mamma », chiese un giorno a Maria, « perché dicono che sono figlia di una serva? »

« Perché vogliono farti un dispetto. » La bella faccia di Maria si alterò per l'ira.

« Ma io, mamma, sono figlia di una serva? » Esigeva una risposta comprensibile.

« Tu sei figlia di Cesare Boldrani. Del grande Cesare Boldrani », decretò Maria.

« E tu mamma, tu che cosa sei? »

« Io sono la tua mamma. E tu sei la mia regina. » Per Anna quella fu una risposta convincente.

Maria si rese conto che per determinare il passaggio di Anna da un mondo all'altro i timbri e le firme sui documenti non bastavano. Quella Silvia De Carolis stava distruggendo la serenità di Anna e certo amplificava i pettegolezzi di casa. D'altra parte non poteva mettere a tacere tutte le persone che avrebbero sparlato di lei soprattutto da quando non avevano nemmeno più paura della guerra. Doveva passare del tempo, presto sarebbero tornati a Milano, Anna sarebbe cresciuta, sarebbe stata messa al corrente della situazione, avrebbe capito e con il suo carattere avrebbe saputo difendersi da sola. Avrebbe deciso lei se considerare una vergogna il fatto di essere figlia di una governante. In ogni modo convinse Cesare ad affrettare il trasferimento a Milano della famiglia. La bambina stava bene, si era irrobustita e non c'era ragione di stare tutto l'anno in riviera.

Pochi giorni prima della partenza, era passato da tempo il Natale e si avvicinava la primavera, Silvia e la sua banda tornarono alla carica contro « la figlia della serva ».

Anna le fronteggiò serissima, mettendo i pugni stretti alla vita come faceva nonna Vera. « Io non ho mai detto niente di tua madre », esclamò volgendosi a Silvia. « E non so chi è tuo padre. Ma so chi è il mio e un giorno me la paghcrai. »

« Ma certo », replicò Silvia, « adesso corri da papà a fare la spia. Hai imparato da tua madre a fare la spia? »

« Tu hai fatto la spia. Io non faccio la spia », contrattaccò Anna. « Ora sono piccola, ma un giorno ti farò piangere, Silvia De Carolis. Un giorno forse ti ucciderò. »

Le bambine fecero silenzio e Silvia ebbe paura perché negli occhi verdi di Anna lesse una terribile vendetta.

Anna 1953

L'AMERICANO continuava a raccontare della Corea dov'era andato volontario. « Dopo i negoziati di Panmunjom ci sarà finalmente l'armistizio. » Aveva la faccia risoluta e simpatica del cow-boy, i capelli a spazzola, gli occhi leali del bravo ragazzo americano di buona famiglia. Si chiamava Hilary, veniva da Atlanta, Georgia, e giocava splendidamente a tennis. Ma la guerra era un tarlo che gli rodeva il cervello. « È stato terribile. »

« Certo », gli rispose l'amico che sembrava sintonizzato su una diversa lunghezza d'onda, « la guerra è sempre terribile. »

« Arrigo, tu non puoi capire », insisté l'americano. Erano nel più esclusivo tennis club di Monza, parlavano inglese e sorseggiavano Chivas Regal con ghiaccio all'ombra di una quercia secolare che li proteggeva dal caldo sole di giugno.

« Anche noi abbiamo avuto la nostra piccola guerra », osservò con un sorriso il conte Arrigo Valli di Tavernengo. Aveva qualche anno di più dell'amico georgiano, che era suo ospite, e discendeva da un'antica famiglia bolognese con antenati napoleonici.

« Ma tu non mi stai a sentire », esclamò l'americano con dispetto.

« Come, non ti sento? Ma se ti rispondo persino. » Parlava con l'amico, ma i suoi grandi occhi scuri, caldi, ombreggiati da lunghe ciglia sembravano magnetizzati dalla grazia superba di una fanciulla che nel campo vicino, con uno stile impeccabile e aggressivo, stava giocando un tennis esemplare. Ma non era il tennis che attraeva l'attenzione di Arrigo né le gambe snelle, la vita sottile, l'acerba morbidezza del busto. Era il lampo di due incredibili occhi verdi che sembravano ricambiare il suo sguardo quando la tennista, per giocare la palla di servizio, era costretta a voltarsi dalla sua parte.

« Adesso ho capito », esclamò l'americano battendosi la mano sulla fronte. « E io stupido continuavo a parlarti di cose serie. »

« Se vuoi possiamo parlare della fine di Stalin e dell'uccisione del capo della sua polizia segreta », scherzò Arrigo.

« Mai che tu prenda una cosa sul serio », si rassegnò Hilary. « Cerca invece di non dimenticarti che la settimana prossima siamo invitati a Roma da Clara Boothe. »

« È una data impressa sul mio taccuino dorato », lo rassicurò Arrigo mettendosi la mano sul cuore come i presidenti americani quando ascoltano l'inno nazionale. In realtà non era indifferente all'occasione di conoscere Clara Boothe Luce, convertita al cattolicesimo dal vescovo Fulton Sheen, cui il presidente Eisenhower aveva affidato l'ambasciata degli Stati Uniti in Italia.

« Ma intanto stai insidiando la tua appetitosa minorenne », lo sorprese nuovamente Hilary.

« È indubbiamente una gioia per gli occhi », ammise Arrigo, « tuttavia equivale ad accarezzare l'ombra di un sogno. »

« Shakespeare? » lo adulò l'amico.

« No, Arrigo Valli di Tavernengo. » Parlava continuando a guardare in direzione della fanciulla alla ricerca dei suoi indimenticabili occhi verdi. « Shakespeare, parlando di lui come uomo e non come sommo artista, aveva più poesia, ma meno scrupoli. Giulietta e Ofelia non erano più anziane di lei quando morirono d'amore. »

« Se si impegnasse potrebbe avere un futuro come tennista », giudicò l'americano da esperto.

« Credo che per lei qualcuno abbia tracciato un futuro diverso », osservò Arrigo lasciando intendere chissà quali misteri.

L'americano bevve un sorso di whisky. « Se vuoi dirmi chi è questa regina in incognito, accomodati, visto che muori dalla voglia. »

« È Anna Boldrani. »

« La figlia del finanziere invisibile? » domandò.

« Proprio lei. »

« Diventerà una puttanella, come tutte le ragazze perbene. »

Anna seguiva il gioco più per abitudine che per effettivo impegno; in realtà manovrava in modo da non perdere di vista i due giovani che parlavano e bevevano whisky sotto la grande quercia e anche quando la dinamica del gioco la obbligava a voltarsi sentiva addosso lo sguardo dei grandi occhi scuri, caldi, ombreggiati da lunghe ciglia dell'uomo bruno che somigliava a Tyrone Power.

Quando Anna, terminata la partita, passò davanti a Hilary e Arrigo per andare alla doccia assunse un atteggiamento troppo rigido per essere naturale e si sentì sempre più prigioniera di quello sguardo languido che le comunicava un'irrequietezza mai provata. Il suo corpo snello e guizzante sotto il getto dell'acqua era percorso da un brivido, da una segreta inquietudine. Si rivestì e sentì ancora sulla pelle quella dolcissima molestia, simile al ricordo di un'attenzione che l'attraeva e la infastidiva.

Eppure si era ormai abituata agli sguardi indagatori e curiosi della gente del suo stesso mondo e poteva anche immaginare i commenti che nascevano dopo il suo passaggio. Non era un segreto per nessuno l'origine plebea di Anna Boldrani, ma nessuno avrebbe mai ammesso pubblicamente le maligne considerazioni sussurrate alle sue spalle. D'altra parte la figlia di Cesare Boldrani era troppo in alto per afferrare il brusio della maldicenza. Aveva compiuto da qualche mese tredici anni, ma sembrava molto più matura della sua età. Nonostante fosse vezzeggiata e corteggiata dalle persone più in vista e si rendesse conto di essere una stella di prima grandezza negli ambienti più esclusivi non rinnegava le proprie origini ed era orgogliosa di sua madre che continuava a vivere modestamente, estranea a quel mondo, appagata di assistere da lontano alla sicura ascesa della figlia.

Rivide « Occhi scuri » al braccio del quale si dondolava una stupenda ragazza, vestita con ricercatezza, perfettamente truccata. La riconobbe dalla voce, anche se non era più quella stridula e petulante che la punzecchiava nell'ora di ricreazione al collegio delle Orsoline a Sanremo.

« Dammi un pizzicotto, Arrigo », disse stupefatta la ragazza all'uomo, « vorrei sapere se sto sognando o se effettivamente questa signorinella è la mia compagna Anna Boldrani. »

Anna le sorrise porgendole la mano. « E tu sei inequivocabilmente Silvia De Carolis », replicò con signorile disinvoltura. Era molto cambiata. I migliori insegnanti e le compagnie selezionate avevano fatto di lei quella che si dice una ragazza di classe cui non mancava, al momento opportuno, un pizzico di popolaresca aggressività che non guastava. Durante le vacanze estive aveva frequentato college esclusivi in Francia e in Inghilterra.

« Chi lo avrebbe detto », commentò Silvia strascicando le parole, « che dalla piccola crisalide di un tempo sarebbe nata una simile farfalla. »

Anna tenne per sé il pesante giudizio sulla banalità della osservazione. « Tu invece sei sempre quella », osservò. « Ci sono persone che non cambiano mai, anche se sembrano diverse. » Parlava a Silvia e si sentiva accarezzare da quegli occhi scuri e caldi, dallo sguardo incantatore dell'uomo che somigliava a Tyrone Power al braccio del quale era appesa la sua persecutrice di un tempo.

« Ti vedo in una forma smagliante », si complimentò Silvia, senza fare caso alla provocazione.

« E parlando non faccio nemmeno più tanti errori », le ricordò Anna.

Silvia frugò nella sacca come se cercasse un oggetto dimenticato, ma in realtà voleva soltanto nascondere il proprio disagio. « Mi piacerebbe vederti », propose, « ma non così. Anche se incontrarti casualmente è stato piacevole. »

« Il piacere della simpatia ha il vantaggio della reciprocità », ribatté Anna spontaneamente. « Forse ti stupirà, ma le mie giornate sono maledettamente piene. Non ho nemmeno il tempo di coltivare le amicizie di scuola. » Anna Boldrani, se avesse voluto negarsi, lo avrebbe fatto con grande naturalezza; non mentiva quasi mai. Le sue ore libere erano davvero poche tra scuola e pianoforte, equitazione, nuoto e tennis.

« È una vita d'inferno, la sua », disse « Occhi scuri » presentandosi. « Io sono Arrigo », soggiunse con una semplicità che ad Anna parve incantevole.

« Oh, scusami, Anna », esclamò Silvia, « ero talmente sorpresa e lieta che ho dimenticato di presentarti il mio fidanzato, il conte Arrigo Valli di Tavernengo. » Recitò lentamente, con intenzione, titolo, nome e i due cognomi, per fare colpo.

« Sembra il personaggio di un romanzo di cappa e spada », commentò Anna ironica, forse per distogliere l'attenzione dei due dall'improvviso rossore che le aveva imporporato le guance nel momento in cui « Occhi scuri » le aveva stretto la mano.

« Ahimè, la decadenza dei tempi e i fasti repubblicani hanno cancellato lo smalto dagli antichi blasoni. » Aveva uno spiccato senso dell'humour che sottolineava con un garbato sorriso. « Anna Boldrani evoca suggestioni e risonanze ben più significative. I nobili, mia cara, sono passati di cottura. »

« Le corone esercitano sempre un certo fascino. » Stava nascendo un dialogo piacevole lontano dalla preoccupazione mondana di sembrare.

« Ti sei fatta ardita », intervenne Silvia. Si sentiva esclusa dallo scambio di battute. « Non mi hai detto di tuo padre. »

« Non mi hai chiesto niente di lui. » Ogni inciampo una martellata. « Comunque, grazie al cielo, sta bene. Se vuoi », l'aggredì, concedendole un supplemento di informazioni familiari, « ti dico anche come sta mio fratello. Ah, già, tu non lo hai conosciuto. Però ne hai certamente sentito parlare, anche se lui non è figlio di Cesare Boldrani e si chiama Milkovich. Giulio Milkovich. La storia della nostra famiglia, caro conte », proseguì rivolgendosi ad Arrigo, « è più avvincente d'un romanzo. Se già non lo ha fatto preghi Silvia di raccontarglielo. Silvia questo romanzo potrebbe scriverlo. »

« Ce l'hai ancora con me per quei vecchi screzi del collegio? » Silvia rivide gli occhi verdi di Anna bambina pieni di vendetta.

« Ti sembro una bambina capace di serbare rancore? » domandò con la faccia scura di una bambina piena di rancore.

Silvia era persuasa che se Anna avesse potuto ucciderla con uno sguardo o formulando un pensiero lo avrebbe fatto, ma non ebbe il coraggio di tradurre in parole il suo personale convincimento. « Possiamo essere amiche, vuoi? » propose.

« Tu sei una donna, Silvia », la scoraggiò, « io sono poco più di una ragazzina. »

« Ti telefono? » Silvia non si dava per vinta.

« Sono in partenza per l'Austria. Vacanza di studio, naturalmente. » Era vero. Suo padre aveva assunto per lei un'istitutrice austriaca e aveva acquistato a Lech, nella zona del Seekopf, uno chalet stupendamente arredato con pezzi dell'antiquariato tirolese.

« Se hai voglia chiamami tu », si rassegnò. « Quando vuoi. »

Si salutarono e Anna si sentì nuovamente percorsa dal sottile turbamento di prima avvertendo il piacevole senso di forza e di calore che le veniva dalla mano grande e forte di quel giovanotto che stringeva delicatamente la sua.

Camminò verso il piazzale del tennis dove l'attendeva l'autista con la portiera dell'auto spalancata. Anna si voltò e vide Silvia che aveva assunto un'espressione dura, mentre parlava fitto con il fidanzato. Stava raccontandole la prima puntata della saga dei Boldrani.

Salutò cordialmente l'uomo in divisa e sedette sul sedile al suo fianco. Per molti frequentatori del circolo la ragazza non significava niente, per le persone che veramente contavano il suo nome suscitava qualcosa: ammirazione, invidia, odio, amore, mai indifferenza. Non faceva niente per mettersi in mostra. La sua naturale propensione alla prudenza e i suggerimenti paterni facevano di lei una persona estremamente riservata. Aveva poche conoscenti, nessuna amica. Le compagne di scuola la rispettavano per la sua bravura, ma la consideravano antipatica appunto per la riservatezza che scambiavano per superbia.

« Andiamo a casa, Giovanni », disse all'autista. Nello spazio tra i due sedili c'era una cartolina a colori che rappresentava il Cristo del Corcovado, il Redentore che sembra abbracciare la baia di Rio de Janeiro. Era una cartolina di Giulio, che scriveva sempre più raramente da quando aveva raggiunto il padre oltreoceano. Nemesio, il romantico giramondo, aveva conseguito una posizione invidiabile e si era inventato un mestiere: costruiva su scala industriale mobili italiani con legno del Brasile.

Maria, sua madre, aveva preso la decisione di stare con lei, nell'ombra, come se attraverso l'affermazione sociale di Anna realizzasse inconsciamente il proprio sogno di potenza. Pensò al fratello e alla madre, ma riuscì a ricordare soltanto gli occhi scuri, caldi e incantatori di uno sconosciuto che, forse, non avrebbe incontrato mai più. Ma le avevano dato il primo violento brivido della sua vita.

Anna guardò il vassoio d'argento sul quale erano allineate, come nella vetrina di un salumiere, larghe fette di roast-beef che il cameriere in giacca e guanti bianchi le porgeva. Fece

436

no con la testa e ringraziò con un sorriso. Il cameriere riprese il suo giro.

Maria che per antica abitudine, anche quando gli altri erano a tavola, andava e veniva dalla cucina subito si allarmò. « Che cosa c'è, tesoro? Non stai bene? » Apparteneva a una generazione che faceva coincidere la scarsa considerazione per il cibo con un cattivo stato di salute.

« Niente, mamma », rispose la ragazza.

« Vuoi un'altra cosa? » si affrettò a proporle.

Anna la fissò serena. « Non posso trasformarmi in un contenitore senza fondo soltanto per farti piacere, mamma. »

« Sarà », mormorò Maria per nulla convinta. A trentatré anni Maria era sempre bella, ma la sua carnagione aveva perso la luminosità di un tempo, come se avesse esaurito parte della carica vitale o avesse speso troppe energie nei durissimi anni della guerra. « Mi sembri pallida. » Non si dava per vinta.

« Ma no, mamma. Sono in una forma smagliante. » Era una frase insolita per lei.

« Chi te lo ha detto? » domandò Cesare intuendo che la frase non era farina del suo sacco.

« Una vecchia amica. » Bevve un sorso d'acqua minerale e si specchiò infantilmente nel cavo scintillante del cucchiaio d'argento che le restituì un'immagine deformata. Era sera, le finestre erano aperte e da foro Bonaparte veniva il rumore del traffico che negli ultimi anni si era moltiplicato.

« Alla tua età », osservò bonariamente Cesare, « devono essere frequenti gli incontri con le vecchie amiche. »

« Vecchie per modo di dire », ribatté Anna che intuiva le sfumature e aveva la battuta pronta anche con suo padre, « non abbiamo combattuto tutta la guerra insieme, ma abbiamo fatto per qualche mese una specie di resistenza. Una contro l'altra, naturalmente. »

« La conosco? » Cesare fermò con un gesto appena accennato il cameriere che stava versandogli del vino. Detestava lasciare cibo nel piatto e vino nel bicchiere.

« È Silvia De Carolis. » Buttò lì il nome come il due a briscola.

« Quella rompiscatole che ti faceva piangere? » I suoi occhi azzurri per un momento scintillarono, poi un sorriso mite cancellò la contrarietà. « Immagino che sia acqua passata, dopo otto anni. »

« L'imbecillità e la perfidia sono come il diamante, papà: inalterabili. Anzi, con il tempo aumentano il loro valore. » La sentenza le piacque.

« Questo te l'ho insegnato io. » C'era nella sua voce un'accusa di plagio e una buona dose di compiacimento.

« Cito i classici, posso citare mio padre. »

« Alla corta », volle stringere con lombarda praticità, « che cosa vuoi dirmi? »

Gli occhi verdi di Anna brillarono di curiosità. « Papà, chi sono i De Carolis a Milano? » Da un certo livello in su c'era un solo metro per misurare il valore delle cose e delle persone: il prestigio e la potenza. E l'uno era influenzato dall'altra.

Cesare osservò controluce il vino che era rimasto nel bicchiere di cristallo e lo bevve. « Il padre di Silvia è un ottimo editore, ma un pessimo manager. »

« In che senso? » L'argomento la incuriosiva sempre di più.

« In che senso », ripeté Cesare. « Nel senso che fa il passo più lungo della gamba. Lavora per la posterità e per l'arte, due elementi che non si conciliano con il successo economico. »

« Però i suoi libri sono molto belli. » Anna ricordava delle pubblicazioni d'arte veramente pregevoli. Un'intera collana di maestri del colore faceva bella mostra di sé in biblioteca.

« La gente non compra una cosa perché è bella, ma perché le piace. Case, mobili, vacanze, automobili, libri: o intuisci il gusto della gente in quel determinato momento, oppure chiudi. »

« Hanno anche un giornale? » chiese anche se già conosceva la risposta.

« Sì, un giornale femminile. *Personalità*, credo si chiami. Non ti verrà in mente di fare la giornalista », domandò con tono allarmato.

« No, papà. Ma tu, perché non compri giornali? » Anna raccolse una briciola e la mise in bocca.

« Costa meno comprare i giornalisti, se non sei nel ramo. Ce n'è sempre qualcuno in vendita. Quello dell'editore è un mestiere che richiede talento, ma soprattutto competenza e grande umiltà. E fortuna. Altrimenti si finisce in un mare di debiti. »

« Come i De Carolis? » Prese un narciso dal bouquet a centro tavola e ne aspirò il profumo.

« Be', sì. » La curiosità della figlia cominciava a insospettirlo.

« Ma sei proprio sicuro che siano indebitati? »

« Sono in rosso con la nostra banca, ma finora si sono

comportati sempre in modo corretto. È gente che nasce bene. La moglie è una Siniscalchi. Hanno una bellissima tenuta nel vercellese. Soddisfatta? » chiese Cesare alzandosi da tavola.

« Completamente, vostro onore », rispose a tono Anna. Maria, nel frattempo, era scomparsa in cucina per lasciare le luci della ribalta ai due protagonisti. « Cercavo soltanto di capire perché quella Silvia si dia tante arie. » Il padre di Silvia era un debitore del suo che avrebbe potuto metterlo con le spalle al muro.

« Papà », lo fermò, mentre stava dirigendosi verso il soggiorno dove Maria avrebbe servito il caffè.

« Che cosa c'è ancora? » domandò fingendo di spazientirsi.

« Hai mai sentito parlare dei conti Valli di qualchecosa? »

« Valli di che? »

« Non mi ricordo più. »

« Se ti riferisci ai Valli di Tavernengo », l'aiutò Cesare, « sono nelle distillerie. Una famiglia illustre. Una solida fortuna. »

« Ah. » Provò invidia per Silvia che avrebbe sposato, perfida come era, un uomo illustre e fortunato, con i grandi occhi scuri e caldi che l'avevano profondamente turbata.

« Ah che cosa? »

« Arrigo Valli di Tavernengo è il fidanzato di Silvia », confessò.

« Congratulazioni », disse Cesare fissandola con uno sguardo tra l'ironico e l'ambiguo. « O no? »

« Per me, figurati », si schermì prendendolo affettuosamente sottobraccio e incamminandosi con lui verso il soggiorno. « Solo una piccola curiosità. »

« Chiedi a Pazienza », le suggerì. « Non c'è intrigo sentimentale occulto o palese, ufficiale o clandestino che lui non conosca. Come faccia a seguire contemporaneamente tutte le storie d'amore e tutti i suoi affari sarà sempre un mistero per me. »

Anna 1959

« *Stanis, ça suffit* », disse Anna voltandosi di scatto verso l'uomo e gelandolo con i grandi occhi verdi sgranati come se volesse ucciderlo. « Il tuo comportamento è intollerabile. » A diciannove anni era una bellezza fiera e incantevole, una specie di vulcano foderato di ghiaccio.

L'uomo le sorrise. Aveva l'espressione malinconica dell'animale in amore, rassegnato, non vinto, di fronte alle continue frustrazioni cui Anna lo sottoponeva crudelmente. « Come sei bella, mia cara, quando ti arrabbi così. » Anche la sua voce roca era carica di desiderio.

Erano tutt'e due accaldati dopo una lunga cavalcata nella brughiera del castello di Thomasin nella Loira. L'erica occhieggiava tra gli arbusti e si vedeva lontano l'elegante edificio che dal Seicento apparteneva alla famiglia del barone Stanis de la Rochefoucauld.

« Non posso farci nulla, Stanis », mormorò con dolcezza accarezzandogli una guancia. Indossava dei pantaloni aderenti di tela verde e una camicetta di seta bianca di taglio maschile che metteva in risalto la sua figura. Calzava stivali di cuoio marrone.

« Non mi perderò d'animo per questo », disse l'uomo.

Salirono a cavallo e al piccolo trotto raggiunsero il castello. Un mozzo di stalla prese in consegna gli animali.

Nell'angolo delle scuderie Stanis l'abbracciò nuovamente.

Quella fanciulla di neve con il cuore di un vulcano, come la definiva lui, lo faceva impazzire.

« Basta così », esclamò Anna. Le sue parole e il suo sguardo non furono sufficienti per richiamarlo all'ordine. Lui la tenne avvinghiata a sé, premette le labbra contro quelle di lei, cercò la sua lingua e le infilò una mano nella camicetta.

Anna si divincolò con uno sforzo rabbioso e lo colpì su una guancia con il frustino. Era stravolta per l'offesa e la vergogna. Un largo segno violaceo affiorò sulla faccia dell'uomo che si coprì istintivamente con la mano.

« Non farlo mai più », lo rimproverò con voce piena di disprezzo. « Se vuoi prenderti certe libertà le amiche compiacenti non ti mancano. »

Era la prima volta che Anna, da quando era fidanzata con Stanis de la Rochefoucauld, reagiva in modo così radicale, ma non era mai successo che l'uomo l'avesse aggredita con tanta veemenza. « Non dimenticare mai chi sono », sibilò.

« *Une sale putain*! » si sfogò lui quando Anna non era più a portata di voce. L'avrebbe selvaggiamente uccisa o teneramente amata con identico piacere. Ormai viveva attraverso lei, respirava attraverso lei, era stregato da un'intollerabile altalena che lo portava alla disperazione. Desiderava accarezzare la sua pelle elastica e splendente, toccare la sua carne cedevole e calda che negava, irradiando odore di femmina, il suo atteggiamento gelido e formale.

Stanis de La Rochefoucauld era un bell'uomo sulla trentina con un volto piacevole, un portamento aristocratico e uno spirito pronto. Discendeva da Francesco IV duca di La Rochefoucauld, di cui condivideva le *Riflessioni morali*, l'impegno frondista, la precoce sessualità che però Anna non apprezzava. La ereditiera trovava immorale che l'avo del suo fidanzato fosse stato costretto a sposarsi a quindici anni.

Anna e Stanis si erano conosciuti nell'inverno precedente a Gstaad, sulla pista di Vidmanet, dove la ragazza, che non era mai riuscita a primeggiare nello sci, concludeva qualche volta le proprie discese in modo drammatico, ma per fortuna senza danni. L'ultima volta era stato Stanis a soccorrerla dopo un clamoroso e incruento ruzzolone, anche se il suo intervento non era stato determinante dal momento che Anna si stava alzando da sola. Il giovane che le stava porgendo cavallerescamente il suo aiuto non le era sembrato particolarmente affascinante, ma nell'insieme era gradevole, aveva occhi sorridenti e parlava inglese con un meraviglioso accento francese.

« Mi chiamo Stanis », si era presentato dopo essersi sfilato il guanto.

« E basta? » aveva chiesto la donna lisciandosi il completo acquistato a una svendita della Rinascente.

« Ho un nome che mi va largo », aveva confessato il giovane, attratto dagli occhi verdi di Anna, dalla sua giovanile avvenenza, ma soprattutto colpito dalla modestia dell'abbigliamento sportivo che non aveva eguali in tutti i campi di neve dove scivolavano i miliardi.

« Adesso mi incuriosisce », aveva osservato Anna che si muoveva fra completi sportivi all'ultima moda con il suo abbigliamento da sartina di paese.

« Allora glielo dico », si era deciso. « Sono Stanis de la Rochefoucauld. »

« Quello delle *Riflessioni*? » si era pavoneggiata lei con le reminiscenze di studi recenti. « Quanti anni? » aveva domandato.

« Ventinove. » Era una domanda singolare, ma il giovane aveva risposto ugualmente.

« Non i suoi anni », aveva riso di cuore Anna, « quelli del casato. »

« Le bastano quattrocento? » Era una risposta che faceva colpo e lui lo sapeva.

« Se uno con radici così lontane mi facesse la corte potrei anche impazzire. » Era allegra, si era rimessa in pista ed era partita sollevando spruzzi di neve.

La conversazione si era poi protratta al bar del *Palace*, davanti a un grog fumante. Così Anna aveva scoperto che Stanis, oltre a essere un perfetto gentiluomo, possedeva un gusto squisito e il senso della discrezione. Era esattamente l'opposto dei giovani leoni della buona società milanese malati di provincialismo.

A Gstaad Anna divideva un grazioso chalet con un'amica bostoniana, Meredith Stanley, figlia di un banchiere in rapporti d'affari con Cesare, ammiratrice di Fidel Castro, sostenitrice delle minoranze indiane, legata in tutti i sensi a un professore di Harvard. Meredith, per quanto si sforzasse di sembrare un'intellettuale tormentata, riusciva a essere semplicemente quello che era: un invitante richiamo per tutti i maschi dei dintorni con le sue labbra morbide e il suo sguardo perduto nel nulla. Si lamentava che gli americani spendessero per l'imballaggio dei loro prodotti più di quanto gli indiani spendessero per mangiare e si muoveva ancheggiando come Mae West, valorizzando i suoi fianchi generosi con aderenti pantaloni di seta. Citava Herbert Marcuse a proposito quando gli altri lo credevano un caratterista di Hollywood e nella sua memoria prodigiosa c'era posto per le informazioni riguardanti tutti i partiti interessanti d'Europa e d'America. Conosceva Stanis perché le era stato presentato, però sapeva tutto di lui e della sua famiglia d'antica e illustre nobiltà, ma con un irrilevante patrimonio. C'erano terreni in Normandia che offrivano rendite modeste e un paio di castelli sulla Loira che se le mangiavano. Significativa la collezione di gioielli della madre nella quale le esigenze della famiglia continuavano ad aprire varchi allarmanti. Stanis, irresistibile rubacuori, stava bruciando a Gstaad le ultime risorse dei La Rochefoucauld.

« Ieri sera mi ha fatto una corte spietata », aveva raccontato Anna. « Stamattina ci ha riempito la casa di fiori. Dice che è innamorato. » Era in preda a una sottile eccitazione e regalava un sorriso enigmatico alla tazzina di porcellana colma di caffè che si portava alle labbra.

« Pare sia un innamorato di carriera », l'aveva informata Meredith, il cui seno prorompente attaccava con successo l'esiguo argine di una camicetta bianca. « È nato così. L'innamoramento è scritto nel suo codice genetico. Tu, piuttosto... » aveva soggiunto con tono insinuante.

« Lo trovo simpatico », aveva ammesso Anna continuando a gingillarsi con la tazzina fumante, « spiritoso, ma francamente non so... » Era arrivata a diciott'anni suonati convincendosi ogni giorno di più che l'amore e la passione fossero stati stati d'animo inventati dai poeti o pretesti per sfuggire alla noia. Le occasioni non le erano certo mancate, ma non si era mai innamorata sul serio. I ragazzi che l'avevano corteggiata non le avevano mai suggerito sensazioni particolarmente eccitanti. Cominciava a credere che in lei qualcosa non girasse per il verso giusto. E poi era arrivato quel fantastico Stanis con il suo passato di *Riflessioni* e di gloria che aveva attizzato un fuoco languente.

Meredith le aveva sorriso maliziosa. « La tua verginità è in pericolo », aveva commentato.

Anna era arrossita. Andava sempre in confusione quando

doveva affrontare l'argomento. Era una delle poche diciottenni del suo ambiente che avrebbero deluso il dottor Kinsey e i suoi collaboratori se le avessero sottoposto i loro test sul comportamento sessuale. Non aveva mai praticato il petting, non si era mai masturbata, non era mai stata sfiorata da perversioni di nessun genere, né da tentazioni particolari: i sogni che avrebbero potuto offrirle la chiave per tentare di capire la sua diversità non li ricordava. L'idea che un uomo potesse metterle le mani addosso la terrorizzava.

Meredith, che praticava la psicanalisi come uno sport, le aveva servito un cocktail a base di Elettra, di Edipo, di mostri dell'inconscio, di Io e di Super-Io, di transfert e di comunicazione fluttuante, di desideri repressi.

« Sei cotta, o sbaglio? » le aveva chiesto Meredith interpretando a modo suo il senso di abbandono dell'amica.

« Eh? » si era riscossa. « No, non credo proprio. »

« Però potresti essere sulla buona strada », l'aveva incoraggiata.

Quella sera, mentre Stanis la riaccompagnava a casa in macchina, si era lasciata baciare. Era il primo bacio della sua vita, ma non si erano accese lampadine e non avevano suonato arpe d'oro, tuttavia la cosa non era stata neppure così sgradevole. Forse era davvero sulla buona strada, ma dopo un breve tratto l'uomo aveva dimenticato il *fair play*, le promesse ed era partito alla carica. Fino al cruento episodio del frustino.

Insieme avevano partecipato al matrimonio di Paola Ruffo di Calabria e di Alberto del Belgio a Bruxelles ed erano stati invitati a Teheran alle nozze tra lo Scià e Farah Diba che dovevano essere celebrate in dicembre.

Quel legame e queste frequentazioni non dispiacevano a Cesare Boldrani, anche se non aveva una particolare simpatia per i « francesi pieni di boria che si credono l'ombelico del mondo ». Nobile, è vero, era nobile, ma non scorreva anche nelle sue vene e in quelle della figlia il sangue dei conti Casati di Caravaggio? La nipote di Angelo Boldrani e di Elvira Colombo era andata davvero lontano. Maria non stava in sé per la gioia.

Anna aveva presenti tutte quelle considerazioni quando nel castello di Thomasin sulla Loira, dopo essersi cambiata, andò a bussare alla camera del fidanzato che aveva gravemente offeso.

« Perdonami se puoi », gli disse mortificata.

« Ma certo che ti perdono », rispose lui sorridendo con molto garbo e poca convinzione.

« Non è questo che volevo dire, Stanis », cercò di spiegarsi. « Credo di non provare nessuna attrazione fisica per te. Credo di non provare nessuna attrazione fisica per nessun uomo. »

Si accorse di avere inconsapevolmente mentito. Sei anni prima, quando era poco più che una ragazzina, aveva provato un brivido sottile per uno sconosciuto dai dolci occhi scuri. « Forse non ti amo », gli disse fraternamente. « Prendiamoci un po' di tempo per riflettere, vuoi? » propose.

« Meglio una buona amicizia che una cattiva estasi », commentò Stanis incassando il colpo da vero gentiluomo. Era un tipo che giocava forte, ma sapeva perdere.

« Sarai uno dei più bei ricordi della mia vita », furono le ultime parole di Anna per l'uomo che avrebbe dovuto sposare appena compiuti i vent'anni.

Quel giorno stesso Anna Boldrani lasciò il castello di Thomasin sulla Loira e partì per il Brasile. Voleva stare un po' con Giulio e con Nemesio, che non facevano mai domande imbarazzanti, invece di affrontare sua madre e suo padre che avrebbero certamente preteso delle spiegazioni.

2

IL DC-6 dell'Alitalia proveniente da Rio de Janeiro dopo un'ampia virata riprese l'assetto normale e una decina di minuti dopo si posò con una manovra perfetta sulla pista dell'aeroporto di Espargo, isola del Sale, arcipelago del Capo Verde, al largo delle coste africane. I passèggeri applaudirono.

« Tutto okay? » domandò premuroso il secondo, che era spuntato dalla cabina di pilotaggio. Era un giovane bruno, non molto alto, con la faccia e gli occhi tondi da pacioccone.

Anna si slacciò la cintura di sicurezza e sollevò su di lui gli splendidi occhi verdi. « Manovra perfetta », si complimentò. L'aereo continuava a rollare sull'asfalto.

« Torno al mio posto », disse lui dopo avere compiuto la missione di cortesia.

« Ci vediamo più tardi all'*Hotel do Atlantico* assieme al comandante. » I pochi passeggeri di prima classe si stupirono dell'insolito cerimoniale.

Anna aveva ancora negli occhi i mucchietti di terra visti dall'aereo, puntini invisibili sulle carte geografiche, scogli dal passato illustre che gli uomini stavano dimenticando. Quando Papa Borgia aveva spartito il Nuovo continente tra Spagna e Portogallo il confine segnato su un mappamondo passava cento leghe a ovest dalle Azzorre e dal Capo Verde. Ora che la storia aveva meglio delineato la geografia politica a cento leghe da quella linea immaginaria c'era il selvaggio rifugio di Anna Boldrani, la sua Mompracem, la sua Isola del tesoro.

Aveva visto il faro verde della torre di controllo e si era sentita rinascere. Ogni volta che andava o veniva dal Brasile attendeva con gioia infantile lo scalo al Sale, l'unico posto al mondo dov'era considerata un essere umano e non un pacco di miliardi da guardare con ammirazione o invidia. Perdeva di proposito la coincidenza, si fermava alcuni giorni e saliva sull'aereo successivo diretto in Italia. Gli scali d'obbligo per la linea Milano-Rio erano infatti Roma, Dakar e l'isola del Sale.

Su quell'enorme scoglio spazzato dal vento dell'Atlantico, infestato da capre e cani bastardi, Anna aveva alcuni amici adorabili con i quali di sera giocava interminabili partite a carte e di giorno gareggiava nella pesca di granchi, di polipi e di murene. Le suggestive baie dell'isola per lei non avevano segreti e c'era sempre qualcuno che l'accompagnava con una vecchia jeep a Burracona, Joachim Petinha, Ramo de Junto, Palmeira, Caletinha. Suoi amici erano il direttore dell'aeroporto di cui Anna ignorava il nome perché era soprannominato il Filosofo, i camerieri dell'*Hotel do Atlantico*, Manolo e Ribeira, e padre Antonio, il missionario che nutriva la sua capra con i giornali che gli regalavano gli equipaggi e la capretta gli dava dell'ottimo latte.

Era novembre e pioveva. Era la prima volta che Anna vedeva l'isola sotto la pioggia. Raggiunse a piedi con gli altri passeggeri l'*Hotel do Atlantico*, una grande baracca in stile coloniale che non rifletteva la grandiosità del nome, tappa di tutti gli equipaggi e di tutti i passeggeri obbligati allo scalo tecnico sulle rotte dell'America del Sud. Il direttore, un portoghese alto e dinoccolato con l'espressione mite e la faccia a punta del levriero afgano, le fece un impeccabile baciamano.

« *Benvinda seja! Como vae*? » Era più di una frase convenzionale di benvenuto.

« Spero di essere in forma, Pedro », rispose Anna che era nella disposizione di spirito di chi ritorna a casa.

« Ha voluto farci una sorpresa. » Era preoccupato. Aveva l'abitudine, quando Anna arrivava, di farle trovare in camera una composizione di fiori selvaggi che lui stesso coltivava in un orticello accanto all'albergo, protetto dal vento. Era un omaggio prezioso in quella terra bruciata, prezioso e patetico, accompagnato da un biglietto da visita un po' démodé con l'angolo alto ripiegato.

Manolo, in giacca bianca e pantaloni neri, l'accolse in sala da pranzo e la salutò compito e sorridente precedendola verso il suo tavolo d'angolo. Anna si guardò intorno soddisfatta. L'equipaggio dell'aereo stava entrando in quel momento. Il comandante e il direttore dell'aeroporto si avvicinarono al suo tavolo per salutarla.

Anna invitò tutti. Il comandante, che somigliava più a un lupo di mare che a un cavaliere del cielo, corrugò le folte sopracciglia con atteggiamento scherzoso e batté i tacchi.

« Obbedisco », disse mentre le sue labbra, sotto i baffoni da pirata, sorridevano.

Il direttore, impassibile come un filosofo, ostentando una suprema indifferenza si meritava il soprannome impostogli da Anna.

Manolo e Ribeira servirono aragoste appena pescate e vino bianco portoghese, fresco: riposava da un mese ed era secco come il vento dell'Atlantico. Per il direttore dell'aeroporto, per la gente degli equipaggi e dell'isola, per i rari appassionati di pesca subacquea Anna era soltanto una turista piena di soldi, stravagante e terribilmente simpatica. Al Sale non si sarebbe parlato della rottura del suo fidanzamento con Stanis che già viaggiava sulle rubriche mondane e aveva fatto il giro del mondo.

« Si ferma qualche giorno con noi? » domandò il Filosofo.

« Parto con il prossimo aereo », rispose lei. « Sono quattro mesi che manco da casa. Devo tornare. » C'era rammarico nella sua voce.

« Questa volta, però, non l'ho portata io in Brasile », intervenne il comandante del DC-6. La pronuncia genovese rafforzava la sua immagine da lupo di mare. Invece era innamorato del proprio aereo, dei motori, del volo, dell'aria; interpretava il moto impercettibile delle stelle e parlava con i venti. Soltanto per un'ingiustizia biologica non aveva le ali.

« No. In agosto sono partita da Parigi per New York. Ho fatto un salto a Boston da amici. Poi Rio. Ma la rotta del nord Atlantico è noiosa », disse sapendo di fare cosa gradita al comandante.

Mangiava aragosta appena pescata, beveva vino fresco portoghese, parlava di varie amenità, ma in realtà pensava alla lettera che aveva scritto a suo padre mentre era in volo per gli Stati Uniti. Aveva tentato di spiegargli la fine di un amore cercando di prenderlo per il verso giusto.

All'*Hotel Pierre* di New York, dove era scesa, l'aveva raggiunta una telefonata di Pazienza. Cesare, evidentemente, non era nella disposizione di spirito per una conversazione cordiale. Aveva i suoi principi, veniva da una cascina, era figlio di un manovale e di una lavandaia dell'Ottocento; e la libertà sentimentale, non avrebbe mai parlato di libertà sessuale, di una donna aveva limiti precisi e invalicabili. Zio Mimmo, invece, con la sua biografia di prete mancato era meno intollerante, così per Anna fu relativamente facile spiegargli la situazione. L'aveva persuaso a giustificarla e a fare digerire al vecchio una lunga vacanza in Sud America. Ma ancora una volta spostarsi non le era servito perché anche dall'altra parte del mondo continuava a essere in compagnia di se stessa e delle proprie inquietudini.

Insieme con Giulio e Nemesio aveva vissuto giorni sereni, si era lasciata andare alla suggestione del samba e della macumba, aveva conosciuto Vinicius, il più negro dei bianchi d'America, aveva ascoltato le sue canzoni e aveva lasciato Ipanema, Gloria e Botafogo con il cuore pieno del *Canto de Osannha*, un invito ad amare pur nella sofferenza che l'amore nasconde, un invito a vivere anche quando le lacrime fanno velo.

Intorno a lei esplodevano voci e risate, correvano vino e parole e Anna era presa dalla *saudade*, l'accorata nostalgia che piange sorridendo e somiglia all'amore raccontato dai poeti. Rispondeva a tono alle battute dei commensali, partecipava alla discussione, ma intanto qualcosa la spingeva verso un approdo sconosciuto.

C'era un sorriso in quella sofferenza come nell'accorata nostalgia della *saudade*, c'era un brivido, c'era un ricordo · che le rimescolava il sangue, la memoria riflessa di una di quelle passioni sfrenate, misteriose e impossibili che capitano una sola volta nella vita.

Manolo aveva acceso il giradischi e si diffusero nell'aria le parole di una canzone di Elvis Presley: *Are you lonesome tonight*? Anche lei era disperatamente sola quella notte mentre per la prima volta il nastro incandescente del desiderio l'avvolgeva come una spirale. Era il vino bianco e secco di Manolo o stava verificandosi un evento imprevisto? Oltre le finestre e la veranda che circondava l'albergo la pioggia continuava a cadere insistente, ma piacevole. Ma non era nella pioggia la forza che l'attraeva; il magnetismo veniva dall'altra parte della sala, da due grandi occhi scuri, caldi, ombreggiati da lunghe ciglia. Dove aveva già sentito quella dolcissima molestia che l'attraeva e la turbava? Monza. Circolo del tennis. « Occhi scuri ». Arrigo Valli di Tavernengo. Silvia.

Anna rabbrividì e cominciò a tormentare con dita febbrili la pesante collana di corallo. Era proprio lui o quell'immagine non nasceva piuttosto dal ricordo della musica brasiliana, dalla voce di Elvis Presley, dal vino bianco e secco servito da Manolo? Se è lui è anche più bello, pensò. Gli occhi verdi di Anna fotografarono sfacciatamente quel vòlto dal taglio quadrato con gli zigomi alti, gli occhi profondi, il naso piacevolmente aquilino, la bocca dolce e un'irresistibile fossetta sul mento rotondo e appena pronunciato. Accanto a lui sedeva una femmina superba con le movenze da pantera, una morbida pantera dai lunghi capelli corvini pieni di fiamme blu che nascondevano in parte un visino minuto dai lineamenti delicatissimi eppure molto incisi, fermi.

« Voi mi scuserete », disse agli amici, « ma questa sera sono particolarmente stanca. » Si alzò accondiscendendo alla muta preghiera di « Occhi scuri » e attraversò il ristorante seguita dallo sguardo ammirato degli uomini. Nel semplice abitino di cotone bianco acquistato in un mercatino di Rio aveva l'eleganza e la semplicità di una regina. Anna sentiva su di sé, con sensibilità di donna, quegli sguardi ammirati, ma uno soltanto la turbava.

Entrò nella camera, la sua camera, la sola con un grande letto. L'arredo era semplice ed essenziale: un comodino, due sedie, un armadio. Il bagno con doccia era spazioso e pulitissimo. Sul comodino trovò l'immancabile omaggio floreale di Pedro. Aprì la porta-finestra che dava sulla veranda che girava intorno all'albergo per meglio isolarlo dal caldo. L'intensità della pioggia era diminuita. Manolo aveva rimesso il disco di Presley e le parole accarezzarono l'orecchio di Anna insieme con il fruscio della pioggia.

Il ricordo del *Canto de Osannha* la spingeva verso un approdo irresistibile. Anna uscì per respirare l'aria umida e tiepida della notte. Una hostess le aveva detto che a Milano c'erano freddo e nebbia. Lei detestava i gelidi inverni milanesi.

453

« Ancora qualche giorno di caldo », disse bevendo l'aria di mare e l'odore della terra esaltato dalla pioggia. Si appoggiò a una colonnina di legno della veranda, le mani dietro la schiena, a inventare i suoi sogni sulla misteriosa lavagna della notte.

« Ciao, Meraviglia », la salutò una voce calda, sommessa. Parole come carezze di velluto sul suo corpo vibrante. E quegli occhi scuri dalle ciglia lunghe avevano mani per accarezzarla e labbra per baciarla.

« Ciao, 'Occhi scuri'. » Anna fu percorsa da un lungo brivido.

« Sei cresciuta, Meraviglia. » La pioggia riprese a cadere intensamente.

« Tu invece sembri più giovane. » Il *Canto de Osannha* era un invito all'amore, gli occhi scuri dell'uomo parlavano di amore, il suo respiro ardente e il suo odore di tabacco e di lavanda erano l'amore. « E la tua pantera? » mormorò Anna.

« Non è mia », rispose con calma sincerità. « Sei di una bellezza che spaventa », soggiunse. « Le fotografie che pubblicano in quelle ignobili rubriche mondane non ti rendono giustizia. »

« Però sta con te », insisté Anna tornando sulla prima parte della proposizione. Il vento dell'Atlantico portava raffiche di pioggia che le bagnavano le guance brucianti.

« Ama la pesca subacquea. Qui ci sono baie stupende. E pesci a non finire. Nessun legame tra me e la pantera. Una buona amica. Fine della trasmissione. E tu, Meraviglia? » Le loro labbra erano vicinissime, i loro sguardi si confondevano.

« Dovrei scappare, Arrigo. » Non c'erano più princìpi e preoccupazioni, solo un uomo e una donna sulla veranda di un vecchio albergo, il mormorio della pioggia, il vento dell'Atlantico che accarezzava i loro corpi e mescolava i loro desideri.

« E io dovrei aiutarti a scappare. » L'uomo era immobile come l'aria prima che si scateni l'uragano. La pioggia era diminuita, il vento era caduto. Un odore strano si mescolava a quello della terra e del mare; l'odore di selvatico che si sprigionava dai loro corpi tesi.

« Perché non provi a baciarmi? » Dalla sala da pranzo venivano voci e le parole della canzone di Presley, ma avevano un altro significato. Nella sua vita, dopo quegli istanti, non ci sarebbe stata più solitudine perché la paura e la vergogna erano state esorcizzate.

L'uomo le passò un braccio dietro le spalle, l'altro intorno alla vita e la baciò, dapprima piano, con estrema delicatezza; le labbra asciutte e turgide si sfiorarono, le lingue si cercarono e Anna inventò il primo bacio appassionato dell'umanità e udì un concerto d'arpe d'oro e il suo naturale bisogno d'amore si trasformò in energia fluttuante che passava dal sangue alle viscere, dalle viscere al cervello. Sarebbe sopravvissuta a quella tempesta che la scuoteva fino in fondo all'anima? Gli occhi di Anna si riempirono di lacrime.

« Sono felice e piango, vedi? » Gli occhi verdi di Anna erano più verdi e brillanti, il suo sorriso più dolce.

« L'amore senza lacrime è un cotillon », sussurrò l'uomo continuando a baciarla sulle orecchie e sul collo.

Contro il letto a intarsi cadde il vestitino di cotone bianco di Anna e alla luce di una piccola lampada notturna apparve il più bel corpo di donna che Arrigo avesse mai visto.

« È l'amore? » domandò Anna sconvolta dalla propria capacità di partecipare a un rito che le sembrava impossibile. L'amore, la *saudade* il *Canto de Osannha*, tutto la faceva impazzire. « Oh, mio Dio! » La lingua dell'uomo sfiorava i suoi capezzoli eretti e per la prima volta si sentì bagnata e felice. Con mani ferme nella tempesta di sensazioni che la sconvolgevano cominciò a sbottonargli la camicia. E volle vedere l'uomo, il maschio, volle vedere in faccia il demonio che la faceva arrossire di vergogna e impazzire di desiderio e al quale era finalmente pronta ad abbandonarsi.

Arrigo era ormai il serpente tentatore e si lasciava sedurre dalla tumultuosa innocenza della donna. Anna si avvicinò a lui e sentì contro la morbidezza del ventre la sua palpitante virilità. Le labbra tiepide e asciutte di Arrigo si posavano sulle sue inventando baci estenuanti che chiamavano vita e facevano affluire fiotti di sangue nuovo alla radice del desiderio.

« Mi vuoi? » lui le chiese.

« Oh, mio Dio, se ti voglio! » Lo teneva avvinghiato alle reni e sentiva i muscoli guizzare sotto le dita. Se lo tirò sopra e lui la sostenne appoggiandosi con una mano al letto. Come aveva fatto il mondo a esistere prima che lei scoprisse l'amore? I baci di Arrigo, la carezza delle sue labbra che le sfioravano i seni accendevano losanghe di luce, stelle filanti dai mille colori che ondeggiavano intorno con la lentezza di un sogno. Lui insinuò una mano forte e calda tra le cosce di Anna e la toccò delicatamente aumentando le contrazioni che producevano il caldo umore che la bagnava.

Lo sentì muovere con dolcezza dentro di sé e avvertì una fitta all'inguine quando la penetrò con decisione, ma subito ritornò il piacere sul lento andirivieni dell'uomo che aveva la potenza e l'assiduità dell'onda che si ritrae e si rovescia sulla riva. Quando le parve che cielo e terra esplodessero in lei come fuochi d'artificio anche Arrigo fu scosso da un tremito.

L'uomo e la donna, momentaneamente placati, avevano la calma attonita che segue ogni tempesta. Prima che spuntasse l'alba sull'isola del Sale ·videro altri arcobaleni.

Anna fu svegliata di soprassalto dal rombo del DC-6 che sembrava dovesse entrare dalla porta-finestra. Tutti i cani randagi dell'isola abbaiarono. L'albergo era il loro punto di riferimento, il solo posto dove avevano una probabilità di trovare qualcosa da mangiare.

La pista di Espargo era orientata a nord, nord-est, sud, sud-ovest di venti gradi e obbligava gli aerei a passare proprio in testa all'*Hotel do Atlantico*; certo avrebbero potuto tenersi più alti, ma sembrava che i piloti si divertissero a creare tutto quello sconquasso e a fare esplodere la terrificante canea. Così volavano talmente bassi che un giorno o l'altro avrebbero scoperchiato il tetto.

« Brutti vigliacchi maledetti! » imprecò Anna sorridendo, senza rabbia. « Un giorno o l'altro ci spaccherete i timpani. »

Arrigo si tirò a sedere appoggiandosi ai gomiti e la baciò piano sulle labbra come se trovarsela accanto fosse la cosa più naturale del mondo. « Hai riposato bene? » le chiese.

« Credo di non avere mai dormito così poco in vita mia. Però mi sono trovata benissimo. » Si alzò nuda com'era e si mise davanti allo specchio osservandosi con molta attenzione. « Ti sembro cambiata? » domandò. Si tirò indietro i capelli, fece una lieve torsione sul busto, poi riprese la posizione eretta. Sembrava una modella nello studio di un pittore che assume la posizione voluta dall'artista.

« Certo che sei cambiata. » Arrigo era serio e assecondava un disegno che ancora non conosceva.

« Allora è vero », esclamò. « È vero che quando una donna

diventa donna qualcosa cambia. » I suoi denti erano perle e riflettevano il sole che filtrava tra le persiane socchiuse.

« Certo », confermò Arrigo, « diventa più bella. E manda via la pioggia. Si compie una magia. »

« Non è vero », si imbronciò. « Tu mi prendi in giro. »

« Però il sole è tornato. » L'uomo le porse un fiore che aveva preso dalla delicata composizione di Pedro. Era un fiore scarlatto.

Anna lo baciò e mise il fiore tra i capelli. « Sono uguale a ieri », disse. « In più ho tanta gioia nel cuore e un fiore rosso tra i capelli. Credevo che una donna, dopo la prima volta, cambiasse un po'. Effettivamente sono cambiata, solo che non si vede. »

Arrigo le buttò una vestaglia sulle spalle e le disse: « Vieni a vedere ». La guidò verso la porta-finestra che dava sulla veranda e l'aprì. Quello che Anna vide la riempì di stupore e di commozione. Guardò alternativamente l'uomo e il paesaggio inquadrato nella porta-finestra con gli occhi scintillanti di meraviglia. Sembrava una bambina entrata dalla porta del tempo nel mondo delle favole.

« Ma dove siamo? » finalmente domandò incredula.

« Al Sale, naturalmente. Arcipelago di Capo Verde. Oceano Atlantico. »

Se Anna non aveva mai visto lo scalo tecnico dopo la pioggia non poteva sapere.

« Non è possibile », esclamò battendo le mani, « questa è Irlanda, o Scozia, o il Tirolo. O forse io sto ancora sognando. E quando mi sveglierò », mormorò con tono triste, « anche tu ritornerai nella cantina dei ricordi proibiti. » Era sul punto di piangere.

Arrigo l'abbracciò e cercò ancora le sue labbra. « È tutto vero », le sussurrò tenendola vicina, « io, te, il nostro amore, quello che vedi. » L'isola che Anna aveva sempre conosciuto brulla, sassosa e selvaggia, senza un albero né un fiore, era diventata, per uno di quei miracoli che soltanto la natura è in grado di compiere, un'immensa distesa verde, uno spettacolo a metà strada fra l'immagine che si era fatta del paradiso terrestre e un campo da golf immenso. La brezza dell'alba portava il profumo dell'Atlantico e quello dell'erba appena spuntata.

« Qualcuno, questa notte, ha rimediato un tappeto del colore dei tuoi occhi, Meraviglia. » Un cane saltò sulla veranda, scodinzolò e si mise a guaire in attesa di cibo. Arrigo lo allontanò con un gesto. Se non lo avesse fatto tutti gli altri cani lo avrebbero imitato.

« Ma com'è successo? » Era difficile ammettere che in poche ore uno scoglio selvaggio potesse vestirsi di verde.

Arrigo la guardò e sorrise. « Ieri sera ha piovuto. Questa notte è nata l'erba. Prima di sera il sole l'avrà bruciata. »

L'amarezza affiorò sulla bella faccia di Anna. « Sembra la metafora della vita. O una poesia sull'uomo. Piove », recitò, « cresce l'erba, fai in tempo ad afferrarne il profumo ed è subito polvere. Polvere e sassi tormentati dal vento dell'Atlantico. »

« Ma intanto oggi l'isola è nostra! » ribatté Arrigo con ottimismo. « La vita è nostra. Anna », l'abbracciò guardandola bene in faccia, « non credere mai ai tempi lunghi della felicità. » Erano un uomo e una donna innamorati, felici e tristi come tutti gli innamorati. Perché quando si possiede un tesoro si è contemporaneamente tormentati dalla paura di perderlo. « La felicità », continuò, « è una tensione, un desiderio, un abbandono, un posto come questo dove potersi dire ti voglio bene. Quando due persone con le labbra, con il cuore e con il sesso si dicono ti amo una stella si accende nel cielo. Quando un amore muore una stella si spegne. Da quest'altalena di vita e di morte nasce il palpito dell'universo, lo scintillio del firmamento. Finché ci saranno stelle è segno che l'amore e la vita vincono. »

« L'hai inventato tu? » domandò Anna sorridendo commossa.

« No », scherzò Arrigo, « è il risultato di un recente studio condotto dagli scienziati del Massachusetts Institute of Technology. Con le loro diavolerie riescono a sapere tutto. »

« Io dico che è un miracolo. » Affiorava la sua natura romantica, un po' ingenua. « Io ai miracoli ci credo. E tu? »

« Vengo su un'isola per fare pesca subacquea tra un aereo e l'altro, incontro te, Meraviglia, e non dovrei credere ai miracoli? »

Furono giorni indimenticabili su quell'isola lunga non più di sei chilometri e larga millecinquecento metri, uno scoglio nudo con solo due palme presso la baia di Joaquim Petinha e qualche fiore intorno alla casa del direttore dell'albergo in un pezzetto di terra al riparo dal vento. Gli abitanti, risultato di incroci successivi tra africani, portoghesi e meticci, erano di una bruttezza terrificante, ma simpatica. Eppure niente attraeva i comandanti degli aerei e gli equipaggi come lo scalo tecnico dell'Isola del Sale. Con loro Anna aveva imparato ad amare quel minuscolo deserto, grazie a loro aveva incontrato Arrigo e aveva osservato il miracolo del prato verde nato in una notte, dopo la pioggia.

Le baie erano di una bellezza inesprimibile, ma fra tutte Anna preferiva Burracona, dove le onde dell'Atlantico irrompevano con uno spaventoso ruggito e si sollevavano come draghi spumeggianti ad altezze vertiginose per infrangersi a riva con uno schianto tremendo. Nell'insenatura più nascosta della baia, tra le rocce di origine vulcanica, l'oceano aveva costruito una piscina naturale lunga una trentina di metri e larga sei dove Anna di solito faceva il bagno durante i suoi brevi soggiorni. Sulla riva, quando il mare si ritirava, si formavano pozze brulicanti di granchi rossi che muovendo le chele alla ricerca di uno sbocco sembravano un concerto di nacchere.

« Se quei tuoi amici del Massachusetts Institute of Technology », disse Anna, « mi raccontassero che qui è cominciata la vita potrei anche crederci. »

« E dal giorno della creazione », puntualizzò Arrigo, « tutto deve essere rimasto immutato. »

C'erano altre baie incantevoli, ma Burracona era la meta preferita di Anna e quel mattino in cui l'azzurro del cielo e il mare d'erba si confondevano all'orizzonte vi condusse Arrigo guidando una jeep preistorica. Furono nudi in quel paradiso terrestre e nuotarono nel tiepido grembo della terra e le loro forme si abbandonarono nella trasparente acqua delle origini.

Anna e Arrigo misuravano il tempo sull'intensità delle loro emozioni, perciò non avevano mai una nozione esatta del tempo. E si stupirono un giorno quando si accorsero al ritorno che erano rimasti i soli clienti dell'albergo. Il DC-6 per Dakar era partito e l'altro era in arrivo da Rio.

Il tavolo della colazione nella saletta attigua alla sala da pranzo era stato decorato con margherite bianche e gialle, risultato di una razzia nel piccolo orto di Pedro. Forse Manolo e Ribeiro, con la ruffiana complicità degli animi semplici, volevano disporre i mazzolini a forma di cuore, ma l'intenzione rimase tale. C'era la devozione antica dei camerieri per gli ospiti di riguardo, ma c'era anche la prospettiva di considerevoli mance. L'una cosa non escludeva l'altra, anzi la prima dipendeva dalla consistenza della seconda. Una mano non tanto misteriosa azionò il giradischi: « *Are you lonesome tonight?* » cantò Elvis Presley in mezzo ai crepitii dovuti al frequente uso del disco.

« Ma allora sanno tutto », disse Anna con aria stupita.

« In un'isola larga millecinquecento metri, vivendo come in una comunità di mormoni, è difficile che le cose non si sappiano. » Era un ragionamento giusto. « Allora, visto che l'equipaggio è partito... » In quell'attimo di sospensione l'altra faccia della realtà fece corrugare la bella fronte di Anna.

« Temi che la notizia arrivi in Italia? » domandò Arrigo. Un granello di polvere si era inserito nel perfetto ingranaggio e c'era un fastidioso fruscio nella colonna sonora della loro vacanza d'amore.

« Mi dispiacerebbe se mio padre venisse a saperlo dai pettegolezzi stampati dalla solita comare. » Non ce l'aveva con i giornalisti che facevano il loro mestiere. Era sinceramente preoccupata per Cesare. « Forse non succederà niente », concluse. Si passò la punta della lingua sulle labbra.

« Ne dubito », replicò allegramente Arrigo, « credo che in queste notti tutti abbiano ascoltato i nostri sospiri. Può darsi che qualcuno li abbia anche registrati. »

« Non dirlo neanche per scherzo », esclamò allarmata.

Erano seduti al tavolo, e già si mangiavano con gli occhi mentre l'onda montante del desiderio portava via gli affanni.

« Hai vergogna? » domandò Arrigo.

Anna lanciò occhiate furtive a destra e sinistra e si chinò in avanti. « Vuoi la verità vera? » Negli occhi verdi brillava una fresca ironia.

« Nient'altro che la verità », pretese l'uomo protendendosi a sua volta in avanti attraverso il tavolo fino a sfiorarle le labbra.

« Sono felice », mormorò.

Arrigo la baciò. « Chissà che cosa penserai di me », disse. Le regalò uno sguardo di finta desolazione.

« Oh, mio Dio, che vergogna! » stette allo scherzo. « Mi hai rubato la battuta. »

Manolo e Ribeiro portarono una bottiglia di Taittinger in un secchiello di vile metallo che contrabbandavano vergognosamente per argento. Erano due camerieri di razza. Avevano negli occhi la ilare condiscendenza dei maître di classe internazionale. Apparvero delle coppe di foggia antiquata e nel cristallo frizzò lo champagne. A gentile richiesta avrebbero intonato l'inno nazionale o la canzoncina del buon compleanno e Arrigo, per scongiurare il peggio, li allontanò con una manciata di dollari mentre Anna trafficava con un bottone della camicetta.

Fumarono, bevvero champagne e si guardarono negli occhi ascoltando senza stancarsi *Are you lonesome tonight*? Come se fosse un concentrato della cultura musicale del loro tempo mentre era soltanto una canzoncina piacevole che dopo un paio di volte pesava sullo stomaco. Se all'inizio della loro storia avessero sentito un indigeno fischiettare *La vispa Teresa* l'effetto sarebbe stato identico.

« Ti sembra corretto fare colazione con una coppa di champagne? » lo rimproverò Anna appoggiando le labbra sull'orlo del bicchiere.

« Mi sembra consigliabile », si guardò intorno con circospezione, « visto che sono riuscito a farti perdere la testa. »

« Sei insopportabile, non mi prendi sul serio. » Era diventata pigra, rassegnata e anche le parole le costavano fatica.

« Bevi lo champagne in un modo straordinariamente eccitante », l'adulò lui.

« Se conoscessi mio padre non saresti così tranquillo », cercò di spaventarlo.

« Che cos'ha tuo padre? » domandò Arrigo senza prenderla troppo sul serio.

« È capace di tutto », rispose Anna minacciosa.

« Anch'io sono capace di tutto », ribatté, « puoi testimoniare. »

« Ti prego, Arrigo... » Anna cercava di prospettargli l'altra faccia della realtà che ogni tanto riaffiorava. « Pensa a quando saprà che la sua unica figlia, la pupilla dei suoi occhi, ha rotto il fidanzamento con uno dei più bei nomi di Francia e si è messa con un uomo sposato. »

« Però sempre un bel nome », replicò indomito nella sua ottimistica difesa del presente. « Arrigo Valli di Tavernengo. Non suona bene? E poi io ho ascendenti napoleonici. »

« Discendi dall'imperatore? » domandò Anna tutta eccitata.

« No », la rimise in carreggiata, « dal suo fornitore di cognac che venne in Italia, sposò una trisavola o giù di lì, che ebbe una figlia che sposò un nobile. Sai come vanno queste cose, no? »

« No. » Anna ascoltava altre voci, altre storie.

« Appunto. Vanno così. » Risero e si strinsero le mani attraverso la tavola. « Senza contare », riprese, « che il bel nome di Francia era uno spiantato. Io no. Se quello che dicono di tuo padre è vero non dovrebbe essere irrilevante questo particolare. »

« Spiantato, ma scapolo. Tu sei sposato. » Più che un'affermazione era un'accusa.

« Io divorzio e ti sposo », decise lui sul momento.

« Arrigo, smettila », lo rimproverò, « il divorzio non esiste. »

« Chiedo l'annullamento », ribatté lui prontamente. « Chiedo l'annullamento, l'ottengo. Poi ti sposo in chiesa con l'organo, la marcia nuziale e le campane a stormo. Poi ti risposo con tutti i riti di tutte le chiese del mondo. E anche con cerimonie pagane. Andremo fra i pigmei, fra i pellerossa, fra gli esquimesi. »

Lo stupore e la tenerezza, sul volto di Anna, si trasformarono in furore. Si alzò in piedi di scatto e gli puntò contro un dito accusatore.

« Un uomo come te ha potuto sposare una donna perfida come Silvia », lo sferzò. « Perché? »

« Perché è bella e mi piaceva da impazzire », rispose con sincerità.

« Ma è perfida e infame. » Anna rincarò la dose.

« Questo l'ho saputo dopo. »

« E hai continuato a vivere con lei », proseguì Anna implacabile, « non potevi annullarlo prima, questo matrimonio? »

« Fino a ieri non c'era una ragione che giustificasse una separazione, un divorzio o un annullamento. E poi ti ripeto », alzò significativamente la voce, « mi piaceva. »

« Anch'io oggi ti piaccio e domani potrei non piacerti più. »

« Anche a te piaceva quel tuo barone francese e adesso non sai neppure che sia esistito. »

Anna arrabbiata ricordava la grande Maria. Scosse fieramente il capo e gettò indietro i capelli. « Io con il barone non sono mai andata a letto », lo inchiodò.

« Neanch'io. Lo giuro sul mio onore », disse incrociando gli indici e baciandoli come fanno i bambini.

« Non fare il buffone, Arrigo », lo pregò lei richiamandolo a un minimo di serietà. « Certo che non sei andato a letto con Stanis. Parlavo di Silvia. »

« Nel senso che pensi tu tra me e Silvia è chiuso da anni. »

Era vero. La sua unione con Silvia era malamente naufragata pochi mesi dopo il matrimonio. Silvia passava da un'avventura all'altra compiacendosi del suo ruolo di vedette internazionale della mondanità. Le sue love story con l'armatore Elias Karasalis e con il miliardario americano James C. Morris non erano un segreto per nessuno e alimentavano il suo mito. Arrigo sposandola le aveva fornito un autorevole lasciapassare per gli ambienti nei quali ormai faceva da protagonista.

« Lo so », disse malinconicamente Anna. « Tra voi c'è quello che si chiama *gentlemen's agreement*. » Ai piani meno nobili si sarebbe parlato di una faccenda di corna tollerate per quieto vivere. « Ma mio padre non vorrà per sua figlia un uomo di seconda mano », si rabbuiò. « Quando lo saprà, e lo saprà, saranno tempi duri per noi. Adesso è inutile pensarci. » Prese tra le sue le grandi mani dell'uomo e le baciò con devozione. Mi basterà vederti qualche volta, magari su quest'isola, dopo una notte di pioggia, quando la terra si copre di verde. » Fuori della finestra dell'albergo il paesaggio era nuovamente bruciato dal sole e dal vento secco dell'Atlantico. Facciamo in modo che tutto questo resti un segreto tra noi. Vuoi? » Era dolce, disponibile, pronta a qualsiasi compromesso pur di non perderlo.

« Voglio quello che vuoi tu. » Si piegò in avanti per baciarla sulle labbra.

Passarono i giorni, atterrarono e decollarono molti aerei sulla pista di Espargo. Ogni volta Anna e Arrigo festeggiavano la partenza e decidevano la loro separazione. Decidevano i loro destini bevendo champagne a colazione al tavolo della saletta decorata con i fiori del giardino di Pedro, razziati da Manolo e Ribeiro. Il Piper-Apache di Arrigo era stato predisposto almeno cinque volte e in altrettante occasioni era stata cancellata la prenotazione di Anna. Era andata lì per restare quattro giorni e si trovava sull'isola da due settimane.

Erano ubriachi d'amore, di sole, di mare, di vento: vivevano la breve stagione dell'immortalità, una parentesi senza dubbi e senza angosce, senza paure, senza sospetti. La loro dimensione era quella dell'infinito: uno spazio senza confini.

« Il tempo è splendido », dicevano Manolo o Ribeiro quando entravano con la colazione. Una voce amica, un sorriso, il profumo del caffè e delle brioche, il tintinnio delle tazzine, la dolcezza di Anna, la sorridente vitalità di Arrigo. Poi ancora l'amore, il sole, il mare, il vento, le parole consumate di un vecchio disco: *Are you lonesome tonight*? Avevano più inventato che scoperto, su una minuscola isola dell'Atlantico, un modo di vivere irreale.

« La mia Mompracem », si sorprendeva a ripetere Anna.

Quella mattina avevano nuotato, pescato, avevano parlato e taciuto, ma soprattutto avevano continuato a sognare. Anna fermò la vecchia jeep davanti all'albergo. Arrigo scese e prese dal sedile posteriore un contenitore di plastica pieno di granchi. Anna salì i pochi gradini dell'*Hotel do Atlantico*. Lo vide nell'ombra della veranda.

« *How are you?* » L'uomo la salutò in inglese, ma le sorrise con la sua faccia da arabo e gli occhi furbi. Era piacevole.

« *Hallo!* » Anna stette al gioco.

« Che cos'hai combinato questa volta? » Indossava l'immancabile doppio petto blu, fumava la solita sigaretta americana e aveva quell'indimenticabile faccia da arabo piena d'affetto per lei.

« Pazienza », disse la ragazza, « sono innamorata come una scema. »

« Pare che lo sappia mezzo mondo. » Domenico Scaglia aveva ormai cinquant'anni e i capelli corvini spruzzati di bianco. Quel candore gli conferiva una certa solennità.

« L'ho fatta grossa, eh? » ammise. « Ma non immagini quanto sono felice di vederti », confessò rifugiandosi tra le sue braccia. »

« Sì che me l'immagino », la contraddisse. « Sono uno specialista in colpi di fulmine. Non ti ricordi? Io però », soggiunse, « non mi chiamo Anna Boldrani. »

Arrigo, con le mani occupate dal pesante contenitore pieno di granchi, li guardava con un certo imbarazzo.

« Conosci Arrigo Valli? » domandò Anna. In quel momento le sembrava diverso, con la bella faccia insicura, il contenitore pieno di granchi, lo sguardo attonito.

« Conosco suo padre », rispose Pazienza con un cenno del capo.

« Allora non vorrei procurarle il fastidio di una mediocre imitazione », disse Arrigo ritrovando la propria sicurezza. « Intanto che voi parlate », si allontanò con discrezione, « vado a riporre il pesce quotidiano. »

« Ti piace? » chiese Anna, certa di avere un giudizio entusiastico.

« È una domanda imbarazzante, piccola. » Evidentemente non voleva appesantire con un giudizio personale una situazione difficile.

Anna si appoggiò al corrimano di legno con aria corrucciata. « È lui che ti manda, vero? » Alludeva al vecchio che immaginava furente.

Pazienza aspirò il fumo della sigaretta americana e lo soffiò in alto. « Mi conosci abbastanza per sapere il bene che ti voglio », disse sgombrando il campo dagli inutili preliminari. « Avevo voglia di vederti, ma non sarei venuto su questo detestabile scoglio abitato da gente orribile, privo di qualsiasi comfort, soltanto per anticipare il nostro incontro di qualche giorno. »

Lo sguardo di Anna diventò triste. « Ti ringrazio della sincerità. » Il sole picchiava forte e la brezza dell'oceano mitigava il caldo, ma non ne annullava gli effetti.

Pazienza scese i gradini dell'albergo seguito da Anna, prese dalla jeep due cappellacci di paglia intrecciata, se ne calcò uno in testa e diede l'altro alla ragazza. « Facciamo due passi », propose, « intanto chiacchieriamo. »

Si avviarono verso la pista di Espargo e sembravano due matti: una ragazza in pantaloni e camicia a quadri e un distinto signore in doppiopetto blu di taglio impeccabile con un cappellaccio di paglia intrecciata da contadino.

« Che cosa vuole il vecchio? » domandò Anna.

« Ti rivuole a casa. » Era fermo, determinato e si capiva che non sarebbe partito senza di lei.

« E tu fai il cane da riporto. » Si morse il labbro inferiore, ma avrebbe voluto mordersi prima la lingua per non pronunciare quelle parole cattive.

« Faccio anche il cane da riporto », disse senza scomporsi. La guardò come quando era bambina e ne combinava una delle sue.

« Sai bene che non volevo offenderti », si scusò Anna.

Pazienza non replicò direttamente. « Faccio molte altre cose », ammise. « E non mi vergogno nemmeno tanto. Nella fattispecie non sono il peggiore degli uomini, anche se non mi considero un modello da imitare. »

« Non volevo offenderti », ripeté Anna con sincero rammarico. « Sono una cretina. »

« Devo portarti a casa », disse l'uomo senza ascoltarla.

« Quando? » Sapeva che ormai era inutile resistere, tuttavia cercava di prendere tempo.

« Subito. » Pazienza, quando era nell'esercizio delle sue funzioni, non diceva mai quattro parole se ne bastava una.

« È malato? » Era la prima preoccupazione per il padre.

« Sta benone. Anche tua madre sta bene. Stiamo tutti bene. Staremo meglio quando anche questa storia sarà risolta. » Il sole e il vento bruciavano la faccia.

« Come lo ha saputo? » L'ebbrezza dell'amore, del sole e del mare si stava dissolvendo. La breve stagione dell'immortalità si era conclusa. Erano tornati i dubbi, le angosce, i sospetti.

« Credo che voglia dirtelo lui », rispose Pazienza.

« Si è incazzato? » domandò in tono solo apparentemente neutro.

« Un po' credo, se ancora lo conosco bene. » Erano arrivati sulla pista che rifletteva il sole. C'era un odore di asfalto e di cherosene che ad Anna piaceva.

« Avrei voluto che questa cosa restasse un segreto per tutti. Anche per mio padre. » Guardò verso l'albergo nella speranza di vedere Arrigo.

« Sai bene che per Cesare Boldrani non ci sono segreti. »

Gli occhi verdi di Anna brillarono nel sole. « Io lo amo! » gridò senza ritegno. « Lo amo disperatamente, Mimmo. » Fu nuovamente nelle braccia dell'uomo che considerava un padre.

« Piangi se ti fa bene », la consolò, « ma devi prendere una decisione. Sai come la pensa il vecchio su certi argomenti. Quel ragazzo è tutto O.K., ma è sposato. » Era un invito a nozze per i cacciatori di scandali: UN MARITO DI SECONDA MANO PER ANNA BOLDRANI. « Sua moglie finge di disperarsi, minaccia ricatti », continuò, « amministra la vostra storia con sottile perfidia. Guarda qui. » Le porse un ritaglio di giornale che aveva sfilato dalla tasca. C'era una fotografia che ritraeva lei e Arrigo mentre si baciavano su una spiaggetta dell'isola.

Anna si passò una mano sulla faccia e si accarezzò le labbra mentre negli occhi ritornava un antico odio. « Il vecchio l'ha vista? » chiese

« L'ha vista. E ha visto e sentito altre cose. Ora ha bisogno di vedere e di sentire te. »

Anna si rannicchiò contro il suo petto. « Andiamo via », decise.

« Non vuoi rivederlo? » alludeva ad Arrigo.

« No. Se non capisce vuol dire che mi sono sbagliata. » Come poteva in pochi minuti o in poche ore riassumere il tumulto di pensieri e di sensazioni che aveva dentro? Le leggi degli uomini e la perfidia di Silvia avevano bruciato il suo sogno.

L'aereo privato di Cesare Boldrani era pronto vicino all'aerostazione. Il comandante e il secondo erano a bordo.

« Allora possiamo salire », propose Pazienza. A un segnale dell'uomo furono avviati i motori.

« Lo sai che in una notte quest'isola si trasforma in un tappeto erboso? » disse Anna, mentre il ruggito dei motori disperdeva nel vento i pensieri e le parole della ragazza.

« Come dici? » gridò senza fortuna Pazienza quando ormai stavano salendo la scaletta.

« Niente », rispose Anna, « niente d'importante. »

Il vento dell'Atlantico asciugò qualche lacrima sulla sua faccia malinconica.

Arrigo Valli sedette al solito tavolo, con i soliti fiori e la solita ruffiana complicità di Manolo e Ribeiro che a quel punto era innaturale e grottesca.

« Servo lo champagne? » domandò Manolo esitante.

« Perché no? » Arrigo era perfetto nella simulata indifferenza.

« Champagne a colazione », disse con forzata allegria il cameriere arrivando con la bottiglia e il secchiello.

« Una coppa anche per la signora », ordinò Arrigo.

La signora non c'era, a quell'ora aveva raggiunto Dakar ed era ripartita per Roma, ma il portoghese si affrettò lo stesso a procurarsi una coppa. « Serve altro, signore? »

« No. » Arrigo sorrise e Manolo si allontanò in silenzio. Versò lo champagne nelle due coppe, guardò quella di Anna dalla quale affioravano allegre bollicine e vuotò d'un fiato la sua. « *Felicidad* », disse. Da qualche parte suonava il vecchio disco di Elvis Presley.

Uscì dall'albergo, salì sulla vecchia jeep e guidò per la

strada che in quei giorni aveva percorso tante volte con Anna.
Arrivò alla baia. La marea aveva cancellato ogni impronta sulla
sabbia: non c'era più niente che ricordasse il loro passaggio,
solo mare limpido, sabbia intatta dai riflessi dorati, pozze
d'acqua trasparente dove nuotavano piccoli granchi rosati. Si
sdraiò sulla sabbia, le mani incrociate dietro la testa, abbandonandosi al sole già caldo e al vento dell'oceano. In quella
immensa solitudine si sentiva ancora vicino ad Anna. La fama
di *play-boy* che lo accompagnava era del tutto immeritata.
Aveva compiuto da poco i trent'anni ed era l'ultimo erede di
una facoltosa famiglia le cui origini risalivano all'alto medio-
evo. I Valli, infatti, signoreggiavano su gran parte dell'Emilia e
i loro possedimenti in qualche punto lambivano la Romagna.
Feudatari intelligenti e a modo loro illuminati, gli antenati di
Arrigo si erano imparentati con gli Scaligeri e gli Estensi
creando sempre le premesse politiche ed economiche per affrontare adeguatamente ogni mutamento sociale, quei sovvertimenti
che avevano messo in crisi altre illustri famiglie esclusivamente
legate alla terra. Nei primi decenni dell'Ottocento, i Valli si
erano imparentati con i Tavernier, una famiglia francese ori-
ginaria della Charente, affermata nel campo della distillazione
dei liquori.

Jean Baptiste Tavernier era diventato fornitore della impe-
rial casa e Napoleone l'onorava della sua amicizia. Quando il
Grande Corso era caduto nel polverone era stato coinvolto anche l'intraprendente Tavernier che aveva deciso di cambiare
aria. Aveva attraversato le Alpi ed era giunto in Italia con
la moglie e la bellissima figlia Josette.

Jean Baptiste pensava di trovare, e aveva effettivamente trovato il terreno ideale per produrre i vitigni che aveva portato
dalla nativa Charente, necessari ai suoi distillati, sulle colline
di proprietà dei Valli.

Gondrano Valli era allora un giovane signore che si dedicava all'amministrazione delle sue terre, alla loro cura costante
senza perdere d'occhio la situazione politica ed economica che
nel 1820 era particolarmente difficile e complessa. Trattando
l'affitto di vasti terreni con il liquorista francese aveva conosciuto Josette e l'aveva sposata. Neppure lo stesso Gondrano
aveva mai saputo con esattezza se si era innamorato del fascino
parigino della ragazza e della sua avvenenza oppure se poteva
averlo influenzato la prospettiva di una interessante parentela

con il celebre distillatore, una collaborazione che poteva giovare, come aveva poi giovato, alle finanze dei Valli. Forse ognuno di quegli elementi aveva contribuito all'esito finale, certo è che, nel giro di pochi anni, vini e liquori con l'etichetta VALLI-TAVERNIER erano apparsi in tutte le corti d'Europa. Poi il nome Tavernier era scomparso ed era rimasta alle cantine la denominazione dei Conti Valli di Tavernengo.

Arrigo era l'ultimo ricchissimo erede di quell'impero con distillerie sparse in Italia, cinquemila dipendenti, esportazioni massicce in tutto il mondo, ingenti profitti. In quel momento, però, in cui aveva perduto gli occhi verdi di Anna, la sua nobiltà e i suoi profitti non gli servivano a niente.

3

Anna, soltanto con la sua presenza, aveva la capacità di cancellare le preoccupazioni del padre, di fargli dimenticare i propositi di severità, i giuramenti, le promesse di inflessibili punizioni. Il vecchio stravedeva per lei che rappresentava la continuità e che suscitava in lui sentimenti inspiegabili, stati d'animo intraducibili che appartenevano all'altra faccia della sua personalità, all'irrazionale, forse all'assurdo. Che fosse paura della solitudine quell'attaccamento tenace, quella passione che gli comunicava lo sguardo verde di Anna?

« Finalmente », disse Cesare alzando su lei gli occhi azzurri in cui brillava un sorriso.

« Ciao, bellissimo. » Anna avanzava a piccoli passi nello studio di foro Bonaparte con le mani dietro la schiena e lo sguardo birichino. « Disturbo? »

« Mi stai disturbando da mesi con le tue follie. » Voleva riprenderla duramente, ma non c'era rimprovero nella sua voce.

« Papà », si imbronciò. Era bella da far paura e per un attimo Cesare corse indietro negli anni e rivide la grande Maria nel momento dello splendore. Anna era come sua madre, ma ancora più dolce, più rara, piu preziosa.

« Papà, papà, non sai dire altro? » Accese una delle sigarette dal bocchino dorato che ormai confezionavano soltanto per lui.

« Papà, per favore, regalami uno dei tuoi affascinanti sorrisi. » Si lasciò letteralmente cadere sull'ampio divano di velluto mentre la gonna scozzese a pieghe si sollevò come una nuvola posandosi in un cerchio e facendola assomigliare a una bambola.

Cesare era sul punto di sciogliersi, ma non aveva nessuna intenzione di cedere. « C'è poco da sorridere sapendo delle tue prodezze. Sono quattro mesi che stai in giro come una zingara. Prima pianti in asso il fidanzato, poi parti per l'America e quando stai per tornare ti imbarchi in una storia vergognosa. » Che senso aveva quella predica? Cesare Boldrani a sessant'anni era un uomo di una bellezza cinematografica, dritto come un fuso, asciutto come un atleta. L'espressione aperta, il naso imperioso, le piccole rughe che nascevano agli angoli degli occhi accentuavano il suo fascino e confermavano la sua fama di grande amatore mai sazio. Anna non si stupiva che donne giovani e avvenenti provassero con lui il brivido dell'avventura.

« Ti ho pensato sempre », disse Anna. Quanto a determinazione era identica a sua madre: per raggiungere gli obiettivi che aveva in mente era disposta a trasformarsi in una macchina schiacciasassi.

Cesare si alzò dalla scrivania e camminò con passo elastico verso il divano. « Hai combinato un guaio tremendo », l'accusò, « questo almeno lo sai? »

« Come sta la mamma? » domandò evitando momentaneamente lo scontro. « Perché non ti siedi vicino a me? » propose con tono amichevole.

« La mamma sta bene », rispose lui inseguendo un ricordo lontano, una cosa passata per sempre. Maria, la grande Maria, da circa un anno abitava l'ultimo piano di un palazzo di proprietà di Cesare in corso Matteotti, con terrazzo, piscina e giardino pensile. Un giorno gli aveva chiuso la porta della camera da letto. Sentiva serpeggiare in lei una malinconia che si posava come una patina sulle corde della sessualità che non vibravano più. Nel suo delicato equilibrio psicosomatico qualcosa si era inceppato e lei aveva sentito approssimarsi il tempo del declino. Il fatto nuovo non la sconvolgeva, attraverso Anna aveva realizzato tutti i suoi sogni e vent'anni di tensione giustificavano la sua stanchezza, il suo fisiologico bisogno di abbandonarsi alla lieve carezza del sonno. La turbava l'idea che Cesare potesse assistere al suo decadimento fisico: meglio adorare un ricordo che fingere di amare il simulacro di una splendida giovinezza svanita. Con dolente ironia gli aveva detto che per la sua ginnastica aveva bisogno di donne giovani, doveva soltanto badare a scegliere tra quelle che non potessero fare ombra a lei o alla sua piccola Anna. « La mamma sta bene », ripeté Cesare con nostalgia sedendosi vicino alla figlia. « Spesso pranziamo insieme », soggiunse con un sorriso, « e chiacchieriamo da vecchi amici. » A volte Pazienza si univa a loro e nell'attico di corso Matteotti si ricreava l'antica consuetudine dei tempi in cui Maria era incinta di Anna e sferruzzava nel soggiorno della casa di foro Bonaparte mentre Cesare e Pazienza parlavano di politica e di affari. L'atmosfera era diversa: alla passione e all'ansia dell'incertezza era subentrata una straordinaria serenità. Vent'anni. Erano passati venti anni da quando aveva conosciuto Maria. Ne erano trascorsi quaranta dall'inizio della sua fortuna. Mezzo secolo era scivolato via dai tempi della cascina. Se lo era immaginato così il suo futuro? Che parole avrebbe inventato per raccontare la propria affermazione a quel gigante buono che era suo padre e alla povera Elvira? Che significato aveva possedere interi quartieri, pacchetti azionari, partecipazioni in grosse banche, governare finanziarie potenti? Che significato poteva avere tutto quello per delle anime semplici che facevano coincidere la felicità con il profumo del pane? Dominava il suo impero dal centro alla periferia più lontana sempre posseduto dalla smania di vincere, dal bisogno di superare un ostacolo nuovo. Ma che cosa doveva vincere ormai se non la propria paura? Aveva sempre vissuto in perfetto equilibrio tra l'ansia di vivere e la paura di morire, ma ormai sentiva per la prima volta che la vertigine avrebbe potuto coglierlo. Fermarsi significava morire, perché un uomo, ogni uomo, ha bisogno di superare ostacoli e di vincere, ma ha anche bisogno che oltre ogni ostacolo ci siano un premio, un sorriso, una carezza, un risultato. Fino a quel momento il vecchio, a ogni svolta aveva trovato qualcosa che non gli aveva fatto rimpiangere la lotta e lo aveva ricaricato di energie nuove. Ormai però provava l'angoscia del bambino dinanzi a una porta chiusa. E doveva aprirla.

« Ti ho scritto molte lettere », disse Anna, « le hai ricevute? »

Il vecchio si passò una mano tra i capelli grigi quasi volesse cancellare i fastidiosi pensieri che aveva in mente. « Le ho ricevute », rispose.

« Allora sai tutto », mormorò Anna rasserenata. Sentiva

che il momento della collera era passato o forse l'aveva soltanto sfiorata o forse era stata un'invenzione dei suoi sensi di colpa.

« Perché hai lasciato quel nobile? » domandò Cesare con voce calma.

« Già, perché? » si interrogò a sua volta Anna. « Non eravamo sintonizzati: che cosa ti devo dire? Non potevo certo sposarlo se ogni volta che mi accarezzava provavo un senso di disgusto. »

« E all'isola del Sale? » Gli occhi del vecchio brillarono di gelosia. L'idea di un uomo con sua figlia gli comunicava un disagio intollerabile.

« All'isola del Sale è successo qualcosa », rispose Anna con un sorriso.

« È proprio questo qualcosa che non mi piace », ribatté Cesare spegnendo la sigaretta in un portacenere di cristallo.

Anna si rannicchiò con infantile civetteria nell'angolo del divano. « Papà, io lo amo. »

« Lo amo », ripeté sferzante il vecchio. « Vede uno che le fa gli occhi dolci e ha deciso che lo ama. » Cesare si alzò in piedi di scatto. « È sposato! » La sua voce si era fatta bassa e minacciosa. « Questo almeno lo capisci? »

Anna passò al contrattacco. « Anche tu ti sei innamorato di una donna sposata. Ma nessuno ti ha impedito di amarla. »

La cicatrice sulla guancia di Cesare divenne più evidente. « Hai detto una cosa molto stupida. » Lo sguardo azzurro dell'uomo si fece aggressivo. Era doppiamente ferito: nella gelosia e nell'orgoglio.

« Siamo nel 1960, papà », protestò educatamente Anna. Erano passate due guerre, il mondo andava verso il benessere, tutti i problemi si stavano risolvendo, entro vent'anni, dicevano gli scienziati, anche le piaghe più antiche sarebbero state sanate e lo spettro della fame sarebbe stato esorcizzato, alla sessualità si aprivano nuove frontiere, l'onda del benessere montava inarrestabile e suo padre la metteva in croce perché si era innamorata di un uomo sposato.

« Non ci sono anni buoni per le cose stupide », insisté Cesare con una protervia che Anna, nel suo giovanile entusiasmo, non riusciva a comprendere. Una donna è una donna, pensò lui ricordando la madre. « Ci sono dei principi da rispettare », disse, « sia che tu voglia cambiare il mondo o semplicemente la tua vita. Senza principi tutto perde significato

473

perché allora valgono solo le tue ragioni. »

« Lo sapevo », si arrabbiò Anna, « lo sapevo. Vivi in un mondo spietato, ma per quanto riguarda tua figlia continui a sognare il principe azzurro, i fiori d'arancio e compagnia bella. »

Cesare negò. « I fiori d'arancio », replicò, « non sono un problema. I matrimoni si fanno e si disfano. Ma ci vuole una ragione precisa. Un motivo valido. Per un capriccio non si disfa niente. »

« Ascolta, papà », ribatté Anna senza imbarazzo, decisa a portare avanti la sua battaglia. « È vero, mi sono innamorata di un uomo sposato, ma non l'ho fatto apposta. È accaduto così e non posso farci niente. »

« Non è tanto semplice come credi. » Se quella naturalezza gli costava fatica Anna non lo avrebbe saputo mai, sapeva invece che era perfettamente calmo e che le sue parole non avrebbero modificato le decisioni che stava per prendere. « Io non ti dico: non pensare a quell'uomo. Ti dico di non pensarci per un po'. Dobbiamo vedere se è stato un gioco. »

« Papà, io amo Arrigo. Non puoi chiedermi questo. » Aveva gli occhi pieni del ricordo di un prato verde spuntato in una notte.

« E io amo te », sentenziò Cesare.

« E i tuoi principi », lo accusò Anna.

« E i miei principi », ammise il vecchio.

Anna si alzò e camminò verso la finestra illuminata dal sole. « Se Silvia non avesse sollevato quel polverone, nessuno ne avrebbe saputo niente. » Piangeva in silenzio, con dignità, le sue prime lacrime d'amore.

Aveva soltanto voglia di abbracciarla e di proteggerla, ma non riusciva a dimenticare i diritti dell'altra. « Che cosa pretendi che faccia una moglie? » cercò di convincerla. « Vuoi che lei ti dica: 'Prego, accomodati, questo è mio marito'? » Aveva raggiunto Anna con l'intenzione di calmarla.

« A lei di Arrigo non importa niente all'infuori del nome e della posizione. E poi è una puttana », l'accusò Anna senza mezzi termini.

Non gli sembrò una giustificazione né un argomento da approfondire, date le circostanze. « Non cambia niente », disse Cesare.

« Silvia De Carolis è un serpente », insisté Anna.

« Silvia De Carolis, fino a prova contraria, è la contessa

Valli di Tavernengo », le ricordò il vecchio rimanendo fermo nella sua decisione.

« Silvia mi odia. Mi ha sempre odiato. Mi ha sempre sbattuto in faccia le mie origini. Lei e le sue degne amiche. » Anna avvampò di collera. « E adesso tu ti fai tanti scrupoli. »

« Non mi faccio scrupoli per lei », precisò, « mi preoccupo per te. Sei tu che non devi sbagliare. »

« Così lasci che mi offendano? » Anna tentò la carta della figlia oltraggiata.

« Il solo modo per distinguere i cani dai lupi è lasciarli abbaiare », osservò. « Il solo modo per riconoscere gli avvoltoi dalle aquile è vederli volare. Sono più pericolosi quelli che tacciono di quelli che denigrano. Non puoi pretendere di avere successo e di sfuggire all'invidia. » Cesare era irremovibile.

« Allora non mi vuoi proprio aiutare », mormorò Anna rassegnata.

Cesare l'abbracciò. « Questo non devi dirlo », l'ammonì. « Sai che non è vero. Io ti difenderò sempre. Ma questo non può cambiare la mia decisione. Vorrei che tu non rivedessi quell'uomo senza il mio consenso. »

Era inutile replicare. Anna asciugò le lacrime, baciò il padre e uscì.

4

Silvia aveva una bellezza altera e un po' perversa e Cesare fu colpito dallo sguardo languido e dalla promessa di sensualità che sprizzava dagli occhi neri, vellutati e profondi. Affrontavano con parole diverse e da differenti punti di vista il medesimo argomento, ma pensavano a un'altra cosa. La donna giovane subiva il fascino misterioso del maturo personaggio di cui tutti parlavano; il vecchio era incuriosito dalla leggenda erotica che gli specialisti del ramo avevano intessuto attorno a quel volto da cammeo con la bocca stupendamente scolpita, il nasino perfettamente rilevato dai capelli tirati indietro e fermati sulla nuca. L'acconciatura, minuziosamente studiata, aveva anche lo scopo di fare risaltare il collo sottile, le orecchie piccole e trasparenti e i gioielli di Faraone che la giovane donna portava.

« Spero che lei sia venuta con proponimenti di pace », disse Cesare porgendole una flûte di champagne. Sorrise con intenzione di piacerle, dimenticando quasi la ragione dell'incontro che lui aveva propiziato.

« Io difendo la mia famiglia e il mio nome », ribatté lei con eccessiva serietà, muovendo alcuni passi verso il terrazzo dove il maggiordomo aveva preparato per la cena. Camminava come un'indossatrice mettendo in mostra le lunghe gambe, i fianchi, la vita sottile e il seno provocante. Indossava un abito di jersey azzurro che sapeva di Dior lontano un miglio. La luna era chiara e le stelle brillavano nel cielo d'aprile.

« Capisco », disse il vecchio posando il bicchiere sul lucido ripiano di un pianoforte a coda. « E io cerco una strada praticabile per tutti. Per lei, Silvia, per mia figlia e per suo marito. » La invitò a prendere posto sul divano, dove sedette accavallando le gambe con naturalezza.

« Credo che ci sia una sola strada per raggiungere il traguardo », affermò Silvia con decisione. Sfiorò il cristallo con le labbra e scoccò un'occhiata furtiva all'indirizzo del vecchio.

Era un gioco eccitante, una partita pericolosa tra due giocatori che ritengono di avere in mano la combinazione vincente. « Ho aspettato tre mesi prima di invitarla a casa mia », disse Cesare scegliendo il tono della diplomazia. « E credo di avere fatto quanto era nelle mie possibilità per convincere Anna a rinunciare. Ma non posso impedire a suo marito », continuò, « di portare avanti le pratiche per l'annullamento del matrimonio. »

« Lei si sottovaluta, signor Boldrani », lo adulò Silvia, « non c'è cosa al mondo che il grande Boldrani non possa fare. » Lo guardò con occhi furbi portando avanti un doppio discorso; quello della seduzione, che prendeva consistenza con il passare del tempo, non era secondario. Magari « una botta e via », ma le sarebbe piaciuto avere quell'uomo di ferro se non altro per verificarne la poderosa virilità che non era un segreto per nessuno e che aveva illanguidito molti sguardi femminili.

« Temo, amica mia, che in qualche modo dovremo rassegnarci. » Cesare si rivolse a Silvia quasi a comunicarle una realtà ineluttabile.

« Così dovrei perdere il mio nome? » domandò smarrita e costernata.

« Ma non il suo ruolo di primadonna », cercò di consolarla. « I salotti di mezzo mondo brillano quando lei appare. Inoltre », soggiunse suadente, « potrà contare su nuove amicizie. Può già contare sulla mia. » E le sorrise.

Silvia cambiò espressione, la sua boccuccia si indurì, il suo nasino fremette e lo sguardo assunse una fissità da bambola. « Allora non ci siamo capiti », disse con il tono di chi ha subito un tradimento. « Io credevo che lei... Credevo che lei fosse dalla mia parte. » La voce sottile, ma fresca, si fece metallica, stridente, fastidiosamente ostile.

« Parliamoci chiaro, ragazza », cominciò Cesare dandole improvvisamente del tu e mettendo da parte ogni preoccupazione

477

formale, « io sono stato dalla tua parte. Ci sono stato nonostante sapessi che di tuo marito t'importava meno di niente. Ci sono stato perché non volevo per mia figlia un uomo di seconda mano. Ci sono stato malgrado i pettegolezzi che tu fai sul nostro conto. Ci sono stato nonostante sapessi che da anni dimeni il culo nelle camere da letto, sulle barche e sui divani dei tuoi amici. Sono stato dalla tua parte perché ho i miei principi. »

Vampate di rossore incendiarono la faccia da cammeo di Silvia. « Nessuno mi ha mai offesa così », si lamentò coprendosi la faccia con le mani.

« Era ora che qualcuno lo facesse », ribatté Cesare bruscamente.

« Ma io non sono disposta a cedere. » Si alzò raccogliendo i resti del suo orgoglio ferito. Era bella, così finta da sembrare vera, così turbata, così perversa anche nella commozione.

« È un tuo diritto resistere », ammise Cesare, « è una tua scelta. Io posso soltanto darti un suggerimento. Prendilo per quello che vale. »

« E cioè? » chiese rifiutandosi di piangere.

« Arrenditi. Quando non esiste una sola possibilità di vittoria arrendersi può equivalere a un successo. Avevi molto meno prima di sposare Arrigo. E poi », ribadì il concetto, « io ti offro la mia amicizia. »

Silvia non lo ascoltava. « Io non ammetto che una donna possa averla vinta su di me », disse, « nemmeno la figlia di Cesare Boldrani. »

« Ma Anna prevarrebbe comunque. » Cesare tentava di farla ragionare. « Prevarrebbe senza di me. Ha prevalso contro la mia stessa volontà. »

« Lei non può capire », mormorò Silvia cominciando finalmente a piangere.

« E perché mai? » Cesare la prese per le spalle tentando di rincuorarla.

« Perché lei è un uomo », rispose lei tra i singhiozzi.

« Asciugati questa bella faccia », le disse porgendole un fazzoletto bianco di batista.

« L'annullamento del matrimonio sarebbe per me un'ingiuria intollerabile. » Era sincera.

« Non c'è alternativa, ragazza mia, meglio rassegnarsi. »

L'accarezzò sulla guancia. « Anna e Arrigo si amano o credono di amarsi, che è poi lo stesso. Per te Arrigo è soltanto un piedistallo. Perdi una passerella e io te ne offro un'altra. »

« Dovevo immaginarlo che lei non avrebbe capito. Lei, dopo essere stato dalla mia parte, si mette contro di me. È vero, non amo Arrigo. E so anche che lui non ama me. Ma questo succede in tutti i matrimoni che io conosco e che anche lei conosce. Se l'amore dovesse essere l'elemento essenziale delle unioni che sopravvivono la famiglia non esisterebbe più. Io non rinuncio ai miei diritti. Lotterò con tutte le armi di cui dispongo. »

L'impassibilità cancellò ogni altro sentimento dall'espressione di Cesare. « Speravo tu fossi venuta in pace. » Sfilò una sigaretta da una scatola d'argento, l'accese e soffiò in direzione di Silvia una nuvola azzurra.

La donna lo guardò con aria di sfida. « Mi dispiace dirlo », cominciò per attenuare la portata delle sue decisioni, « ma se è necessario ricorrerò allo scandalo. »

« Immagino tu ti riferisca ai tuoi giornali », osservò lui con un tono sempre più impersonale.

« Mi riferisco, infatti, ai miei giornali », confermò lei decisa.

« Nemmeno la notizia del matrimonio tra Margaret d'Inghilterra e il fotografo Tony Armstrong Jones fa più notizia », replicò Cesare scettico. « Figuriamoci che interesse può avere un adulterio. » Era stupito dalla sua capacità di comprensione.

« Se lei non impedisce a sua figlia di sposare Arrigo », minacciò, « io farò pubblicare certe lettere che lei conosce. »

« Quali lettere? » Cesare immaginava la risposta che veniva dalle profondità del passato a riproporgli uno dei momenti più tormentati della sua vita.

« Le lettere di Nemesio Milkovich a Maria... »

« Basta così », ordinò. La cicatrice sulla guancia era decisamente in rilievo. Ma fu un attimo. « Hai del coraggio, ragazza. » Un gelido sorriso negò il suo tono affabile.

« Lei non mi lascia alternative. » Silvia sentì il palmo delle mani inumidirsi di sudore.

« Sei più disperata di quanto pensassi », si complimentò Cesare. « E devi avere dei mastini notevoli nella tua sporca gazzetta se sono riusciti a trafugare dagli ex archivi della polizia fascista due o tre lettere così poco importanti. »

« Sono documenti che potrebbero sollevare uno scandalo sulla storia già abbastanza oscura e complessa della sua famiglia », insisté lei proterva.

« Quindi sei proprio disposta a tutto », disse Cesare. Sentiva un irresistibile desiderio di picchiarla, ma anche di possederla. Lo eccitava quella creatura senza scrupoli che si dimenava come un serpente in calore.

« A tutto », gli soffiò in faccia con una voce improvvisamente roca, leggendogli negli occhi la vampa del desiderio.

« Allora spogliati. »

Silvia gli sorrise e cominciò a togliersi un indumento dopo l'altro come se aspettasse soltanto quel momento. Si spogliava sotto gli occhi del vecchio diventando sempre più inerme fino all'abbagliante vulnerabilità del nudo completo. « Così? » domandò dopo avere scalciato lontano le scarpe con i tacchi a spillo. I gioielli erano un mucchietto scintillante su un tavolino d'avorio. Era piccola, indifesa e volgare senza il baluardo protettivo degli abiti. Era una nudità, la sua, che ispirava un senso di vergogna e di pena, una nudità che Cesare aveva già visto a Udine in un bordello di guerra. Rivide come in un allucinante flash-back la ragazzona bruna con i capelli neri, corti e ondulati che gli diceva: « Vieni, bel soldatino » e ritrovò qualcosa di lei nel seno pesante di Silvia, nelle natiche rotonde, nelle lunghe gambe slanciate.

« Puoi rivestirti se vuoi », le disse con tono indifferente.

La splendida faccia di Silvia bruciò di collera. « Quello che mi hai fatto è intollerabile », esclamò lei piangendo e avventandosi in modo scomposto sugli abiti che cercava goffamente di indossare con un risultato grottesco. « Hai voluto umiliarmi », lo accusò.

« No », disse, « ho semplicemente cambiato idea. »

« O forse non ce la fai più », replicò lei con voce sibilante, con l'intenzione di ferirlo.

« Se ti consola pensarlo va bene anche così », ribatté lui conciliante. « Ma la verità è un'altra. Tanti anni fa in un bordello ho avuto il primo e unico rapporto mercenario della mia vita. Non ho niente contro le puttane. Allora ne ho conosciuta una che mi ha fatto tenerezza. Oggi ne ho conosciuto un'altra che sa persino essere simpatica. Il fatto è che mi ripugna l'idea di masturbarmi con la carne di un'altra persona. »

« Mi fai schifo! » gridò.

« È un diritto che puoi liberamente esercitare. » Le voltò le spalle e pescò una sigaretta da una scatola d'argento.

« Pubblicherò quelle lettere dovesse costarmi la vita », giurò cercando di mettere ordine nell'abito che aveva indossato. « A giudicare da come ti sei comportato oggi non mi stupisco che la tua piccola Anna sia figlia di un altro. »

« Ci sono cose, contessa Valli », disse sorridendo, « che un padre deve provare soltanto a se stesso. » Aveva ripreso il tono dei rapporti ufficiali. « Io so quello che devo sapere: non ho bisogno di conferme e non temo smentite o rivelazioni scandalistiche. Lei non mi è antipatica. Le dirò anzi che, fino a un certo punto, la sua determinazione è ammirevole. Però detesto i ricattatori. E soprattutto odio quelle lettere, ma per ragioni diverse da quelle che lei pensa. » Si sentì di colpo vecchio e stanco e rivisse gli anni bui del dubbio e della lontananza da Maria. « Lei non pubblicherà quelle lettere perché quando uscirà da questa porta non avrà nessun potere sui giornali: infatti non saranno più suoi. » In pochi secondi aveva deciso. Si avvicinò per prendere commiato dalla donna: era calmo, sereno, sorridente.

« Vuole intimidirmi? » domandò con labbra tremanti.

« No, contessa Valli », rispose Cesare con lentezza. « Le sto leggendo il presente e il futuro. Il passato lo conosce. Noi due non ci vedremo mai più. Lei sarà libera di girare il mondo in lungo e in largo. E riceverà quanto le occorre per continuare la sua vita brillante. Ma a Milano, che è la mia città, lei tornerà soltanto quando io sarò morto. E con il permesso di Anna. »

« Se sono le lettere che vuole », mormorò prendendo coscienza della situazione, « sono disposta a fargliele avere. » Come aveva potuto sottovalutare la potenza di quell'uomo?

« No », rispose, « quelle lettere non hanno nessun valore. Non hanno nessun valore perché non dimostrano nulla, ma se anche dimostrassero qualcosa non varrebbero nulla perché non troverebbe mai nessuno disposto a pubblicarle. »

« E i giornali di mio padre? »

« I giornali erano di suo padre. Domani saranno di una finanziaria. Legga i quotidiani di domani. Troverà la notizia. »

Silvia si rese conto che l'arma usata contro Cesare Boldrani

481

si era ritorta contro di lei. Era troppo tardi per rimangiarsi tutto. Il suo era stato un peccato di presunzione e d'orgoglio. Come quello di Lucifero. E il suo inferno era l'esilio a vita.

Un anno dopo Anna Boldrani diventava la contessa Valli di Tavernengo.

Anna 1980

1

ANNA si sveglio dopo una notte agitata da incubi che non ricordava, sapendo però che erano i peggiori, quelli che la memoria rimuove, ma che rimangono sepolti nelle profondità dell'inconscio. Al tenue chiarore di un piccolo oblò luminoso aperto sulla testiera del letto e orientato verso il comodino guardò l'orologio con il quadrante di smalto e le ore segnate in numeri romani che era stato di suo padre. Segnava le otto.

Schiacciò il pulsante di un campanello, subito dopo la porta della camera si aprì e Ausonia entrò premurosa e affabile: sembrava fosse rimasta accovacciata dietro la porta come un cane fedele in attesa del suo risveglio.

« Buongiorno, bambina », disse affettuosamente rispondendo al saluto di Anna che si godeva il calduccio reso più gradevole dalla presenza familiare di Ausonia.

« Com'è il tempo? » domandò. Era una domanda rituale e irrinunciabile. Quella donna che invecchiava sotto i suoi occhi era l'ultimo, concreto riferimento di un passato che conservava ancora il significato delle origini.

« Sereno e gelido », rispose. « Ghiaccio e neve. E su tutto un sole splendente. »

Il profumo caldo della prima colazione, l'odore del latte e del miele, l'aroma del caffè, il sentore del pane caldo e ben tostato si diffusero nell'aria. Quando Ausonia posò il vassoio sul tavolino da notte tintinnarono l'argento e la por-

485

cellana. Erano quelli gli aspetti del benessere che più di ogni altro davano un senso alla sua intimità.

La governante si diresse verso i balconi per spalancare le imposte. Detestava i pulsanti e le diavolerie scorrevoli, amava spalancare le finestre e fare entrare aria nuova. Una folata rinfrescò l'ambiente e il riverbero del sole sulla neve inondò la stanza. Anna si difese socchiudendo gli occhi e tirandosi le coperte fino al mento. In quegli attimi ritornava bambina e la sua anima rideva. Ausonia richiuse i vetri e andò silenziosamente verso il bagno. Sapeva a memoria le abitudini della « sua cara bambina » anche se non soggiornava a Caravaggio tanto spesso come lei avrebbe voluto. Versò in un bicchiere dell'infuso di malva per i gargarismi, fece scorrere l'acqua calda del bagno, vi gettò una manciata di amido di riso, dispose ordinatamente sulla sbarra cromata l'accappatoio e vicino alla scaletta della vasca, al centro della stanza, mise le babbucce di spugna.

Oltre ai profumi e ai sapori delicati c'erano i colori magici della prima colazione: l'incantata trasparenza della porcellana, lo scintillio dell'argento, il giallo topazio della marmellata. Anna godeva della sua cara abitudine: era un bel modo di respingere gli incubi nel buco nero dell'angoscia notturna, anche se sapeva che prima o poi sarebbero ritornati.

Anna si alzò, si avvicinò al balcone e guardò fuori. Kurt e Herman, le sue guardie del corpo, in tuta da ginnastica correvano nel parco inseguiti dai feroci doberman che con loro si comportavano come agnellini obbedienti e giocosi. Erano due seri professionisti, Kurt e Herman: ogni giorno, quando non erano impegnati nella sorveglianza, si sottoponevano a un severo allenamento: ginnastica, lotta, corsa, tiro al bersaglio. Si guadagnavano il grosso stipendio che Arrigo pagava loro.

Arrigo, pensò con tenerezza. Che cos'era per lei? Un uomo premuroso e gentile, attento a ogni suo desiderio. E poi? Il riverbero del sole sul candore della neve brillò nello sguardo di Anna e da quel bagliore nacque la pista di Espargo bruciata dal sole e spazzata dal vento dell'Atlantico. Anna rivide allora il mare d'erba nato all'isola del Sale dopo una notte di pioggia e ricordò un uomo e una donna felici su quella verde distesa. La sua Mompracem. Anna e Arrigo. Sentimenti d'amore. Parole nuove sulla felicità: una tensione, un desiderio, un abbandono, un posto dove potersi dire ti voglio bene. Dov'erano la passione tenera di una volta e le parole a cui gli innamorati credono? Erano passati gli anni, erano nati i figli, gli aerei nuovi saltavano ormai lo scalo tecnico dell'isola del Sale, gli uomini erano andati nello spazio, sulla luna, avevano eletto John Kennedy e lo avevano ucciso, c'erano stati il miracolo e la recessione, la contestazione e il terrorismo. La grande Maria e il vecchio se ne'erano andati e qualcosa le si era incrinato nell'anima, lei aveva cominciato a morire e l'idea di invecchiare le si era conficcata nella mente come un chiodo. La grande paura del buio, dell'ignoto, del decadimento l'aveva invasa e di tanto in tanto l'assaliva la vitale nostalgia del *Canto de Osannha,* con il suo significato d'amore e di lacrime.

Invecchiava insieme con le sue canzoni: Vinicius era morto, Elvis era morto. *Are you lonesome tonight* erano parole consumate dal vento e dal tempo, tanto vecchie da diventare riflusso. La paura d'invecchiare l'aveva spinta tra le braccia di un giovane maschio, uno stallone ubbidiente che per qualche attimo le aveva dato l'illusione che il tempo si potesse fermare. La paura della morte l'aveva spinta prima alla ricerca di un'emozione vitale nel tentativo di colmare un vuoto o di mettere una maschera al suo terrore del tempo che scorre; poi a farle elaborare una specie di litania delle situazioni negative. Il fatto stesso di essere stata l'amante di un uomo sposato e di avere in qualche modo contribuito allo scollamento di una famiglia, sia pure già dissestata, le procurava angoscia. Ma poi era tutta una serie di perdite: della madre, del padre, dell'amore, della giovinezza, del gusto della vita, di quel fragile sentimento dell'onore sul quale aveva stupidamente ironizzato. Le sembrava di essere al buio nella sua stanza che non riconosceva perché era incapace di trovare i punti di riferimento consueti. Doveva fare luce nella sua vita, ritrovare solidi appoggi, avere il coraggio di contrapporre il grigio squallore della storia di letto con Gianfranco Masci alla splendida storia d'amore tra lei e Arrigo. Da qualche anno abitava in uno spazio assurdo, in una dimensione senza senso. Chissà se il vecchio aveva saputo che la sua piccola Anna si era pagata una distrazione extraconiugale. Ma certo che lo sapeva. E Arrigo? Forse anche lui sapeva e taceva. E tutti aspettavano che l'avventura finisse. Si dissolse l'eco delle vecchie canzoni, cadde il vento dell'Atlantico, scomparvero il torrido asfalto di Espargo e il prato smeraldino dell'isola del Sale.

« Il bagno è pronto », disse Ausonia, premurosa e gentile guardandola con ammirazione.

« È una bella giornata », osservò Anna invitandola a guardare fuori.

« Speriamo che regga », disse la governante con realismo contadino.

Anna uscì dal bagno rinfrancata e serena: aveva messo un cerotto sulla sua malinconia e guardava con minore angoscia al nutrito programma della giornata: doveva andare da Pazienza, telefonare ad Arrigo, entrare nel ruolo di madre comprensiva e severa. Ma il pensiero più buio era quello che galleggiava a mezz'aria tra la coscienza e il sotterraneo delle cose da dimenticare, senza perdere per questo la sua carica minacciosa: era il ricatto del ministro. Possibile che a quel punto, dall'alto della sua potenza, Anna dovesse ancora temere una colpa che non era una colpa, che comunque non dipendeva da lei e che in ogni caso non avrebbe influito che superficialmente sulla sua vita? Indossò un kilt sui toni verdi e blu, una camicetta blu e un maglioncino di cachemire verde. Scelse una pesante collana di Bulgari fatta di tante sterline legate tra loro da anelli. Infilò al mignolo un diamante tagliato a mezzaluna: era il suo anello preferito. Stava per allacciare al polso un orologio che le era stato regalato a Natale, ma lo lasciò sul tavolino. Prese invece quello del vecchio, lo rigirò tra le mani e lo sentì prezioso come un talismano, caldo come una cosa viva. Guardò il quadrante di smalto e le ore segnate in numeri romani, osservò sulla cassa, disegnata in rilievo, una figura di donna drappeggiata in una tunica, le chiome fluenti e gli occhi bendati. Mai come in quel momento Anna sentiva di avere bisogno della dea Fortuna. Schiacciò un pulsante, la cassa si aprì azionando il carillon con le note della *Marcia turca* di Mozart e rivelando una scritta: « Genève 1880 ». Sotto la data Anna vide dei segni che non aveva mai notato prima, una parola graffiata maldestramente, un nome che faticosamente si poteva leggere: Dolores. E accanto al nome un numero: 1914. Soltanto il vecchio aveva potuto scrivere quel nome e quella data. Ma perché lei non aveva mai osservato prima quei segni? Se conosceva suo padre, e un po' lo conosceva, le annotazioni sul totem di famiglia dovevano avere un significato estremamente importante. Un segreto, dunque, ma quale? Quanti misteri il vecchio aveva sigillato nel cuore? Richiuse il coperchio e si infilò l'orologio nella tasca del maglione. Anna si era abituata a considerare l'antica cipolla più di un amuleto, quasi un nume tutelare, una parte di Cesare Boldrani e non si sarebbe stupita se tra quegli ingranaggi vi fossero celate fondamentali verità. Palpando con la mano la tasca dove aveva infilato l'orologio, in un gesto che al padre era consueto, ebbe l'impressione che il vecchio le fosse vicino e si sentì meno sola.

2

« HAI detto bene tu, Anna », ricónobbe Pazienza, « il ministro ha un cappio intorno al collo. Sa che qualcuno ha già tirato
la corda e spara calci a caso come tutti gli impiccati. »

« Non tanto a caso », precisò Anna, « mi ha tirato un calcio nei denti con questa stramaledetta storia della paternità. »

Pazienza, come spesso capita agli uomini che non sono mai
stati belli, a settant'anni suonati era diventato una specie di
patriarca dall'aspetto solenne. Aveva capelli soffici c bianchi
come neve, sopracciglia folte e candide che conferivano alla
sua caratteristica faccia da arabo una straordinaria dignità.

« Finirà tutto in niente, vedrai », replicò con sicurezza.

« Per noi o per lui? » scherzò Anna.

« Ti vedo preoccupata, Anna. » Teneva tra le labbra una
sigaretta spenta; aveva eliminato il vizio del fumo. La paura
dei malanni lo aveva trasformato in un simpatico ipocondriaco.
Seguiva scrupolosamente i principi della dieta macrobiotica,
praticava la disciplina yoga e di fatto conviveva con una gua-
ritrice indiana sapiente manipolatrice di anime e di erbe.

« Forse è la botta ancora fresca », si giustificò Anna riferendosi alla recente perdita del padre. « Forse ho bisogno di
assorbire il colpo. »

« Ne abbiamo tutti bisogno », riconobbe l'avvocato. « E io,
alla mia tenera età, avrei bisogno anche di un po' di riposo. »

« Invece devi sorbirti questa rompiscatole », concluse lei.

« Sai bene che sono pagato per questo », cercò di minimizzare Pazienza, « senza contare che ho l'obbligo morale di indicarti uno per uno i lupi più famelici del branco. » Da alcuni anni, oltre all'ordinaria amministrazione, si era assunto il compito supplementare di aggiornare Anna sulla situazione patrimoniale di Boldrani. Questo per volontà di Cesare, ma anche nella personale convinzione che, se Anna non fosse stata adeguatamente preparata, il patrimonio del vecchio, nel giro di un paio di generazioni, sarebbe stato facile preda degli avvoltoi.

« Il fatto è », confessò lei, « che ho l'impressione di non essere molto attrezzata per gli impegni che ho di fronte. Le finanziarie, la politica, i ragazzi. E adesso questa storia della paternità che mi sta perseguitando come una maledizione. » Rimpiangeva Rio e l'appartamento sulla Quinta Strada a New York.

« Il potere esige un impegno sovrumano, Anna », l'ammonì severamente. « O ti bastano le emozioni che ti offre in cambio dell'impegno che esige o sei perduta. Essere potenti non significa essere felici. Il potere è una droga, una malattia. La felicità e il potere non sono mai stati sinonimi. Sono state riempite intere biblioteche su questo argomento, ma nessuna verità definitiva è stata detta. Nelle società primitive i capi pagavano con la vita i propri errori. Oggi cadono nella polvere o vengono emarginati. O restano prigionieri del proprio successo. Al di là di un certo limite puoi soltanto inseguire un sogno di onnipotenza. Il che è mostruoso. »

« Vuoi spaventarmi? » domandò Anna.

« No. Ho semplicemente cercato di spiegarti una cosa che non ho ancora capito nemmeno io. »

« Ho avuto l'impressione che tu volessi dissuadermi dal continuare l'opera del vecchio », confessò Anna. Lo guardò titubante, mentre si versava dell'acqua da una bottiglia di cristallo presa da un cestello d'argento.

« No. Il mio dovere è di non dirti bugie. Il che non significa che ti stia dicendo tutta la verità. » Era l'ora delle gocce miracolose prescritte dall'insigne rappresentante della medicina orientale. Pazienza ne contò tredici con meticoloso scrupolo e bevve il contenuto del bicchiere con infinita voluttà.

« Buone? » chiese Anna facendo una smorfia.

« Ambrosia », spiegò Pazienza con un sorriso mistico. « Ristabiliscono l'equilibrio psicofisico. L'ipotalamo che è qui nel cervello », spiegò toccandosi la testa, « registra le sensazioni individuali di gioia e di malessere e trasmette queste sensazioni all'ipofisi che è il computer degli ormoni. Se siamo equilibrati distribuiamo gioia alle cellule, se siamo squilibrati somministriamo emozioni negative. Se siamo infelici o frustrati, in ogni momento rischiamo lo sconquasso. »

« Ma tu non sei frustrato », disse Anna stupita dalle argomentazioni di Pazienza.

« Ma sono stato molto infelice », ribatté. « Anche se ho fatto un mestiere che tutto sommato mi piace. Una persona deve amare quello che fa. Forse volevo dirti questo prima. Si può essere felici facendo i giardinieri o i capitani d'industria. Se fai una cosa contro la tua volontà la vita diventa un calvario e subentrano la paura, la malattia, la morte. »

Lo guardò sorpresa con affetto e ammirazione. « Sei tutto da scoprire », gli disse. Oltre la grande finestra un bianco sole invernale fluttuava tra garze di nebbia.

« Ma va' », si schermì lui. « Secondo la filosofia indiana attingiamo energia soprattutto dal nostro stato di benessere. Cerco di agevolare la natura. Tu però sei preoccupata. »

Anna era perplessa. « Io procedo a senso unico », disse, « vorrei avere la certezza che la mossa del ministro è neutralizzata. »

« Il ministro è un pistola. Lascialo dire. » Pazienza parve non attribuire nessuna importanza al fatto.

« Mi lascio sputtanare? » disse Anna uscendo dalle righe della buona educazione. « Ti sembra possibile? »

« Sta bluffando. » Allontanò l'argomento con un gesto della mano.

« E se ti dicessi che ha ragione? » lo contraddisse.

« Tu sei la figlia di Cesare », perse per un istante la proverbiale calma, « tu sei l'unica figlia di Cesare Boldrani. Nessuno può provare il contrario. Anche perché è un po' difficile provare ciò che non è. »

Anna era sul punto di fare al vecchio amico la grande confessione.

« Lui non mente, Pazienza », affermò. « Me lo ha confermato la mamma prima di morire. È Nemesio, mio padre. »

« Maria », disse sorridendo con affetto, « quando si metteva in mente una cosa... Due erano i traguardi di cui andava fiera: averti messo al vertice di una fortuna colossale e avere messo nel sacco l'artefice di questa fortuna. Maria, se proprio vuoi saperlo, è la sola persona al mondo che ha fatto piangere il vecchio. »

« No, mia madre non mentiva», insisté Anna. « Era lucida, ricordava tutto. Sono dieci anni che mi porto dentro questo segreto. E se devo essere sincera non mi è mai pesato molto. Mi sono persuasa che la paternità non è un fatto biologico. Cesare Boldrani era mio padre. Lo amavo come tale. È lui che ho visto per primo, lui mi ha allevata, sapevo che avrei portato il suo nome ancora prima di conoscerlo. La mamma mi ha cresciuta nel culto dei Boldrani. Mi è stato vicino. Ho avuto per lui l'amore e la devozione di una vera figlia. Nemesio era solo un uomo simpatico che era stato per un certo periodo il marito di mia madre. E il padre di Giulio. Tant'è vero che quando la mamma mi ha rivelato il suo grande segreto non ne sono stata sconvolta. Il mio sangue è rimasto sordo. Ma adesso che questa storia potrebbe diventare pubblica, be', la faccenda cambia aspetto. »

Pazienza si accigliò e la sua faccia da arabo divenne dura. « Io non so che cosa ti abbia detto Maria », replicò con decisione. « Però io ho la certezza che tu sei figlia di Cesare Boldrani. Nemesio Milkovich non c'entra. E il ministro, al massimo, è in possesso di due o tre lettere che girano da quarant'anni, ma che non provano un accidente di niente. »

« Quali lettere? » Allora c'era qualcosa che lei non sapeva, c'erano dei documenti. Il ministro era troppo furbo per lanciarsi senza paracadute.

« Lettere di Nemesio a tua madre. Vengono dagli archivi della polizia segreta fascista. Risalgono ai tempi in cui Nemesio era un fuoruscito. »

« A questo punto ritengo che tu mi debba una spiegazione », esclamò Anna seccata.

« Se vuoi rimproverarmi perché non ti ho informato prima » e allargò le braccia desolato, « qualche ragione ce l'hai. Ma mi sembrava inopportuno andare a svegliare il can che dorme. »

« Non ti rimprovero niente », disse Anna. « Voglio soltanto sapere. »

« Allora mettiamoci comodi e allacciamo le cinture », scherzò. « Perché sarà un discorso lungo. Credo che per oggi », soggiunse con profondo rammarico, « dovrò rinunciare alla meditazione e al massaggio. »

« Mi dispiace », mentì Anna. In quel momento l'ipocondria di Pazienza le era del tutto indifferente.

« Dovrò parlarti anche di me », cominciò rassegnato, « prima ancora che di tuo padre e del ministro. »

« Che cosa c'entri tu con la mia paternità? » lo interruppe curiosa.

« Niente, mi sembra ovvio. Ma per una volta sarà bene cominciare dal principio. Tu vuoi sapere se il ministro ha veramente un asso nella manica e io cercherò di spiegarti come stanno le cose. Naturalmente non so proprio tutto », confessò appoggiandosi allo schienale della poltrona, « perché tuo padre alcuni segreti li teneva soltanto per sé. Io stesso, che per lui sono sempre stato un libro aperto, qualche pagina sono riuscito a fargliela saltare. Ci sono state cose nella sua vita e nella mia di cui non abbiamo mai voluto parlare. Io credo tuttavia di avere intuito dei particolari; e lui ha certamente indovinato fatti che mi riguardavano.

« Potrà sembrarti strano », continuò Pazienza, « ma il ricatto del ministro ha radici lontane. Il passato, Anna, è una bestia implacata che si risveglia ad ogni generazione. Il miglior perdono, diceva tuo padre, è la vendetta. Ma la vendetta, che implica l'assenza di giustizia, porta alla faida, alla rappresaglia, al ricatto.

« Ho settant'anni e ne avevo otto quando mio padre è stato assassinato. Questo vecchio », riprese alludendo a se stesso, « terrorizzato dall'idea della morte, che crede in Dio, nei santi e in tutte le religioni dell'universo, ha aspettato sessantadue anni per vendicarsi. La vendetta, dicevano gli antichi, è il piacere degli dei. »

Anche Anna l'aveva gustata quando suo padre aveva messo al bando Silvia De Carolis, ma più progrediva verso la conoscenza dei problemi, più si rendeva conto che quell'arcaica forma di giustizia era uno strumento usato dai potenti che i disperati affidavano alla mano spietata dei terroristi. Anna aveva perdonato Silvia pochi giorni prima nella chiesa di San Babila perché non poteva più nuocerle.

« L'uomo che ha armato la mano dell'assassino di mio padre », riprese Pazienza, « si chiamava Nicola Pennisi. Io me la ricordo, Anna, la faccia di mio padre sfigurata dalla lupara. Era un uomo buono che non chiedeva niente più della certezza del pane quotidiano. Ti sto dicendo la verità. Ho visto mia madre piangere tutte le sue lacrime. Ho ascoltato per anni i suoi disperati silenzi. Non sapevo come, ma sapevo che mi sarei vendicato. E quando a Milano ho conosciuto Cesare Boldrani ho avuto la certezza che avrei fatto giustizia. »

« È stato mio padre il tuo *talent-scout*. È stato lui che ti ha scoperto », intervenne Anna.

Negli occhi stanchi di Pazienza brillò un lampo di furbizia. « Questo gliel'ho sempre lasciato credere », disse con un sorriso ironico. « In realtà sono stato io a scegliere lui. Lavoravo nella bottega di frutta e verdura con mia madre. Facevo le consegne e studiavo. Tua zia Giuseppina, la sorella di Cesare, che tu non hai conosciuto, aveva una predilezione per i derelitti, per gli onesti, per i puri di spirito. Io, che mi ritenevo un derelitto onesto, ma non tanto ingenuo, ho fatto di tutto per farmi notare. Non avevo un disegno preciso in mente, ma volevo conoscere il fratello, volevo attrarre l'attenzione di quell'uomo che allora aveva vent'anni, aveva fatto la guerra e cominciava la sua ascesa.

« Dicono che a scuola mi facessi notare per il mio talento e il mio insegnante aveva messo in croce mia madre perché continuassi gli studi. Oggi i fruttivendoli sono quotati in borsa, ma a quei tempi era tanto se sbarcavano il lunario. Quindi avevo due possibilità: chiedere aiuto a don Nicola Pennisi che ci aveva sistemati al Nord e che sarebbe stato disposto ad aiutare il figlio della sua vittima purché mia madre fosse d'accordo, oppure rivolgermi a Cesare Boldrani che già mi manifestava la sua benevolenza.

« Ho scartato entrambe le possibilità. Non volevo che la carità di Pennisi potesse in qualche modo alleviare l'oltraggio privandomi del piacere barbaro della vendetta e non volevo chiedere nulla a Boldrani. Casomai avrei fatto in modo che fosse lui a scegliere me, ma non per pietà o per generosità. Così ho optato per una soluzione che ha sconcertato tutti, ma che per me era la più logica: il seminario. La Chiesa, ancora oggi, offre alle persone capaci la possibilità di un'affermazione gratuita. »

« Ma non disinteressata », intervenne Anna.

« Non pensare che le altre istituzioni brillino per la loro munificenza », le ricordò il vecchio avvocato.

« Mia madre credeva alla tua vocazione », si stupì la donna.

« Tua madre », ricordò Pazienza, « credeva nelle proprie idee. »

« E non hai mai temuto le ire del buon Dio? » Anna si fermò un momento, e guardò fisso l'interlocutore.

Pazienza scosse la testa bianca. « Credo che Dio abbia altre cose a cui pensare, ma se anche pensasse al poveretto che io sono non dovrebbe dolersi di averlo aiutato a conseguire una dignità di uomo attraverso i suoi insegnamenti. »

« C'è sempre la questione della vendetta », lo provocò lei.

« Non vorrai metterti in polemica con un prete mancato », esclamò lui. « La Bibbia dice: 'Occhio per occhio, dente per dente'. Ma senza scomodare il buon Dio credo che nessuno abbia capito la mia scelta meglio di Cesare Boldrani. E sicuramente l'ha approvata visto che mi ha preso sotto le sue ali e mi ha tenuto sempre con sé. È stato tuo padre che è intervenuto al momento giusto. Inutile dirti di tutti gli anni vissuti insieme, della venerazione che avevo per lui e della sua stima affettuosa. »

« Lo so », disse Anna.

« Lavoravo attivamente ai progetti che tuo padre elaborava, partecipavo con dedizione allo sviluppo del suo impero, ma non riuscivo a dimenticare la faccia di mio padre sfigurata dalla lupara. Mi sembrava che non avrebbe avuto pace fino a quando non lo avessi vendicato. All'inizio degli Anni Cinquanta Nicola Pennisi dalla Sicilia era approdato a Roma. Le cose si erano messe bene per lui e gli affari progredivano. Due anni dopo l'assassinio di mio padre Nicola Pennisi aveva sposato la figlia di un uomo politico palermitano. Da lei aveva avuto un figlio: Vito. Anni dopo sono andato a Roma per vedere alcune palazzine in costruzione lungo la Nomentana. C'era un vistoso cartello: IMPRESA EDILE NICOLA PENNISI E FIGLIO. Il ragazzo era cresciuto male: era un debosciato, coinvolto in tresche amorose da quattro soldi e dedito al gioco. Don Nicola, sebbene fosse vicino ai settant'anni, era ancora in gamba e teneva in pugno la situazione. »

« E il ministro? » lo sollecitò Anna.

« Il ministro è entrato in scena alla fine degli Anni Cinquanta. Era sottosegretario a quei tempi. Durante uno di quei grigi convegni che vanno sotto il nome di colazioni di lavoro il sottosegretario ha proposto a tuo padre il salvataggio di una cartiera del Sud. Non era beneficenza a fondo perduto. Gli avrebbe permesso di mettere le mani sul quotidiano *La Cronaca*. Boldrani ha preso tempo e in seguito io stesso ho perfezionato l'operazione. L'uomo politico voleva in definitiva che il vecchio avesse un occhio di riguardo per lui.

« Tuo padre foraggiava tutti in misura proporzionale agli schieramenti e ai favori che poteva ottenere. Ma il futuro ministro voleva che qualcuno prendesse a cuore il suo caso personale. Stava mettendosi in proprio. L'intervento di Boldrani gli permetteva di guadagnare danaro e voti e l'eterna riconoscenza dei grandi elettori della sua zona.

« Portata a buon fine l'operazione, il ministro, con la complicità di un collega del ministero delle finanze, ha promosso un'ispezione nel punto più vulnerabile della nostra organizzazione. La manovra era chiara: mettere il vecchio nei guai per poi fare il bel gesto di tirarlo fuori. Così la partita era chiusa. Ma il nostro vantaggio è sempre stato quello di sapere le cose cinque minuti prima degli altri.

« Così abbiamo subito l'ispezione senza danni. 'Quel ministro è un cretino', è stato il commento del vecchio. 'E gli idioti sono doppiamente pericolosi. Dobbiamo trovare il modo di incastrarlo. Dobbiamo disporre di elementi sufficienti per metterlo in qualsiasi momento in condizioni di non nuocere'. Era un invito a nozze per me. »

Anna ascoltava quel romanzone cercando ad ogni svolta un punto di riferimento con la sua storia personale. « Scusa, Pazienza, è tutto molto interessante, ma che cosa c'entro io? » Sapeva che l'avvocato aveva il dono della sintesi e si stupiva di sentirlo raccontare partendo da tanto lontano con la tecnica del *feuilleton*.

« C'entri, figliola. C'entri », la rassicurò. « Ma se vuoi un chiarimento definitivo devi avere la bontà di ascoltarmi. »

« Sì, Mimmo », disse lei con l'aria di scusarsi per l'interruzione.

« Da quando ero entrato nel grande giro », riprese Pazienza, « don Nicola Pennisi mi lanciava dei segnali. Dal canto mio gli lasciavo intendere, per gli stessi canali, che non escludevo la possibilità di un incontro. Ero abbastanza conteso. Erano in molti quelli che sarebbero stati disposti a farmi ponti d'oro. Non è vero che basta avere i soldi e metterli in una busta per aprire le porte del potere. Bisogna avere i soldi e la persona giusta. Una di quelle persone ero io. Pennisi, le cui entrature politiche non erano più all'altezza delle sue ambizioni, avrebbe venduto l'anima in cambio del nostro uomo politico che nel frattempo era diventato ministro. Allora gli ho fatto sapere che sarei stato disposto a dargli una mano. »

« E perché avrebbe dovuto credere a un'offerta così insolita », domandò Anna, dubbiosa, « sapendo quello che aveva fatto alla tua famiglia? »

« Don Nicola non era un ingenuo, ma tutto sembrava essersi svolto in modo da fargli credere che mia madre avesse portato nella tomba il terribile segreto. D'altra parte è un'ipotesi verosimile. Mettiti nell'ottica di quella povera donna. Per la logica mafiosa mio padre aveva commesso uno sgarro. Chiedere un favore personale è ammesso, chiedere giustizia per tutti è una mancanza di riguardo. Perciò aveva pagato con la vita. Però la stessa mano che aveva colpito il padre aveva salvato il figlio. Mi rendo conto che per te è difficile capire. »

« Già », ammise lei, « non è tanto semplice. » Era sconvolta dalla barbara realtà che Pazienza le descriveva.

« Poi il vecchio e io abbiamo fatto circolare notizie false sui nostri rapporti. »

« C'è stato un periodo, infatti », ricordò Anna, « in cui si è parlato di dissapori, di incomprensioni. »

« Si è detto di peggio », precisò Mimmo Scaglia. « Quando sono andato a Roma da Pennisi, lui era convinto che io lo favorissi per fare un dispetto a tuo padre. Ma ha creduto anche che volessi sdebitarmi perché aveva aiutato mia madre tanti anni prima. Don Nicola era pronto per il grande viaggio, la sua salute era molto malferma. Tuttavia l'umana avidità continuava a prevalere mentre la morte era a un passo. L'idea di entrare nella manica del ministro agiva su di lui come un cordiale. Coinvolgendo il politico negli affari dei Pennisi ho decretato la fine di tutt'e due. Quello che a entrambi mancava era il danaro per espandersi. Così ho fatto da ponte tra le banche di Boldrani e le imprese dei palazzinari. Sono riuscito a suggerire al ministro di trasferire le sue tangenti su una piccola banca svizzera a un interesse privilegiato. Fra due giorni quella banca fallirà. E l'ex presidente del consiglio resterà con un pugno di mosche. »

« Ho capito bene? » domandò Anna.

« Hai capito benissimo. È un piano studiato da tuo padre e perfezionato da me. Noi gli abbiamo procurato i Pennisi che sono finiti malamente come sai. Abbiamo finanziato la nostra vendetta: i Pennisi hanno pagato le tangenti, che sono tornate nelle nostre casse insieme con le prove della corruzione del ministro. »

Anna era sbalordita. « Un piano sapientemente congegnato », riconobbe, « ma appena il ministro saprà che oltre a fornire le prove della sua colpevolezza ha anche perduto ogni suo avere si scatenerà come una belva, se è vero che può dimostrare che il vecchio non è mio padre. »

« È possibile che si scateni, nessuno può impedirglielo », disse Pazienza. « Ma può soltanto sollevare un polverone. »

« E quelle famose lettere? » Erano quelle il punto dolente.

« Sono lettere che Nemesio ha scritto a Maria dalla Francia nel 1939. La censura le ha intercettate e trasferite all'OVRA. Una 'talpa' ne ha fatto delle copie. Alcune sono finite tra le mani di Silvia De Carolis che ha cercato di ricattare il vecchio, che per questo l'ha esiliata », rispose Pazienza.

Anna inviò un devoto ringraziamento all'anima del padre. « Soltanto adesso conosco le ragioni che gli hanno fatto cambiare idea a proposito dell'indissolubilità del matrimonio. » Era felicemente sorpresa. « Ma che cosa c'è scritto in queste stramaledette lettere che ormai tutti conoscono all'infuori di me? »

L'avvocato Mimmo Scaglia non seppe nascondere il proprio imbarazzo. Si dimenò sulla sedia, prese in mano la boccettina con le gocce miracolose, la rimise sul tavolino, sfilò una sigaretta da una scatola di cristallo e annusò il tabacco aromatico. « Poter fumare », disse con infinito rimpianto, « era un grosso sfogo psicologico. »

Anna gli fece gli occhi cattivi. « Zio Mimmo », lo rimproverò affettuosamente, « non prendermi per il naso. »

L'uomo accavallò le gambe e incrociò le mani sulle ginocchia piegandosi in avanti. « Tu sai la confidenza che c'è tra noi due », disse, « ma quello che devo raccontarti è di una delicatezza estrema. È una storia di rapporti intimi: si tratta di tua madre. »

« Ci sono altri uomini oltre a Nemesio e al vecchio? » si allarmò Anna.

« Ma no », fece lui, « che cosa vai a pensare? »

« Allora fammi il santo piacere di essere esplicito. Se mio padre e mia madre hanno potuto concepirmi devono essere andati a letto insieme. » Seguì un lunghissimo istante. « Vuoi dirmi che cosa diavolo c'è scritto in quelle lettere? »

« C'è scritto », mormorò l'avvocato facendosi coraggio, « che nel luglio 1939, quando appunto tu sei stata concepita, tua madre e Nemesio hanno avuto un rapporto... ecco... intimo. »

« Quindi c'è la prova che non sono la figlia di Cesare Boldrani », si arrabbiò Anna.

« Be', no », ribatté Pazienza.

« Ma perché no? » gridò Anna di fronte alla caparbietà dell'uomo che negava l'evidenza.

« Perché in quello stesso periodo tua madre... »

« Mia madre? » incalzò Anna che voleva tutta la verità.

« Tua madre è andata anche con Cesare. Ecco, te l'ho detto. » Finalmente si era liberato di un peso.

Un'espressione di desolata tristezza indurì i lineamenti di Anna. « È peggio di quanto pensassi », concluse, « non può provare che sono la figlia di Nemesio. E nemmeno che sono figlia di Cesare Boldrani. Però può provare, al di là di ogni ragionevole dubbio, che sono figlia di una... »

« Non bestemmiare », la interruppe Pazienza impedendole di straparlare.

« Hai ragione, scusami », mormorò rendendosi conto che si era lasciata trasportare dall'ira. Era avvampata per la rabbia, poi era impallidita e il cuore le batteva in gola. « Zio Mimmo », implorò, « chi è mio padre? »

« Tuo padre è Cesare Boldrani », rispose lui convinto.

« Ma chi può provarlo? » domandò con aria ansiosa.

« Posso dirti una cosa sola, Anna: fino a quando il vecchio non ha avuto la prova matematica che tu eri proprio sangue del suo sangue si è rifiutato di darti il suo nome. »

« Sangue del suo sangue », mormorò Anna ricordando, « io appartengo al gruppo zero positivo. Anche Cesare è zero positivo, dunque? » Si era aperto uno spiraglio.

« Non è così che si risolve il problema », la raffreddò Mimmo Scaglia. « Anche a me sarebbe piaciuto raggiungere la prova decisiva. Ho fatto qualche indagine. Nemesio appartiene al gruppo zero positivo. Milioni di uomini appartengono a questo gruppo sanguigno. »

« Siamo di nuovo al punto di partenza », si avvilì Anna.

« Io sono convinto che da qualche parte esistono le prove della paternità del vecchio », ripeté.

« Allora dobbiamo trovarle », si infervorò Anna giungendo le mani.

« Per te o per il ministro? » domandò.

« Il ministro può impiccarsi, se vuole », disse con una freddezza che ricordava il vecchio. « Può sollevare tutti i polveroni che crede. Sono io, a questo punto, che voglio sapere chi sono. Altrimenti divento matta. »

Il bianco sole invernale fu offuscato dalla nebbia e subito cominciò a imbrunire.

3

NELL'APPARTAMENTO su due piani di corso Matteotti Anna non trovò nessuno dei suoi figli. Attraversò una lunga fuga di salotti molto simile a quelle delle antiche ville siciliane e si affacciò sul terrazzo. La Madonnina del Duomo, sulla guglia più alta, brillava nel bianco sole di gennaio, estatica sentinella di una città inquieta. La prese una struggente nostalgia per l'isola dei suoi sogni, per la sua Mompracem.

Le avevano detto che l'*Hotel do Atlantico* stava cadendo a pezzi da quando il Sale non era più uno scalo obbligato sulle rotte del Sud America. Chissà se si era ancora manifestato il fenomeno della pioggia che in una notte fa crescere l'erba. Ma era davvero lei la ragazza che vibrava come le corde di un violino alle carezze di un uomo che vedeva per la seconda volta? Chissà se Arrigo mi ama ancora, pensò.

C'erano stati viaggi stupendi, doni fiabeschi, erano nati due figli, ma non si era ripetuto più il miracolo di quella notte. Poi impercettibilmente, come il lento scorrere del tempo, il cristallo prezioso della passione si era offuscato e, senza che qualcosa di preciso e di identificabile fosse accaduto, l'innamoramento era sfumato nella banalità di un rituale monotono e sempre uguale a se stesso.

L'atto d'amore era diventato un obbligo noioso, un faticoso dovere. Era una condizione che somigliava all'inappetenza, non aveva più stimoli. «Non mi ami più», le aveva detto Arrigo scherzando, «mentre io sono innamorato di te come il primo giorno. Innamorarsi insieme è stupendo, Anna, ma quando la luce si spegne per uno solo l'altro si sente come un relitto alla deriva. » Le era sembrata una frase molto banale e stupida, ma in quel momento le parole del marito la inducevano a riflettere.

Dopo alcuni anni di tiepida convivenza aveva saltato il fosso e si era trovata tra le braccia di Gianfranco Masci, il maschio esaltante che l'aveva fatta nuovamente sentire femmina, non donna; perché quella con il giovane stallone dalla splendida efficienza e dalla raffinata brutalità era unicamente una vicenda di letto senza implicazioni sentimentali. Più che un nuovo capitolo della sua vita era una parentesi che poteva chiudere come e quando voleva.

Anna aprì la porta della vetrata a cupola che ricopriva la piscina riscaldata. L'impianto esisteva già ai tempi in cui nella casa abitava Maria. Era stato Arrigo a volerla coperta e funzionante anche d'inverno. Si spogliò completamente, mise una cuffia di plastica e si tuffò nell'acqua limpida che un perfetto impianto di riscaldamento manteneva costantemente a ventotto gradi. Il suo corpo flessuoso e ancora abbronzato dal sole di Rio scivolò sul colorato mosaico del fondo prima di riemergere in corrispondenza di una delle scalette di smalto bianco.

« Dovresti vestirti sempre così », disse una voce maschile alle sue spalle.

Anna si voltò di scatto provando il vergognoso imbarazzo che si sente nei sogni quando si è nudi tra la gente. La differenza sostanziale consisteva nell'essere realmente nuda di fronte a un estraneo.

« Chi è lei? » Tentò una reazione, ma qualunque cosa avesse detto o fatto avrebbe accresciuto il ridicolo e la vergogna.

« Uno spettatore entusiasta, come vedi. » Era un tipo dalla faccia pesante e volgare, lo sguardo insolente, in pantaloni flosci di vigogna. Poteva avere ventiquattro anni e la osservava dal bordo della piscina. Era odioso.

« Vattene! » ordinò in falsetto peggiorando quella situazione imbarazzante.

« Splendida, quarantenne e sensuale », recitò parafrasando il titolo idiota di un settimanale d'opinione molto diffuso tra i radical-chic. « Porti bene i tuoi anni », aggiunse a mezza voce con insolenza.

Contro quel primate senza speranza di sfumature e di finezze sarebbe valso soltanto un fucile da caccia grossa. « Hai proprio deciso di dormire qui? » domandò con aria indifferente cercando inutilmente di farsi piccola nell'acqua. Era una situazione assai vicina all'oltraggio.

« Questa sarebbe l'intenzione », confessò, « ma i rigurgiti morali di Maria me lo impediscono. »

Era certamente il tipo con cui Maria, sua figlia, se la intendeva da qualche tempo e lo giudicò ancora più odioso. « Allora », cambiò tono, « continui a fare il paladino coraggioso o te ne vai e mi lasci uscire? »

« Se vuoi posso fare finta di voltarmi come nei film americani dei tuoi tempi. »

« Desidero essere lasciata sola. » Aveva due guardie del corpo pagate a peso d'oro che aspettavano in strada, un maggiordomo, due camerieri, una guardarobiera, una cuoca e doveva subire l'insolenza di un guardone che godeva all'idea di avere messo una donna in condizione di inferiorità.

« Non vuoi che ti aiuti? » domandò beffardo tendendole la mano.

« Ma sì », accettò Anna improvvisamente disponibile.

« Vedi che con le buone maniere si finisce per intendersi? » osservò il primate.

Anna prese la mano che l'uomo le tendeva, puntò i piedi contro il bordo della piscina e con tutta la sua forza diede uno strattone che fece capitombolare il ragazzo nell'acqua con un goffo volteggio. Anna balzò agile fuori della vasca mentre il primate, vestito com'era, starnazzava come un'oca impazzita. Indossò un morbido accappatoio di spugna e parlò nel microfono di un radiotelefono applicato alla cupola: « Kurt, vieni qui immediatamente ». L'impianto era collegato con l'auto della scorta. Schiacciò il pulsante di un campanello e arrivò il maggiordomo. Intanto il primate emergeva faticosamente dalla scaletta sbuffando e bestemmiando.

« Dovevo aspettarmelo », disse stupidamente.

« Acqua passata », scherzò con durezza, « adesso devi aspettarti dell'altro. »

Entrò Kurt, lo sguardo incolore e freddo del killer di professione, le mani basse pronte a scattare. « Che cosa devo fare? » domandò in tedesco. Sembrava un doberman in agguato.

« Devi scaricarlo in piazza del Duomo. Così com'è », ordinò Anna nella stessa lingua.

« E se reagisce? » La conversazione proseguiva sempre in tedesco.

« A tua discrezione », rispose lei con un sorriso. « Purché poi si possa riaggiustare. E che non restino segni. »

« Sei una figlia di puttana! » esclamò il primate che non aveva compreso quel dialogo, ma che ne intuiva il significato.

Kurt, con la coda dell'occhio, interrogò Anna che gli fece un cenno di assenso. Il giovane si rese conto di essere stato colpito da un manrovescio tra il collo e la mascella quando si abbatté di schiena come un Cristo nella piscina. L'acqua lo risvegliò da quella fiondata e vide Kurt con la mano tesa pronto ad aiutarlo. Ancora inebetito afferrò quella misera speranza.

« Addio, cialtrone », lo salutò. Poi, rivolta al maggiordomo: « Fai cambiare l'acqua, non prima di avere disinfettato la vasca ». E si diresse a piedi nudi, paludata come un'antica matrona romana, verso il corridoio che portava nella sua camera.

Anna, contrariamente a molte persone anche meno ricche di lei, non aveva mai avuto una cameriera personale. In lei aveva prevalso sempre il senso della misura che le era stato inculcato dal vecchio. C'era una guardarobiera che aveva cura dei suoi abiti e che assolveva altre mansioni. La chiamò al citofono: « Ho bisogno di vedere mia figlia. Subito », disse.

« La signorina Maria è fuori », rispose.

« Allora mandami Giacomo », esclamò spazientita.

Stava infilandosi un maglione di tweed rosso cupo su una gonna grigia quando comparve il maggiordomo.

« Che cosa faceva quel tipo in casa mia? » lo apostrofò severa.

« Aspettava che la signorina Maria tornasse. Sa, quel giovanotto... » Giacomo obbediva all'antica regola della buona educazione che non consiste nel non versare la salsa sulla tovaglia, ma nel fare finta di non vedere quando la versano gli altri.

Anna, invece, che non apprezzava certe finezze, era sempre più nervosa e irritata. Le sembrava di avere subito uno stupro. « Il conte stipendia guardie del corpo e una schiera di domestici per offrirmi un minimo di tranquillità e io mi ritrovo uno sconosciuto in piscina. Ma siamo matti? Io vi sbatto fuori tutti

505

quanti », minacciò. Il maggiordomo era abituato a ben altre burrasche e conservò la sua aria imperturbabile. « Se la signora me lo consente vorrei ricordarle che quel giovanotto... »

« Non mi interessa sapere chi è », lo interruppe per la seconda volta. « Non voglio gente di quella risma in casa mia. Sono stata chiara? »

« La signora è stata chiarissima », rispose Giacomo.

In quel momento entrò Maria. Era gradevole a vedersi, così slanciata, graziosa, ancora vestita da amazzone con un frustino tra le mani. Veniva dal maneggio, sapeva di cuoio e di colonia.

« Ciao, mammina », la salutò, « ti ho sentita gridare. Posso esserti utile? »

Giacomo si allontanò con la dignità di un vecchio bracco visto che le ire di Anna avevano finalmente trovato il naturale bersaglio.

« Chi è quell'idiota con quella faccia da stupratore demente che aspettava il tuo ritorno? » domandò esigendo un'immediata risposta.

Maria rise. « Mamma, sei grande », disse, « a volte superi il nonno in simpatia. Certo che l'hai castigato forte, poverino. Buttarlo in piscina così vestito e non offrirgli nemmeno l'opportunità di cambiarsi. »

« Te lo ha detto lui? » Il cielo oltre la vetrata stava coprendosi e scendeva la sera.

« No. Evidentemente si vergognava. Me lo ha detto Kurt mentre lo accompagnava all'auto. Era conciato da fare pena. Mi vuoi spiegare perché lo hai spinto nell'acqua? »

« Si è messo a fare il guardone mentre mi bagnavo. » Provò ancora quel fastidioso senso di vergogna.

« Mi dispiace », mormorò Maria con aria accigliata.

« Lascia perdere », disse Anna, « spiegami piuttosto chi è? »

« Franco. »

« Franco chi? »

«Il figlio minore del ministro », la informò in un tono da cospiratrice.

Anna si abbandonò su una poltrona, allargò le braccia ed esplose in una fresca risata. « Il figlio del ministro! » esclamò. « Ma certo! Franco. L'ho visto qualche volta da bambino. Gli amici di papà lo chiamavano affettuosamente il Rimba. Ed era effettivamente un clamoroso rimbambito. » Si guardò intorno lieta, sorridente, completamente rilassata. « E io credevo fosse quel tipo con cui... Sì, insomma, quello con cui te la intendi da qualche tempo. »

« Lo è, infatti, mamma », confermò la ragazza con spregiudicatezza.

Era finito il divertimento. « Da quanto tempo dura questa storia? » domandò Anna con voce stanca.

« Da qualche mese », precisò Maria. « Ma che importanza ha? »

Invece di rispondere Anna si trasferì nel suo studio, un ambiente piacevolmente piccolo, volutamente civettuolo, con mobili Luigi Filippo sui toni rosati e un piccolo quadro veneziano del XVIII secolo attribuito al Longhi, raffigurante il *Riposo di una dama*. Era un dipinto rubato prima della grande guerra dalla collezione dei conti Spada, ritrovato dalla polizia a Parigi e rivenduto all'asta da Sotheby a Londra. Un incaricato di Boldrani se lo era assicurato per trecentomila sterline. Anna lo aveva ricevuto in dono quando era ragazzina e lo amava in modo particolare. Sedette alla scrivania e posò lo sguardo sul suo quadro prediletto. C'era un'atmosfera dolce, rassicurante in quell'opera mirabile. C'era la serenità delle parti liete delle fiabe, quella che lei amava.

Maria sedette sul divano, un po' imbronciata per la prospettiva dell'interrogatorio.

« Fra tutti i rimbambiti hai pescato il peggiore », l'aggredì la madre.

Maria cercò di buttarla in ridere. « Sai com'è, mamma. In casa nostra non si fanno mai le cose a metà », osservò. « Noi scegliamo sempre il meglio. A me è toccato quello dell'imbecillità. »

« Ha superato il padre », commentò Anna con compiacimento. « Ho sentito dire che il ragazzo non vive in famiglia. »

« No, non vive in famiglia. »

« E se i miei ricordi sono esatti traffica con qualche movimento estremista. O sbaglio? »

« Quando stiamo insieme non parliamo di politica », rispose Maria mitigando la volgarità della risposta con un gradevole sorriso.

« Risparmiami i particolari », esclamò Anna seccata.

« E tu risparmiami gli interrogatori da funzionario della Digos, » ribatté la ragazza.

« Fine dell'interrogatorio », decretò Anna. « Vai pure a cambiarti. Ho da fare, adesso. » Uscita Maria si attaccò al telefono e formò il numero diretto di Gianfranco Masci.

« Come va? » chiese l'uomo.

« Male », rispose Anna.

« Sono qui », si rese disponibile il giornalista che conosceva il carattere della donna.

« Metti due mastini dei tuoi sulla pista di Franco R. »

« Il figlio del celebre? »

« Esatto. Credo che militi in una sigla del terrore. »

« Punti di riferimento? »

« Prendi contatto con Pazienza. Diciamo fra un'ora. L'avvertirò io. Se c'è del torbido ci pescherà lui. »

« E se emergono prove? O soltanto indizi? »

« Batti la grancassa e solleva polvere. Voglio la reputazione di quel bastardo. »

Abbassò il ricevitore senza nemmeno salutare. Si abbandonò soddisfatta contro lo schienale della poltrona. Aveva scagliato un'altra freccia: il ministro in carica aveva i giorni contati.

E adesso, se vuole ricattarmi con quelle stramaledette lettere, pensò, si accomodi. L'intenzione era quella, ma non era così semplice. Anche dopo il lungo colloquio con Pazienza il bisogno di svelare il grande mistero delle sue origini non si era placato. Una ritorsione in più non risolveva il suo problema.

« Allora, che programmi avevi per questa sera? Che programmi avevi prima che arrivassi io a fare la guastafeste? » Anna era di nuovo disponibile e piena d'affetto per quella figlia un po' matta, come la definiva lei, ma adorabile.

« Sarei uscita con Franco e altri amici », rispose Maria con la bocca piena di torta. Erano ormai alla fine del pranzo.

« Dovrai accontentarti degli altri amici », osservò Anna. Stavano pranzando nel « refettorio ». Così l'architetto Mauro Sabelli Contini aveva definito la sala da pranzo ideata per Anna Boldrani: un ambiente di un bianco abbagliante con un lungo tavolo di noce scuro del Seicento e sedie dallo schienale alto e rigido ricoperte di cuoio. Unico ornamento alle pareti di un candore immacolato un Cristo di scuola umbra. L'insieme aveva un tono austero e al tempo stesso lieve. Molti avevano cercato di copiare l'idea, ma nessuno aveva raggiunto la perfetta armonia dei volumi e l'equilibrio delle tonalità realizzate in quell'ambiente.

« Anche Lippy è dei nostri », annunciò Maria sottolineando l'eccezionalità dell'avvenimento.

« Come mai questo miracolo? » domandò Anna. Le rare volte in cui il figlio soggiornava a Milano viveva appartato e non legava molto con la sorella che considerava una superficiale.

« Credo che sia innamorato », osservò Maria.

« Te lo ha detto lui? » si incuriosì Anna rendendosi conto in quel momento che non aveva ancora visto Filippo.

« Ha fatto di più », raccontò Maria piegandosi in avanti e assumendo un'espressione maliziosa, « stamattina è venuto in camera mia mentre facevo colazione e mi ha mostrato un bellissimo scarabeo d'oro e smalto. Mi guarda e dice: 'Credi che questa spilla piacerebbe a una ragazza?' Per un momento ho creduto che fosse per me, ma lui mi ha freddata subito. 'Giù le zampe!' strilla. 'L'ho scovata da Buccellati, mi sembrava bella e aveva l'aria di non costare un patrimonio'. »

« E la ragazza? » chiese Anna spronando la figlia a continuare il racconto.

« Abbiamo scherzato », riprese Maria, « lui si è sgelato. Capivo che moriva dalla voglia di raccontare. Così mi ha parlato di un'amica che ha conosciuto al college. Io gli ho raccontato di me e di Franco. Per la prima volta i tuoi due figli hanno fraternizzato. Gli ho proposto di venire con noi al *Primadonna*. »

« Che cos'è? »

« Un posticino un po' gay. »

« Dovevo immaginarlo », osservò Anna delusa.

« È quello che ha detto tuo figlio. » Intanto il cameriere aveva portato in tavola un trionfo di frutta coloratissimo: ciliege, albicocche, pesche e uva bianca dagli acini grossi come noci. C'erano intorno anche dei cestini di fragole. La frutta dell'estate nel cuore dell'inverno.

Maria affondò le mani in quella sapiente composizione per riempirsi il piatto. « Era la frutta fuori stagione che faceva inviperire il nonno o sbaglio? » domandò.

« Non sbagli », confermò Anna che considerava la voracità della figlia il sintomo di un disagio da non sottovalutare. « Ma tuo fratello », cambiò discorso, « ha poi deciso di venire in quel locale che hai detto? »

« Neanche se gli sparano. Ha preso tutto dalla mamma », disse Maria continuando a fare scempio della frutta. « Ci ha proposto invece di andare con lui a una festa di zingari. »

« Ho capito bene? » domandò aggrottando le sopracciglia.

« Hai capito benissimo: una festa gitana. Più precisamente una festa di Manush. Sono boemi la cui principale occupazione è il lavoro del circo. »

« Farina del tuo sacco? » domandò scherzosamente Anna.

« Dissertazioni di Lippy », rispose Maria attaccando un cestino di fragole. « Ogni dieci anni organizzano questa festa in una località diversa. Quest'anno la festa è a Fino Mornasco, a due passi da Como. C'è l'iniziazione di una giovane zingara al ballo con l'orso. Il tuo sapiente figlio sostiene che è una tradizione antichissima e suggestiva. »

« Come mai Lippy si interessa di queste cose? »

« C'è lo zampino dell'amichetta americana. Se ho capito bene studia etnologia o qualcosa del genere e sta preparando la tesi sui Gitanos, i Manush e i Kalderash, che sono poi i nomi delle aree di migrazione dei tre gruppi di nomadi, e sui loro usi e costumi. »

« È entusiasmante », si accalorò Anna.

« Perché non vieni anche tu? »

« Mi sembra un'eccellente idea », concluse Anna. « Per una volta saremo tutt'e tre insieme. »

4

L'IMMENSO falò bruciava nel cortile della villa abbandonata accarezzando con bagliori rosso dorati la faccia dell'edificio, in cui sopravviveva il ricordo di antichi splendori, e l'alto muro di cinta. Sotto una tenda che faceva pensare al circo, ma anche ai sontuosi insediamenti dei tartari, su un trono tempestato di pietre dai colori sgargianti sedeva la regina degli zingari, una figura ieratica e senza età, un personaggio fuori del tempo, letteralmente sommersa da broccati e da monili. I violini suonavano e dei gitani accovacciati su spessi tappeti persiani avevano intonato una nenia triste dalle parole incomprensibili. Il riflesso del fuoco si proiettava all'interno della tenda rilevando il volto della vecchia regina.

Anna, che aveva temuto di incappare nel solito imbroglio per turisti di lusso, osservava attonita e tesa il rito che si svolgeva sotto i suoi occhi e ne subiva la profonda suggestione, la religiosa solennità. Maria, Lippy e i loro pochi amici si erano ammutoliti.

Le note della malinconica canzone si spensero quando il cerchio intorno alla regina si aprì per lasciare entrare una ragazzina seguita da un enorme orso bruno. Anna ammirò lo stupendo volto della zingara, i suoi occhi neri, il naso piccolo e ben proporzionato, le guance di velluto, le orecchie da bambina con appesi ai lobi trasparenti due grappoli di sottili monete d'oro. L'orso si muoveva al suo fianco, poderoso e dinoccolato. Scuoteva il testone facendo suonare i campanelli d'argento del collare. La bella zingara si avvicinò al trono con la belva e la regina le porse da baciare la mano diafana carica di anelli. A un cenno della ragazzina anche l'orso si inchinò. Poi ebbe inizio una danza travolgente dentro e fuori dalla tenda, in prossimità del trono ai bordi del grande fuoco. La bella e la bestia si inseguirono in una pazza sarabanda che sfumava in languidi passaggi: era uno spettacolo di destrezza e di ferocia, di forza sovrumana e di incantevole grazia. Gli artigli falcati della belva, che avrebbero dilaniato un cavallo, sfioravano le guance vellutate della fanciulla che volteggiava con acrobatica leggerezza accompagnata dal tintinnio dei campanellini d'argento del suo tamburello ornato di nastri colorati.

Anna si sentiva guardata e sapeva anche chi la guardava; girò la faccia verso il trono e incontrò la fierezza di uno sguardo apparentemente spento: quello della regina. Forse per nascondere il turbamento o forse soltanto istintivamente compì un gesto che era abituale a Cesare Boldrani e che scandiva i momenti più significativi della sua vita. Prese dalla tasca del vestito l'orologio dal quadrante di smalto e i numeri romani, ne accarezzò i contorni sbalzati e fece scattare la molla che azionava il carillon. Le note melodiose della *Marcia turca* di Mozart ebbero un'estensione e un'amplificazione inaspettate in quel cerchio magico. Ebbe un sussulto e richiuse la cassa dell'orologio stringendolo con forza nella mano. Ma ormai il segnale era partito. Anna si guardò intorno come se avesse rotto il servizio buono di porcellana e si rese conto che niente era mutato: la zingara e l'orso continuavano la loro sarabanda e tutti ne seguivano le fasi con grande attenzione. Soltanto la regina aveva percepito quel segnale: alzò una mano scarna, indicò Anna e sussurrò qualcosa a un uomo che le stava accanto. La danza si interruppe automaticamente. Il cerchio dei gitani si aprì per lasciare passare Anna che, guidata dallo sguardo ipnotico della regina, si era staccata dal gruppo e camminava con sicura lentezza verso il trono.

Anna, obbedendo a un gesto della regina, sedette su un divano di raso rosso scarlatto. C'era odore d'incenso e di mirra nella tenda tartara tappezzata di preziosi damaschi e di antiche icone di inestimabile valore. La vecchia scese dal trono e sedette davanti all'ospite su una comoda poltrona di velluto, di fronte a un tavolino arabo ottagonale a incastri chiari e scuri e istoriato di foglie di madreperla. La zingarella che aveva ballato con l'orso si accoccolò ai piedi della regina.

« Fammi ascoltare ancora la musica del tuo orologio », ordinò la regina degli zingari. Era un ordine secco, perentorio, che non ammetteva indugi.

Anna, che era abituata a impartire ordini, obbedì come se le mancasse la volontà di opporsi. E quando sotto la tenda satura di profumi si diffusero nuovamente le note melodiose del carillon, sul volto ieratico della regina degli zingari emerse un enigmatico sorriso. La vecchia tese una mano avida verso l'antico orologio e Anna glielo consegnò, leggendo a voce alta, nel breve passaggio dell'oggetto, il nome graffiato sulla cassa: Dolores.

« Sì », ammise la regina, « sono io Dolores. » Leggeva sulla cassa d'argento dell'orologio il suo passato. « Avevo dodici anni quando conobbi tuo padre. Già: 1914. Perché tu sei la figlia di Cesare. » Era scontato che dovesse parlare lei sola. « Ti sei mai chiesta, lui ti ha mai detto, come abbia avuto questo orologio? No, non te lo sei mai chiesto, né lui te lo ha mai detto. Ora lui è morto, dal momento che lo hai tu. » Lo stringeva con la mano scarna e sorrideva.

« Chi sei, Dolores? » domandò Anna.

« Sono una regina », rispose, « come te. Solo più vecchia e probabilmente, ma non sicuramente, più saggia. »

« Come fai a essere così sicura che fosse mio padre l'uomo che possedeva questo orologio? »

« Sono poche le cose di cui sono assolutamente certa », spiegò la vecchia zingara, « questa è una. Tu vuoi sapere chi sono? Posso dirti soltanto chi non sono », recitò, « non sono il respiro, non sono il corpo, né carne od ossa. Non sono la mente né il sentimento. Sono quello che sta dietro il respiro, il corpo, la mente, il sentimento. Presto aurore di luce, cieli di beatitudine eterna si apriranno dinanzi a me. » Posò una mano sui riccioli folti della ragazzina accoccolata ai suoi piedi. « Io sono stata questa piccola danzatrice », disse senza rimpianto, « che ha tanto coraggio e tanta dolcezza da ammansire una belva feroce che obbedisce a lei sola. Quando la mia anima fluttuerà in un vasto spazio di gioia continuerà lei la mia strada. Come tu continui quella di tuo padre. Ero lei quando conobbi Cesare, in una lontana estate. »

« È per dirmi questo che mi hai chiamato? » domandò Anna.

«Non sono io che ti ho chiamato», rispose la regina. «È stato tuo padre che ci ha fatto incontrare.»

Erano di un'assurdità insopportabile le cose in cui Anna continuava a credere. «Io tutto questo non lo capisco», confessò.

«Perché non hai imparato la lezione liberatrice», l'ammonì la vecchia.

Anna era esausta per le fatiche della giornata e per le troppe emozioni. «Non vuoi dirmi niente?» domandò con un tono di pacato rimprovero.

«Il tuo spirito è inquieto», replicò la regina, «perciò non puoi capire. Così i dubbi ti tormentano e io non posso scioglierli per te, anche se te li leggo nell'anima. Io sono al di là di ogni cosa finita», riprese a declamare con devozione, «sono il cuore del mondo che ride, sono la serenità delle anime, il profumo dei fiori.»

Doveva liberarsi di quell'incantesimo snervante che la stregava. C'erano ancora troppi segreti di Cesare che non conosceva. Da dove veniva quell'uomo per essere legato anche alla regina degli zingari? «Che cos'è accaduto tra Cesare e Dolores?» chiese con voce esitante.

Di nuovo la vecchia sorrise. «Non quello che immagini», rispose. «Anche se eravamo giovani e forse, ma solo con gli sguardi, per un breve attimo ci siamo amati.»

«Perché allora questo legame?» domandò Anna in tono implorante.

La vecchia rivide quella calda, afosa sera d'agosto. La Basilica di San Lorenzo. Le casupole antiche e strette. La sua veste di seta gialla lunga fino ai piedi con una larga e lucente fascia di seta marrone annodata alla vita. Poi il temporale, la sua splendida belva impazzita, il suono di un carillon, di quel carillon, prima della fuga nella notte sul carrozzone verso nuovi traguardi. E gli occhi di lei, poco più che bambina, velati dal pianto, pieni del volto bello e fiero di un ragazzo che era arrivato per risvegliare in lei la memoria assopita dell'immortalità. «Quello che è accaduto tra noi», riprese con grande serietà, «è un segreto che io stessa ho dimenticato. Anche la tua anima è tormentata da un dubbio atroce.» Le aveva preso la mano e la leggeva con occhi attenti.

«Quale dubbio?» domandò Anna, sorpresa.

«Questo lo sai tu», affermò la regina senza interrompere

l'esame. « Io so che c'è un oceano fra te e i tuoi dubbi. So che al di là di questo oceano c'è la verità che tu vuoi conoscere. Perciò tuo padre ha voluto che venissi qui e mi lanciassi un segnale. Hai attraversato tante volte nella tua vita questa distesa d'acqua, ma sono stati viaggi senza scopo. Adesso farai un viaggio che ti aprirà la mente e chiarirà i tuoi dubbi. Altro non posso dirti perché altro non so. » La zingara chiuse gli occhi come se si fosse addormentata e Anna capì che il loro incontro era finito. Un gitano strappò note accorate dal suo violino. La zingarella aveva reclinato il capo sulle ginocchia della vecchia e anche lei sembrava assopita.

Anna cercò di prendere l'orologio che la vecchia teneva sul palmo della mano appoggiata alla gamba. La regina chiuse le dita. « Questo è mio », affermò spalancando gli occhi. « A te non serve più. Doveva avvicinare i nostri destini. Ora mi appartiene. »

Anna sentì in quel momento che l'orologio dal quadrante di smalto, con i numeri romani, con la dea Fortuna e il carillon era davvero destinato a Dolores. Era il sigillo posto su un lontano segreto che soltanto il vecchio e la regina degli zingari conoscevano.

Anna uscì dalla tenda con faticosa lentezza, come quando si emerge da un sogno rivelatore.

Maria e Lippy l'aspettavano vicino al fuoco.

« Ti senti male? » si preoccupò Maria vedendola pallida e stravolta.

« No. Sono soltanto stanca. Andiamo a casa. Domani parto per Rio. »

5

Il DC-10 dell'Alitalia planò dolcemente sulla pista centrale dell'aeroporto internazionale di Guanabara, a Rio de Janeiro, in una calma mattina di sole. Era il 31 gennaio. Anna comparve nel vano del portello riservato ai passeggeri di prima classe. Ai piedi della scaletta oltre a Nemesio e a Giulio c'era in attesa un dirigente dell'aeroporto. Anna indossava un abito di seta lucida del colore dei suoi occhi. Giulio e Nemesio l'abbracciarono con calore. Il funzionario le baciò la mano deferente.

« Sono contento di rivederti, sorellina », l'accolse Giulio. Era un bell'uomo dai capelli castani e con una faccia schietta e gentile.

« Di qua e di là dal mare, eh, Anna? » scherzò Nemesio cui Anna aveva annunciato una nuova vacanza.

« Il fatto è che voi due siete irresistibili », disse.

« Hai l'aria stanca », si preoccupò Nemesio. Lo zingaro vagabondo, il saltimbanco di Guadalajara e di Guernica, si era appesantito e i capelli si erano diradati. Ursus che sfidava il pubblico nel cerchio magico dei girovaghi, l'uomo cresciuto tra i monti della Serbia, il giovane di straordinaria bellezza, più simile a un ginnasta che a un sollevatore di pesi, il ragazzo biondo e avvenente come un principe era diventato un signore massiccio, lento e mansueto, non privo tuttavia di eleganza e di garbo. Le rivoluzioni si erano spente nei suoi occhi.

« Il viaggio », mentì Anna, « gli anni che passano », soggiunse con malinconia.

Sbrigarono rapidamente le formalità doganali nel settore riservato ai Vip, poi salirono sulla *Mercedes* bianca a sei posti diretti a Maricà, la residenza di Nemesio.

« Passiamo da Ipanema », lo pregò Anna, « ti dispiace? »

« *Saudade*? » mormorò Nemesio.

« La voglia di ricordare che ti assale dopo i trenta », precisò Anna.

A Ipanema c'è un bar dove Vinicius e Antonio Carlos Jobim hanno visto passare tanto bella e piena di grazia la ragazza della canzone e dove Baden Powell ha composto *Tempo de amor*. C'era tornata con Arrigo anni prima e aveva ascoltato le poesie di Vinicius, tradotte da Ungaretti, dalla voce calda, intelligente e piena di sorriso di Leone. Le canzoni non erano più quelle: *Que pena* cantava Gal Costa. Le *favelas* invece erano immutate come lo sfregio della miseria sulla faccia della terra. Dalla giungla maleodorante di catapecchie, dalla *favela* di Catacumba scendevano verso le zone più ricche di Rio torrenti luminosi di musica per alimentare la magica, disperata e sofferta follia del *carnaval*.

« Mi è dispiaciuto per tuo padre », disse Nemesio. Anna si aspettava qualcosa di più dal personaggio che secondo sua madre rappresentava un'epoca. Ma di fronte alla morte anche le parole più solenni diventano banali.

Giulio la baciò teneramente su una guancia. « Potevi portare i ragazzi », disse. Aveva molto affetto per i nipoti.

Erano giunti in villa dopo essere passati davanti al bar di Ipanema dov'era passata una volta la ragazza di Vinicius e Carlos Jobim. Un gruppo di servitori accolse Anna con spontanee manifestazioni di gioia. Era stata predisposta, come sempre per lei, l'ala ovest dell'edificio, a metà strada fra la collina e il mare. Si vedevano il Cristo del Corcovado e il Pan di zucchero. Intorno cresceva una vegetazione lussureggiante che sprigionava densi profumi. Dall'alto di San Corrado il vento della notte portava i tamburi e i canti delle macumbe.

Mentre i domestici si davano da fare con le valigie e Giulio sbrigava alcune incombenze Anna trovò il modo di appartarsi con Nemesio.

« Ti ho mentito », gli confessò francamente.

« A che proposito? » si stupì lui.

« A proposito della vacanza. » Anna non si curava più di nascondere la propria ansietà. « Non sono venuta per riposare. »

« Vuoi rubarci il mestiere di fabbricanti di mobili? »

« No, Nemesio. Perché non mi hai detto che sei tu mio padre? »

Un sorriso incredulo si dipinse sulla sua faccia. « Oh, questa sì che è proprio bella », esclamò. « Io tuo padre. E me lo chiedi adesso? »

« Prima non mi interessava tanto. » Anna gli spiegò l'intenzione del ministro.

« No », affermò con serietà, « quell'uomo dice il falso: io non sono tuo padre. »

« Ascoltami, Nemesio », precisò Anna, « io non voglio parole d'onore. Non voglio che un uomo di sessantacinque anni giuri sulla Bibbia o sulla tomba dei suoi avi che non è mio padre. Io sono stata concepita nel luglio del 1939. Le tue lettere provano che proprio in quel mese tu e mia madre... be', insomma: avete avuto un rapporto. »

« Forse due. » Il volto di Nemesio si rischiarò in un largo sorriso. Ricordò i prati intorno a Chiaravalle. Erano passati quarant'anni, ma il quadro era nitido nella sua memoria: la vecchia osteria con il pergolato, il glicine secolare, il ronzio della campagna estiva all'ombra dei pioppi, lo scorrere dell'acqua chiara nel canale e contro il cielo il profilo medievale dell'abbazia.

« Non mi sembra il momento di scherzare », si arrabbiò Anna. « Io ho bisogno di un dato inoppugnabile, Nemesio », il suo tono diventò supplichevole, « non di una risposta che lascia sempre spazio al dubbio. In tutta questa storia, giocata sul filo dell'incertezza, la sola testimonianza concreta è quella di mia madre. Mentre tutti, me compresa, erano sicuri che io fossi la figlia di Cesare Boldrani, lei mi ha rivelato che tu sei mio padre. »

« Maria », mormorò Nemesio incantato, « che donna straordinaria! Non sapevo che avesse questa convinzione. »

« Non cambia niente », si tormentò Anna che aveva sempre più l'impressione di avere fatto inutilmente anche quell'ultimo viaggio. In fondo la stupida era lei che, nonostante tutto, credeva ancora nelle profezie degli zingari.

« Personalmente », osservò Nemesio, « la cosa, come puoi ben capire, mi inorgoglisce. »

« Se hai delle certezze », tagliò corto la donna, « preferirei che tu me le comunicassi. Nemesio, parliamoci chiaro, io ti voglio bene e ti stimo, ma sono venuta fin qui per avere una risposta, possibilmente quella che desidero. Comunque, nel bene o nel male, voglio chiudere la partita. »

Il sole dell'estate brasiliana si fermava nell'intrico della vegetazione tropicale del parco che era tutto un canto di uccelli e un mormorio di fontane.

« Ascolta, gran donna », disse Nemesio fissandola dritto negli occhi. « Ti sembra possibile che se tu fossi veramente mia figlia io avrei accettato di vivere lontano da te? Tu pensi davvero che uno come me in cambio di un pacco di milioni o per tre lire avrebbe accettato di vendere il sangue del suo sangue a un ricco finanziere come nei romanzi dell'Ottocento? »

« Se Maria te lo avesse chiesto avresti fatto qualsiasi cosa. » Anna pronunciò quella frase crudele con grande freddezza. « Tu e Cesare eravate degli oggetti nelle sue mani. Avete passato la vita ad amarla follemente. »

« Saresti soltanto una ragazzina viziata », la sferzò senza pietà, « se a volte non fossi una donna molto stupida e presuntuosa. »

Anna si massaggiò una guancia come se fosse stata schiaffeggiata. « Non volevo offenderti », disse.

« Io invece sì », replicò Nemesio. « Non mi piace essere giudicato da chi non mi conosce. Capisco la tua emozione, ma non condivido il panico che ti spinge a trinciare giudizi. Perché non sai chi sono. Come non conosci Cesare. »

« Mia madre mi ha rivelato questo segreto in punto di morte », confessò Maria.

« Tua madre ti ha rivelato quello che credeva di sapere. » Rivide morta la donna che aveva tanto amato, la sola donna di cui fosse stato veramente innamorato. « Comunque ti ha mentito. E siccome tu mi ci tiri per il collo dovrò dimostrarti che, pur essendo andato con tua madre in quello splendido mese di luglio di quarant'anni fa, io non potevo tecnicamente fecondarla. La mia virilità era sopravvissuta a un evento di una banalità sorprendente, ma la mia capacità biologica di creare una nuova vita si era spenta per sempre. Tua madre », riprese, « mi ha lasciato il 31 gennaio. Pensa la puntualità dei ricorsi storici. Anche oggi è il 31 gennaio. Quindi sono passati quarantuno, non quarant'anni. Era la festa di San Geminiano. » Gli vennero in mente la neve che scendeva lentamente, gli occhi color fiordaliso di sua madre che si illuminavano di gioia, l'allegra baraonda di zufoli, di trombette, di ocarine, i piccioni che volavano intorno alle colombaie d'altana, la faccia buona di Perfedia. « Come siamo cambiati », disse.

Anna non voleva turbare Nemesio, ma nello stesso tempo non intendeva rinunciare ad aprire l'ultima porta che l'avrebbe portata fuori del labirinto. « Scusa, Nemesio, come può un uomo perdere la sua capacità di procreare? » gli domandò.

« Stavo dicendoti », riprese, « che Maria mi ha lasciato il 31 gennaio. Io ero rientrato tardi quella sera. Mia madre, che come sempre ci aveva portato qualcosa per la cena, era già andata via. Avevo un cappello di paglia da contadino che contrabbandavo per un copricapo da rivoluzionario messicano, un naso finto e soffiavo in una 'lingua di Menelicche' che si srotolava come un proiettile e si ritraeva fulminea. » Sorrise con tristezza a quel ricordo.

« E la mamma si è arrabbiata? »

« Si è arrabbiata, ma non per questo. Si è arrabbiata perché avevo un occhio pesto e un labbro gonfio. »

« Ti eri azzuffato? » Sapeva del suo temperamento litigioso.

« Mi ero buttato allegramente in una rissa », ammise scuotendo la testa, « mentre avevo promesso a tua madre che avrei messo la testa a posto. Stavo giurandole che non le avrei più dato ragioni per lamentarsi di me quando ci siamo accorti che il bambino, tuo fratello Giulio, aveva la faccia un po' gonfia. Allora ho trovato un medico che ci ha rassicurati. Il bimbo aveva gli orecchioni. Il giorno dopo anche la mia faccia si era gonfiata a dismisura. Evidentemente covavo da qualche tempo questa malattia, che avevo avuto la disgrazia di non fare da bambino. Ora devi sapere », spiegò ritrovando il brio di una volta, « che questa banalissima malattia infettiva, epidemica e contagiosa è caratterizzata dalla simultanea o successiva tumefazione di alcune ghiandole e in particolare delle ghiandole salivari. Meno frequentemente l'infezione interessa le ghiandole mammarie, le ovaie, il pancreas e la tiroide. Soltanto rarissimamente si ha la tumefazione dei testicoli. Io ho vinto la mia lotteria negativa e l'ho avuta. Ho perduto così irrimediabilmente la possibilità di diventare nuovamente padre, ma ho maturato la certezza che nessuna malattia può essere considerata banale. Per questa ragione », concluse assumendo la posa del docente trombone, « sono in grado di documentare senza possibilità di dubbio che io non posso essere tuo padre, né il padre di qualsiasi altro figlio o figlia a partire dal 31 gennaio 1939. Tu sei stata concepita in luglio. »

Anna rise e pianse e l'abbracciò con trasporto. « Nemesio, ti adoro! » esclamò riempiendolo di baci.

« Non ho mai visto una persona così felice di non essere mia figlia. » L'allontanò da sé e la guardò: « Tu sei bella, Anna, ma tua madre era uno splendore. Tu le somigli soltanto », disse commosso.

6

« E QUANDO le illusioni della giovinezza e dell'infanzia se ne sono andate », domandò Anna, « che cosa rimane? »

« Il bisogno di stare insieme », rispose Arrigo, « in un posto dove si conquista l'amore giorno per giorno. »

Anna lo guardò con una punta di scetticismo. « E gli stravolgimenti della passione? » scherzò senza averne l'aria.

Arrigo aveva cinquant'anni ben portati e dai tempi dell'isola del Sale non si abbandonava più alla tentazione romantica, mentre Anna sembrava credere nell'utopia della bella addormentata che il bacio del principe risveglia. « Gli stravolgimenti sono il punto di partenza », osservò lui, « l'amore è ricerca. Si tende all'amore come alla felicità: non si raggiunge l'estasi del primo incontro, non si conquista l'assoluto, ma il fatto stesso di tentare potrebbe dare un senso alla vita e lasciare spazio all'immaginazione. »

« Hai scoperto la formula della felicità? » domandò Anna.

« Non lo so », rispose dubbioso, « ma potrebbe essere un modo per far durare l'amore. »

« Mi stai facendo la corte? » La donna diventò insinuante. Gli accarezzò la bella faccia virile sulla quale gli anni non avevano ancora impresso i segni del decadimento.

« Ti ho sempre fatto la corte. » C'era nella sua voce un vago cenno di rimprovero.

« Vuoi dire che non me ne sono mai accorta? »

« Forse non sono stato mai abbastanza convincente », la

giustificò lui. «O forse eri distratta da altri pensieri.» Il suo magnifico sguardo non esprimeva la passione travolgente, ma la matura consapevolezza di un amore intenso e profondo.

«Sì, altri pensieri», ammise Anna, «vibrazioni negative.» Erano sul balcone della camera blu di Caravaggio. Il sole splendeva sul prato dei narcisi, gli stessi fiori che quarantun anni prima il vecchio aveva fatto interrare nel prato di fronte alla villa perché erano bianchi, gialli e profumati e piacevano tanto a Maria. «Ti ringrazio di essere venuto qui il giorno del mio compleanno.»

«Sarei rimasto lontano se tu avessi espresso il desiderio di restare sola», le confessò l'uomo.

«Sei buono, Arrigo», mormorò commossa.

«No», si schermì, «semplicemente ti voglio bene.»

Dalla morte di Cesare Boldrani erano ormai passati tre mesi: c'era stata la neve, era venuta la pioggia, era tornato il sole della primavera che aveva fatto spuntare i narcisi. Maria e Filippo avevano ripreso gli studi all'estero. Il ministro si era dimesso prima che il giurì d'onore si esprimesse sul merito delle accuse di corruzione, poi era stato assolto per insufficienza di prove. Su un punto solo era stato sincero: con l'attività politica non aveva guadagnato un centesimo. Era vero, i miliardi delle tangenti dei Pennisi erano stati convogliati nelle casse della Finmida da Domenico Scaglia, l'ultimo grande illusionista della finanza internazionale. Franco, il figlio del ministro, dopo le accuse di appartenere a un gruppo terrorista pubblicate dalla rivista di Gianfranco Masci, si era rifugiato all'estero in attesa di tempi migliori.

Dagli Stati Uniti, dove bruciava gli ultimi spiccioli mal guadagnati, Vito Pennisi, il figlio di Nicola Pennisi, inviava messaggi ai giornali e sputava veleno sui politici che lo avevano raggirato.

Silvia de Carolis, da quando aveva ripreso possesso della sua casa milanese, cercava disperatamente di reinserirsi nel giro dei salotti, ma con scarso successo, perché nel frattempo troppe cose erano cambiate.

Anna e Arrigo, sul balcone della camera blu nella villa di Caravaggio, davanti al prato dei narcisi, cercavano di ricucire passato e presente. «Credi che sia ancora possibile per noi due?» domandò Anna.

«So di essere banale», quasi si scusò, «ma dipende da

noi. Il mondo ha bisogno d'amore, che non è solo una prerogativa degli adolescenti e dei giovani. »

« Vale ancora la teoria del frutto senza stagione? » gli chiese Anna che era piuttosto scettica.

« Se ti aspetti che rinascano prati verdi in una notte sbagli obiettivo », l'ammonì, « sei nel romanticismo, nell'utopia. La felicità è più un punto di riferimento che una realtà quotidiana. Ma nella realtà quotidiana c'è l'amore. Non quello che si rinnova soltanto con un'altra persona, ma quello che si realizza giorno per giorno rivedendo insieme certi modi di vivere. »

« Mi piace ascoltarti anche se mi neghi il diritto alla grande tentazione », lo adulò rimproverandolo.

« Non c'è niente di rivoluzionario nella passione », osservò saggiamente Arrigo. « La rivoluzione vera è la riscoperta di noi stessi in una quotidianità troppo spesso avvilita e dimenticata. »

Entrò Ausonia spingendo il carrello della colazione. « Buon giorno », disse con tono affettuoso, « e buon compleanno, bambina mia. »

Anna l'abbracciò e la vecchia governante si asciugò gli occhi lucidi di commozione. « C'è un regalo per te », annunciò indicando un pacchettino avvolto in carta dorata collocata sul carrello vicino a un mazzolino di narcisi.

« Che cos'è? » domandò Anna con infantile stupore.

« È un dono di tuo padre. »

« Di mio padre? » si stupì.

« Me lo ha consegnato lo scorso inverno », spiegò Ausonia. « Me lo ha dato prima di ammalarsi. Mi ha detto: 'Forse, quando Anna farà i quarant'anni, io non ci sarò più. Questo è il mio dono. Non dimenticartene'. E io come vedi, mi sono ricordata. »

Anna sentì un brivido leggero correrle lungo la schiena e avvertì la presenza del grande vecchio. Aprì il pacchetto con mano tremante. In una scatola di velluto foderato di raso blu c'era una piccola tabacchiera di oro, smalto e brillanti. Sollevò il coperchio e vide, piegato più volte, il ritaglio di un vecchio giornale ingiallito sul bordo del quale, con la sua grafia decisa, il vecchio aveva scritto una data: Milano-1914. Il titolo era esplicito: *Arsenio Lupin a palazzo Spada*. Il cronista, con linguaggio aulico, descriveva una splendida festa, tratteggiava profili e fortune dei partecipanti, si dilungava sulla personalità del bandito, che era certamente un emulo di Arsenio Lupin, ladro in guanti gialli. Si parlava di dame sconvolte dall'emozione e dallo sguardo magnetico di un cavaliere sconosciuto. « Comunque il malfattore », precisava l'autore dell'articolo, « doveva conoscere alla perfezione il palazzo e sapeva quello che voleva. Dallo studio del nobile milanese ha infatti prelevato i due oggetti più piccoli e di maggior pregio: un quadro veneziano del XVIII secolo attribuito al Longhi raffigurante il *Riposo di una dama* e una preziosa tabacchiera d'oro e smalto contornata da preziosi, purissimi diamanti, opera del grande orafo francese Charles Ouzille che ha firmato il piccolo capolavoro e lo ha datato: 1760. La tabacchiera era l'esemplare più raro di una serie di quaranta pezzi, lasciata in eredità da Napoleone Bonaparte al figlio... »

Anna guardò Arrigo sconvolta da quell'inattesa apparizione. Che significato poteva avere quel dono principesco? E il Longhi che le aveva messo nel suo studio milanese in che rapporto era con la tabacchiera e con il furto nel palazzo del conte Spada?

« Vedi », le disse Arrigo, « nel momento in cui ritieni di avere risposto a tutti i perché ecco un nuovo mistero. »

Anna rivide la faccia del vecchio. « Grazie, papà », mormorò. « Ecco che cosa rimane quando le illusioni della giovinezza se ne sono andate. Rimane la grande avventura di vivere. »

« E il bisogno di stare insieme », concluse Arrigo abbracciandola, « in un posto dove potersi dire: ti voglio bene. »

« Senza appassionati stravolgimenti », disse Anna baciandolo. « Alla nostra età » soggiunse guardando il prato dei narcisi sotto il sole, « ricominciamo a parlare d'amore. »

« L'amore », mormorò Arrigo, « è probabilmente la sola scommessa vincente. È la sola alternativa per sopravvivere. »

Anna sembrò convinta. « Dovrai essere molto paziente con una piccola pazza che ha voluto nascere prima del tempo in un campo di narcisi. » Non udì campanelli d'argento, né vide arcobaleni. Capì per la prima volta che non aveva bisogno di attraversare l'oceano per vivere nuove emozioni. E per la prima volta si sentì serena.

OSCAR BESTSELLERS

Bestsellers Oscar
Periodico bisettimanale:
n. 253 del 2/10/1990
Direttore responsabile: Alcide Paolini
Registr. Trib. di Milano n. 406 dell'8/8/1983
Spedizione abbonamento postale a T.E.
Aut. n. 15411/2/LL del 29-2-1978- Dirpostel Verona